문봉집

한국고전번역원 한국문집번역총서

문봉집
文峯集

정유일 지음
鄭惟一

이광호 옮김

일러두기

1. 이 책의 번역 대본은 한국고전번역원에서 간행한 한국문집총간 42집 소재《문봉집(文峯集)》으로 하였고, 한국학중앙연구원 장서각에 소장된 후쇄본을 참고하였다. 번역 대본의 원문 텍스트와 원문 이미지는 한국고전종합DB(http://db.itkc.or.kr)에서 확인할 수 있다.
2. 역주는 내용이 간단하면 간주(間註)로, 길면 각주(脚註)로 처리하였다.
3. 한자는 필요한 경우 이해를 돕기 위하여 넣었으며, 운문(韻文)은 원문을 병기하였다.
4. 원문의 오류를 수정하였거나 오류가 의심되는 경우, 교감자료와 중요한 자구(字句)에서 차이가 있는 경우에는 그 내용을 각주로 밝혔다.
5. '한글 맞춤법'의 용법과 다르거나 새로 만든 문장 부호는 다음과 같다.

   「 」: ' ' 안의 재인용을 나타낼 때 사용한다.

   『 』: 「 」안의 재인용을 나타낼 때 사용한다.

   …… : 원문의 '云云'을 처리할 때, 각주에서 긴 인용문을 처리할 때, 각주의 표제어가 네 어절 이상일 경우 생략되는 말을 처리할 때 사용한다.

   - - : 본문에서 소자(小字) 원문 주(註)의 처음과 끝에 사용한다.

   □ : 원문의 글자가 빠진 빈 난을 표기하거나 '결락과 판독 불가 글자에 대한 지침'에 따라 번역할 때 사용한다.

   ▨ : 훼손 등으로 인해 판독이 불가능한 원문을 표기할 때 사용한다.

차례

문봉집 제1권

시 詩

문봉집 제2권

시 詩

문봉집 제3권

경연강의 經筵講義

서 書

문봉집 제4권

서 書

잡저 雜著

제문 祭文

문봉집 제5권

한중필록 閑中筆錄

문봉집 제6권

문봉 정유일의 생애와 《문봉집(文峯集)》

이광호 | (전)연세대학교 철학과 교수

1. 들어가는 말

문봉(文峯) 정유일(鄭惟一, 1533~1576)은 퇴계 이황의 고제(高弟)로서 월천(月川) 조목(趙穆), 고봉(高峯) 기대승(奇大升), 학봉(鶴峯) 김성일(金誠一), 간재(艮齋) 이덕홍(李德弘) 등에 버금가는 기대와 인정을 받았다. 20세에 사마시에 합격하였으며, 이후 "유생들에게 제술 시험을 보인 후에 또 강서(講書) 시험을 보여 정유일을 전시(殿試)에 직부하게 하였다."라는 기록을 통해 특차로 문과에 급제한 것을 알 수 있다. 이때 6세 연장자인 기대승과 함께 급제하여 문과 동기생이 되었다. 그는 퇴계와 가까운 인척으로 퇴계의 제자 가운데 스승에게서 가장 많은 편지를 받았다.[1] 퇴계의 제자들 역시 정유일을 퇴계의 고제로 인정하였으니, 권두경(權斗經)은 《계문제자록(溪門諸子錄)》에서 "동문인 서애(西厓), 학봉, 백담(柏潭) 같은 분들이 모두 문아(文雅)를 문봉에게 돌렸다."라고 평하였고, 이야순(李野淳)도 《도산급문제현록(陶山及門諸賢錄)》에서 "일찍이 선생의 문하에 들었는데 타고난 자질이 매우 높고 풍도가 뛰어났으며, 사장(詞章)과 정술(政術)이 모두

1 퇴계학연구원에서 정리한 《정본 퇴계전서》에는 퇴계가 문봉에게 보낸 시가 48수, 편지가 178편 실려 있다.

학문에 뿌리를 두었다."라고 평하였다. 퇴계의 사후에는 〈퇴계 선생 언행에 대한 통술〔退溪先生言行通述〕〉과 제문을 지어 선생의 언행에 대한 총체적 서술을 통하여 퇴계의 학문과 삶을 누구보다도 밝게 드러내었다.

정유일은 일찍부터 탁월한 문재로 조정의 특별한 인정을 받아 내직과 외직에 교대로 제수되어 건강을 돌볼 겨를이 없었다. 40세에 통정대부가 되어 사간원 대사간, 형조 참의, 이조 참의 등의 직책을 거듭 받다가 43세에 병이 나서 44세에 서울에서 갑자기 생을 마치게 된다. 갑작스레 죽음을 맞이하여 그의 학문을 이어받을 제자가 없는 것은 물론, 그가 남긴 유품을 정리할 사람조차 없었다. 더구나 왜란을 겪으며 남아 있던 자료마저 없어져 죽은 뒤 200년이 지난 뒤에야 이를 애석하게 여긴 안동의 유림이 유문을 찾고 수집하여 문집을 간행하니, 시 2권, 편지 2권, 〈한중필록(閑中筆錄)〉 1권, 부록 1권으로 6권 3책에 지나지 않는다.

그동안 퇴계학에 대한 학계의 연구에 힘입어 퇴계의 문하생들에 관한 연구도 상당히 진척되었지만 정유일과 관련된 연구서나 논문은 흔적도 찾기 어렵다. 남아 있는 자료가 빈약한 데다 문집마저 번역되지 않아 정유일의 삶과 학문이 사람들의 관심을 일으키지 못한 탓이다. 그러나 퇴계와 주고받은 편지와 시, 그리고 정유일이 남긴 글들을 보면 정유일에 대한 연구는 퇴계를 이해하는 데도 중요한 단서가 된다는 점을 인정하지 않을 수 없다. 이번에 한국고전번역원에서 《문봉집》을 번역하여 출간하게 되고 퇴계학연구원의 《정본 퇴계전서(定本退溪全書)》도 완성되어 정유일에 대한 연구의 문이 열리게 된 것은 매우 환영할 만한 일이다.

2. 정유일의 가계와 생애

1) 정유일의 가계

정유일은 본관이 동래(東萊), 자가 자중(子中), 호가 문봉(文峯)이다. 동래 정씨는 고려 때 보윤(甫尹) 호장(戶長)을 지낸 정지원(鄭之遠)을 시조로 한다. 고조부 사(賜)는 직제학을, 증조부 난원(蘭元)은 군수를 지냈으며, 조부는 광우(光祐)이고, 부친은 목번(穆蕃)이다. 중종 때 영의정으로 명성을 떨친 정광필(鄭光弼)이 재종조부이고, 선조 때 좌의정을 지낸 정유길(鄭惟吉)이 삼종형이다. 정유일의 모친은 월성 이씨(月城李氏)로, 정유일이 5세 때 세상을 떠났다. 월성 이씨의 부친 이홍준(李弘準)은 정유일의 외조부이고, 조부 이시민(李時敏)은 정유일의 외증조부이다. 이시민의 사위가 박치(朴緇)인데,[2] 박치의 사위 이식(李埴)이 퇴계의 부친이니, 이시민은 퇴계에게도 외할아버지의 장인이 된다. 퇴계와 정유일은 각기 이시민을 외가의 증조부로 삼는 육촌 인척 형제이다. 또 퇴계의 숙부인 송재(松齋) 이우(李堣)가 이시민의 사위가 되니, 정유일의 외조부 이홍준은 송재의 처남이며 퇴계의 사돈이 된다. 안동 지역에서는 특정 집안끼리 중복하여 혼인을 맺는 겹혼인이 많은데 퇴계 집안과 월성 이씨 집안도 그렇다고 하겠다. 이홍준의 형 이종준(李宗準)은 1498년(연산군4) 무오사화 때 김종직(金宗直)의 문인으로 죄를 얻어 귀양 가던 도중에 지은 시가 문제가 되어 다시 서울로 압송되어 국문을 당하다 희생되었다. 이홍준은 형의 참혹한 죽음을 보고는 벼슬을 포기하고 봉화 내성현에 은거하여 살기 시작

2 함양 박씨 족보에는 박치가 박소종(朴紹宗)의 사위로 기록되어 있다.

하였으니, 이 두 형제가 바로 퇴계가 존경하는 삼촌 송재공의 동서들이다. 송재는 처남인 이홍준과 친분이 깊었고 또 동서 사이인 퇴계의 외조부 박치와도 친분이 있었다. 따라서 조선 초기 사림파를 대표하는 김종직 학단이 이종준, 이홍준 형제를 매개로 하여 송재, 퇴계와 연결된다는 것을 알 수 있다. 퇴계와 정유일의 관계를 이해하기 위해서는 이러한 인척 관계와 학문적 영향을 함께 살펴야 할 것이다.

정유일의 부인 청풍 김씨(淸風金氏)는 현감 응복(應福)의 따님으로, 정유일보다 33년 뒤에 죽어, 같은 언덕에 무덤을 달리하여 장사 지냈다. 딸 둘을 낳았으니 첫째는 감역 임기(任奇)에게 시집가고, 둘째는 현령 한영(韓瀛)에게 시집갔다. 첫째 사위 임기는 2남 4녀를 두었는데, 장남은 사헌부 지평을 지낸 숙영(叔英)이고, 차남은 세영(世英)이다. 네 딸들은 박홍부(朴弘敷), 김한(金垾), 한여징(韓汝徵), 신효증(申孝曾)에게 각각 시집갔다. 둘째 사위 한영은 5남 4녀를 두었는데, 장남 안국(安國), 차남 정국(正國), 셋째 정국(定國)은 급제를 하였고, 넷째 흥국(興國)과 다섯째 창국(昌國)은 진사이다. 딸들은 이중길(李重吉), 이덕윤(李德潤), 최홍재(崔弘載), 남궁전(南宮烇)에게 각각 시집갔다. 정유일은 부인과는 아들이 없었으나 측실에게서 1녀 2남을 두었는데, 딸은 이명옥(李明玉)에게 시집갔고, 아들은 사경(思敬)과 사신(思愼)이다. 이명옥은 1남을 두었으니 양겸(陽謙)이다. 정사경은 4남 1녀를 두었으니 아들은 승선(承先), 승효(承孝), 승주(承周), 승훈(承勛)이고, 딸은 안어변(安魚變)에게 시집갔다. 정승선은 2남 1녀를 두었으니 아들은 창언(昌言), 시언(時言)이고, 딸은 김성후(金成厚)에게 시집갔다. 정창언이 후에 정유일의 묘소를 수리하고 비석을 세웠다.

2) 정유일의 생애

정유일의 생애에 관해서는 사위 임기가 지은 행장이 가장 중요한 자료이니, 여이징(呂爾徵)이 쓴 묘갈명과 권정택(權正宅)이 쓴 묘표도 행장을 바탕으로 한 것이다. 후에 행장의 작자가 불분명하다는 논의가 있었지만, 이광정(李光庭)의 후지(後識)를 통해 임기가 지었다는 것을 확인할 수 있다. 그러나 이광정은 행장에 대하여 "선생께서 처음 벼슬한 관직은 직첩(職牒)을 살펴보고 연도에 따라 기록하여 빠뜨린 것이 없는 듯하지만, 선생의 평소 언행과 학문을 한 차례에 대해서는 밝히지 않아 매우 소략하여 그 실천의 상세함을 상고할 수 없음이 매우 한스럽다."라고 하였다. 실상 행장에는 15세에 권벌(權橃)에게 수학한 것과 성장한 뒤에 퇴계를 스승으로 모셨다는 것, 가난하여 책을 구하기 어려워 남에게 책을 빌려 직접 베껴서 공부하였으며 사부(詞賦)에 능통하여 문장으로 명성이 알려졌다는 정도만 기술되어 있을 뿐 정유일의 학문과 사상에 대해서는 언급이 없다. 조정에서의 일로는 당시 권력자인 이량(李樑)의 아들 이정빈(李廷賓)이 부정으로 과거에 장원하자 정유일이 홀로 인사를 거부하여 항의했던 일과 인종의 신주를 연은전(延恩殿)에 그대로 두고자 했던 이준경(李浚慶)의 주장을 성토한 기사만 있고, 삼사(三司)의 관직과 대사간을 역임했던 당시의 의론에 대한 기술은 없다.

정유일에 대한 연구는 《문봉집》에 실린 자료 이외에도 《명종실록》과 《선조실록》, 《정본 퇴계전서》에 실린 편지와 시, 그리고 같은 시대를 산 동료들의 문집에 실린 자료를 바탕으로 종합적으로 이루어져야 한다. 정유일의 학문과 사상을 살펴볼 수 있는 무엇보다 중요한 자료는 《퇴계집》에 실린 정유일에게 준 시와 편지이다. 정유일의 생애를 표로 정리하며 퇴계가 정유일을 위하여 지은 시와 보낸 편지의 숫자를 연도별로 정리하여 보았다.

서기(왕력)	나이	기사
1533(중종28)	1세	봉화읍 유곡에서 태어나다.
1537(중종32)	5세	모친 월성 이씨의 상을 당하다.
1547(명종2)	15세	권벌에게 배우면서 가문을 일으킬 인재로 칭찬받다.
1552(명종7)	20세	사마시에 합격하다. 퇴계 문하에서 수학을 시작하다.
1555(명종10)	23세	퇴계의 편지 1통을 받다. 시 1수를 받다.
1556(명종11)	24세	퇴계의 편지 11통을 받다.
1557(명종12)	25세	퇴계의 편지 3통을 받다.
1558(명종13)	26세	식년 문과에 급제하고 승문원 권지가 되다. ○퇴계의 편지 8통을 받다.
1559(명종14)	27세	승문원 부정자가 되었다가 예문관검열 겸 춘추관기사관이 되다. ○퇴계의 편지 4통을 받다.
1560(명종15)	28세	퇴계의 편지 12통과 시 21수를 받다.
1561(명종16)	29세	퇴계의 편지 12통과 시 1수를 받다.
1562(명종17)	30세	대교, 주서가 되다. ○퇴계의 편지 8통과 시 8수를 받다.
1563(명종18)	31세	설서, 정언, 전적이 되다. 부친의 봉양을 위해 외직을 청하여 진보 현감(眞寶縣監)이 되다. ○퇴계의 편지 8통과 시 1수를 받다.
1564(명종19)	32세	퇴계의 편지 12통과 시 2수를 받다.
1565(명종20)	33세	강원 도사에 제수되고 겸춘추가 되다. 가을에 조정으로 들어와 직강 겸 지제교가 되다. 겨울에 지평 겸춘추가 되었다가 예조 정랑이 되다. ○퇴계의 편지 8통과 시 3수를 받다.
1566(명종21)	34세	직강, 헌납이 되다. ○퇴계의 편지 16통과 시 1수를 받다.
1567(명종22)	35세	지평, 이조 좌랑, 전적이 되다. ○퇴계의 편지 11통을 받다.
1568(선조1)	36세	중국 사신 성헌(成憲), 왕새(王璽)의 원접사 일행이 되어 시를 차운하다. 예안 현감(禮安縣監)이 되어 선정을 행하다. 겨울에 홍문관 교리로 부름을 받고, 지제교 겸 경연시강관 춘추관기주관이 되다. ○퇴계의 편지 41통과 시 2수를 받다.
1569(선조2)	37세	의정부 검상·사인, 지제교 겸 편수관, 부응교 겸 경연시강관, 사간, 성균관 사성이 되다. 여름에 영천 군수(榮川郡守)가 되었는데, 부친상을 당해 관직에서 물러나다. ○퇴계의 편지 16통과 시 3수를 받다.

서기(왕력)	나이	기사
1570(선조3)	38세	호당(湖堂)에서 사가독서하다. ○퇴계의 편지 7통을 받다. 퇴계 선생을 곡하다.
1571(선조4)	39세	부친상을 마치고 응교가 되다. 가을에 사국 낭청, 집의, 부응교, 지제교 겸 경연시강관, 승문원 판교, 사간 등을 맡으며 《명종실록》 수찬에 참여하다.
1572(선조5)	40세	부응교, 전한, 의정부 사인, 상의원 정, 내자시 정, 집의가 되다. 중국 사신 진삼모(陳三謨), 한세능(韓世能)이 오자 원접사 종사관이 되어 의주에 다녀오다. 홍문관 직제학이 되다. 겨울에 통정대부에 올라 동부승지 겸 경연 참찬관 춘추관수찬관이 되다.
1573(선조6)	41세	우부승지, 대사간을 거쳐 우승지, 좌승지가 되다.
1574(선조7)	42세	형조 참의, 이조 참의가 되다.
1575(선조8)	43세	대사간이 되다. 여름에 병으로 사직하고 호군이 되다.
1576(선조9)	44세	12월 1일, 서울에서 병으로 졸하다.
1577(선조10)		3월 9일, 안동 내성현 의동 선영에 묻히다.
1799(정조23)		조술도(趙述道)의 서문, 김진동(金鎭東)의 발문을 실어 6권 3책의 목판본으로 문집이 간행되다.

3. 《문봉집》의 편찬과 간행

《문봉집》은 정유일이 세상을 떠난 지 200여 년 뒤, 1799년에 고향인 봉화에서 간행되었다. 정유일은 서울에서 벼슬살이하던 중 갑자기 세상을 떠나 제자를 두지 못하였으며 자식들도 장성하지 못하여 유문을 수습할 사람이 없었다. 더구나 임진왜란과 정유재란으로 흩어져 있던 자료도 거의 사라지게 되었다. 행장을 보면,

> "평소에 저술하는 것을 좋아하여 동향 선현의 언행과 문장을 수집하여 〈한중필록〉을 지었다. 강원 도사를 지낼 때 산수와 누대의 좋은 경치를 기록하여 《관동록(關東錄)》을 지었으나 임진년 병란에 잃어버렸다. 일찍이 송(宋)나라 명신의 언행에 대해 주자(朱子)가 이미

기록을 해 두었지만 그 외 영웅호걸의 절의와 문장이 아직 세상에 알려지지 못하였다고 하여 왕우(王祐)부터 이후 문천상(文天祥), 육수부(陸秀夫), 조양보(趙良輔) 등에 이르기까지 수백여 인을 모아서 《송조명현록(宋朝名賢錄)》이라고 이름을 붙였으나 탈고하지 못한 채 집에 보관되어 있다."

하였다. 당시에 〈한중필록〉, 《송조명현록》 등 일부 저술이 남아 있고 《관동록》은 왜란으로 없어졌다는 말을 하면서도 여타 시문의 규모에 대한 언급이 없으니, 사후에 유문의 수습이 이루어지지 않았음을 알 수 있다. 또 이광정이 지은 행장의 후지에서는 "경저(京邸)에서 선생의 상(喪)이 나니 집에 보관되어 있던 서적과 원고를 간수할 사람이 없어 거의 다 산일되었다. (중략) 자손들의 집안에는 믿을 만한 다른 문헌 자료가 없으니, 비록 그를 위하여 찾아서 연구하여 온전하게 갖추고자 해도 방법이 없다. 퇴계 선생의 문집 가운데 선생과 주고받은 서찰이 3, 4권의 분량에 이르는데 대체로 모두 학문에 관해 논의한 글이다."라고 하였다. 이광정이 후지를 쓴 시기는 1750년대 이전으로 추정되는데, 당시까지도 문집의 편찬이 본격적으로 행해지지 않았던 것으로 보인다. 정유일의 사후에 그가 남긴 자료가 제대로 수습되고 정리되지 못하여 그의 학문과 삶을 자세히 연구할 수 없게 된 것은 애석한 일이다.

문집을 간행하게 되는 경위는 《문봉집》 말미에 실려 있는 김진동(金鎭東)의 발문에 자세하다.

"도사 유종춘(柳宗春)은 원접사 종사관으로 갔을 때 지은 모든 작품을 기록하여 보내왔고, 이야순은 사문문답(師門問答) 수백 단락을 보내왔고, 소식을 듣고서 유문을 베껴서 보내온 것이 약간 편이며, 〈한중필록〉 1권은 본손(本孫)이 소장하고 있던 수필본(手筆本)이다. 이 일에 처음부터 끝까지 힘을 쏟은 사람은 본손 정종박(鄭宗璞)이다. 일을 시작한 지 10여 년이 지난 뒤에 거칠게나마 책이 완성되었다. 시 2권, 서 2권 그리고 〈한중필록〉과 부록을 합하여 3책이다. 그리고 선생이 편찬한 《송조속명신언행록(宋朝續名臣言行錄)》 11책은 묘갈문에서 병란에 소실되었다고 하여 애초에 수색하지 않았는데, 이야순이 부라(浮羅) 금종윤(琴宗潤)의 집에서 한 책을 얻고, 삼척(三陟)의 후손 집에서 또 8책을 얻었으니, 모두 수필본이었다. 나머지 두 책은 행방을 모르다가 나중에 경성(京城)의 임씨(任氏) 집에 있다는 소식을 듣고 또 빌려다가 베껴서 드디어 완질을 이루었다."

안동 유림은 퇴계의 다른 제자들에 비해 정유일의 글만 전하지 않는다는 것을 안타깝게 여기고 있었다. 이러한 상황에서 권응도(權應度)가 먼저 문집 간행에 대한 발의를 시작하였으나 병으로 죽고, 권사협(權思浹)과 김희분(金熙奮)이 유문의 수집을 이어서 맡았다. 이들은 지인을 통해 흩어져 있던 유문을 널리 수집하여 시 2권, 서 2권, 〈한중필록〉 1권, 부록 1권으로 편집하였다. 이것을 바탕으로 정종박이 조술도의 서문과 김진동의 발문을 추가하여 1799년에 6권 3책의 목판본으로 간행하니, 바로 본 번역서의 대본이다. 앞서 언급한 《송조속명신언행록》 11책은 별저이므로 문집에 포함시키지 않았다.

《퇴계집》에 《송조속명신언행록》의 편성과 관련하여 퇴계가 정유일과 여러 해에 걸쳐 왕복한 편지가 남아 있고, 《관동록》을 읽고 와유(臥遊)를 즐긴 기사가 발견되지만, 《관동록》과 《송조속명신언행록》은 현재 전하지 않는다.

4. 《문봉집》의 구성과 내용

정유일은 23세 때부터 퇴계가 타계할 때까지 16년에 걸쳐 한 해도 거르지 않고 편지를 주고받았다. 《정본 퇴계전서》에 실려 있는 퇴계가 정유일에게 보낸 편지는 178통으로 조목, 기대승 등의 고제보다 훨씬 많은 편지를 받았다. 퇴계가 정유일을 위하여 지은 시도 48수 남아 있다. 《문봉집》에 실린 내용은 여기에 비하면 너무 빈약하니, 퇴계에게 올린 편지는 6통이고, 퇴계와 관련된 시는 10수에 지나지 않는다. 또 서문에서도 언급했듯이 연은전에 인종의 신주를 봉안하는 것에 대한 상소는 정유일의 절의를 드러내는 대표적인 사건인데 본집에는 실려 있지 않다. 이것만 보아도 본집에는 정유일의 저작 중 극히 일부만 포함되어 있어 정유일의 학문과 절의를 살피기에 부족하다는 것을 알 수 있다. 조술도는 서문에서,

> "퇴계 선생의 가르침을 받은 산남(山南)의 학사와 대부 가운데 정명도(程明道)와 정이천(程伊川) 문하의 양시(楊時), 사양좌(謝良佐)나 주자 문하의 황간(黃榦), 채침(蔡沈)과 같은 자가 모두 몇 사람이던가. 이때에 문봉 정 선생이 유독 빼어나, 명민한 자질로 넓고 막힘이 없는 학문을 이루어 퇴계 선생의 인정을 가장 크게 받았다. (중략) 이제 겨우 200여 년이 지났는데 선생이 남긴 향기로운 삶의 자취는 구름과 노을이 사라지고 별과 달이 지듯이 아득하게 없어졌으니 어찌 사람들이 크게 한탄하는 일이 아니겠는가."

하여, 퇴계 문하에서 떨치던 명성에 비해 정유일의 학문을 추적할 만한 문헌이 너무나 빈약한 것을 안타까이 여겼다. 부족하나마 번역된 《문봉집》을 가지고 《퇴계집》 및 정유일과 가깝던 고봉 기대승, 백담(柏

潭) 구봉령(具鳳齡), 학봉 김성일, 습재(習齋) 권벽(權擘)의 문집에 실린 관련 자료와 비교하며 연구하면 그의 삶과 학문을 오늘날 재조명할 수 있을 것이다.

본집은 6권 3책으로 편차되어 있다. 권두에 1799년에 쓴 조술도의 서문이 실려 있고 이어서 작품의 총목차가 실려 있다. 권1~2는 시로 총 224제 289수의 시로 구성되어 있으며, 권3~4에는 〈경연강의(經筵講義)〉와 편지 6편, 〈퇴계 선생의 편지(退溪先生書)〉, 〈별록(別錄)〉, 〈퇴계 선생 언행에 대한 통술〉과 〈퇴계 선생 제문〔祭退溪先生文〕〉이 실려 있다. 권5는 〈한중필록〉이고, 권6은 부록으로 정유일의 행장, 묘갈명, 축문, 상량문, 만사 등이 실려 있다. 권말에는 김진동이 쓴 발문이 있다. 이하 문체별로 간략하게 내용을 살펴보도록 하겠다.

1) 시

권1과 권2는 시이다. 권1은 115제 151수, 권2는 109제 138수로 모두 224제 289수이다. 문집에서 시는 저작 연대순으로 싣는 것이 일반적이지만 《문봉집》의 경우 저작 연대순이라고 보기 힘든 경우가 많다. 저자의 사후 오랜 기간이 지난 뒤에 흩어진 자료를 모아서 편찬한 탓으로 보인다. 예컨대 권1 시1 〈퇴계 선생에게 올리다〔上退溪先生〕〉 2수는 1568년(선조1)의 작품인데, 권1 시4 신응시(辛應時)에게 보낸 시와 시5 정지연(鄭芝衍)에게 보낸 시는 1574년 작품이다. 권1 시16의 주청부사(奏請副使)로 중국으로 떠나는 윤근수(尹根壽)를 전송하는 시는 1573년 작이고, 권1 시30 〈죽서루 현판의 시에 차운하다〔竹西樓板上次韻〕〉 이하 몇 수는 1565년 강원 도사로 지낼 때의 작품이다. 권1 시109는 퇴계 선생의 소상일(小祥日)을 맞아 지은 1571년 작품인데, 권1

시112와 113은 1570년 호당에서 지은 시이다. 이렇게 볼 때 권1의 시는 지은 연대순으로 배열된 것이라고 볼 수 없다.

권2에서 앞의 77제 88수는 1572년 중국에서 의주에 도착한 사신을 맞이하는 접반사로서 의주와 서울을 왕복하며 지은 시이다. 판서 정유길은 정사이고 권벽과 유성룡(柳成龍)은 함께 종사관이었으므로 서로 창수한 시가 대부분이다. 이는 김진동이 발문에서 밝힌 것처럼 유문을 수집할 때 유종춘이 보내온 시록으로 보인다. 그 외 작품의 연도가 확인되는 마지막 시는 권2 시95 〈조형선에 대한 만사〔挽趙衡善〕〉로, 1575년 작품이다. 정유일은 1575년 병으로 사직하고 잠시 고향으로 내려가 지방직을 청하였으나 뜻을 이루지 못하고 다시 서울로 올라와 이듬해 병사하였다. 본집에 실린 시는 모두 1565년 이후 지은 것이니, 작품 활동이 왕성하던 관직 생활 초기 10여 년의 작품은 볼 수 없다는 것이 안타깝다.

내용별로 살펴보면 먼저 퇴계와 관련된 시가 6제 10수로, 선생에 대한 존모와 그리움, 자신의 학문에 대한 다짐 등을 담고 있다. 반면 《퇴계집》에는 정유일에게 보낸 시가 18제 48수인데 1560년에 지은 〈자중의 '한거 20수'에 화답하다〔和子中閑居二十詠〕〉와 1562년의 〈정자중이 병풍의 제화시를 구하다〔鄭子中求題屛畫〕〉의 절구 8수가 대표적인 것이다. 퇴계가 정유일에게 답한 시는 정유일이 1565년 강원 도사로 나가기 이전의 작품이 많은데도 정유일이 퇴계에게 올린 시는 제목조차 남아 있지 않다.

〈죽서루 현판의 시에 차운하다〉, 〈강릉 가는 길에〔江陵道中〕〉 등 5수는 1565년 강원 도사로 부임하며 지은 시로 없어진 《관동록》의 일부로 보인다. 금난수(琴蘭秀), 권동미(權東美), 김부륜(金富倫), 김부필(金富弼), 금응협(琴應夾), 조목 등 동문들과 주고받은 시 등 42수는 1568년 잠시 예안 현감으로 지내며 지은 것이다. 그 외 1568년 명(明)나라 조사(詔使) 성헌(成憲), 왕새(王璽)와 주고받은 시, 송도, 경주, 평양에 대한 회고시(懷古詩)가 있어 저자가 역사에 특별한 관심을 갖고 있었음을 엿볼 수 있다. 송별시, 증여시 등도 많은 분량을 차지하는데, 대상은 한효우(韓孝友), 홍성민(洪聖民), 윤근수, 김계(金啓), 이후백(李後白), 이중호(李仲虎), 권동미(權東美), 남언경(南彦經), 이중량(李仲樑), 박순(朴淳), 신응시 등이다.

권2에는 1572년 중국 사신 한세능(韓世能)과 진삼모(陳三謨)의 원접사 종사관으로 의주를 다녀오며 지은 시, 일행인 정유길, 유성룡, 권벽과 수창한 시가 80여 수나 된다. 그 외에는 역시 송별시, 만시(挽詩), 증여시, 차운시 등으로 그 대상을 살펴보면 정유일의 교유 관계를 알 수 있는데 대부분 퇴계 문하의 동문이나 관직 생활을 하는 동안의 지인 등이다. 권2에서 시를 준 대상은 유홍(兪泓), 유전(柳㙉), 이경명(李景明), 유희림(柳希霖), 최운우(崔雲遇), 정언지(鄭彦智), 박수검(朴守儉), 허봉(許篈), 황윤길(黃允吉), 오건(吳健), 이이(李珥), 민충원(閔忠元), 박점(朴漸), 이안중(李安仲), 이순인(李純仁), 이희일(李希一) 등이며, 김계, 조정기(趙廷機), 이지번(李之蕃)에 대한 만시가 있다. 권2 뒷부분에 실린 시는 모두 고향 친구들에게 보낸 것으로 외로움과 그리움을 노래하고 있다.

2) 경연강의

권3에 실려 있으며, 2건이다. 모두 학봉 김성일의 기록에서 나온 것이라고 끝에서 출처를 밝히고 있다. 첫 번째 〈경연강의〉는 1571년(선조

4) 12월 6일 《중용혹문(中庸或問)》을 진강한 뒤 선조가 성인(聖人)의 충서(忠恕)와 학자의 충서를 논하자, 이에 대하여 시강관 정유일과 검토관 이헌국(李憲國)이 토론한 내용이고, 또 유희춘(柳希春)의 학문에 대하여 논한 내용이 실려 있다. 두 번째 〈경연강의〉는 군신간의 관계에 대한 정유일의 진언이다. "임금과 신하는 한 몸으로, 임금과 신하 사이에는 정(情)과 의리에 간격이 없어 아버지와 아들 관계와 같아야 합니다."라는 내용으로 군신간의 격의 없는 소통을 강조하며 자주 신하를 불러 볼 것을 청하여 왕의 동의를 얻었다. 이 기록은 연월일이 적혀 있지 않지만 비슷한 시기에 이루어진 것으로 보인다. 근래 시골에 있으면서 왕이 경연 석상에서 별말이 없다고 들었다는 구절로 보아 정유일이 부친상을 마치고 상경한 지 얼마 안 된 시기에 행한 경연인 듯하다. 실록에는 정유일이 선조 7년 갑술(1574) 1월 25일 주강에서 변통론을 주장한 기사와 선조 7년 갑술(1574) 2월 4일 주강에서 《서경》을 강한 내용 외에도 몇 차례의 경연 내용이 보인다.

3) 편지

권3에 4통, 권4에 2통 총 6통이 실려 있다.

첫 번째 〈퇴계 선생에게 올린 문목〔上退溪先生問目〕〉은 1556년(명종11) 4월에 퇴계에게 올린 글이다. 퇴계의 답서는 《퇴계집》 권24 〈답정자중(答鄭子中)〉 제2서와 제3서에 있는 내용이다. 문목은 《황극경세서(皇極經世書)》에 나오는 "마음이 태극이다.〔心爲太極〕"라는 것에 대한 북계(北溪) 진순(陳淳)의 해설을 비판하며 이일분수(理一分殊)를 설명한 것, 주돈이(周敦頤)의 《통서(通書)》 중 이해가 안 되는 부분, 주자의 설을 인용하며 사람과 금수의 차이는 품부받은 성(性)의 차이가 아니라 미루어 자각하고 실천하는 데 있다고 보는 것 등에 대한 것이다. 마지막으로 "격물(格物)에 관한 설은 신속하게 찬집하여 후학에게 도움을 주시기를 간절하게 바라고 바랍니다."라는 부분은 격물과 관련된 설에 대해 종합적 설명을 퇴계에게 요구하였다는 점에서 주목할 만하다.

두 번째 〈선생에게 올린 문목〔上先生問目〕〉은 1556년 7월에 올린 것이며, 퇴계의 답서는 《퇴계집》 권24 〈답정자중별지(答鄭子中別紙)〉 제5서에 실린 내용이다. 여기서 정유일은 열 가지 질문을 하는데, 질문 아래 바로 퇴계의 답을 배치한 것은 편찬 당시 보기 쉽게 하려고 이렇게 편집한 것이다. 《이정유서(二程遺書)》, 《주자어류(朱子語類)》, 《주자대전(朱子大全)》을 읽으며 이해하기 힘든 부분을 주로 질의하였으며, 달과 땅과 해의 관계라든지 개구리나 꿩의 울음과 자연의 관계 등에 대한 질문처럼 자연 현상의 인과 관계에 관한 질문도 가끔 보인다.

세 번째 〈퇴계 선생에게 올린 강목의 질문〔上退溪先生講目稟質〕〉은 1561년 4월에 퇴계에게 보낸 것으로 역시 퇴계의 답이 질문마다 달려 있으며, 이는 《퇴계집》 권25 〈답정자중강목(答鄭子中講目)〉에 실려 있는 내용이다. 이 편지에서 정유일은 지(志)와 의(意)의 구별, 정(情)의 선과 악, 마음에 있는 의(義)와 일의 마땅함인 의(義)의 구별, 장재(張載)의 "텅 빔과 기운을 합하여 성(性)이라는 이름이 있게 되었다."라는 설에 관한 물음, 지각과 음양의 관계, 주자의 고시(古詩)와 두시(杜詩)에 관한 질문, 서경덕(徐敬德)의 학설에 대한 비판 등 열 가지의 강목을 질의하였다. 특히 서경덕의 〈이와 기의 근원을 캐다〔原理氣〕〉, 〈귀와 신과 죽음과 삶에 대해 논하다〔鬼神死生論〕〉, 〈이와 기에 대한 설〔理氣說〉 각각의 논문에 대해 구체적인 비판을 하여 퇴계의 인정을 받는다.

네 번째 〈퇴계 선생에게 올린 문목〉도 1561년 4월과 1562년에 올린 편지를 합한 것이고, 퇴계의 답서는 《퇴계집》 권25 〈답정자중별지〉 제17서와 제20서에 실려 있는 내용이다. 45개 항이 넘는 정유일의 질문에 대해 퇴계의 답 35개 항이 실려 있다. 성리학에서 가장 중요한 태극의 동정(動靜) 문제, 인이란 무엇인가, 노자와 장자에 관한 질문, 성과 심의 관계, 사람의 몸에 8괘 64괘 384효가 다 있는가, 장자는 소강절보다 호방한가, '심물망(心勿忘) 물조장(勿助長)'의 문제, 불모기리(不謀其利), 충막무짐(沖漠無朕) 등 성리학의 중요 주제에 관해 질문과 응답이 이루어지고 있다.

이상 권3에 실린 4통의 편지는 정유일이 24세에서 30세 사이에 퇴계에게 질문한 내용이다. 성리학의 핵심이 되는 격물치지, 태극, 성정과 수양론 전반에 대해 일찍부터 깊은 관심을 가졌음을 알 수 있다. 특히 권1과 권2의 시는 거의 33세 이후의 작품인 데에 비해 편지는 그 이전의 글이어서 상호 보완의 의미도 크다.

다섯 번째 〈퇴계 선생에게 올린 문목〉은 1566년에 올린 것이다. 격물(格物)과 물격(物格)에 대한 자신의 생각과 허엽(許曄)과 오건 등의 설을 소개하며 퇴계의 의견을 구하고 있다. 뒷부분에서는 의(意)와 지(志), 비(費)와 은(隱)에 관한 질문을 하고 있다. 퇴계의 답변은 《퇴계집》에 나오는 4통의 편지를 안배한 것이다. 제1서는 《퇴계집》 권26 제16서 〈답정자중〉의 별지이며, 제2서는 《퇴계집》 권26 제21서 〈답정자중별지〉이며, 제3서는 《퇴계집》 권26 제22서 〈격물물격속설변의답정자중(格物物格俗說辯疑答鄭子中)〉으로 모두 격물과 물격에 관한 논의이다. 제4서는 《퇴계집》 권26 제18서 〈답정자중〉으로 지와 의, 그리고 비와 은에 대하여 퇴계가 답하고 있다. 퇴계의 답서만 남아 있고 정유일이 올린 편지가 없어졌기 때문에 정유일의 물음과 관련되는 퇴계의 답서를 함께 편집한 것이다.

여섯 번째 〈퇴계 선생에게 올림〔上退溪先生〕〉은 1567년 퇴계의 낙향을 둘러싼 조정의 논의에 대해 정유일이 우려를 표한 글이다. 명종이 퇴계에게 명나라 사신을 접대할 책임을 맡아 달라고 간곡하게 부탁하여 퇴계가 서울에 올라왔으나 사은의 예도 갖추기 전에 명종이 붕어하였다. 퇴계는 명나라 사신 접대의 임무를 마친 다음 명종의 행장을 찬술한 뒤 장례를 마치기 전에 낙향하였는데, 당시 수상이었던 이준경을 비롯하여 제자들까지 비판에 동조할 정도였다.

《퇴계집》에는 퇴계가 정유일에게 보낸 편지가 178통 남아 있는데 《문봉집》에 실린 정유일이 퇴계에게 보낸 편지는 6통에 지나지 않는다. 정유일 사후 200여 년이 지나 《문봉집》을 편집한 사람들은 《퇴계집》에 남아 있는 정유일에게 답한 편지에 비하여 정유일이 퇴계에게 보낸 편지의 양이 너무 적은 것을 안타깝게 여겼을 것이다. 권4의 편지는 그러한 안타까움을 해소하기 위한 노력으로 보인다.

편지 뒷부분의 〈퇴계 선생의 편지〉와 〈별록〉은 모두 정유일의 글이 아니다. 편집자들이 《퇴계집》 중 퇴계가 정유일에 대해 언급한 중요한 내용과 문답을 발췌한 것이다. 〈퇴계 선생의 편지〉에서는 퇴계의 편지에서 21개 조목을 발췌하여 소개하고, 〈별록〉에서는 문답의 형식으로 여덟 가지 주제를 뽑아 소개하고 있다. 다행히 오늘날은 자료에 대한 검색 기능이 발달하여 《퇴계집》 가운데서 그 출처를 모두 찾아 밝힐 수 있었다. 원문의 출처를 확인하며 내용 전체를 읽으면 퇴계와 정유일의 교학의 내용이나 정유일의 학문과 사상을 이해하는 데 크게 도움이 될 것이다.

정유일은 도산과 멀리 떨어져 있지 않은 봉화에서 성장한 데다 퇴계와 인척이어서 서로 가까운 사이였다. 청송 현감, 예안 현감, 영주 군수로 지내며 왕래할 기회도 많았다. 게다가 정유일은 역사서를 탐독하고 글을 쓰기도 좋아하여 문학적 자질도 뛰어났다.

"역사서를 탐독하고 고서 베끼기를 좋아하는 일의 경우, 그대가 7, 8년 동안 가장 중요한 일로 여겼습니다. 그러나 하루아침에 문득 그것이 잘못임을 깨닫고 곧바로 끊어 버리면서 말하기를 '이런 공부가 몸과 마음에 무슨 관련이 있겠는가.'라고 하였습니다. 밝은 견해와 용감한 결단이 아니면 어떻게 여기에 미치겠습니까. (중략) 이런 마음을 가지고 진실되고 절실하게 체득하고 인식하여 그 사이에서 편안히 푹 잠길 수 있게 되면, 점점 쌓이고 오래도록 노력한 나머지 홀연히 하나로 융합되며 시원하게 벗어나는 곳이 있을 것이니, 이것이 곧 참소식입니다.

보내온 편지에서 후회와 부끄러움을 구제하고 다스리는 것과 공부를 쉽게 빼앗긴다는 것은 모두 익숙히 경험한 나머지 지극한 정성에서 나온 말입니다. 이것으로 스스로 격려하고 오랜 세월을 더하게 되면 횡거(橫渠)가 말한 '마음을 노닐게 하여 점점 젖어들고 익숙해지면 확 벗어나 큰 잠에서 깨어난 것과 거의 같게 된다.'라는 경지를 체험할 그 날이 어찌 있지 않겠습니까."

퇴계는 정유일이 역사서를 읽고 편집하는 것보다는 성인이 되는 위기지학을 통하여 도를 체득해 인격을 완성하는 학문을 권하고 있다. '확 벗어나 큰 잠에서 깨어난 것'은 공자가 말한 "아침에 도를 깨달으면 저녁에 죽어도 좋다.〔朝聞道, 夕死可矣.〕"라는 도의 자득을 의미한다.

공자가 안연을 "순서에 따라 잘 인도하였다."라고 한 것처럼 퇴계는 정유일을 정성으로 순서에 따라 가르쳐 도에 들어가는 문으로 안내하고자 하였다.

4) 잡저

권4에는 잡저인 〈퇴계 선생 언행에 대한 통술〉과 〈퇴계 선생 제문〉이 실려 있다.

현대는 대상에 대한 탐구를 주로 하는 과학의 발달로 인간완성을 추구하는 학문인 유학을 이해할 수 없게 되었다. 유학은 인간의 자기완성을 통하여 자연의 진리를 인식할 수 있다고 본다. 자기완성의 학문에서 말과 행동은 무엇보다 중요하다. 《논어》는 공자의 언행에 대한 기록이다. 주희(朱熹)는 송대(宋代)의 주돈이, 정명도, 정이천, 장재 등 네 스승들의 언행을 모아 《근사록(近思錄)》을 편찬하였다. 선생의 언행에 대한 종합적 기술을 한다는 것은 쉬운 일이 아니다.

"비록 이름 있는 스승을 뵙지는 못하였지만, 도는 육경(六經)에 있고 그 근본은 나의 몸에 갖추어 있으며, 도에 들어가는 길은 앞선 학자들이 논설한 것이 해가 중천에 뜬 듯 밝다고 여겼다. 이에 분연히 격물(格物), 치지(致知), 성의(誠意), 정심(正心)의 터전에 힘을 다하면서, 분발하여 끼니마저 잊고, 괴로움을 꾹 참으며 열심히 노력하였다. (중략) 선생은 동쪽 나라에서 학문이 끊어진 뒤에 태어나서 사승(師承)을 거치지 않은 채 초연히 홀로 터득하였다. 그 순정하고 깨끗한 자질과 정미하고 조예 깊은 견해, 넓고 굳은 지킴과 높고 밝은 학문이여, 도는 한 몸에 쌓였고 가르침은 백대(百代)에 드리웠으며, 공렬은 앞선 성인을 빛나게 하였고 은택은 후학에게 흘러내렸으니, 동방에서 찾으면 한 사람뿐이도다!"

퇴계의 언행에 대하여 이렇게 시작해서 수천만 자로 설명을 이어 간 다음 이렇게 끝맺을 수 있는 제자가 또 있을 수 있을 것인가. 정유일의 〈퇴계 선생 언행에 대한 통술〉은 《퇴계집》과 함께 영원히 역사에 남는 글이 되었다. 1707년 권두경이 완성한 《퇴계선생언행통록(退溪先生言行通錄)》에는 제1권에 월천 조목의 〈언행총록(言行總錄)〉, 학봉 김성일의 〈실기(實記)〉와 나란히 실려 퇴계의 삶을 이해하려는 사람은 누구나 먼저 읽어야 하는 글이 되었다. 청벽(靑壁) 이수연(李守淵)이 편찬한 《퇴계선생언행록(退溪先生言行錄)》에도 김성일의 〈실기〉, 율곡 이이의 〈유사(遺事)〉, 사암 박순의 〈행략(行略)〉과 나란히 부록에 실리게 된다. 정유일의 글은 퇴계의 제자들과 문인들 사이에서도 선생의 언행을 전체적으로 서술한 대표적인 글로 인정을 받았다.

〈퇴계 선생 제문〉 역시 짧은 글을 통하여 선생의 삶과 학문을 압축하는 가운데 자신과의 학문적 인연을 드러내야 하는 글이다. 이 글은 〈퇴계선생만제록(退溪先生挽祭錄)〉에도 실려 있는데 짧은 글에서도 퇴계의 학문과 실천을 잘 드러내었다.

5) 한중필록

권5는 〈한중필록〉이다. 정유일은 역사서를 읽고 정리하기를 좋아하여 〈한중필록〉 외에도 《송조속명신언행록》을 20대에 이미 편집하기 시작하였다. 퇴계는 정유일의 이러한 학문 경향에 대하여 자기완성의 학문에 장애가 될 수 있다며 여러 차례 편지로 경계하기까지 하였다. 정유일은 또 조선조 명신들의 언행에 대한 기록을 남기고자 〈한중필록〉을 저술하였다.

〈한중필록〉에는 명신과 학자뿐 아니라 역대 왕에 대한 평가도 겸하여 총 65개 항이 실려 있다. 세종에 대해서는 유학의 도를 진작시키고 권면하고 장려하여 집현전 학자라는 명신 집단을 양성한 사실을 특기하였으며, 유학을 숭상하는 성군으로서의 자질을 갖춘 인종의 면모를 특별하게 드러내었다.

> "인묘(仁廟)는 성리(性理)에 관한 학문을 좋아하였다. 동궁(東宮)에 머물 때 아름다운 명성이 일찍부터 드러났다. 즉위하자, 명을 한 번도 내리지 않았는데도 사림(士林)들이 다 함께 의로움을 행하기에 스스로 힘썼다. 사람들은 모두 《소학(小學)》 등의 글을 구하여 보았다. 성인의 교화는 과연 이처럼 빠르다. 태학(太學)의 제생(諸生)이 조광조(趙光祖)의 관직을 회복시킬 것을 청하자, 임금은 3년 동안은 고치지 않는다는 것을 이유로 어렵게 여겼다. (중략) 후에 임금이 병이 심해지자 비로소 복직을 명하였고, 당시 함께 죽은 사람들에게 모두 직첩을 주었다. 또 현량과(賢良科)를 부활시켜 옛 관직을 제수하였다. (중략) 성묘(成廟)가 세상을 떠나자 가난하고 외진 마을에서도 목 놓아 울지 않는 자가 없었다. 인묘도 그러했었는데, 그때보다 더욱 심했다."

신하 중에는 정몽주를 제일 앞에 실어 절개와 덕성을 드러내었다. 그 외 송당(松堂) 박영(朴英)의 극기 공부, 화담(花潭) 서경덕과 모재(慕齋) 김안국(金安國)의 부채 담화, 신재(愼齋) 주세붕(周世鵬)의 백운동서원(白雲洞書院) 건립에 대해 약술하였다. 또 회재(晦齋) 이언적(李彦迪)의 학문과 출처를 자세히 기술하였다. 그 외 유운(柳雲), 이자(李耔), 권벌, 이연경(李延慶), 기준(奇遵), 송인수(宋麟壽), 정렴(鄭磏), 홍인우(洪仁祐), 신잠(申潛)에 대한 기사가 있으며, 스승 이황의 학문과 품행을 묘사하는 데는 절로 우러나오는 존경을 숨기지 않고 정성을 다하였다. 또 조식(曺植), 정지운(鄭之雲), 성수침(成守琛), 김인후(金麟厚), 이항(李恒), 이사균(李思鈞), 장옥(張玉)에 대한 기사가 있다. 역사적 사건 중에서는 기묘사화를 자세히 소개하고 이와 관련하여 채세영(蔡世英)과 정광필의 일을 상세하게 기술하였다. 그 외 김시좌(金時佐), 홍언필(洪彦弼), 오한민(吳漢民), 김정국(金正國), 이숙번(李叔蕃) 등에 대한 기사가 있다. 또 천민으로 주인에게 충성을 다하다가 죽은 박전(朴全)의 사노(私奴)인 연(年)의 일을 자세하게 기술하였는데, 주인을 무고해 관작을 얻은 정막개(鄭莫介)와 대조를 이룬다. 후반부에는 어변갑(魚變甲), 유호인(兪好仁), 박상(朴祥), 임희재(任熙載), 이원록(李元祿), 정여창(鄭汝昌), 이준경, 정언각(鄭彦愨), 정막개, 나식(羅湜), 이몽필(李夢弼), 신광한(申光漢), 남맹하(南孟廈), 김홍도(金弘度) 등을 소개하고 노수신(盧守愼)의 소개로 끝을 맺고 있다.

6) 부록

권6은 부록으로, 정유일이 세상을 떠난 뒤 정유일을 추모하는 글이 실려 있다.

선공감 감역을 지낸 사위 임기가 지은 정유일의 행장, 이광정의 행장 후지(後識), 여이징의 묘갈문, 권정택이 지은 묘표가 앞에 있다.

행장이 없었다면 후인들은 정유일의 가계와 생애를 알 수 없었을 것이며, 그 뒤의 묘갈문을 지을 수도 없었을 것이다. 임기는 정유일의 가계와 생애, 관리로서의 경력을 전체적으로 정리하여 행장을 남겼다. 묘갈문은 여이징이 지은 것이다. 여이징은 임기의 아들인 임숙영의 친구로서 정유일의 문학과 덕행의 아름다움을 듣고 오랫동안 마음으로 존경하고 있었는데, 임숙영의 아들 임량(任量)의 부탁으로 행장에 기초하여 지은 것이다. 행장 뒤에는 이광정이 지은 지문이 있다. 지(識)를 쓰게 된 배경을 유추해 보자면, 정유일이 죽고 난 뒤 시간이 지나며 관련 자료가 없어지고, 묘가 허물어지고 묘갈마저 알아볼 수 없게 되었다. 후에 묘역을 정리하고 묘표를 세우려고 묘표를 지은 사람이 권정택이다. 이 무렵에 잃어버렸던 행장이 다시 발견되자 이광정은 지를 지어 행장의 저자와 그간의 내력을 밝히고 행장에 부족한 몇 가지를 보완하였다고 추측된다.

다음은 백록리사(柏鹿里社)의 상향 축문과 상량문 2편이다. 정유일의 묘역을 정리한 뒤, 봉화 지역의 유림들은 이 지역의 선현들을 함께 모시고 받들기 위하여 1774년(영조50)에 백록리사를 세웠는데 당시 상량문과 제사드릴 때의 축문이다. 이곳에 정유일과 이 지역의 학자 이종준과 그의 아우 이홍준, 홍준형(洪俊亨), 김성구(金聲久), 권두인(權斗寅), 권두경, 이광정 등 팔현(八賢)을 제향하였다. 상량문은 이상언(李尙彦)이 지은 것과 이광정이 지은 것 2편인데, 이광정이 지은 것은 전반부 일부만 실려 있다. 이광정의 문집인 《눌은집(訥隱集)》 권9 〈백록묘우상량문(柏麓廟宇上樑文)〉에 전문이 실려 있다.

또 제문, 만사, 추도문 등 8편이 실려 있다. 제문은 1602년에 정탁(鄭琢)이 행 중추부사로서 사람을 보내어 제사를 지내게 하면서 지은 것이라 만사보다 저작 시기가 늦다. 만사는 동문인 김성일과 권동보(權東輔), 권문해(權文海), 이이가 지은 것이 실려 있는데 김성일의 만사가 정이 깊고 자세하다. 도망편(悼亡篇)에는 정탁과 김부륜이 지은 애도사가 실려 있다.

본집을 편찬하고 간행하는 일을 주간한 김진동의 지가 문집의 끝에 실려 있다. 김진동은 본집의 편찬과 간행 과정을 자세하게 기술하여 시 2권, 서 2권, 〈한중필록〉 1권, 부록 1권으로 된 6권 3책의 문집이 이루어진 것 이외에도 선생이 편찬한 《송조속명신언행록》 11책을 수집하였다고 하는데 필자는 이 책을 아직 보지 못하였다.

5. 정유일이 지향한 삶과 학문

정유일은 문사(文詞)를 짓는 능력과 정술을 펼칠 능력을 갖추었다. 거기에 바른 학문과 삶의 길을 안내할 위대한 스승을 만났다. 그러기에 그의 능력을 알아본 조정에서 끊임없이 요직을 맡기며 놓아주지 않았다. 하지만 뜻을 이루기도 전에 갑자기 병이 나서 세상을 떠나고 말았으니, 그 안타까움이 어떠하겠는가. 제자를 기를 시간도 없었고 자식들을 돌볼 기회도 없어 문집은 그가 세상을 떠나고 200년 이상 지난 뒤에 이루어졌다. 그의 안타까운 삶을 보며 그의 학문과 사상을 논하기보다는 정유일 스스로 자신의 생각을 정리하여 퇴계에게 올린 시를 소개하는 것이 가장 잘 어울린다고 생각한다. 권1에 실려 있는 〈생각을 적어 퇴계 선생에게 올리다〔述懷上退溪先生〕〉가 그것이다.[3]

3 고봉 기대승이 문봉의 〈생각을 적어 퇴계 선생에게 올리다〉에 차운하여 퇴계 선생에게 올린 시가 《고봉전서(高峯全書)》에 남아 있다. 《고봉전서》에 실린 퇴계와 주고받은 시, 그리고 문봉과 주고받은 시들은 당시 사람들의 교우 관계를 이해하는 데 상당한 도움이 된다. 고봉의 다른 시들과 비교하면 문봉이 이 시를 지은 시기는 1569년 퇴계의 마지막 귀향길 전후로 보인다. 서울에서 연로한 스승과 이별하며 다시는 만나지 못할

하늘이 사람을 낼 적에	皇天生我人
우리에게 지극한 이치 주셨지	賦我以至理
우리들 선한 본성 타고났기에	我自有良貴
그래서 여느 사물과 다르다네	所以與物異
사람들이 처음의 본성을 알지 못하여	衆人昧本初
하늘이 주신 것을 스스로 잃어버리니	自喪天所畀
성인이 그 점을 걱정하여	聖人憫其然
손에 놓고 가리키듯 열어 보여 주셨지	開示如掌指
명선과 성신은	明善與誠身
수레의 두 바퀴와 같다네	如車有兩軌
달리고 달려 진로를 멈추지 않으면	行行不停轍
성인의 경지까지도 바랄 수 있으리	聖域亦可企
아, 노력을 다하지 않고	吁嗟力不至
도중에 스스로 포기하니	中道而自止
이 때문에 천년이 지난 후대에	所以千載下
도학이 실추된 지 오래되었구나	此學久墜地
이내 몸 또한 뜻을 두어	伊我亦有志
이른 나이에 해야 할 일을 알았지	早年知所事
대인의 문하에 의지하니	依歸大人門

듯한 느낌 속에서 이 시를 미래의 학문에 대한 각오로 스승에게 지어 바친 것으로 보인다. 이는 고봉의 경우도 마찬가지이다. 그러나 애석하게도 고봉은 1572년에, 문봉은 1576년에 세상을 떠나 선생과 약속한 학문 성취의 뜻을 이루지 못하고 만다. 고봉은 문봉에게 가장 친한 벗이었다. 퇴계와 고봉이 주고받은 시와 편지를 문봉이 전달한 경우도 적지 않았다.

나를 가까운 자리에 받아 주셨네 容我厠席次
자상히 잘 인도해 주시니 諄諄善誘我
박문과 약례의 가르침이 모두 지극하셨지 博約敎兩至
제때에 스스로 힘써서 及時欲自勉
사문에 부끄러움을 끼치지 않으려 했네 毋貽師門愧
그때에는 일부만 보고도 彼時見一班
마음에 자못 믿는 것이 있었네 中心頗自恃
잠시 과거 급제자의 명부에 올랐으니 俄然登桂籍
갈피를 잡지 못한 것은 이때부터였네 失步自此始
타고난 기질이 본래 아름답지 못한 데다가 氣質本不美
공부 또한 극진히 하지 못하니 功力更不致
캄캄하게 우거진 덤불 속을 다니고 冥行榛莽間
아득하게 밑바닥을 헤매며 茫茫迷所底
깨끗한 거울에 먼지가 가득 끼고 凝塵滿素鏡
고요한 수면에 흙탕물로 흐려 놓은 듯했지 黃流混止水
세월은 나를 기다려 주지 않아서 歲月不我與
어느덧 벌써 노년이 다 되었구나 忽已及晩齒
지난날의 학문 남은 것은 없는데 舊業無餘存
흰머리만 하나둘씩 보이네 白髮見一二
하늘은 나에게 아낌없이 주었는데 天與非嗇我
아, 나는 스스로 포기하고 말았구나 嗟我自暴棄
다행히 지극한 가르침 덕분에 幸賴有至誨
늘 선생을 모시듯 조심하였네 常如函丈侍
일이 있을 때마다 힘껏 꾸짖기를 隨事痛呵責

정수리를 바늘로 찌르듯 하였지	如針頂上刺
저 빛나는 구슬을 올려다보니	瞻彼一明珠
여전히 모래 먼지 속에 있구나	尙在塵沙裏
찾는 데 게을리하지 않는다면	求之不自怠
또한 매우 쉽게 얻으리라	得之亦孔易
나 오랜 습관 버리고	我欲捐舊習
힘을 다해 처음의 본뜻을 회복하고자 하니	竭力復初志
종신토록 행할 한마디 말을 얻어	願得終身語
깊이 새겨 두고서 잊지 않기를 바라네	緘封在骨髓

정유일의 학문은 퇴계를 배움에서 시작되고 퇴계를 배움으로써 성숙되기를 기약하였으나 갑작스러운 죽음으로 중도에 좌절되고 말았다. 그러나 그가 배운 과정과 노력한 과정은 퇴계와 주고받은 시와 편지를 통하여 후세에 남았다. 그는 퇴계를 삶과 학문의 지향처로 삼았다. 정유일은 자신이 이해하는 퇴계의 상을 〈퇴계 선생 언행에 대한 통술〉과 〈퇴계 선생 제문〉을 통하여 표현하였다. 그러므로 〈퇴계 선생 언행에 대한 통술〉과 〈퇴계 선생 제문〉에 묘사된 퇴계는 바로 그의 삶과 학문의 지향처이기도 하다. 다만 유문이 제대로 수습되지 못한 상태로 간행되어 그의 학문에 비해 남은 글이 너무도 부족하다. 퇴계와 주고받은 편지도 극히 일부만 남은 것은 물론, 다른 동료나 지인들과 나눈 편지는 1통도 남아 있지 않다. 또한 18년을 조정에 머물렀기에 상소문 등의 글도 많을 텐데 전혀 남아 있지 않으니, 이 문집만으로는 정유일의 삶과 학문을 이해하기에 부족하다. 《퇴계집》에 실린 자료와 조선왕조실록, 그리고 주변 인물의 문집에서 관련 자료를 찾아 퇴계의 고제로

서의 위치를 재정립하는 노력이 필요하다. 본 해제와 번역서가 그 출발 점이 되고 디딤돌이 되기를 바랄 따름이다.

문봉 정 선생 문집 서
文峯鄭先生文集序

퇴계 선생의 가르침을 받은 산남(山南)[1]의 학자와 대부 가운데 정명도(程明道)와 정이천(程伊川) 문하의 양시(楊時), 사양좌(謝良佐)나 주자(朱子) 문하의 황간(黃榦), 채침(蔡沉)과 같은 자가 모두 몇 사람이던가. 이때에 문봉 정 선생이 홀로 빼어나, 명민한 자질로 넓고 막힘이 없는 학문을 이루어 퇴계 선생의 인정을 가장 크게 받았다. 의심스러운 것을 묻고 물음에 답한 것은 모두 하늘이 명하고 사람이 받은 아름다운 본성에 대한 말이었다. 그 밖에 격물(格物)에 대한 해석[2]과 사단(四端)과 칠정(七情)에 관한 변론[3]처럼 여러 사람의 지혜를 합하여 스승에게 가르침을 받아 정론(定論)으로 삼은 것이 얼마나 많았던가. 불행하게

1 산남(山南) : 여기서는 영남(嶺南)과 같은 의미이다. 영남은 소백산맥 남쪽, 특히 경상북도 문경시에 있는 조령의 남쪽을 가리킨다. 교남(嶠南)이라고도 한다.

2 격물(格物)에 대한 해석 : 《대학》의 팔조목 가운데 하나인 격물에 대하여 이황(李滉)은 문봉은 물론 기대승(奇大升) 등과 많은 논의를 하였다. 특히 문봉과의 논의는 《문봉집》 권4에 수록된 〈퇴계 선생에게 올린 문목〉에서 자세히 확인할 수 있다.

3 사단(四端)과……변론 : 《맹자》 〈공손추 상(公孫丑上)〉 제6장에 나오는 사단, 즉 측은지심(惻隱之心), 수오지심(羞惡之心), 사양지심(辭讓之心), 시비지심(是非之心)과 《중용장구(中庸章句)》 수장(首章)과 《예기(禮記)》 〈예운(禮運)〉에 나오는 칠정에 대한 이기론(理氣論)적 해석에 관해서 기대승을 비롯한 문인들이 퇴계에게 많은 질문을 던졌다. 특히 문봉과의 논의는 《문봉집》 권3에 수록된 〈퇴계 선생에게 올린 강목의 질문〉과 〈퇴계 선생에게 올린 문목〉에서 자세히 확인할 수 있다.

도 선생은 중년에도 미치지 못하고 사망하였으니 그 뒤로 자손이 드물어 문헌과 서적이 모두 흩어져 없어졌다. 이제 겨우 200여 년이 지났는데 선생이 남긴 향기로운 삶의 자취는 구름과 노을이 사라지고 별과 달이 지듯이 아득하게 없어졌으니 어찌 사람들이 크게 한탄하는 일이 아니겠는가. 지난날 천성(川城)[4]의 여러 어른이 함께 모여 "선생은 우리 고을 사람이다. 선생의 동문인 친구들은 모두 문집을 남겨 세상에 유포되고 있는데 선생만 그렇지 못하니, 책임이 우리들에게 있다."라고 말하였다. 그러고서 권사협(權思浹) 군[5]과 김희분(金熙奮) 군[6] 두 사람을 수집할 책임자로 정하였으니, 모두 학문에 뜻을 둔 사람이다. 드디어 멀리까지 곳곳을 찾아다니고, 문헌을 간직한 집안에 묻고, 본가의 낡은 원고들을 참조하며 세월이 쌓여 3책을 이루게 되었다. 시집이 1권, 서찰과 문목이 1권, 〈한중필록(閑中筆錄)〉이 1권이다. 선생이 저술한 《송조속명신언행록(宋朝續名臣言行錄)》은 모두 11책으로 이미 완질을 이루었으니, 세상에 별책으로 유포되어야 한다. 그러면, 아, 이 책을 통해서도 선생의 대강을 알 수 있을 것이다.

선생의 도는 몸과 마음에 근본을 두고, 퇴계의 문하에서 강학하며 절차탁마하고 담금질을 하였으니, 강건하고 독실하여 광채가 나면서도 날로 그 덕을 새롭게 하였다. 이 때문에 옥서(玉署)와 난파(鑾坡)에

4 천성(川城) : 경상북도 영주(榮州)의 옛 이름이다. 영주의 옛 지명인 내사(奈巳)나 내령(奈靈)은 이두식 표기이다.

5 권사협(權思浹) 군 : 1753～1832. 본관은 안동(安東), 자는 열보(說甫)이다.

6 김희분(金熙奮) 군 : 1760～1822. 본관은 의성(義城), 자는 순수(舜叟), 호는 백산(白山)이다. 경상북도 안동(安東)에 거주하였다. 대산(大山) 이상정(李象靖)의 문인이다. 《백산문집(白山文集)》이 전한다.

서도 모두 이 도며, 사원(史院 춘추관)의 경연에서도 모두 이 도였다. 최후로 연은전(延恩殿)에 인종(仁宗)을 봉안하는 소(疏)[7]는 그 글은 남아 있지 않지만 또한 이 도를 미루어 나간 것이다. 이 문집을 보면 봉황이 나는 모습의 반을 완미하기에도 부족하겠지만 어찌 오색이 갖추어진 것이야 알지 못하겠는가. 내가 이 일을 할 능력이 없지만 여러 군자들이 부지런하게 마음으로 힘쓰는 데 감동하고, 선생의 후손인 종박(宗璞)이 홀로 성실하고 삼가며 조상을 사모하여 백 리 먼 길을 여러 차례 방문하며 여러 번 간절하게 부탁하는 데 감동하였다. 내가 어리석고 못난 것을 생각지 아니하고 위와 같이 일의 전말을 기록하여 후세의 군자가 이어서 고찰하여 다시 밝히기를 기다릴 뿐이다.

정조 23년 기미년(1799) 11월 후학 한양(漢陽) 조술도(趙述道)[8]가 삼가 서문을 쓰다.

7 연은전(延恩殿)에……소(疏) : 성종(成宗)은 생부를 덕종(德宗)이라 추존하여 연은전을 지어 별도로 봉안하였다. 그 뒤 인종이 승하하자 향사 문제로 논의하다가 연은전에 위패를 임시로 모셨다. 이와 관련하여 문봉이 지은 상소문을 가리킨다.

8 조술도(趙述道) : 1729～1803. 영양 출신으로, 본관은 한양이다. 자는 성소(聖紹), 호는 만곡(晩谷)이다. 청년기까지는 과거 공부에 종사했으나 1759년(영조35) 동생 조진도(趙進道)가 문과에 합격하고도 조덕린(趙德鄰)의 손자라는 이유로 삭과(削科)되자 과거를 단념하고 성리서를 탐독하였다. 1765년 이상정, 김낙행(金樂行)의 문하에 입문하고, 1776년에는 월록서당(月麓書堂)을 지어 후학을 지도하였다. 만년에는 도산서원 유생들을 위해 〈향음주고정의식(鄕飮酒攷定儀式)〉을 제정하고, 《주서강록간보(朱書講錄刊補)》를 교열하였다. 문집으로 《만곡집(晩谷集)》이 있다.

문봉집

제1권

詩시

퇴계 선생에게 올리다 2수
上退溪先生 二首

산림에 조서가 부지런히 날아들어 翩翩林下鶴書勤
만년에 마음을 바꿔 벼슬하시니 온 나라의 기쁨이라 晩歲幡然海內欣
대궐에서 선생에게 다가앉는 총애[1] 깊을수록 金殿漸隆前席寵
백성들은 날마다 하늘을 지탱할 공훈을 바라네 蒼生日望拄天勳
시름은 한강의 새로 물든 단풍에 감돌고 愁纏漢水新紅葉
꿈은 도산의 변함없는 흰 구름을 거니네 夢落陶山舊白雲
분황을 해야 하는 맑은 자리에 계신 것, 멀리서 생각하니 遙想焚黃淸坐處
정적 속에 들려오는 궁궐의 물시계 소리도 힘겨우시리라 不堪宮漏靜中聞

선생이 이때 서울에 계시며 지은 시에 '잠깐 새에 붉은 단풍 장안에 가득일세.〔坐看紅葉滿長安〕'[2]라는 구절이 있었다.

1 선생에게 다가앉는 총애 : 임금이 신하를 총애하여 그의 이야기를 더 잘 들으려고 앞으로 나와 바짝 다가앉는 것을 말한다. 진 효공(秦孝公)이 상앙(商鞅)과 대화를 하다가 자기도 모르게 앞으로 나와 앉았다는 고사와 한 문제(漢文帝)가 선실(宣室)에서 가의(賈誼)와 귀신에 대한 이야기를 나누다가 바짝 다가앉아 경청했다는 고사가 전한다.《史記 商君列傳》《漢書 賈誼傳》

2 잠깐……가득일세 :《퇴계집(退溪集)》 권5에 문봉의 편지를 받고 지어 준 칠언 절구 2수가 실려 있는데 첫 수에 있는 구절이다. 이 시를 지은 때는 1568년(선조1) 가을이다. 그때 문봉은 퇴계 이황의 고향인 예안(禮安)의 현감이었고 퇴계는 선조의 부름을 받고 서울로 올라와 머물고 있었다.

세상에 나간 지 다섯 달이 지났는데	日出人間月五圓
돌아갈 기약은 없고 남은 한 해 다해 가네	歸期寥落欲殘年
서울 거리는 추워 길에는 눈 쌓이고	九衢寒日輪蹄雪
천 리 푸른 산의 향초에는 안개 서렸네	千里青山薜荔煙
조정에는 이제 계책을 맡길 분 있지만	籌策廟堂今有托
산림에서 유유자적할 인연이 없어지고 말았네	優游丘壑已無緣
그저 잔나비와 학만이 사람 마음을 알아주리니	祗應猿鶴知人意
복사꽃, 버들개지 하늘에 흩날릴 봄을 기다린다네	猶待桃花柳絮天

심경을 밝혀 퇴계 선생에게 올리다

述懷上退溪先生

하늘이 사람을 낼 적에	皇天生我人
우리에게 지극한 이치 주셨지	賦我以至理
우리들 선한 본성 타고났기에	我自有良貴
그래서 여느 사물과 다르다네	所以與物異
사람들이 처음의 본성을 알지 못하여	衆人昧本初
하늘이 주신 것을 스스로 잃어버리니	自喪天所畀
성인이 그 점을 걱정하여	聖人憫其然
손에 놓고 가리키듯 열어 보여 주셨지	開示如掌指
명선과 성신[3]은	明善與誠身
수레의 두 바퀴와 같다네	如車有兩軌
달리고 달려 진로를 멈추지 않으면	行行不停轍
성인의 경지까지도 바랄 수 있으리	聖域亦可企
아, 노력을 다하지 않고	吁嗟力不至
도중에 스스로 포기하니	中道而自止
이 때문에 천년이 지난 후대에	所以千載下

3 명선(明善)과 성신(誠身) : 선이 무엇인지를 분명히 알고서 자기 몸을 참되게 하는 것을 말한다. 《중용장구(中庸章句)》 제20장에 "몸을 참되게 하는 길이 있으니, 선을 분명히 알지 못하면 몸을 참되게 하지 못할 것이다.〔誠身有道, 不明乎善, 不誠乎身矣.〕" 라는 말이 나온다. 명선은 선을 밝히는 것으로 지(知) 공부에 해당하며, 성신은 몸을 성실히 하는 것으로 행(行) 공부에 해당한다고 풀이하기도 한다.

도학이 실추된 지 오래되었구나　　此學久墜地
이내 몸 또한 뜻을 두어　　伊我亦有志
이른 나이에 해야 할 일을 알았지　　早年知所事
대인의 문하에 의지하니　　依歸大人門
나를 가까운 자리에 받아 주셨네　　容我厠席次
자상히 잘 인도해 주시니　　諄諄善誘我
박문과 약례의 가르침이 모두 지극하셨지　　博約教兩至
제때에 스스로 힘써서　　及時欲自勉
사문에 부끄러움을 끼치지 않으려 했네　　毋貽師門愧
그때에는 일부만 보고도　　彼時見一班
마음에 자못 믿는 것이 있었네　　中心頗自恃
갑자기 과거 급제자의 명부에 올랐으니　　俄然登桂籍
갈피를 잡지 못한 것은 이때부터였네　　失步自此始
타고난 기질이 본래 아름답지 못한 데다가　　氣質本不美
공부 또한 극진히 하지 못하니　　功力更不致
캄캄하게 우거진 덤불 속을 다니고　　冥行榛莽間
아득하게 밑바닥을 헤매며　　茫茫迷所底
깨끗한 거울에 먼지가 가득 끼고　　凝塵滿素鏡
고요한 수면에 흙탕물로 흐려 놓은 듯했지　　黃流混止水
세월은 나를 기다려 주지 않아서　　歲月不我與
어느덧 벌써 노년이 다 되었구나　　忽已及晩齒
지난날의 학문 남은 게 없는데　　舊業無餘存
흰머리만 하나둘씩 보이네　　白髮見一二
하늘은 나에게 아낌없이 주었는데　　天與非嗇我

아, 나는 스스로 포기하고 말았구나	嗟我自暴棄
다행히 지극한 가르침 덕분에	幸賴有至誨
늘 선생을 모시듯 조심하였네	常如函丈侍
일이 있을 때마다 힘껏 꾸짖기를	隨事痛呵責
정수리를 바늘로 찌르듯 하였지	如針頂上刺
저 빛나는 구슬을 올려다보니	瞻彼一明珠
여전히 모래 먼지 속에 있구나	尙在塵沙裏
찾는 데 게을리하지 않는다면	求之不自怠
또한 매우 쉽게 얻으리라	得之亦孔易
나 오랜 습관 버리고	我欲捐舊習
힘을 다해 처음의 본뜻을 회복하고자 하니	竭力復初志
종신토록 행할 한마디 말[4]을 얻어	願得終身語
깊이 새겨 두고서 잊지 않기를 바라네	緘封在骨髓

4 종신토록……말 : 《논어》 〈위령공(衛靈公)〉에 자공(子貢)이 "한마디 말로 종신토록 행할 만한 것이 있습니까?"라고 물은 말이 나온다.

삼가 퇴계 선생의 시에 의운[5]하여 써서 바치다 2수

謹依退溪先生韻寫呈 二首

뒤의 1수는 자술(自述)이다.

텅 빈 골짝은 속세 일에 얽매임이 전혀 없으니	空谷都無俗事纏
고상한 은자 자연히 외딴곳에 자리를 잡았지	高人自是卜居偏
문밖에 동쪽과 서쪽 언덕을 한가로이 거닐고	閑行門外東西壟
공허한 경지[6]에서 선천과 후천[7]을 가만히 완상하네	靜翫環中先後天
온종일 오래된 책에 묻혀 옛 성인을 모시고	盡日塵編陪古聖
때때로 작은 배에 아침 안개를 싣는다네	有時茅艇載朝煙
이 안의 즐거움 말로 표현하기 어려우니	此間所樂言難喩

5 의운(依韻) : 화운시의 세 가지 시체(詩體) 중 하나로, 원운(原韻)과 동일한 운자 안에 있으면서 반드시 그 글자를 사용하지 않아도 되는 것을 말한다.

6 공허한 경지 : 시비를 초월한 절대적인 경지를 말한다. 《장자(莊子)》 〈제물론(齊物論)〉에 "중추(中樞)가 되어야만 비로소 둥근 고리의 중심을 차지한 것이 되어 무궁한 변화에 응할 수 있게 된다.〔樞始得其環中, 以應無窮.〕"라는 대문이 있고, 그에 대한 곽경번(郭慶藩)의 주(注)에 "시비가 반복하여 서로 다함이 없으므로 환(環)이라 이른다. 환의 중(中)은 공(空)이니 지금 시비(是非)로써 고리를 삼아 그 중을 얻은 자는 시(是)도 없고 비(非)도 없다." 하였다.

7 선천(先天)과 후천(後天) : 《주역》 〈건괘(乾卦) 문언(文言)〉에 "대인(大人)이란 천지(天地)와 그 덕이 합치되며, 일월(日月)과 그 밝음이 합치되며, 사시(四時)와 그 질서가 합치되며, 귀신과 그 길흉이 합치되어 하늘보다 먼저 하여도 하늘을 어기지 않고 하늘보다 뒤에 하여도 천시(天時)를 받드나니, 하늘도 어기지 않는데 하물며 사람이나 귀신에게 있어서랴."라는 구절이 나온다.

주위 사람들 믿어 주지 않음을 어찌 아쉬워하랴　肯恨旁人未信然

〈도산잡영(陶山雜詠)〉에는 서롱(西壟)만 있고 동롱(東壟)은 없는데,[8] 동서롱(東西壟)이라고 한 것은 통틀어서 말한 것이니 어떠한지 모르겠습니다. 바라건대, 고쳐 주셨으면 합니다.

괴로이 공명의 굴레에 백 겹으로 얽매이니　苦被名韁百襲纏
세간 일에 골몰하면 나도 편벽되리라　世間乾沒我應偏
백성을 다스림은 바로 땔나무에 불을 붙이는 것과 같은데　治民正似薪傳火
이치를 봄은 우물에서 하늘을 보는 것과 무엇이 다르랴　觀理何殊井見天
젊은 시절은 공무로 세월을 보내 버렸고　壯歲光陰抛簿領
옛 동산의 솔과 국화[9]는 바람과 안개 속에 늙어 가네　故園松菊老風煙
참된 공부와 돌아갈 계획이 모두 멀어졌으니　眞功歸計都茫渺
매번 사문을 향해 탄식할 뿐이로다　每向師門但喟然

8 도산잡영(陶山雜詠)에는……없는데 : 퇴계 이황의 〈도산잡영〉은 〈도산서당(陶山書堂)〉 등 칠언 절구 18수, 〈몽천(蒙泉)〉 등 오언 절구 26수의 시로 이루어져 있다. 《퇴계집》 권3에 수록되어 있다. 여기의 말은 〈요랑(寥朗)〉의 첫 구절 "서쪽 언덕 넓고 밝은 곳에 올라〔西隴上寥朗〕"를 두고 하는 것으로 보인다.

9 솔과 국화 : 진(晉)나라 도잠(陶潛)의 〈귀거래사(歸去來辭)〉에 "세 오솔길이 황폐해졌으나, 솔과 국화는 아직 남아 있네."라는 표현이 있는데, 이를 인용해 고향으로 돌아가고픈 심정을 나타내었다.

백록 신군망[10] 응시 이 밤에 읊은 시에 차운하다
次白麓辛君望 應時 夜吟韻

당시에 내가 군망, 연지(衍之)[11]와 함께 모두 대간의 탄핵을 받았다.

잘못했으니 탄핵당함이 마땅하기에 疏謬應遭白簡彈
홀로 사립문을 닫고 파면을 기다리네 柴扉獨掩俟鐫官
신무문에 관복을 걸어 두고 떠난 도홍경[12]을 생각하고 掛冠神武思弘景
청포에서 목숨 걸고 직언한 사단[13]에게 부끄럽네 效死青蒲愧史丹

10 신군망(辛君望) : 신응시(辛應時, 1532～1585)로, 본관은 영월(寧越), 자는 군망, 호는 백록(白麓), 시호는 문장(文莊)이다. 백인걸(白仁傑)의 문하에서 배웠으며, 성혼(成渾), 이이(李珥)와 교분이 두터웠다. 전라도 관찰사, 대사간 등을 지냈다. 문집으로 《백록유고(白麓遺稿)》가 있다. 배천(白川)의 문회서원(文會書院)에 제향되었다.

11 연지(衍之) : 정지연(鄭芝衍, 1525～1583)의 자이다. 본관은 동래(東萊), 호는 남봉(南峯)이다. 영의정 정광필(鄭光弼)의 증손으로, 일찍이 이중호(李仲虎)로부터 학문을 배웠고 뒤에 이황(李滉), 서경덕(徐敬德), 성제원(成悌元)의 문하에 출입하여 많은 영향을 받았다. 1549년(명종4) 사마 양시에 모두 합격한 뒤, 1566년 선조가 세자로 있을 때 이황의 추천에 의하여 왕자사부(王子師傅)가 되었다. 그 뒤 대사성, 대사간, 대사헌을 거쳐 1581년(선조14) 우의정에 올랐다.

12 신무문(神武門)에……도홍경(陶弘景) : 벼슬을 그만둔다는 의미로, 남조(南朝) 제(齊)나라의 도홍경이 관복을 벗어서 신무문에 걸어 놓고 사직소를 남긴 뒤에 고향으로 떠나갔던 고사가 있다. 《南史 隱逸列傳 陶弘景》

13 청포(青蒲)에서……사단(史丹) : 청포는 천자의 내정(內庭)에 푸른색으로 동그라미를 그린 곳으로 황후가 아니면 들어갈 수 없다. 한 원제(漢元帝)가 병이 들었을 때 부 소의(傅昭儀)와 그 소생인 정도왕(定陶王)은 늘 좌우에서 모시고 황후와 태자는 가끔 찾아뵙자 원제가 태자를 폐위하고 정도왕을 태자로 책봉하려 하였다. 이에 사단이 직접 와내(臥內)로 들어가 청포 위에 엎드려 울면서 태자를 폐하고 다른 사람을 세우는

구름 걷힌 하늘에 은하수 그림자 맴돌고	碧落雲消河影轉
이슬 내린 황량한 뜰에 풀빛 시리네	荒庭露下草光寒
그대 시를 읊고서 더욱 고향 그리워지니	吟君詩句增鄉思
황국과 단풍이 옛 산에 가득하리	黃菊丹楓滿舊山

것은 옳지 않다고 간하였다.《漢書 史丹傳》

앞의 시에 용운[14]하여 남봉 정연지 지연 에게 부치다
用前韻寄南峯鄭衍之 芝衍

벼슬살이가 장협탄 노래[15]와 무엇이 다른가	羈宦何殊長鋏彈
제 몸을 위한 가장 좋은 계책은 사직하는 것이지	身謀最上是休官
비녀 끝 짧아진 머리는 서리 맞은 듯 빨리 세었고[16]	簪邊短髮霜催白
거울 속 생기 없는 얼굴 술 덕분에 붉게 보이네	鏡裏衰顔酒借丹
온 정원의 화초는 가을빛 스며들었고	一院草花秋色薄
모든 집마다 다듬잇방망이에 시린 달빛 비치네	萬家砧杵月光寒
문을 닫고 잘못을 생각하면서 같은 정취 느끼리니	閉門思過應同趣
한가로운 꿈에서나 덧없이 학 우는 산으로 돌아간다네	閑夢空歸鶴怨山

14 용운(用韻) : 화운시의 세 가지 시체(詩體) 중 하나로, 원운(原韻)과 동일한 글자를 사용하되 선후의 차례는 따르지 않는 것을 말한다.

15 장협탄(長鋏彈) 노래 : 재주를 가지고서도 등용되지 못하는 것을 뜻하거나, 재주를 가진 사람이 남에게 자기를 써 주기를 요구하는 것을 뜻하는 노래이다. 제(齊)나라 사람 풍환(馮驩)이 맹상군(孟嘗君)의 문객(門客)이 되어 중용되지 못하자, 세 번이나 자기의 칼자루를 두들기면서 노래를 불렀는데, 첫 번째는 "긴 칼아 돌아갈지어다. 밥상에 고기가 없구나." 하고, 두 번째는 "긴 칼아 돌아갈지어다. 외출할 때 수레가 없구나." 하고, 세 번째는 "긴 칼아 돌아갈지어다. 살 집이 없구나." 하였다. 그러자 맹상군이 그때마다 그가 요구하는 것을 다 들어주었다. 이에 풍환이 맹상군을 위해 온 마음을 다해 일하였다. 《史記 孟嘗君列傳》

16 비녀……세었고 : 두보(杜甫)의 〈춘망(春望)〉 시에 "흰머리는 긁을수록 짧아만 가서, 비녀도 전혀 감당 못할 지경이네.〔白頭搔更短, 渾欲不勝簪.〕"라고 한 것을 인용한 말이다.

군망의 다섯 번째 첩운 시에 차운하다

次君望五疊韻

은촉은 사행길을 밝히고	銀燭朝天路
서풍은 이슬 젖은 적삼에 부네	金風濕露衫
높은 하늘에 달빛 희미하게 남아 있고	遠空殘魄月
우뚝한 산굴에 옅은 안개 살짝 끼었네	孤岫細眉嵐
들어가 봉래전[17]의 물시계 소리 들으며	入聽蓬萊漏
벽려[18]의 바위에 마음을 두네	關心薜荔巖
속절없이 돌아가지 못하는 마음 가지고	空將未歸意
일일이 그대를 마주하고 얘기한다네	一一對君談

17 봉래전(蓬萊殿) : 신선이 사는 궁궐을 의미할 때가 많지만, 여기서는 일반적인 궁궐을 의미한다.

18 벽려(薜荔) : 사철 푸르른 덩굴풀인데, 전하여 은자가 거처하는 곳을 가리킨다. 《초사(楚辭)》 〈구가(九歌) 산귀(山鬼)〉에 "벽려로 옷을 입고 여라로 띠를 둘렀도다.〔被薜荔兮帶女蘿〕"라고 하였다.

나주로 부임하는 한희중[19]을 전송하다

送韓希仲之任羅州

멀고도 먼 호남 길이요	迢遞湖南路
아득한 한강의 봄이로다	蒼茫漢水春
서산으로 석양은 다 졌는데	西山日落盡
북쪽 대궐로 자주 고개 돌리네	北闕首回頻
세상사 겪느라 수염은 변했지만	世事鬚莖換
작별의 아쉬움에도 풀빛은 새롭다	離情草色新
떠나는 말 어느덧 보이지 않으니	征驂忽不見
저물녘 강나루에 홀로 서 있네	獨立暮江津

19 한희중(韓希仲) : 한효우(韓孝友, 1531~?)로, 본관은 청주(清州), 자는 희중이다. 식년 문과에 급제하여 사헌부 집의, 강릉 부사(江陵府使), 나주 목사(羅州牧使) 등을 역임하였다.

송도에서 옛일을 회상하다

松都懷古

옛 정원은 옛터에 남아 있고	故園遺墟在
텅 빈 산에 석양빛 비꼈구나	空山返照斜
여기 제왕의 기운 다하였으니	地收王氣盡
시냇물도 원망하며 울먹이는구나	川咽怨聲多
들판 오솔길에서 나무꾼이 피리 불고	野逕樵人笛
궁정 오래된 나무에는 까마귀 운다	宮庭古木鴉
지난 일 물어보는 사람 하나 없는데	無人問往事
저물녘 바람은 억새풀에 불어오네	暮吹起蒹葭

동도[20]에서 옛일을 회상하다

東都懷古

나라가 망하니 산은 텅 비고	國破山空在
성이 무너지니 풀은 절로 무성하다	城頹草自深
옛 누대에는 달빛 쏟아지고	古臺餘月色
피리 소리 여전히 용 울음[21] 낸다네	長笛尙龍吟
흐르는 강물은 지나간 왕조의 한이요	流水前朝恨
날리는 꽃잎은 지나는 객의 마음이라	飛花過客心
서성이면서 지는 해를 바라보는데	徘徊眺落日
어디에서 마을의 다듬질 소리 나는지	何處起村砧

20 동도(東都) : 신라의 수도였던 경주(慶州)를 의미한다.

21 용 울음 : 젓대 소리를 형용한 것으로, 이백(李白)의 〈금릉청한시어취적(金陵聽韓侍御吹笛)〉 시에 "바람이 불어 종산을 감아 도니, 일만 구렁이 다 용의 울음소리로다.〔風吹繞鍾山, 萬壑皆龍吟.〕"라고 하여, 용의 울음을 젓대 소리에 비유한 바 있다.

서도[22]에서 옛일을 회상하다
西都懷古

만고에 봉선제를 지내던[23] 곳이요	萬古東封地
천산에 해가 지는 때라	千山日落時
살고 있는 사람들은 옛 우물을 기억하고	居民識遺井
지나는 객은 오래된 사당에 배알하네	行客拜殘祠
푸른 나무는 장성의 길가에 있고	碧樹長城道
쓸쓸한 누대는 옛 왕조의 터에 있네	荒臺故國基
흥망은 우선 묻지 말게나	興亡且莫問
흐르는 물이 못다 한 슬픔 간직했다네	流水有餘悲

22 서도(西都) : 서경(西京), 곧 고려의 수도였던 개성(開城)이다.

23 만고에 봉선제를 지내던 : 한(漢)나라 사마상여(司馬相如)가 임종 직전에 지은 봉선문(封禪文)에 의거해서 한 무제(漢武帝)가 동쪽 노(魯)나라 지역의 태산(泰山)에 가서 봉선(封禪)을 행했던 유명한 고사가 있다. 《史記 司馬相如列傳》

옛 전장에서 옛일을 회상하다
古戰場懷古

끝없는 벌판 시든 풀에 푸른 안개 퍼져 있는데	寒蕪無際綠煙平
이 땅에서 일찍이 몇 번의 전쟁을 겪었던가	此地曾經幾戰爭
백골이 반은 남아 한나라를 어지럽히고	白骨半存迷漢歲
황사는 항상 자욱하여 진나라 군영을 가렸네	黃沙常漲暗秦營
어둑한 하늘에 귀신 울어 대고 황량한 성은 음침한데	陰天鬼哭荒城暝
날은 저물어 인적 드물고 긴 물줄기 가로지르네	落日人稀遠水橫
초객[24]은 본래 옛 한을 많이 품었는데	楚客本多懷古恨
저물녘 풀피리는 어인 일로 가을 소리를 내는가	暮笳何事起秋聲

24 초객(楚客) : 굴원(屈原) 또는 타향살이하는 사람을 뜻하는데, 여기서는 문봉 자신을 가리킨다.

서장관으로 북경에 가는 벗 상아재 홍시가[25] 성민 를 전송하다 3수

送友人尙雅齋洪時可 聖民 以書狀官赴京 三首

속세에서 느직이 나를 알아주는 벗을 만나　　塵中晩忝知音友
하늘 아래 멀리서 그리워하며 이별에 시름하네　　日下遙懷惜別愁
사신 임무에 유능함은 당대가 모두 인정하니　　專對有才時共許
홀로 고생함을 한탄하지 말게나, 총애가 한창 두터워졌으니　　獨賢無歎寵方優
푸른 산은 요동 서쪽 길에 끊임없이 이어져 있는데　　青山不斷遼西道
흰 기러기는 부질없이 계주[26] 북쪽 가을 하늘을 날아다니네　　白雁空飛薊北秋
생각해 보면 나그네의 심정을 견디기 힘든 곳에　　想得客心難遣處
객창에는 물시계 소리 밤마다 이어지겠지　　旅牕寒漏夜悠悠

25 홍시가(洪時可) : 홍성민(洪聖民, 1536~1594)으로, 본관은 남양(南陽), 자는 시가, 호는 졸옹(拙翁), 아호는 상아재(尙雅齋), 시호는 문정(文貞)이다. 1564년(명종19) 식년 문과에 급제하였다. 1575년(선조8) 사은사로 명(明)나라에 건너가 종계변무(宗系辨誣)에 힘쓴 공으로 1590년 광국 공신(光國功臣) 2등에 책록되고 익성군(益城君)에 봉해졌다. 문집으로 《졸옹집(拙翁集)》이 있다.

26 계주(薊州) : 북경(北京) 근처에 있는 땅의 이름이다. 산해관(山海關) 서쪽에서부터 거용관(居庸關) 동쪽에 이르기까지의 요새지이며, 경사(京師)로 바로 갈 수 있는 지름길이다.

가을바람에 한 자루 검을 차고 연경으로 향하니　秋風一劍向幽燕
멀고 먼 산하에 몇천 리 길인가　迢遞山河路幾千
푸른 풀 자라난 들판에서 저녁연기 오르는 객점을 찾고
青草暮煙尋野店
흰 마름꽃 떠 있는 강을 가랑비 맞으며 배를 타고 건너네
白蘋微雨度江船
시름 겪는 변방은 구름이 바다까지 이어졌고　愁生紫塞雲連海
꿈에 그리는 궁중은 달빛이 하늘에 가득하네　夢落丹墀月滿天
먼 곳까지 유람한 경험은 태사[27]를 능가할 만하니　可是遠遊淩太史
시 주머니에서 새로운 글귀를 어느 날에 꺼내 주겠나
錦囊何日出新篇

아득한 마음은 우물 속에 잠겨 있는 개구리와 같고　冥冥心似蛙沈井
힘들게 부려지는 몸은 굴레에 얽매인 말과 같네　役役身如馬絆羈
속세에서 반평생 살며 머리는 희게 변하려는데　塵土半生頭欲換
만리 먼 연경으로 꿈속에서 먼저 날아가네　神京萬里夢先飛
나무 무성한 계문[28]은 안개 항상 짙게 끼고　薊門樹遠煙常暝

27 태사(太史) : 사마천(司馬遷)을 가리킨다. 그는 천성적으로 유람을 좋아하여 일찍이 남쪽으로 강수(江水), 회수(淮水)를 유람하고 회계산(會稽山)에 올라가서 우혈(禹穴)을 보고 구의산(九疑山)을 보았으며, 북쪽으로는 문수(汶水)와 사수(泗水)를 건너 제(齊)나라와 노(魯)나라 지방을 거쳐 양(梁)과 초(楚) 지방까지 두루 유람하였다. 이때 얻은 산천에 대한 지식으로 인해 명문장가가 되었다고 한다. 《史記 太史公自序》

28 계문(薊門) : 북경성(北京城) 서쪽 덕승문(德勝門) 밖에 있던 땅이다. 계구(薊丘) 또는 계구(薊邱)라고도 한다.

요동 화표주[29]에는 구름이 깊어 학이 돌아오지 않네 遼柱雲深鶴未歸
그곳 명승지의 많은 경치에 대해서는 從此名區多少勝
그대가 돌아오면 어렴풋이 들으리라 擬憑君返聽依俙

29 요동(遼東) 화표주(華表柱) : 한(漢)나라 때 요동의 정영위(丁令威)라는 사람이 신선술을 익혀 학이 되어 요동으로 돌아와 성문의 화표주에 앉았다는 고사에서 나온 말이다. 《搜神後記 卷1》

벗의 교외 별장에 쓰다[30]

題友人郊墅

성 밖의 멀고도 깊숙한 곳에	郭外幽棲地
인간 세상과 별개의 장소가 있네	人間別有區
들판의 밭두둑은 어지러운 물줄기를 나누었고	野畦分亂水
산속의 객점은 잔잔한 호수에 접해 있네	山店近平湖
나란히 말을 타고 달리는 이는 청운의 객이요	聯騎青雲客
시름을 씻어 내는 것은 백옥의 병에 담긴 술이로세	澆愁白玉壺
밝은 아침 머리 돌려 바라보는 곳에	明朝回首處
세상과 떨어져 안개 속의 달이 있으리	煙月隔塵衢

30 벗의……쓰다 : 이 시는 《월정집(月汀集)》 권1의 〈선지당에 쓰다〔題先志堂〕〉, 《오음유고(梧陰遺稿)》 권1의 〈선지당에 차운하다〔先志堂次韻〕〉와 같은 날 같은 곳에서 지은 것이다. 벗은 윤두수(尹斗壽)이며, 별장은 한양 청파리(青坡里) 즉 지금의 청파동에 있던 그의 별장이다. 윤두수가 지은 〈선지당에 차운하다〉의 소서(小序)에 의하면, 1570년(선조3) 가을 강사상(姜士尙), 박소립(朴素立), 기대승(奇大升), 심의겸(沈義謙), 문봉, 강사필(姜士弼) 등이 술을 가지고 내방하였고, 윤두수의 아우인 윤근수(尹根壽)도 함께 참여하여 같은 운으로 각자 한 수씩 읊었다고 한다.

관직을 버리고 남쪽으로 돌아가는 벗을 전송하다
送友人棄官南歸

말단 벼슬이 어찌 그리 늦은가	一命名何晚
삼 년간 그대 홀로 타향살이했다네	三年客獨羈
요 임금의 천하처럼 은택이 넘치는데	恩波堯日下
고향 생각에 단풍 든 때를 그리워하네	鄕思楚楓時
천리마의 재주 무엇을 통해 펴겠는가	驥足何因展
해바라기 같은 마음[31] 혼자만 알 뿐이지	葵心只自知
관을 벗어 걸어 두고 대궐 향해 하직하고	掛冠辭北闕
갈옷을 입고서 동쪽 울타리로 돌아갔네[32]	被褐返東籬
봄 산에는 비 맞으며 씀바귀 자라나고	荼長春山雨
들판 제방에는 낚시터 썰렁하다	磯寒野水陂
문 앞에는 오래된 버드나무가 있고	門前舊楊柳
강가에는 예부터 가마우지가 있네	江上昔鸕鷀
꿈에서도 청운의 길을 끊고	夢斷靑雲路
몸소 흰 돌이 있는 밭을 일구었지	身耕白石菑
배를 타고 홀로 떠도는 생애요	生涯舟獨泛

31 해바라기 같은 마음 : 임금을 향한 일편단심을 뜻한다.

32 갈옷을……돌아갔네 : 진(晉)나라 도잠(陶潛)의 〈음주(飮酒)〉 20수 가운데 제5수에 "동쪽 담 아래서 국화를 따다가 유연히 남산을 바라보네.〔采菊東籬下, 悠然見南山.〕"라고 한 구절을 원용한 표현이다.

학과 서로 따르는 신세라네　身世鶴相隨
오늘 벗님과 이별하니　此日故人別
구름 낀 저 산 어디에서 만날까　雲山何處期
높이 나는 기러기 붙잡지 못하고　鴻飛攀不得
해 지도록 홀로 서성거리네　日暮獨躕踟

의운하여 최태운과 수창하다

依韻酬崔泰運

화성[33]의 안개는 오문[34]에 닿아 있고	畫省風煙接五門
봉지[35]에는 궁궐 구름이 두르고 있네	鳳池分繞九天雲
당대에 고요와 기[36]처럼 잘 보필하는 신하이며	一時補衮皐夔佐
천년에 한 번 나올 순 임금과 우 임금처럼 잘 다스리는 군주라네	千載垂衣舜禹君
화산의 화청한 아지랑이 발을 열어서 보고	華嶽晴嵐開箔看
금성의 성긴 물시계 소리 꽃 너머로 듣네	禁城疎漏隔花聞
태평한 조짐 있고 몸은 한가하니	太平有象身無事
함께 좋은 때를 노래하여 홍문에게 부치네	共寫良辰寄興文

33 화성(畫省) : 상서성(尙書省)을 말한다. 상서성 안에 호분(胡粉)으로 벽을 바르고 옛날 현인과 열사를 그려 놓았기 때문에 이렇게 불렀다.

34 오문(五門) : 고대에 천자의 거소로 들어가기 위해서는 고문(皐門), 치문(雉門), 고문(庫門), 응문(應門), 노문(路門) 등 다섯 개의 문을 통과해야만 하였다. 《周禮 天官冢宰 閽人》

35 봉지(鳳池) : 봉황지(鳳凰池)의 준말로, 대궐 안에 있는 못을 가리킨다.

36 고요(皐陶)와 기(夔) : 순(舜) 임금 때의 어진 신하들로, 고요는 법의 집행을 맡은 사(士)였고, 기는 교육과 음악을 전담한 전악(典樂)이었다.

주청 부사로 연경에 가는 월정 윤자고[37] 근수 를 전송하다
送月汀尹子固 根壽 以奏請副使朝京

임금의 원통한 울분 와신상담하는 것과 같아	九重宸憤同嘗膽
온 나라의 여론이 그대에게 사신의 일을 맡기네[38]	一國輿論屬誦詩
자리 당겨 물으시던[39] 대궐을 잠시 떠나서	金殿暫違前席問
정성껏 지은 글을 옥하관[40]에서 올리려 하네	玉河將獻瀝肝辭
하늘가 큰길에 푸른 봄이 저물어 가고	天涯周道靑春暮
꿈속 그윽한 곳에 밝은 해가 더디네	夢裏幽居白日遲
북당의 어머니를 모시는 일 아니면	除却北堂晨省外
속절없이 이별의 슬픔 탄식하지 않으리	未應空歎別離悲

37 윤자고(尹子固) : 윤근수(尹根壽, 1537~1616)로, 본관은 해평(海平), 자는 자고, 호는 월정(月汀)이다. 김덕수(金德秀), 이황(李滉)의 문인이다. 1562년(명종17) 홍문관 부수찬에 임명되었는데, 이때 기묘사화 당시 화를 당한 조광조(趙光祖)의 신원(伸冤)을 청하였다가 과천 현감으로 체직되었다. 1589년(선조22) 성절사(聖節使)로 명(明)나라에 파견되었으며, 귀국할 때 《대명회전전서(大明會典全書)》를 가져왔다. 이듬해 종계변무(宗系辨誣)의 공으로 광국 공신(光國功臣) 1등에 해평부원군(海平府院君)으로 봉해졌다.

38 임금의……맡기네 : 윤근수는 1572년 동부승지를 거쳐 대사성에 승진, 이듬해 주청 부사(奏請副使)로 명나라에 가서 종계변무를 하였다.

39 자리 당겨 물으시던 : 임금이 신하의 말을 들어주고 총애함을 뜻한다. 55쪽 주1 참조.

40 옥하관(玉河館) : 중국 북경(北京)에 있던, 조선 사신이 유숙하던 건물이다.

노 첨지[41] 공좌 를 애도하다

挽盧僉知 公佐

용도[42]의 큰 지략이 천 명 중에 빼어났고 龍韜壯略千夫特
학발의 많은 나이는 팔순을 넘겼다 鶴髮高年八衮餘
시대가 태평하여 호시의 뜻[43]에 응하지 못하니 時泰未酬弧矢志
고향으로 돌아와 자연 속에 홀로 누웠네 身歸獨臥水雲居
푸른 이끼 낀 옛길에는 지팡이 소리 끊어지고 蒼苔舊徑笻聲斷
화표주 꽂힌 새 언덕에는 달빛만 공허하네 華表新阡月色虛
소자가 감히 살아 계실 때를 잊을 수 있을까 小子敢忘先分在
봄바람 부는 남쪽을 바라보며 눈물로 옷깃을 적시네 春風南望涕霑裾

41 노 첨지(盧僉知) : 노공좌(盧公佐)이다. 1519년(중종14) 현량과에 합격하였으며 겸사복(兼司僕)을 지냈다. 이외 행적은 알려져 있지 않다. 다만 그의 딸이 성락(成洛)과 성영(成泳)의 어머니라고 《한국민족문화대백과사전》에 나온다.

42 용도(龍韜) : 병법(兵法)을 말한다. 주(周)나라 여상(呂尙)이 지은 병법서 《육도(六韜)》에 〈용도〉라는 편명이 들어 있다.

43 호시(弧矢)의 뜻 : 장부의 원대한 포부를 말한다. 호시는 상호봉시(桑弧蓬矢)의 준말이다. 쑥은 어지러움을 막는 풀이고 뽕나무는 모든 나무의 근본이라 하여, 상고 때 사내아이가 태어나면 뽕나무로 만든 활에 쑥대 화살 여섯 개를 천지와 동서남북에 쏘아 보내 장부의 뜻이 원대하여 천지 사방에 있음을 표시하였다 한다. 《禮記 內則》

호서 절도사로 가는 운강 김회숙[44] 계 을 전송하다
送雲江金晦叔 啓 赴湖西節度

조정의 책략 변방 초소를 우려하여	廟略憂邊徼
유신들도 부절을 잡고 나갔네	儒臣擁節旄
원융[45]이 새로운 사상[46]이 되었지만	元戎新使相
경연 자리에서는 오래전부터 빼어난 인재였었네	經幄舊英髦
은혜는 금장[47]을 향해 무거워졌고	恩向金章重
공은 옥장[48]으로 인해 높아졌네	功因玉帳高
임금 곁에서 떠나 대궐을 하직하여	日邊辭鳳闕
호남으로 나가 병법을 시험하네	湖外試龍韜

44 김회숙(金晦叔) : 김계(金啓, 1528~1574)로, 본관은 부안(扶安), 자는 회숙, 호는 운강(雲江)이다. 1552년(명종7) 식년 문과에 급제하여 헌납이 되었다. 1571년(선조4) 성절사(聖節使)로 명(明)나라에 다녀온 뒤 동래 부사를 지냈다. 1573년 병조 참지가 되었으며, 중국어에 능통하여 승문원 부제조로 발탁되었다. 이어 이조 참판이 되었으며, 강관(講官)으로서 이황(李滉), 김인후(金麟厚) 등과 도의를 강론하였고, 문무를 겸비하였다. 부안의 도동서원(道東書院)에 제향되었다.

45 원융(元戎) : 군대의 선봉을 맡은 큰 병거(兵車)로 군대의 우두머리를 의미하는데, 여기서는 김계를 지칭한다. 《시경》 〈소아(小雅) 유월(六月)〉의 "원융 십 승으로 먼저 길을 떠난다.〔元戎十乘, 以先啓行.〕"라는 구절을 인용한 것이다.

46 사상(使相) : 절도사로, 여기에서는 김계를 가리킨다.

47 금장(金章) : 높은 벼슬아치가 차는 금으로 만든 인장(印章)이다. 전하여 고관대작을 가리킨다.

48 옥장(玉帳) : 전쟁터에서 우두머리 장수가 거처하는 임시 막사이다.

어제 꿈에 서쪽의 천산[49]에 내린 눈을 보고	昨夢天山雪
새로이 남쪽 계해[50]의 물길을 다스리러 가네	新征桂海濤
홀로 어질다는 시[51]를 어찌 지을 것 있으랴	獨賢寧有賦
몸과 마음을 다하여 또한 수고스러움을 잊으리	盡瘁亦忘勞
때는 삼춘의 버들이 드리운 계절이고	時序三春柳
행장은 하나의 보검만 챙겼지	行裝一寶刀
담대한 몸으로 위기에 임하고	臨機身盡膽
걸출한 기개는 세상을 덮네[52]	蓋世氣空豪
일찍이 다짐했던 다리[53]를 말 타며 지나가고	馬過曾題柱

49 천산(天山) : 감숙성(甘肅省) 청해(靑海)에 있는 산으로, 흉노족은 기련산(祁連山)이라고 부른다. 흔히 서쪽 오랑캐들이 있는 지역을 가리키는 말로 쓰인다. 김계가 호서 절도사로 나가게 되어 언급하였다.

50 계해(桂海) : 남해(南海)의 다른 말이다. 강엄(江淹)의 〈원태위숙종가(袁太尉淑從駕)〉 시에 "문진은 계해를 육박하고, 성교는 빙천에 빛나도다.〔文軫薄桂海, 聲敎燭氷天.〕"라고 하였는데, 《문선(文選)》의 주(注)에 계해를 남해라고 풀이하고 빙천을 북극이라고 풀이하였다.

51 홀로 어질다는 시 : 《시경》 〈소아 북산(北山)〉에 "너른 하늘 아래 어떤 곳도 왕의 땅 아닌 곳이 없고, 어느 땅 물가의 사람도 왕의 신하 아닌 자가 없는데, 대부들을 공평하게 쓰지 않고서, 나만 부려 먹으며 홀로 어질다 하는구나.〔溥天之下, 莫非王土. 率土之濱, 莫非王臣. 大夫不均, 我從事獨賢.〕"라는 말이 나온다.

52 걸출한……덮네 : 항우(項羽)가 초패왕(楚霸王)이 되어 천하를 호령하다가 뒤에 해하(垓下)에서 한(漢)나라 군사에게 포위되어 곤경에 처하자, 비분강개하여 노래하기를 "힘은 산을 뽑을 만하고 기개는 세상을 덮었는데, 때가 이롭지 못하니 오추마도 가지 않는구나.〔力拔山兮氣蓋世, 時不利兮騅不逝.〕"라고 하였다. 《史記 項羽本紀》

53 다짐했던 다리 : 한나라 사마상여(司馬相如)가 고향인 촉(蜀)에서 장안(長安)으로 가면서 승선교(昇仙橋) 기둥에 쓰기를 "내가 사신이 되어 높은 수레를 타지 아니하면 이 다리를 다시 지나지 아니하겠다." 하더니 과연 그렇게 되었다. 《漢書 司馬相如傳》

오래전 빼앗은 금포[54]에 향기 배어 있네 香留舊奪袍
세류영[55]에서 갑주 입고 단속하며 柳營閑介冑
매각[56]에서 시 짓던 일을 생각하네 梅閣憶風騷
바람은 주둔한 성 모퉁이에서 그치고 風斷軍城角
다듬이 소리는 해수의 경종(警鐘)에 이어지네 砧連海戍鼙
군영에 전해지는 급보 드무니 轅門稀羽檄
변방의 군사들은 잔치를 즐기네 邊卒感簞醪
웅대한 뜻은 천 리를 나는 붕새처럼 원대하고 壯志鵬千里
훌륭한 명성은 구고의 학 울음소리[57]처럼 멀리 퍼지네 佳聲鶴九皐

54 빼앗은 금포(錦袍) : 당(唐)나라 측천무후(則天武后)가 용문(龍門)에서 놀 때 신하들에게 시를 짓게 하고는 먼저 지은 사람에게 금포를 상으로 주겠다고 하였다. 이에 동방규(東方虯)가 맨 먼저 금포를 차지하였는데, 바로 뒤를 이은 송지문(宋之問)의 시가 더욱 아름다우므로 그 금포를 빼앗아 송지문에게 주었다. 《隋唐嘉話》

55 세류영(細柳營) : 서한(西漢)의 장군 주아부(周亞夫)의 군영 이름이다. 한 문제(漢文帝)가 종정(宗正) 유례(劉禮), 축자후(祝玆侯) 서려(徐厲), 하내수(河內守) 주아부를 장군으로 삼아 각각 패상(霸上), 극문(棘門), 세류에 군영을 설치하게 하였는데, 패상과 극문의 진영을 순시할 때는 곧장 말을 치달려 군문(軍門)으로 들어가서 극진한 환영을 받았다가 세류에 도착해서는 삼엄한 군기로 인해 문 앞에서부터 저지를 당하자, "여기야말로 진짜 장군의 군영이다. 조금 전에 다녀온 패상과 극문의 군대는 아이들 장난과 같았다."라고 탄식한 고사가 전한다. 《史記 絳侯周勃世家》

56 매각(梅閣) : 동각관매(東閣官梅)를 말한다. 남조(南朝) 양(梁)나라 하손(何遜)이 일찍이 양주(揚州)에 머물면서 매화 한 그루를 사랑하였는데, 뒤에 이를 못 잊어 다시 자청해서 양주에 부임한 뒤 종일토록 나무 밑을 서성이며 시를 읊었던 고사가 있다. 《梁書 何遜列傳》

57 구고(九皐)의 학 울음소리 : 《시경》 〈소아 학명(鶴鳴)〉에 "학이 구고의 늪에서 우니, 그 소리가 하늘에 들린다.〔鶴鳴于九皐, 聲聞于天.〕"라고 하였는데, 이는 은거하는 군자의 덕이 멀리까지 알려지는 것을 비유한다.

봉래산의 구름은 아득히 떠가고	蓬萊雲渺渺
장강과 한수는 넘실대며 흐르네[58]	江漢水滔滔
혼은 꿈에서 삼경[59]으로 돌아가고	魂夢歸三徑
공명은 한 터럭에 붙어 있네	功名付一毛
끝이 없는 벗님의 생각	無窮故人意
멀리서 생각하면 얼마나 울적할까	遙憶幾忉忉

58 장강(長江)과……흐르네 : 《시경》 〈소아 사월(四月)〉의 "도도히 흐르는 양자강과 한수여, 남쪽 나라의 기강이 되었네.〔滔滔江漢, 南國之紀.〕"라는 구절을 인용한 것으로 보인다.

59 삼경(三徑) : 시골로 돌아가서 전원생활을 즐기는 것을 말한다. 한나라 장후(蔣詡)가 향리로 돌아가서 모든 교분을 끊은 채 정원에다 오솔길 세 개를 만들어 놓은 뒤에 오직 양중(羊仲), 구중(求仲) 두 사람과 어울려 노닐었다는 고사가 있다. 《三輔決錄 逃名》

민응소[60]를 애도하다

挽閔應韶

규벽[61]을 바라보면 은하에서 반짝였으니 方瞻奎璧耀銀漢
서릿바람이 옥지를 꺾을 줄 어찌 생각했으랴[62] 豈料霜風折玉芝
객지에서 죽으니 행인들이 얼마나 눈물을 뿌렸을까 旅櫬幾揮行路涕
훌륭한 명성 공연히 드높아 선비들이 슬퍼하네 高名空激士林悲
달빛은 언덕의 새로운 소나무에 고요하게 비치고 月明寂寂新松壟
안개는 울타리의 오래된 대나무에 자욱하게 끼었다 煙鎖蒼蒼舊竹籬
하늘의 도는 아득하여 물을 수가 없으니 天道茫茫不可問
세상 어디에서 종자기[63]를 찾겠는가 世間何處覓鍾期

60 민응소(閔應韶) : 민덕봉(閔德鳳, 1514~1573)을 가리키는 듯하다. 본관은 여흥(驪興), 자는 응소, 호는 용계(龍溪)이다. 1560년(명종15) 별시 문과에서 장원으로 급제하였다. 그해 집의가 되어 관기(官紀)를 바로잡는 데 크게 기여하였다. 1573년(선조6) 명(明)나라 사신을 영접하기 위하여 나갔다가 객사(客舍)에서 죽었다.

61 규벽(奎璧) : 28수(宿)에 속하는 규수(奎宿)와 벽수(璧宿)의 병칭으로, 옛날에 문운(文運)을 주관한다고 여겼다.

62 서릿바람이……생각했으랴 : 당(唐)나라 유우석(劉禹錫)의 시 〈곡여형주시여방적거(哭呂衡州時予方謫居)〉에 "하룻밤 새 서리가 내려 옥지가 시드니, 창생은 희망을 잃고 사림은 슬퍼하네.〔一夜霜風凋玉芝, 蒼生望絶士林悲.〕"라고 한 구절을 차용한 것으로, 여기에서 옥지(玉芝)는 훌륭한 인재를 가리킨다.

63 종자기(鍾子期) : 춘추 시대 거문고의 명인 백아(伯牙)의 연주를 제대로 감상하며 평가해 주던 절친인데, 백아는 그가 죽자 더 이상 거문고를 연주하지 않았다고 한다. 《列子 湯問》 친구를 제대로 알아주는 지기(知己)의 대명사로 쓰였다.

유 첨지를 애도하다

挽柳僉知

금문[64]에서 급제하여 명망이 당초에 드높았는데	金門折桂名初重
옥당에서 윤음을 받들면서 머리 벌써 세었네	玉署承綸鬢已蒼
수리처럼 서서 익히 알려져 조정의 기대 모았지만	鶚立久知朝望屬
갑자기 시들어 버린 지초를 보고 사림들 슬퍼하네	芝凋忽見士林傷
가을바람 맞으며 널을 옮겨 선산으로 돌아와서	西風旅櫬歸先壟
남쪽 강촌의 고향에 묻네	南國江村掩舊堂
올곧은 도리로 남들 가는 대로 붙좇지 않으니	直道不隨人共逝
유독 아름답도다, 청사에 길이 향기를 전하리	獨憐青史永流芳

64 금문(金門) : 금문은 한(漢)나라 궁궐 문이던 금마문(金馬門)의 약칭이다. 본디 학사(學士)들이 대조(待詔)하던 곳이었는데, 전하여 조정(朝廷)을 가리킨다.

청풍계[65]를 유람하며 박사암[66] 순 의 시에 차운하다
遊淸風溪次朴思庵 淳 韻

우연히 푸른 노을 경계 속으로 들어왔더니	偶入靑霞界
애오라지 도성 거리의 번잡한 생각을 잊었네	聊忘紫陌心
소나무 그늘은 시내까지 상쾌하게 이어졌고	松陰連澗爽
남기는 성 주위를 짙게 둘러 있네	嵐氣繞城深
신천의 물로 빚은 술을 주거니 받거니 하며	亂酌神泉酒
예스러운 가락의 거문고로 청상곡을 연주한다	淸商古調琴
돌아가기를 잊은 채 한가롭게 거니는데	忘歸却容與
이지러진 달빛은 화려한 머리 장식을 비추네	缺月照華簪

65 청풍계 : 인왕산 동쪽 기슭의 북쪽에 있는 골짜기 이름이다. 원래는 푸른 단풍나무가 많아서 푸른 단풍나무가 있는 계곡이라는 의미의 '청풍계(靑楓溪)'라고 불렸다. 선원(仙源) 김상용(金尙容)이 별장으로 꾸미면서 맑은 바람이 부는 계곡이라는 의미인 '청풍계(淸風溪)'로 바뀌었다. 겸재(謙齋) 정선(鄭敾)의 그림이 유명하다.

66 박사암(朴思庵) : 박순(朴淳, 1523~1589)으로, 본관은 충주(忠州), 자는 화숙(和叔), 호는 사암이다. 서경덕의 문인으로 이황을 사사(師事)했고, 만년에 이이・성혼과 친했다. 1565년(명종20) 대사간으로서 윤원형을 탄핵하여 물러나게 하였다. 1579년(선조12) 영의정에 임용되어 이이가 탄핵될 때 옹호하다 관직에서 물러나 은거하였다.

사암의 시에 차운하다

次思庵韻

산속에서 빼어난 경치를 찾아가며	山中追勝踐
돌 위에서 세속에 찌든 마음 씻네	石上濯塵襟
자리 위치는 향초에 이어지고	席勢連芳草
퉁소 소리에 들새 소리 섞였네	簫聲雜野禽
높은 성은 구름 속에서 아름답고	層城雲裏色
우거진 나무 시냇가에 그늘 드리웠네	深木澗邊陰
유람의 흥취 아직 끝나지 않았으니	遊興未云已
다시 다른 날 찾을 것을 기약하네	更期他日尋

남강[67]의 운에 차운하여 심경을 밝혀서 삼가 서벽의 여러 동료에게 드리고 아울러 당후의 두 선생에게 보이다
次南崗韻述懷伏呈西壁諸僚丈兼示堂后兩先生

임금의 은혜를 입었으나 재주가 없는 점이 공연히 부끄럽고 鴻私空愧逮非才
재차 임금의 조칙을 받았으나 귀밑머리가 빠르게 세어 가네 再掌絲綸鬢雪催
경연에서 거의 하루에 세 번씩 부름을 받았으니 講幄幾承三晝接
궁중의 술이 온갖 꽃 사이로 멀리서 오네 宮壺遙隔百花來
봉래산 새벽달이 신하의 마음 재촉하고 蓬萊曉月臣心急
벽려[68]의 가을 산이 나그네의 꿈에 감도네 薜荔秋山客夢回
나날이 뵙더라도 오히려 행운인데 日日追隨猶是幸
그때를 생각해 보니 다만 아득히 멀구나 他時相憶祇悠哉

67 남강(南崗) : 한준(韓準, 1542~1601)의 호이다. 본관은 청주(淸州), 자는 공칙(公則), 시호는 정익(靖翼)이다. 1566년(명종21) 별시 문과에 급제하여 예문관에 기용되고, 장령, 좌승지, 호조 참판 등을 역임하였다. 1588년(선조21) 우참찬 때 성절사(聖節使)가 되어 명(明)나라에 다녀와서 황해도 관찰사가 되었다.

68 벽려(薜荔) : 은자(隱者)가 사는 산골을 뜻한다. 65쪽 주18 참조.

회령으로 부임하는 송당 유지숙[69] 홍 을 전송하다

奉送松塘兪止叔 泓 之任會寧

문무의 재주를 겸비하여	文武才兼備
경륜에 대한 인망이 홀로 높았네	經綸望獨優
임금의 마음 깊이 의지하고 사랑하지만	聖衷深倚眷
꿋꿋한 지조는 세상에 영합하지 않네	孤操不沈浮
옥부절을 가지고 남쪽을 다녀오고[70]	玉節回南國
지방 수령으로 북주로 나갔네	銅符出北州
조정의 관리들이 모두 떠나는 것을 아쉬워하지만	鵷班皆惜去
지방관이 되어서는 참으로 임금의 근심을 나누리	雁塞正分憂
품계를 올려서는 남다른 큰 은혜를 입었으나	改秩恩兼大
몸을 잊은 채 편안하기를 바라지 않네	忘身佚不求
궁전의 경연을 잠시 떠나	暫違金殿講
멀리 변방에 부임하여 장막에서 전략을 세우리	遙佩玉帳籌
여관에서 삼 년 동안 꿈을 꾸고	旅館三秋夢
만 리 변방에서 시름겨워하리	邊庭萬里愁

69 유지숙(兪止叔) : 유홍(兪泓, 1524~1594)으로, 본관은 기계(杞溪), 자는 지숙, 호는 송당(松塘), 시호는 충목(忠穆)이다. 1573년(선조6) 함경도 병마절도사로 회령부사를 겸하였으며, 1594년 좌의정으로서 해주(海州)에 있는 왕비를 호종하였다. 성품이 중후 관대하고, 의리를 위해 기개를 굽히지 않았으며, 시문에 뛰어났고 장서가 많았다. 문집으로 《송당집(松塘集)》이 있다.

70 옥부절을……다녀오고 : 유홍이 1572년 전라도 관찰사에 부임한 것을 가리킨다.

떠나는 정자에는 저물녘 매미들이 적고　離亭暮蟬少
돌아가는 길에는 해 질 녘 산이 빽빽하리　歸路晚山稠
관리가 되어서는 항상 충성이 간절하여　許國忠常切
몸에 지니는 칼만 남아 있었네　隨身劍獨留
변방 땅 고통을 오래전에 알았으니　久知邊地苦
임금의 은택을 기필코 베풀리라　期使聖恩流
흰 눈이 유관[71] 가는 길에 내리고　白雪楡關道
밭두둑 물 언저리엔 누런 구름 떠 있으리　黃雲隴水頭
군사들의 깃발 아침마다 어지럽게 날리고　旌旗朝日亂
저녁이면 방비 초소에는 연기가 걷히리　亭障夕煙收
면류관을 보이며[72] 이부[73]를 듣고　露冕臨夷部
악기를 불며 변방의 누대에 오르리　吹鐃上戍樓
강산에는 북방의 기운이 음산하고　江山陰朔氣
북과 나팔에는 변방의 노래가 섞여 있으리　鼓角雜邊謳
기러기가 달 뜬 오랑캐의 하늘에서 사라지고　雁斷胡天月
피리 소리가 가을날 변방에서 울리네　笳吟塞草秋
거문고를 울리며 다스리니 지금의 복자천(宓子賤)[74]이요　鳴琴今宓宰

71 유관(楡關) : 지금의 산해관(山海關)이다.

72 면류관을 보이며 : 후한 명제(後漢明帝) 때에 형주 자사(荊州刺史) 곽하(郭賀)가 뛰어난 성적을 거두자, 황제가 삼공(三公)의 의복과 면류(冕旒)를 하사하면서, 수레를 타고 다닐 때마다 장막을 걷어 백성들이 그 복장을 볼 수 있게 했던 고사를 말한다. 《後漢書 郭賀列傳》

73 이부(夷部) : 남만(南蠻), 북적(北狄)의 음악을 말한다.

74 복자천(宓子賤) : 공자의 제자 복부제(宓不齊)로, 자천은 자(字)이다. 선보(單

띠를 느슨히 한 옛 양호(羊祜)[75]이다	緩帶故羊侯
사막에서 전전[76]이 없고	沙磧無傳箭
마을 언덕에 소를 찬 이[77] 없다네	村墟絶佩牛
청해에 저녁이 되면 나그네의 심정이 되고	旅情靑海暮
고향 생각에 흰 구름[78]이 아득하리	鄕思白雲悠
장강과 한수처럼 근심은 끝이 없고	江漢愁常繞
쉼 없이 봉래전을 꿈에 보리라	蓬萊夢不休
변방에서 소식이 끊어지니	天邊消息斷
부질없이 이별할 때의 갖옷이 생각나네	空憶別時裘

父)의 현령이 되어 거문고로써 백성의 인심을 화평하게 다스렸다.《史記 仲尼弟子列傳》《說苑 政理》

75 띠를……양호(羊祜) : 진(晉)나라 양호가 군중에서 늘 가벼운 옷차림에 허리띠도 느슨하게 한 채 갑옷도 입지 않았으며 호위하는 군사도 10여 명에 불과하였던 고사를 말한다.《晉書 羊祜列傳》

76 전전(傳箭) : 화살을 전하는 것으로, 옛날에 북방의 오랑캐들이 전쟁을 할 적에 군대를 통솔하기 위하여 화살을 전하는 것으로 호령을 삼았다.

77 소를 찬 이 : 도검(刀劍)을 찬 사람이라는 뜻이다. 한(漢)나라 때의 어진 수령인 공수(龔遂)가 제(齊) 지역에 가 보니, 사람들이 사치를 좋아하고 농사에 힘쓰지 않았다. 이에 공수가 검약을 실천하면서 백성들에게 농상(農桑)에 힘쓰게 하였는데, 백성들 가운데 도검을 차고 다니는 자가 있자, 그로 하여금 도검을 팔아서 소와 송아지를 사게 하면서 말하기를 "어째서 소와 송아지를 차고 다니는가." 하였다.《漢書 循吏傳 龔遂》

78 흰 구름 : 고향의 어버이를 그리워하는 마음을 비유한다. 당(唐)나라 적인걸(狄仁傑)이 태항산(太行山)을 넘어가던 중에 흰 구름이 외로이 떠가는 남쪽 하늘을 바라보면서 "저 구름 아래에 어버이가 계신다."라고 하고는 한참 동안 머물러 있다가 구름이 다른 곳으로 옮겨 간 뒤에 다시 길을 떠났다는 고사가 있다.《舊唐書 狄仁傑列傳》

종계 주청사[79]로 연경에 가는 청련 이계진[80] 후백 을 전송하다
送別青蓮李季眞 後白 以宗系奏請使赴京

나라의 수치를 씻지 못한 지 未雪邦家恥
이제 이백 년이 되었네 由來二百年
구중궁궐에서 임금 매우 분노하니 九重宸憤切
중국 만 리 길에 사신 행렬이 이어졌네 萬里使車連
원반[81]에서 선택을 입어 披簡鵷班裏
대궐 앞에서 윤음을 받네 承綸鳳闕前
일찍부터 정성을 바치고자 관리가 되어 丹忱曾許國
머리 다 세어 또다시 중국에 조회 가게 되었네 白髮再朝天

79 종계 주청사(宗系奏請使) : 종계변무(宗系辨誣)를 주청하러 가는 사신을 뜻한다. 종계변무는 조선이 명(明)나라 사적(史籍)에 잘못 기록된 태조 이성계(李成桂)의 세계(世系)를 시정해 줄 것을 명나라 조정에 요청한 일을 말한다. 당시 명나라 사적에는 이성계가 고려의 권신 이인임(李仁任)의 후손이라고 잘못 기록되어 있었는데, 이는 고려 말 이성계의 정적(政敵)이던 윤이(尹彝), 이초(李初)가 명나라에 도망가서 무고하였기 때문이다.

80 이계진(李季眞) : 이후백(李後白, 1520～1578)으로, 본관은 연안(延安), 자는 계진, 호는 청련(青蓮)이다. 1535년(중종30) 향시(鄕試)에 장원하고 곧 상경해 이의건(李義健), 최경창(崔慶昌), 백광훈(白光勳) 등에게서 배웠다. 1573년(선조6) 종계변무를 위해 명나라에 다녀왔다.

81 원반(鵷班) : 조정의 반열을 뜻하는 말이다. 백로는 질서가 엄격하여 서 있을 때나 날아갈 때나 작은 것이 큰 것을 추월하지 않는 특징이 있으므로, 조정의 반열에 관직의 차서가 엄격한 것을 비유한다. 《禽經》

다만 중대한 일임을 느끼니　但覺機關大
어찌 가는 길이 멀다고 시름겨워하리오　寧愁道路綿
삼하[82]에 봄이 지나간 뒤니　三河春盡後
일검[83]의 기러기 변방으로 돌아가네　一劍雁歸邊
요동의 화표주[84]에 언제 학이 날아왔고　遼柱何年鶴
연대[85]에 얼마 동안 연기를 피웠는가　燕臺幾處煙
예전에 유람했던 산은 변함이 없는데　舊遊山不變
돌아갈 그리움에 달이 하늘에 걸려 있네　歸思月空懸
몇 번이나 신하의 충직한 주청을 올렸으니　幾竭孤忠奏
머지않아 황제 은택 흠뻑 내리겠지　應將帝澤旋
가을바람 오히려 멀지 않으니　秋風猶未遠
기꺼이 이별의 수심에 잠기네　肯被別愁纏

82 삼하(三河) : 하내(河內), 하동(河東), 하남(河南) 세 지역으로, 황하(黃河) 남북 낙양(洛陽) 부근이다. 중국 문화의 발원지이다.

83 일검(一劍) : 중국 장안(長安)에서 촉(蜀)으로 들어가는 험준한 지역에 있는 사천성(泗川省)의 관문인 검각(劍閣)인 듯하다.

84 요동(遼東)의 화표주(華表柱) : 73쪽 주29 참조.

85 연대(燕臺) : 중국 하북성 역현(易縣)의 동남쪽에 있던 황금대(黃金臺)의 별칭이다. 전국 시대 연 소왕(燕昭王)이 그곳에 누대를 쌓고 누대 위에 천금을 놓아두고서 천하의 선비를 맞아들였다는 데서 붙여진 이름이다.

호남 방백 이사문[86]을 전송하다 2수

送別湖南方伯李士文 二首

승정원에서 조서를 초하는 일을 그만두자	銀臺纔罷草綸章
또 쌍정[87]을 끼고 궁궐을 나서네	又握雙旌出未央
큰 바닷가에서 맑은 정치로 명성을 얻고자	攬轡淸名滄海上
임금님 곁에서 오래전부터 꿈을 꾸었지	含香舊夢紫雲傍
매미 소리 나는 역로에 가을이 가까워지려 하고	蟬聲驛路秋將近
이슬 기운에 강가 누대의 밤이 서늘해지려 하네	露氣江樓夜欲涼
기꺼이 금의환향을 자랑하니	肯向故邦誇晝錦
고향 사람들 절로 그 영광 부러워하네	鄕人自是羨恩光

요즘 들어 자주 이별함을 어찌 견디랴	那堪離別近來頻
백발에 가을 만나 서글픈 마음 쉽게 드네	白髮逢秋易愴神
전송하는 이곳엔 물 건너 앵무새 소리 들려오는데	度水鶯聲相送地
하늘 이어진 푸른빛 사이로 혼자서 돌아가네	連天草色獨歸人
삼 년 동안 함께 신선 궁궐의 물시계 소리 들었는데	三春共聽仙宮漏
천 리 길로 한월[88]과 멀리 나누어졌네	千里遙分漢月輪

86 이사문(李士文) : 이중호(李仲虎, 1512~?)로, 본관은 광산(光山), 자는 사문이다. 1552년(명종7) 식년 문과에 급제하였다. 대사성, 도승지, 전라도 관찰사를 역임하였다.

87 쌍정(雙旌) : 관찰사의 의장(儀仗)이다.

봉래전에 약속하여 참으로 헤어지지 않으리니 契托蓬萊眞不分
몇 번이고 꿈속에서 그대를 좇아다니리다 幾回魂夢逐淸塵

88 한월(漢月) : 조국 산하를 비추는 달을 말한다. 두보(杜甫)의 〈전출새(前出塞)〉 9수 중 제7수에 "이미 한월을 멀리 떠나왔는데, 어느 때나 성을 쌓고 돌아갈거나.〔已去漢月遠, 何時築城還?〕"라는 표현이 나온다. 《杜少陵詩集 卷2》

민서초[89] 충원 의 시에 차운하다 2수
次閔恕初 忠元 韻 二首

그대와 맺은 교분 처음처럼 변함없지만　與君心契不渝初
명예와 치욕을 몇 번 당하니 만사가 헛일이네　幾見乘除萬事虛
상중(喪中)에 홀로 천 리를 달려가는 꿈을 꾸지만　草土獨飛千里夢
한 줄의 편지도 바다와 산에 막혀 오지 못하네　海山重斷一行書
세속에서 머리카락 해마다 바뀌어 늙어 가고　紅塵鬢髮年年改
청안[90]의 교유 해마다 소원해지네　青眼交遊日日疎
봄볕이 높은 집에 고루 스며들어 매화가 다 지는데　春徧高齋梅盡落
근래의 소식 어떤지 묻노라　近來消息問何如

조정의 옛 동료들 자주 생각나지만　幾憶鵷班舊好儔
한 해 동안 바다 서쪽에 막혀 머물러 있네　一年留滯海西州
기러기 변방으로 돌아가니 봄이 다해 서글프고　雁回關塞傷春盡
풀 푸른 강가에서 객지살이 지루하네　草綠江城倦客遊

89 민서초(閔恕初) : 민충원(閔忠元, 1541～?)으로, 본관은 여흥(驪興), 자는 서초이다. 1562년(명종17) 별시 문과에 급제하였다. 1571년(선조4) 성균관 사예를 거쳐, 이듬해 정언(正言)이 되었다가 남양 부사에 임명되었다. 1573년 다시 소환되어 장령이 되었다가 곧 사성(司成)이 되었다.

90 청안(青眼) : 삼국 시대 위(魏)나라 완적(阮籍)이 속된 사람을 만나면 백안(白眼) 즉 흰 눈자위를 드러내어 경멸하는 뜻을 보이고, 의기투합하는 사람을 만나면 청안 즉 검은 눈동자로 대하여 반가운 뜻을 드러낸 고사가 전한다. 《世說新語 簡傲》

훌륭한 정치에 궁핍한 민가의 병이 점차 치유되고 嘉政漸蘇窮戶瘼
고향으로 돌아가고픈 마음 금하지 못해 흰 구름[91] 보고 시름겹네
歸心不禁白雲愁
재주 있는 이를 오래도록 멀리 두지 않을 것이니 遐方不久留才子
머지않아 향기로운 봉소[92]에서 보리라 行見含香鳳沼頭

91 흰 구름 : 고향의 어버이를 그리워하는 마음을 표현한 것이다. 91쪽 주78 참조.

92 봉소(鳳沼) : 임금이 거처하는 궁궐 또는 임금을 모시는 중서성(中書省)을 가리킨다. 봉황지(鳳凰池)라고도 한다.

청암 권진경[93] 동보 의 시에 차운하다
次靑巖權震卿 東輔 韻

노쇠한 얼굴과 희끗한 머리로 또 봄을 맞았으나　衰顏華髮又逢春
여전히 티끌세상을 떠나지 않고 있네　依舊紅塵未去人
서울에서 새벽 물시계 소리 듣느라 몇 번이나 근심하고
紫陌幾愁聞曉漏
밝은 시대에 조정의 신하 된 게 공연히 부끄럽네　明時空愧忝朝紳
눈 녹은 학이 다니는 길에 이끼가 새로 돋아나고　雪消鶴徑苔新長
얼음 녹은 낚시터에는 물이 절로 맑구나　氷泮漁磯水自粼
아름다운 언덕과 골짜기를 독차지한 것을 아득히 떠올려 보니
遙想獨專丘壑美
내 몸이 옛 왕의 신하인 것을 모르겠구나　不知身是舊王臣

93 권진경(權震卿) : 권동보(權東輔, 1517～1591)로, 본관은 안동(安東), 자는 진경, 호는 청암(靑巖)이다. 아버지는 권벌(權橃)이다. 1547년(명종2) 소윤 윤원형(尹元衡)이 대윤 윤임(尹任) 일당을 몰아낸 것을 비방하는 양재역 벽서 사건에 관련되어 아버지가 삭주(朔州)로 귀양 갔다가 1년 만에 죽자, 그는 사섬시 직장(司贍寺直長)을 버리고 20년 동안 두문불출하였다.

김중온[94] 언기 의 〈초정〉에 차운하다 3수

次金仲昷 彦璣 草亭韻 三首

흰 구름 사이에 한 채의 띳집 있고	一區茅屋白雲間
늦가을 줄과 부들에 들 물이 차갑네	秋晩菰蒲野水寒
동이에 가득한 술이 시를 읊는 그 자리에서 다하고	酒滿瓦樽吟處盡
이슬 짙은 이끼 낀 길이 밟고 다녀 말랐네	露深苔逕踏來乾
삼청[95]의 골짜기에는 통할 길이 없고	三淸洞壑無媒路
만 겹의 안개와 노을 피어오르는 산은 사지 못하네	萬疊煙霞不買山
언제 그대의 정자 아래에서 술을 마시며	何日從君亭下飮
덧없는 인생에서 또 잠시나마 한가함을 얻을까	浮生又得片時閑

끝이 없는 세상살이 얻고 잃음의 사이에서	世路悠悠得喪間
반평생 외진 골목에서 갖옷 하나만 걸쳤네	半生窮巷一裘寒
평소 마음은 일신의 도모가 서툰 것을 분수로 여겼고	雅懷自分謀身拙
장사(壯士)가 어찌 남의 비판을 싫어할까	壯志那甘唾面乾

94 김중온(金仲昷) : 김언기(金彦璣, 1520~1588)로, 본관은 광산(光山), 자는 중온, 호는 유일재(惟一齋)이다. 이황(李滉)의 문인이다. 1567년(명종22) 생원시에 합격하였다. 이황이 죽은 뒤에는 여강서원(廬江書院)을 세우고 백련사(白蓮寺)를 철거하여 유학을 숭상하고 불교를 배척하는 데 노력하였다. 안동의 용계서원(龍溪書院)에 제향되었다. 문집으로 《유일재집(惟一齋集)》이 있다.

95 삼청(三淸) : 삼청경(三淸境)의 준말로, 도가(道家)에서 신선이 산다는 옥청(玉淸), 상청(上淸), 태청(太淸)의 세 궁(宮)을 아울러 이르는 말이다.

자리에는 본래 강사장[96]이 없었고　座上元無絳紗帳
처마 앞에는 벽라산[97]이 남아 있네　簷前賸有碧蘿山
송문에서 객이 떠나자 방당이 고요하고　松門客去方塘靜
흐르는 물, 돌아가는 구름에 마음이 홀로 한가롭네　流水歸雲意獨閑

김언기가 당시 학생들을 가르치고 있었기 때문에 '강사장'이라고 하였다.

십 년 동안 낯선 땅에서 생활하였으니　十年蹤跡楚咻間
돌아보면 구맹[98]은 이미 변해 버렸네　回首鷗盟已久寒
녹봉의 삶 남은 것이라곤 백발만 가득한데　斗粟留人霜鬢滿
관사에는 일이 없어 인장이 말랐네　郡齋無事印文乾
삼 년 동안 객지에서 산림의 삶에 미혹되어　三秋客夢迷叢桂
현령으로 지내며 가고픈 마음 고향 산을 감아 도네　百里歸心繞故山
멀리서 흰 옷의 훌륭한 시골 노인 부러워　遙羨白衣佳野老
한평생 농촌에서 맑고 한가하게 보낸다오　一生田畝管淸閑

위는 자신을 읊은 시이다.

96 강사장(絳紗帳) : 후한(後漢)의 명유 마융(馬融)이 늘 높은 마루에 앉아 붉은 사라 장막을 내리고 생도들을 교수했던 데서 유래한 말로, 스승의 강석(講席)을 뜻한다. 《後漢書 馬融列傳》

97 벽라산(碧蘿山) : 벽라(薜蘿)는 벽려(薜荔) 넝쿨과 여라(女蘿) 넝쿨을 합한 말이다. 옛날에 은자(隱者)들이 흔히 이것으로 옷을 지어 입었던 데서 은자나 고사(高士)의 처소를 가리키기도 한다.

98 구맹(鷗盟) : 자연에 은거하여 갈매기와 벗하겠다는 맹세를 말한다. 송(宋)나라 육유(陸游)의 시 〈숙흥(夙興)〉에 "학의 원망은 누굴 의지해 풀까, 백구와의 맹세 이미 식었을까 염려되네.〔鶴怨憑誰解? 鷗盟恐已寒.〕"라고 하였다.

죽서루[99] 현판의 시에 차운하다

竹西樓板上次韻

을축년(1565, 명종20) 강원 도사(江原都事)로 있을 때이다.

진주관[100]에 이제야 올라, 옛날엔 누대가 있었다고 들었는데 眞珠今上昔聞樓
단풍잎, 갈대꽃 가을 모습 한창이네 楓葉蘆花一樣秋
푸른 대나무 얽힌 가지가 난간에 나지막하게 굽어 있고 翠竹交枝低檻曲
푸른 산이 보내는 그림자 물결에 잠겨 흐르네 青山送影蘸波流
오랜 세월 구름 경치를 명현들이 시로 읊었고 百年雲物名賢詠
먼 객지에서의 풍상에 병든 나그네 시름겹네 千里風霜病客愁
오직 기심이 다 없어지지 않았을까 걱정이니 惟恐機心除未盡
난간에 기대어 온종일 갈매기를 바라보네 倚欄終日看沙鷗

99 죽서루(竹西樓) : 관동 팔경(關東八景)의 하나이다. 강원도 삼척(三陟) 성내리(城內里)에 있는 누각 밑에 오십천(五十川)이 흐르고 누대는 절벽으로 10여 길이나 되어 경치가 자못 아름답다. 고려 충렬왕 1년(1275)에 이승휴(李承休)가 지었고, 조선 태종 3년(1403)에 부사(府使) 김효손(金孝孫)이 중수(重修)하였다.

100 진주관(眞珠館) : 삼척도호부(三陟都護府)의 객관(客館)을 가리킨다. 허목(許穆)의 《척주지(陟州誌)》에 "옛 객사가 죽서루 아래에 있었는데, 정덕(正德) 13년(1518) 우리 조선 중종(中宗) 13년 무인년에 부사 김순종(金順宗)이 옮겨 지었다. 이것이 진주관이다."라는 말이 나온다.

강릉 가는 길에

江陵道中

푸른 숲 우거진 바닷가 여러 산을 지나	海畔群山過翠屛
수많은 흰 갈매기가 나는 길게 뻗은 물가로 내려가네	白鷗無數下長汀
해당화는 십 리 모랫길에서 향기를 내뿜으니	棠花十里鳴沙路
해가 저물도록 말을 천천히 모네	日暮從敎馬緩行

용문사[101]에서 노닐다 2수

遊龍門寺 二首

이름난 산을 이제야 왔으니 名山今始到
풍경이 들어 왔던 것보다 낫네 風景過曾聞
한 줄기 길은 강 언덕으로 통하고 一逕通江岸
천 개 봉우리는 구름 위로 솟았네 千峯挿夏雲
소나무 단에는 학이 날아와 앉고 松壇鶴飛下
안개 낀 골짜기 가운데로 달이 솟았네 煙壑月平分
호젓한 초야에 살고자 하나 欲學幽棲者
어지러운 세상 벗어날 수가 없네 無緣出世紛

절이 바위 아래에 기대어 있으니 寶刹依巖下
초여름이라 놀기에 좋네 淸遊屬夏初
앵무새 소리 창가 나무에서 들려오고 鶯聲隔牕樹
푸르스름한 기운 난간에 기댄 옷자락에 스며드네 嵐氣倚欄裾
해 질 녘 강호가 멀리 보이고 日落江湖逥
구름이 사라져 골짜기가 텅 비었네 雲歸洞壑虛
밤이 되어 꿈을 꾸니 夜來成一夢
학을 타고 신선이 사는 곳을 찾아다녔네 騎鶴訪仙居

101 용문사(龍門寺) : 경기도 양평군 용문면 용문산 남동쪽 기슭에 있다.

여주의 객사에서

驪州客舍

길옆에는 푸른 강물[102]이 흐르고	路傍滄江永
성은 옛 나루터 가까이 높게 솟았네	城臨古渡危
먼 산에는 지는 해가 비치고	遠山殘照下
높은 나무에는 저녁 새가 돌아오네	高樹暮禽歸
말을 타니 몸은 건장하기 어렵고	鞍馬身難健
어지러운 세상에서 계획은 그르치기 쉽네	風塵計易非
여관에서 쓸쓸히 묵고 있는데	蕭條投旅館
소낙비가 추운 사립문을 때리네	急雨打寒扉

102 푸른 강물 : 여주 북쪽으로는 남한강이 흐르고 있다.

단양에서 김계응[103] 난상 에게 드리다

丹陽呈金季應 鸞祥

삼천 리 먼 곳의 유배지에서 嶺海三千里
이십 년 동안 풍상을 겪었네 風霜二十年
시와 글로 부질없이 백발이 되고 詩書空白髮
성과 명은 단지 하늘에 달려 있네 性命只蒼天
해와 달은 새로운 조화를 열고 日月開新化
하늘과 땅은 옛 잘못을 씻어 주네 乾坤蕩舊愆
조정에는 바른 신하 도리어 많아 朝端還濟濟
마침 칭송을 받는 어진 이들이 많네 會見頌多賢

103 김계응(金季應) : 김난상(金鸞祥, 1507~1570)으로, 본관은 청도(淸道), 자는 계응, 호는 병산(缾山)이다. 1528년(중종23)에 이황(李滉)과 함께 사마시에 합격하고, 1537년에 식년 문과에 급제하여 검열을 지냈다. 1547년(명종2) 양재역 벽서 사건으로 남해(南海)에 유배되었고, 1565년에 단양으로 이배(移配)되었다가 선조 즉위 초에 풀려났다. 문집으로 《병산유집(缾山遺集)》이 있다.

주연에서 권진경과 권자휴[104] 동미 에게 드리다

席上呈權震卿子休 東美

어지럽게 마셔 얼마나 마셨는지도 모르고	亂酌莫知數
고당에 있으니 겨울에도 온화하네	高堂冬亦和
평생에 오늘 같은 날 적지만	百年今日少
천 리 먼 곳의 친구들은 많네	千里故人多
옛 나무는 산기운에 잠기고	古木沈山氣
긴 내는 눈꽃을 둘렀네	長川帶雪華
맑은 이야기에 술 취한 이야기 섞이고	淸談雜醉話
해 저물어 그제야 집으로 돌아오네	日暮始還家

104 권자휴(權子休) : 권동미(權東美, 1525～1585)로, 본관은 안동(安東), 자는 자휴, 호는 석정(石亭)이다. 권벌(權橃)의 둘째 아들로, 1568년(선조1) 사마시에 합격하여 여러 벼슬을 역임하였고 용궁 현감(龍宮縣監), 초계 군수(草溪郡守)로 재직하여 선정을 베풀었다. 문집으로 《석정집(石亭集)》이 전한다.

벗이 그리워 부치다

有所思寄友人

내가 아득히 그리워하는 이는	悠悠我所思
저 한강 한 굽이에 있네	在彼漢一曲
생각나도 볼 수가 없어	懷之不可見
마음이 슬프고 애달프네	中心載忉怛
편지 한 통 부치고자 하여도	欲寄一札書
산천은 아득하여 끝이 없네	山川杳無極
봄풀은 푸르러 아름답고	春草綠萋萋
가을 달빛은 희고 깨끗하네	秋月光皎潔
세월은 물과 같이 지나가는데	光陰逝如水
우리는 언제나 만날까	會合知何日
무엇으로 내 근심을 풀까	何以寫我憂
우선 술이나 마셔 보세	且進杯中物

합천군 동헌 벽에 걸린 이 영공 중가[105]가 과거 시험장에서 우연히 읊은 시에 차운하고 여러 사람에게 드려 화답을 구하다 2수

陜川東軒次壁上李令公仲嘉試院偶吟韻呈諸公求和 二首

꽃과 나무 우거지고 그늘 짙은 뜰에서 花木森森蔭一庭
석양에 재촉하는 북소리 꾀꼬리 소리와 어울리네 夕陽催鼓和鶯聲
예와 악을 마음대로 구사하여 문장을 이루려고 하니 縱橫禮樂文將就
금과 모래 가리려 하나 눈이 밝지 못하네 揀別金沙眼未明
만물이 이미 놀라 연꽃이 물에서 돋아나고 時物已驚荷出水
나그네의 유람은 도리어 기러기가 형산[106]으로 온 것 같네 旅遊還似雁來衡
지난날 함께 만난 곳을 생각하니 他年記得相逢處
향긋한 풀이 있는 못가에는 푸른 대나무가 자랐지 芳草塘邊翠篠橫

백 묘의 뜰을 둘러보며 빙 도니 睥睨周遭百畝庭
숲 너머 멀리서 꿩 울음소리 들리네 隔林遙聽野鷄聲
연꽃은 맑은 물에서 풍도가 경쾌하고 芙蓉水淨輕風度

105 이 영공 중가(李令公仲嘉) : 영공은 영감(令監)과 같은 말로 정3품과 종2품의 벼슬아치를 가리킨다. 이름은 확인이 되지 않고, 경주 이씨로 자는 중가, 호는 자강(子康)이다.

106 형산(衡山) : 중국 호남성에 있는 산으로, 오악에 속한다. 오악은 동의 태산(泰山), 서의 화산(華山), 남의 형산, 북의 항산(恒山), 중의 숭산(嵩山)이다.

장막 친 텅 빈 누대에 석양이 밝게 비치네　　　簾幕樓空返照明

늙고 병든 채 외로운 배를 매어 둔 두보를 슬퍼하며[107]

老病孤舟悲杜甫

〈귀전부(歸田賦)〉[108]를 지은 장형을 저버렸네　　　歸田一賦負張衡

고국을 돌아보니 어디인지 알겠으니　　　回頭故國知何處

구름 너머로 푸른 산 한 줄기가 비껴 있네　　　雲外青山一抹橫

107 늙고……슬퍼하며 : 두보(杜甫)가 기주(夔州)에서 지은 시인 〈추흥(秋興)〉에 "두 해 피고 진 국화 떨기는 지난 날 흘린 눈물이요, 묶여 있는 외론 배는 고향 그리는 마음이로다.〔叢菊兩開他日淚, 孤舟一繫故園心.〕"라고 하여 전란으로 외롭게 떠돌며 고향을 그리워하였다. 《杜少陵詩集 卷17》

108 귀전부(歸田賦) : 후한 순제(後漢順帝) 때 장형(張衡)이 당시에 환관이 권력을 행사하자 벼슬살이에 회의를 느낀 나머지 고향으로 돌아가고픈 생각에서 지은 글이다. 《文選》

월천 조사경[109] 목 의 편지를 읽고 율시 한 수를 읊어 드리다
見月川趙士敬 穆 書吟呈一律

비 갠 강변 집에 녹음이 짙은데	雨晴江館綠陰淸
텅 빈 집에 홀로 앉아 옛 경전을 읽네	獨坐空齋對古經
아득한 하늘에 푸른 산이 보이고	天闊靑山來眼界
푸른 아지랑이가 발 사이로 창틀에 이르네	簾虛碧靄撲牕櫺
한 지방 백성들 병든 것 치료에 부끄럽고	一方民物慙蘇瘵
반평생의 공부 마음 밝힘에 부끄럽네	半世工夫愧喚醒
친구가 보내온 편지에 힘입어	賴有故人書札到
한마디 말로 오히려 몽매함을 깨우치네	片言猶足警昏冥

109 조사경(趙士敬) : 조목(趙穆, 1524~1606)이다. 본관은 횡성(橫城), 자는 사경, 호는 월천(月川)이다. 이황(李滉)의 문인으로, 1552년(명종7) 생원시에 합격하였으나 대과(大科)를 포기하고 학문과 수양에만 전념하였다. 이후 동몽교관, 전라도 도사, 경상도 도사, 공조 참판 등에 제수되었으나 모두 사직하였다. 다만 1576년(선조9) 봉화현감에 제수되어 사직소를 냈으나 허락되지 않아 봉직하면서 향교를 중수하였다. 이황의 팔고제(八高弟) 가운데 한 사람으로, 이황이 세상을 떠난 후 문집의 편간, 사원(祠院)의 건립 및 봉안 등에 힘써 도산서원 상덕사(尙德祠)의 유일한 배향자가 되었다. 문집으로 《월천집(月川集)》이 있다.

성산[110] 시원에서 안동 영공 용이 쓴 현판의 시에 차운하다

星山試院次安東令公用板上韻

경시관(京試官)일 때이다.

전에 왔던 유랑[111]이 오늘 또 왔으니	前度劉郎今又來
적막한 여관에 그리움이 아득하구나	寂寞賓館思悠哉
산에는 밤비가 내려 그림처럼 새롭고	山經夜雨新如畫
나무는 외로운 성을 싸고 푸른 기운 자욱하네	樹抱孤城翠欲堆
발을 친 많은 집들은 버드나무 시장이요	簾幕千家楊柳市
안개 낀 높은 곳은 봉황대[112]라네	煙花百尺鳳凰臺
흥망의 지난 일 누구에게 물어볼까	興亡往事憑誰問
혼자 석양을 마주하여 한잔 술을 마시네	獨對斜陽把一杯

110 성산(星山) : 경상북도 성주(星州)의 옛 이름이다.

111 유랑(劉郎) : 문봉이 자신을 당(唐)나라 시인 유우석(劉禹錫)에 견준 표현인 듯하다.

112 봉황대(鳳凰臺) : 이백(李白)이 금릉(金陵)에서 술을 마시던 곳을 가리킨다.

선성[113]의 작은 누대에서 우연히 읊다

宣城小樓偶吟

키 큰 여름 나무에 비가 오다 막 그치니	千章夏木雨初收
끊임없는 매미 소리 쉬지 않고 목매어 우네	無限蟬聲咽不休
관사는 마치 절과 같이 조용하여	官舍正如僧舍靜
작은 침상을 그윽한 대나무 숲 가까이로 옮겼네	小牀移近竹林幽

113 선성(宣城) : 경상북도 예안(禮安)의 옛 이름이다. 문봉은 1568년(선조1) 예안 현감을 지냈다.

성성재 금문원[114]에게 부치다

寄贈惺惺齋琴聞遠

반평생 어지러운 세상의 명예와 치욕을 많이 겪느라 半世塵土飽乘除
산밭 갈고 고기 잡는 생활 헛되게 만들었네 空負巖耕與水漁
고을에는 유랑자 있으니 오고[115]에 부끄럽고 邑有流亡慙五袴
학문에는 애써 고생함이 없으니 삼여[116]에 부끄럽네 學無勤苦愧三餘
청산의 고향으로 돌아감이 어찌 이리 늦을까 青山故國歸何晚
늙고 오활한 선비 세상일에 이미 서툰데 白髮迂儒世已疎
낙엽 진 강남이 돌아가 머물 곳인데 落木江南歸滯處
꿈에서 깨니 별과 달이 텅 빈 창가를 비추네 夢回星月夜牕虛

114 금문원(琴聞遠) : 금난수(琴蘭秀, 1530~1604)로, 본관은 봉화(奉化), 자는 문원, 호는 성성재(惺惺齋)·성재(惺齋)·고산주인(孤山主人)이다. 처음 김진(金進)에게 글을 배웠고, 뒤에 이황(李滉)의 문하에서 수학하였다. 1561년(명종16) 사마시에 합격하였다. 좌승지에 추증되고 예안(禮安)의 동계정사(東溪精舍)에 제향되었다. 문집으로 《성재집(惺齋集)》이 있다.

115 오고(五袴) : 다섯 벌의 바지라는 말로, 고을 수령이 정사를 잘하여 백성들이 부유함을 뜻한다. 자(字)가 숙도(叔度)인 동한(東漢)의 염범(廉范)이 촉군 태수(蜀郡太守)로 부임하여 금법(禁法)을 해제하고 백성의 생활을 안정시키자, 백성들이 노래를 지어 부르기를 "우리 염숙도가 어찌 이리 늦게 왔나. …… 평생 속옷도 없더니 지금은 바지가 다섯이네.〔廉叔度來何暮?……平生無襦今五袴.〕"라고 하였다는 고사가 있다. 《後漢書 廉范列傳》

116 삼여(三餘) : 독서를 뜻한다. 삼여는 세(歲), 일(日), 시(時)의 여(餘)인 동(冬), 야(夜), 음우(陰雨)를 각각 가리키는데, 《삼국지(三國志)》 〈위서(魏書) 왕숙전(王肅傳)〉의 주(注)에 "독서는 삼여에 해야 한다.〔讀書當以三餘〕"라고 하였다.

침류정[117]에서 오천[118]의 여러 벗이 사경과 함께 모임을 가진다고 들었으나 약속이 있어 가지 못하다

聞烏川諸友與士敬共會于枕流亭余有約未赴

승경을 모은 높은 누각에서 옥류를 굽어보며	聚勝高樓俯玉流
여러 공들 이 밤에 함께 넉넉하게 노닐 수 있으리라	群公此夕共優游
외로운 구름 홀로 있는 섬의 푸른 산에 해가 저물고	孤雲獨島青山暮
먼 포구 긴 모래벌판의 푸른 나뭇잎이 붉게 변한다	極浦長沙綠樹秋
소나무 아래에서의 한잔 술은 하삭음[119]이요	松下一樽河朔飮
세상에서 반나절의 신선놀음일세	人間半日羽仙遊
아름다운 기약 잠시 접어 두니	佳期咫尺空抛擲
어지러운 세상에 묻힌 삶이 매우 우습구나	堪笑紅塵沒盡頭

117 침류정(枕流亭) : 경상북도 선성현(宣城縣) 오천에 있던 정자 이름이다. 김만균(金萬鈞)이 짓고 탁청정(濁淸亭) 김수(金綏)가 이어받았다. 《宣城誌》

118 오천(烏川) : 현재 안동시 와룡면 오천리이다. 원래 예안현 지역으로 외내라고도 하였다. 이곳에는 약 600여 년 전에 광산 김씨 예안파의 입향조인 김효로(金孝盧)가 들어와서 터전을 잡은 후에 손자 대에 가서 7군자를 배출하며 영남 굴지의 명문가를 이루었다. 군자리(君子里)로 더 잘 알려져 있다.

119 하삭음(河朔飮) : 무더운 여름철에 피서(避暑)한다는 명분으로 마련한 술자리를 말한다. 후한(後漢) 말에 유송(劉松)이 원소(袁紹)의 자제와 하삭(河朔)에서 삼복(三伏) 무렵에 술자리를 벌이고 밤낮으로 정신없이 마셔 댄 고사에서 유래한다. 《初學記 歲時部上 夏避暑飮》

침류정에서 오천의 여러 벗과 만나 술을 마시고 이별한 후 말 위에서 다시 앞의 시에 용운하다

枕流亭與烏川諸友會飮別後馬上再用前韻

정자 아래 맑은 강이 저녁에 급히 흐르니 亭下淸江急暮流
백사장 갈매기 날아와 앉고 비단 물고기 노니네 沙鷗飛集錦鱗游
긴 물가의 향긋한 풀은 멀리 언덕까지 이어지고 長洲芳草遙連岸
옛 절의 드문드문 울리는 종소리는 가까이서 가을이 다가옴을 전하네 古寺疎鐘近報秋
백발이 되어 모두 만남과 헤어짐의 한에 놀라고 白髮共驚離合恨
청산에서 공연히 고금의 놀이로 달래네 靑山空管古今遊
말에 올라 이전과 같이 거듭 고개를 돌리니 依然匹馬重回首
오직 보이는 것은 우암[120]의 반쯤 드러난 머리뿐이네 惟見愚巖出半頭

120 우암(愚巖) : 김익(金翌, 1547~1603)의 호이다. 본관은 광산(光山), 자는 현보(顯甫)이다. 김언기(金彦璣)의 문인이다. 선조 때 생원시에 합격하였으며, 학행(學行)으로 천거되어 참봉을 지냈다.

앞의 운으로 첩운시를 지어 오천의 여러 벗에게 드리다
疊前韻呈烏川諸友

고을의 정치는 도무지 은택을 베풀지 않고 邑政都無惠澤流
예악 정치는 적막하여 자유에게 부끄럽네[121] 絃歌寂寞愧言游
고성의 저물녘 모퉁이에 수많은 봉우리에 비가 내리고 孤城暮角千峯雨
긴 밤 추운 다듬이질 소리 온갖 나무를 시들게 하네 永夜寒砧萬木秋
한 말 곡식 먹으며[122] 삼경[123]으로 돌아가는 것 점점 더디고 斗粟漸遲三逕去
조각배 타고 오호의 노닒[124]을 부질없이 저버렸네 扁舟空負五湖遊
도리어 부럽네, 하궤와 신문[125]이 還憐荷蕢晨門者
말 사천 필의 공명도 오래도록 고개를 내저은 것이 千駟功名久掉頭

121 예악……부끄럽네 : 자유(子游)가 무성(武城)의 읍재로 있으면서 예악(禮樂)으로 읍을 다스려 고을에 현가(絃歌) 소리가 늘 울려 퍼졌다. 《논어》 〈양화(陽貨)〉에 "공자가 무성에 가서 현악을 연주하는 소리를 들었다. 공자가 빙그레 웃으며 '닭을 잡는데 어찌 소 잡는 칼을 쓰는가.'라고 말하였다."라는 내용이 보인다.

122 한……먹으며 : 녹을 먹으며 벼슬살이한다는 말이다.

123 삼경(三逕) : 은자(隱者)의 처소를 의미한다. 83쪽 주59 참조.

124 오호(五湖)의 노닒 : 춘추 시대 월(越)나라 대부 범려(范蠡)가 구천(句踐)을 보좌하여 오(吳)나라를 멸망시키고 오호에 거룻배를 띄워 떠나 버렸던 데서 온 말로, 전하여 신하가 공을 이루고 은퇴하는 것을 의미한다. 《國語 卷21 越語》

125 하궤(荷蕢)와 신문(晨門) : 《논어》 〈헌문(憲問)〉에 나오는 인물로, 세상을 피해 은거한 이들이다.

고을 관아에 머물면서 오천의 제군에게 부치다

宿縣舍寄烏川諸君

외람되이 동부[126] 받던 날 추억하니　　憶忝銅符日
어느덧 벌써 네 해가 지나갔네　　居然已四秋
산 성곽에 예전 그대로 나무가 있고　　山城依舊樹
강 누각에 얼굴 알아보는 물새 있네　　江閣識顏鷗
갈림길에서는 반가운 사람이 드물고　　岐路稀青眼
풍진세상에서는 백발이 되기 쉽네　　風塵易白頭
그대들 그리는데 볼 수 없으니　　思君不可見
긴긴밤 홀로 시름에 잠기네　　永夜獨含愁

126 동부(銅符) : 지방관의 신표(信標)를 말한다.

조정으로 돌아가는 권자휴[127]를 전송하다 2수
送權子休歸朝 二首

남국의 단풍에 흰 이슬 내려앉을 때	南國丹楓白露辰
멀리 초가집에 조정으로 부르는 조서 이르네	鶴書遙召草廬人
어릴 때 부친[128]의 가르침으로 학업을 잘 닦았고	早陪鯉對能脩業
만년에 임금님 은혜 입어 몸을 허락하였네	晩被鴻恩便許身
죽령[129]에는 가을 찬 서리 내려 나무가 반이 되고	竹嶺寒霜秋半樹
초승달 뜬 금탄[130]에는 속세 기운 없네	金灘新月水無塵
천 리 떨어진 벗과 서로 그리워하는 꿈에	故人千里相思夢
서쪽으로 흐르는 물결 좇아 한강 물가를 돌리라	應逐西流繞漢濱

나그네 가을바람 맞으며 홀로 문 나서니	遊子秋風獨出門
가고 가며 멀리 화산 구름 가리키네	行行遙指華山雲
차운 강에 기러기 그림자 돛대 앞을 건너고	江寒雁影帆前度
저물녘 골짜기에 원숭이 울음소리 달 속에서 들리네	峽暮猿聲月裏聞
반생 동안 근심과 즐거움에 몇 번이나 마음 꺾였나	憂樂半生心幾折

127 권자휴(權子休) : 권동미(權東美)이다. 106쪽 주104 참조.

128 부친 : 권동미는 권벌(權橃)의 둘째 아들이다.

129 죽령(竹嶺) : 현재의 경상북도 영주시 풍기읍과 충청북도 단양군 대강면의 경계에 있는 고개이다.

130 금탄(金灘) : 충주의 서쪽이 달천(獺川)이고 동쪽이 동달천인데, 탄금대(彈琴臺) 합수머리에서 만나 금탄이 된다.

천 리에 공명 떨치는데 귀밑머리 이제 세어 가네　功名千里鬢初紛
견디지 못하겠네, 나그네 고개 돌리는 곳에　不堪客路回頭處
무한한 산봉우리 석양빛 띠고 있는 모습을　無限重巒帶落曛

영지사[131]에서 묵으며 밤에 짓다

宿靈芝寺夜作

영지산 위 암자에서 하룻밤 묵는데　一宿靈芝山上庵
깊은 밤 바람과 이슬이 옷깃에 떨어지네　夜深風露滴衣襟
삼청[132]의 학 꿈[133]이 지는 달빛에 흐릿하고　三淸鶴夢迷殘月
십 리의 여울 소리 저 멀리 봉우리로 건너가네　十里灘聲度遠岑
구름 낀 골짜기는 너른 들녘 나무와 가만히 이어졌고 雲壑暗連荒野樹
새벽종은 작은 마을 다듬이질 소리와 멀리서 어우러지네
曉鐘遙和小村砧
홀로 난간에 기대어 선승과 이야기 나누니　憑欄獨與禪僧話
하룻밤 사이 속세 티끌 덮임을 면하겠네　免被紅塵一夜侵

131 영지사(靈芝寺) : 도산(陶山)의 영지산에 있던 절이다. 농암(聾巖) 이현보(李賢輔)가 터만 남아 있던 이곳에 영지정사(靈芝精舍)를 지었다.

132 삼청(三淸) : 삼청경(三淸境)의 준말로, 도가(道家)에서 신선이 산다는 옥청(玉淸), 상청(上淸), 태청(太淸)의 세 궁(宮)을 아울러 이르는 말이다.

133 학 꿈 : 세속을 초탈하여 멀리 떠나 있는 것을 말한다. 당(唐)나라 사공도(司空圖)의 〈여이생론시서(與李生論詩書)〉에 "땅은 청량하여 학의 꿈 맑고, 숲은 고요하여 중의 모습 엄숙하네.〔地涼淸鶴夢, 林靜肅僧儀.〕"라고 하였다.

설월당 김돈서[134] 부륜 의 시에 다시 차운하다
又次雪月堂金惇敍 富倫 韻

어느 때 화표[135]에 정선[136]이 돌아올까	何時華表返丁仙
돌길 소나무 누대는 오랫동안 안개에 잠겼네	石逕松臺久鎖煙
푸른 넝쿨 바위 가에 달만 떠서	惟有綠蘿巖畔月
변함없이 작은 누각 앞을 비추네	依然來照小樓前

134 김돈서(金惇敍) : 김부륜(金富倫, 1531～1598)으로, 본관은 광산(光山), 자는 돈서, 호는 설월당(雪月堂)이고, 예안의 오천(烏川)에 살았다. 1555년(명종10)에 사마시에 합격하여 직장(直長), 주부(主簿)를 거쳐 동복 현감과 성주 목사로 부임하여 학정(學政)에 치중하였고, 임진왜란에는 가산을 털어 향병(鄕兵)을 도왔다. 문집으로《설월당집(雪月堂集)》이 있다.

135 화표(華表) : 성곽의 문에 세운 기둥, 즉 화표주(華表柱)를 말한다. 73쪽 주29 참조.

136 정선(丁仙) : 한(漢)나라 요동(遼東) 사람 정영위(丁令威)가 영허산(靈虛山)에 가서 신선술을 배웠는데 뒤에 학이 되었다고 한다.《搜神後記 卷1》정선은 정영위를 말하는데, 이 시에서는 김부륜을 가리킨다.

후조당 김언우[137] 부필 의 〈역동서원[138]에서〉에 차운하다
次後凋堂金彦遇 富弼 易東書院韻

수려한 물 밝은 산 낙동강 동쪽에	水麗山明洛以東
장수[139]한 곳 자취 없이 괜히 백운만 떠 있네	藏修無迹白雲空
소나무 문과 돌길은 당시의 일이고	松門石逕當時事
장식된 문설주와 나는 듯한 처마는 이날의 공이네	畫閣飛簷此日功
높은 산악처럼 여전히 천고의 모범 되고	千古儀刑喬嶽在
노나라와도 같은 고을의 현송[140]이네	一方絃誦魯城同
분분히 책 상자 싣고 오는 이들	紛紛載笈來遊者
《주역》 읽을 때 공을 저버리지 말아야 하리	讀易應須不負公

137 김언우(金彦遇) : 김부필(金富弼, 1516~1577)로, 본관은 광산(光山), 자는 언우, 호는 후조당(後凋堂)·후조당(後彫堂)이다. 예안에 살았고 이황(李滉)의 문인이다. 사마시에 합격한 뒤 과거 공부를 그만두었고, 세 번이나 참봉에 제수되었으나 벼슬에 나가지 않았다.

138 역동서원(易東書院) : 1567년(명종22) 이황에 의해 발의되어 세워진 안동 지역 최초의 서원으로 고려 말의 성리학자인 역동(易東) 우탁(禹倬)을 제향하였다. 원래 안동시 예안면 부포리 오담에 있었으나, 1868년(고종5)에 훼철되었다가 1969년 안동시 송천동으로 이건하였다.

139 장수(藏修) : 늘 학문에 뜻을 두고 게을리하지 않는 것을 이른다. 《예기(禮記)》 〈학기(學記)〉에 "군자는 학문에 있어서 장(藏)하고, 수(修)하고, 식(息)하고, 유(遊)한다."라고 하였는데, 공영달(孔穎達)의 소(疏)에 "장이란 언제나 마음에 학업을 생각하고 있음을 말한 것이요, 수란 학습을 폐하지 않음을 말한 것이요, 식이란 일을 하다 피곤하여 쉴 때에도 마음이 학습에 있음을 말한 것이요, 유란 일이 없이 한가하게 노닐 때에도 마음이 학문에 있음을 말한 것이다."라고 하였다.

140 현송(絃誦) : 거문고를 타고 시를 읊는다는 말로, 예악(禮樂)의 교화를 뜻한다.

단사협[141]에서

丹砂峽

천고의 단사협에	千古丹砂峽
속세 티끌 멀어진 저녁노을	紅塵隔暮霞
바위산에 가을빛 파리하고	巖巒秋色瘦
구름 낀 나무에 석양빛 짙네	雲木夕陽多
기러기 떠나가니 차운 모래 고요하고	雁去寒沙靜
조수 돌아 나가 작은 거룻배 기우네	潮回小艇斜
신선을 볼 수 없으니	仙人不可見
긴 휘파람 소리 안개 낀 덩굴 감도네	長嘯繞煙蘿

141 단사협(丹砂峽) : 경상북도 안동시 도산면 단천동의 가송협 아래에 있는 협곡이다.

월명담[142]에서

月明潭

못물이 유리같이 푸른데	潭水碧如玻
가을바람이 저녁 물결을 일으키네	秋風生晩波
갈대꽃 반쯤 피니 강에 눈 내린 듯	蘆花半江雪
단풍잎 가득하니 산에 노을 진 듯	楓葉滿山霞
골짜기 그림자 빛 따라 옮겨 가고	峽影隨暉轉
어부의 집이 언덕 너머 많이 있네	漁家隔岸多
동쪽 봉우리에 달 뜨기를 기다리지 못했으니	東峯未待月
발걸음 급하여 그냥 지나친 일 부끄럽네	行急愧虛過

142 월명담(月明潭) : 경상북도 안동시 도산면 가송리(佳松里)를 가로지르는 낙동강 상류에 있는 담(潭)이다. 소두들 마을에서 올미재로 가는 길목의 절벽 아래에 있으며, 월명소(月明沼) 혹은 월명당(月明塘)이라고도 한다.

금협지[143] 응협 와 김돈서가 뒤따라왔기에 협지의 시에 차운하다

琴夾之 應夾 金惇敍追至次夾之韻

온종일 짚신 신고 물가 돌 위를 걷는데	竟日芒鞋水石行
가을바람 낙엽이 강에 가득한 길일세	秋風落葉滿江程
만나는 이들 모두 어부와 나무꾼인데	相逢盡是漁樵者
못 믿겠네, 나그네 뜻 역시 맑은지를	未信遊人意亦淸

143 금협지(琴夾之) : 금응협(琴應夾, 1526~1596)으로, 본관은 봉화(奉化), 자는 협지, 호는 일휴당(日休堂)이고, 예안에 살았다. 이황의 문인으로 충신독경(忠信篤敬)을 근본으로 삼아 독서강의(讀書講義)에 힘썼고, 효도와 우애가 지극하였다. 사마시에 합격하여 벼슬은 익찬(翊贊)에 이르렀다.

돈서의 시에 차운하다

次惇敍韻

속세에서 몸을 빼내 산어귀 찾아서	抽身塵界訪山門
선학대 앞에서 술 단지를 마주했네	仙鶴臺前對一樽
십 년을 돌아보니 세상일 변했는데	回首十年人事改
바위 곁에는 예전처럼 어촌이 있구나	傍巖依舊有漁村

말 위에서 즉흥으로 읊어 협지의 시에 차운하다
馬上口占次夾之韻

단풍 든 청산에 푸른 물 흘러가니	紅葉青山碧水流
속세에서 고개 돌려 벌써 근심 잊었네	回頭塵世已忘憂
산골 사람은 모두 다 항상 보는 것들이라	山氓盡作尋常看
나그네에게 어찌 이를 찾느냐고 함부로 말하네	謾道遊人底事求

고산의 금문원[144] 별장을 방문하다

孤山訪琴聞遠別業

그대가 가장 그윽한 곳에 집 지었다 해서　聞君卜築最幽深
서풍에 말 타고 멀리 찾아왔다네　匹馬西風爲遠尋
굽이진 강은 단풍 든 골짜기로 아득히 흐르고　江曲遙穿紅樹峽
높은 대는 흰 구름 뜬 봉우리 오래도록 마주하고 있네　臺高長對白雲岑
자갈밭에 지은 띳집은 호중의 세계[145]이고　石田茅屋壺中界
밤에 우는 학과 가을 원숭이는 세속을 초월한 마음이네　夜鶴秋猿物外心
어찌하면 그대에게 한 자 남짓 땅을 빌려　安得借君盈尺地
푸른 수풀에 오두막 지어 놓고 여생을 마칠까　結廬終老碧蘿林

144 금문원(琴聞遠) : 고산주인(孤山主人) 금난수(琴蘭秀)이다. 113쪽 주114 참조.

145 호중(壺中)의 세계 : 선경(仙境), 승경(勝境)을 뜻한다. 후한(後漢) 때 비장방(費長房)이 시장의 관리가 되었을 때 시장에서 약을 파는 노인이 가게 머리에 호리병 한 개를 걸어 두고 저자가 파하면 그 호리병 속으로 들어갔다. 비장방이 누대 위에서 그것을 보고 보통 사람이 아니라 여기고 다음 날 노인에게 찾아갔는데, 노인이 함께 데리고 들어가니 그 안에 좋은 술과 맛있는 안주가 성대하게 차려져 배불리 먹고 나왔다고 한다. 《後漢書 方術列傳下 費長房》

산에 들어가면서 짓다

將入山作

서리 내린 가을 산 수놓은 비단처럼 밝은데	霜落秋山錦繡明
외로운 구름 다 사라지고 석양이 비껴 있네	孤雲歸盡夕陽橫
산승 역시 세속 사람 모습 배워서	山僧亦學人間態
멀리 성문을 나와 나그네 맞이하네	遠出城門迓客行

연대사[146]에서 묵다

宿蓮臺寺

연대사에서 하루 묵는데	一宿蓮臺寺
예전에 노닐던 일 이미 아득하구나	曾遊已渺然
청산은 변함이 없건만	靑山不改色
백발은 쉬이 변하네	白髮易流年
드문드문 종소리 들리는 시냇가 달 뜬 밤	澗月疎鐘夜
가을 구름 나무 위로 흩어지는 하늘이라네	秋雲落木天
어찌하면 세속 구덩이 벗어나서	何方出塵臼
안개 자욱한 바위에서 늙어 갈 수 있을까	終得老巖煙

146 연대사(蓮臺寺) : 경상북도 봉화의 청량산에 있는 절 이름이다.

연대사 앞 누대에서 협지의 시에 차운하다

蓮寺前臺次夾之韻

온 바위산에 달 지니 원숭이 울음소리 끊기고	千巖月落猿聲斷
빽빽한 숲에 안개 걷히니 새벽빛 밝아 오네	萬木煙開曉色明
누가 생각했을까, 십 년의 세속 나그네가	誰料十年塵土客
산속 하룻밤에 생각 모두 맑아질 줄을	山中一夜意全淸

협지의 〈소나무를 노래하다〉에 차운하다

次夾之詠松韻

꿋꿋이 세속 벗어나 홀로 천성 보존하며	亭亭物表獨全天
일찍이 보았던 유선이 백발로 변하였네	曾看儒仙化鶴年
동량의 재목 붙잡고서 도리어 교만하게 바라보며	扶得棟梁還傲視
내키는 대로 고고하게 구름 가에 서 있네	任從枯槁立雲邊

만월대[147]에서 저녁에 바라보다

滿月臺晚望

높은 대에서 해 지는 때 거니는데	步屧高臺日落時
가을 그늘 가득하고 새소리 드무네	秋陰滿地鳥聲稀
구름은 먼 바다에 이어져 천 봉우리 어둑한데	雲連遙海千峯暝
하늘 드넓은 텅 빈 산에 학만 홀로 돌아오네	天闊空山獨鶴歸
임금님 행차 남은 터[148]에 거친 풀 자라나고	輦路有基荒草合
신선놀음 자취 없고 자줏빛 노을 날리네	仙遊無跡紫霞飛
인간 세상으로 고개 돌려 삼천리를 바라보니	人間回首三千里
내 몸이 산 중턱에 있음을 비로소 깨닫겠네	始覺吾身住翠微

147 만월대(滿月臺) : 경상북도 봉화의 청량산에 있는 대(臺)의 이름이다.

148 임금님……터 : 청량산에는 고려 말 공민왕(恭愍王)이 머문 흔적이 많이 남아 있다. 공민왕은 1361년(공민왕10) 홍건적의 침입으로 개경이 함락되자 복주(福州) 즉 현재의 안동을 임시 수도로 정하였다. 당시 청량산을 최후의 보루로 삼아 머물렀던 것으로 생각되는 산성 터가 남아 있을 뿐 아니라 공민왕과 노국공주를 제사 지내는 사당도 남아 있다. 《淸凉誌》

만월암[149]에서 묵으며 돈서의 시에 차운하다

宿滿月庵次惇敍韻

나막신 신고 오래된 절에 와서 머무는 밤에	蠟屐來投古寺宵
선방의 꽃나무에는 번잡한 속세 기운 없네	禪房花木絶紛囂
드문드문 종소리 새벽 구름 너머 차갑게 들리고	疎鐘寒徹曉雲外
바람 소리 고요히 가을 나뭇가지 끝에서 생겨나네	虛籟暗生秋樹梢
지초 밭에 달 밝아 신선 잠 깨어나고	芝圃月明仙睡覺
소나무 집에 바람 차서 학 옷 흩날리네	松巢風冷鶴衣飄
이제부터 벼슬 던질 작정을 했는데	從今欲作抛官計
마침 산속에서 대은[150]의 부름 받게 되었네	會被山中大隱招

149 만월암(滿月庵) : 청량산에 있는 암자의 이름이다.

150 대은(大隱) : 돈서(惇敍) 김부륜(金富倫)의 초청을 받은 것으로 보인다.

협지의 시에 차운하다

次浹之韻

산 우뚝하니 거꾸로 비친 그림자 높고	山高凌倒景
하늘 넓으니 아지랑이 맑기도 하구나	天闊淨遊絲
만 리에 고개 돌리는 곳	萬里回頭處
가을에 낙엽 지는 때	三秋落木時
눈길은 저 멀리 돌아가는 기러기 따르고	目隨歸雁斷
마음은 더디게 가는 저녁 구름 좇아가네	心逐暮雲遲
창망한 마음 추스르는데	收拾蒼茫意
좋은 시 없는 것 도리어 부끄럽네	還慙欠好詩

연적봉[151]에 오르다

登硯滴峯

한 봉우리 죽순 같은 데다 칼날 같기도 한데	一峯如筍復如鋩
학 탄 채 신선 돌아가고 풀빛은 서늘하네	騎鶴仙歸草色涼
허공에 우뚝 솟아 원기와 합하였는데	標出半空元氣合
기운은 삼도[152] 머금고 바다 구름 아득하네	勢呑三島海雲長
아득한 봉우리는 자욱한 가을 하늘에 희미하고	遙岑隱隱秋天靄
저 멀리 물가에 떠가는 돛대는 흐릿하네	遠浦依依野水檣
한참 앉았노라니 인간 세상 일 모르겠으니	坐久不知身下界
뗏목 타고 곧바로 은하수 오르고 싶네	乘槎直欲上銀潢

151 연적봉(硯滴峯) : 청량산에 있는 봉우리 이름이다.

152 삼도(三島) : 삼신산(三神山)이다. 신선이 산다는 봉래(蓬萊), 방장(方丈), 영주(瀛洲) 세 산을 일컫는다.

운자를 불러서 저마다 읊조리다
呼韻各占

덩굴 잡고 올라서 최고봉에 이르니	攀蘿行上最高峯
지팡이 짚고 따라온 산승이 참 고맙네	多謝居僧杖策從
아름다운 동산에 청조[153]의 길 홀로 남아 있고	瑤圃獨留青鳥路
옥 같은 꽃에는 자운거[154] 자취 새로 스치네	琪花新拂紫車蹤
삼천 세계[155]에 가을 하늘 아득한데	三千世界秋天遠
만 개의 구름 산에 저녁 아지랑이 짙네	一萬雲山暮靄濃
속세 인연 아직 다하지 않은 것 한스러워하며	却恨塵緣猶未盡
돌아와 또 세속 사람과 만나네	歸來還與俗人逢

153 청조(青鳥) : 전설상의 선녀인 서왕모(西王母)의 사신으로, 보통 임금의 사신을 뜻하는 말로 쓰인다. 한(漢)나라 반고(班固)의 《한무고사(漢武故事)》에 "홀연히 푸른 새 한 마리가 서방에서 날아와 전각 앞에 내려앉자, 상이 동방삭(東方朔)에게 물으니, 동방삭이 서왕모가 오려는 것이라고 대답하였는데, 과연 얼마 뒤에 서왕모가 도착하였다."라는 내용이 나온다.

154 자운거(紫雲車) : 서왕모가 타고 다녔다는 구름을 말한다. 《博物志 卷8 史補》

155 삼천 세계(三千世界) : 불가의 말로 삼천 대천세계(三千大千世界)라고도 한다. 《석씨요람(釋氏要覽)》에서 "수미산(須彌山) 주위에 칠산 팔해(七山八海)가 있고 그 밖을 대철위산(大鐵圍山)이 둘러싸고 있는데 그것을 하나의 소세계(小世界)로 하고, 그런 소세계 천 개를 소천세계(小千世界), 소천세계 천 개를 중천세계(中千世界), 중천세계 천 개를 대천세계(大千世界)라고 한다."라고 하였다.

연대에 도로 앉아 운자를 불러서 저마다 읊조리다

還坐蓮臺呼韻各占

가을 산 바라보니 온갖 경치 둘렀는데	領略秋山萬景回
짚신을 처음 벗고서 높은 대에 앉았다네	芒鞋初脫坐高臺
천 개 벼랑에 구름 걷히니 옥비녀 같은 봉우리 솟았고	千崖雲盡瑤簪出
만 그루 나무에 서리 무성하여 비단 병풍 열렸네	萬木霜酣錦障開
까마귀 시끄러운 황폐한 성에 낙조 떨어지고	鴉噪荒城殘照下
날씨 추운 옛 절에 황혼의 종소리 재촉하네	天寒古寺暝鐘催
내일 아침이면 골짜기 나서 풍진세상으로 돌아가리니	明朝出洞還塵世
이날 어찌 한잔 술 마시기 사양할까	此日那辭倒一杯

연대에서 다시 묵으며 협지의 시에 차운하다
再宿蓮臺次夾之韻

맑게 갠 하늘 단풍나무 계수나무 빈산에 가득한데	晴天楓桂滿空山
호리병 속 세계[156]에 밝은 해가 한가롭네	壺裏乾坤白日閑
구름 너머 옥 같은 봉우리에 가을빛 찬데	雲外玉峯秋色凜
수풀 사이 돌 여울에 새벽 물결 흘러가네	林間石瀨曉流潺
황폐한 성에 세월 오래니 학이 옛일 애도하고	荒城年久鶴弔古
퇴색한 절에 길손 드무니 중이 문을 닫았네	殘寺客稀僧閉關
내일 아침이면 공문서 여전히 어지러우리니	簿領明朝依舊擾
다만 꿈속 넋만이 험준한 모습 휘감으리라	祇應魂夢繞孱顔

156 호리병 속 세계 : 선경(仙境), 승경(勝境)을 뜻한다. 128쪽 주145 참조.

김백순[157] 극일 에게 장난삼아 드리다 2수

戲呈金伯純 克一 二首

이때 백순이 약속하고 오지 않았다.

지팡이 짚고 진경 찾는데 돌길은 아득하고	杖策尋眞石路遙
가을바람 옷소매에 불어 드는데 흰 구름 날리네	秋風衣袂白雲飄
풍진세상의 나막신 신어 산은 더욱 험한데	塵間蠟屐山重阻
신선 세계 홍교는 홀로 머리를 들고 있네[158]	物外虹橋首獨翹
천 길 폭포는 단풍 진 물속에 떨어지고	千尺瀑流紅葉水
하늘 노을은 붉은 성 끝에서 일어나네	半空霞起赤城標
나그네는 본디 선계와 인연이 없으니	遊人自是無仙分
신선 산에 초대받지 못한 것은 아니라네	不是仙山不見招

반평생 신세가 풍진세상에 떨어졌는데	半生身世落塵龕
좋은 날에 산 찾아 마음껏 유람하게 되었네	勝日尋山得縱探

157 김백순(金伯純) : 김극일(金克一, 1522～1585)로, 본관은 의성(義城), 자는 백순, 호는 약봉(藥峯)이다. 이황(李滉)의 문인이고, 1546년(명종1)에 증광 문과(增廣文科)에 급제하였다. 주로 지방관을 역임했고, 효성이 매우 지극하였다. 안동의 사빈서원(泗濱書院)에 배향되었다. 저서로 《약봉일고(藥峯逸稿)》가 있다.

158 신선……있네 : 홍교(虹橋)는 신선 세계로 건너가는 다리이다. 홍교가 머리를 들고 있다는 것은 다리가 끊어졌다는 의미이다. 주자가 무이구곡(武夷九曲)을 노래한 〈무이구곡가〉 10수 가운데 제1곡을 노래한 제2수에 "무지개다리 끊긴 뒤로는 소식도 알 길 없이, 일만 골짜기 일천 바위가 푸른 안개에 갇혔도다.〔虹橋一斷無消息, 萬壑千巖鎖翠煙.〕"라는 구절이 나온다.

이슬 내린 돌벼랑 거꾸로 비친 그림자 높고	雲露石崖凌倒景
나뭇잎에 바람 불어 텅 빈 못으로 떨어지네	風飄木葉下空潭
단전에 연기 따뜻하니 아리따운 풀 돋아나고	丹田煙暖生瑤草
푸른 하늘에 퉁소 울리니 선학(仙鶴) 돌아오네	碧落簫鳴返鶴驂
멀리서 화려한 집에 있는 벗을 그리니	遙想故人華屋裏
몇 번이나 고개 돌려 절을 바라보았던가	幾回回首望伽藍

백순을 생각하며 돈서의 시에 차운하다

懷伯純次惇敍韻

바닷가 많은 산이 저녁 하늘 막고 있는데	海上群山隔暮天
이 마음 담긴 서찰을 어떻게 전할까	此心書札若爲傳
가을바람에 나막신 신고 처음에 만나기로 했는데	秋風理屐初期在
중도에 수레 돌리니 무슨 일 때문인가	中道回轅底事緣
작은 향로에 향 다하고 찬 물시계 소리 지리한데	香盡小爐寒漏永
꿈을 깨니 희미한 달이 새벽 구름에 이어졌네	夢回殘月曉雲連
그대 다른 날에 응당 감상하러 오리니	知君他日應追賞
나에 비해 유람이 이미 늦어 버렸네	比我來遊已後鞭

옥징[159]의 시축에 차운하다

次玉澄詩軸

예전에 연대에서 한밤중 종소리 들었는데	曾聽蓮臺半夜鐘
당시에도 오히려 작은 공 입었다네	當時猶有着纖功
오랜 세월 지나서 다시 이곳에 오니	如今重到多年月
부질없이 나이만 먹은 것이 부끄럽네	慙愧空成潦到翁

159 옥징(玉澄) : 구봉령(具鳳齡)의 《백담집(柏潭集)》 권1에 실린 〈청량승옥징구시(淸涼僧玉澄求詩)〉라는 시로 볼 때 청량산의 승려인 듯하다.

산을 나서며 협지의 시에 차운하다

出山次夾之韻

한가한 날에 신선의 땅으로 찾아오니	暇日來尋物外區
가을빛 곳곳에 새로운 그림 펼쳤네	秋光處處展新圖
인간 세상에 여전히 삼생의 습기(習氣)[160] 있으니	人間尙有三生習
산문 잠깐 나서면 곧 세상길 펼쳐진다네	纔出山門便世途

160 삼생(三生)의 습기(習氣) : 불교 용어로, 삼생은 전생(前生)·금생(今生)·내생(來生)을 합칭한 말이고, 습기는 번뇌로 인한 버릇을 말한다.

김언우가 병이 나서 함께 유람하지 못하고 시를 보내왔기에 삼가 차운하다

金彥遇病未同遊寄詩謹次

잠시 발걸음 옮겨 풍진세상 나서니	暫將蹤跡出塵龕
너울너울 신선 흥취 감당하기 어렵네	仙興飄飄不可堪
천지간 홀로 현포[161] 경계만이 남아 있고	天地獨留玄圃界
풍진은 멀리 벽라[162] 얽힌 암자와 떨어졌네	風埃遙隔碧蘿庵
천 봉우리에 새벽빛이 드니 차운 달 아득해지고	千峯曉色迷寒月
만 그루 나무에 석양 비끼니 엷은 아지랑이 사무치네	萬木斜陽透薄嵐
유람하고 돌아오니 얻은 것 있는 듯한데	領略歸來如有得
아름다운 이와 함께 찾지 못한 것이 섭섭하다네	還嫌未共玉人探

161 현포(玄圃) : 전설상 곤륜산(崑崙山) 정상에 있는 신선의 거처로서 그 가운데는 기화(奇花)와 이석(異石)이 많다고 한다.

162 벽라(碧蘿) : 벽려(薜荔) 넝쿨과 여라(女蘿) 넝쿨을 아울러 이른 말인데, 은자(隱者)나 고사(高士)의 처소를 비유하는 말로 쓰인다.

벗의 편지를 보고 나서 부치다

見友人書仍寄

편지 한 통 이르러 세세히 마음 논하니	一札書來細論心
다시 정수리에 통렬히 침을 놓아 주네	更從頂上痛加針
반평생 천지간에 친한 벗 드무니	半生天地親朋少
천 리 밖 관하[163]에 작별의 한 깊구나	千里關河別恨深
오래된 나무 차가운 산에 가을날 해 저무는데	古木寒山秋日暮
외로운 성 퇴색한 모퉁이가 바다 구름에 그늘졌네	孤城殘角海雲陰
어느 때 손잡고 아름다운 나무 읊조릴까	何時握手吟嘉樹
푸르른 한수가 만 겹의 산 가로막고 있네	漢水蒼蒼隔萬岑

163 관하(關河) : 관산(關山)과 하천(河川)을 아울러 일컫는다.

월란사[164]에서

月瀾寺

한 번 임강사[165]에 올라갔더니	一上臨江寺
푸른 산에 해가 저물려고 하네	青山日欲斜
빈 뜰에 서리 맞은 잎 떨어지고	空庭霜葉下
가을 강에 저녁 물결 많이 치네	秋水夕波多
들에 난 길은 붉은 절벽 나누고	野路分丹壁
고기잡이 집은 흰 모래에 자리했네	漁家占白沙
승려가 객을 붙잡지 않지만	庵僧不留客
연하에 고상히 누워 늙고 싶네	高臥老煙霞

164 월란사(月瀾寺) : 경상북도 안동시 도산면 원촌리 동남쪽 산기슭에 있었던 절로, 도산구곡(陶山九曲) 중 제2곡이다. 이황은 그곳에 월란정사를 짓고 자주 방문하고 오래 머물며 많은 시를 남겼다.

165 임강사(臨江寺) : 애일당(愛日堂) 동쪽 언덕에 있던 사찰로, 농암(聾巖) 이현보(李賢輔)가 만년에 머물던 곳이다.

단사협에서 앞의 시에 차운하다 2수

丹砂峽次前韻 二首

아무 탈 없이 노닐던 이 곳	無恙曾遊地
다시 자줏빛 노을 찾아왔네	重來訪紫霞
온 산에 단풍은 적은데	滿山紅葉少
강물 너머 흰 구름 많구나	隔水白雲多
골짜기 길에 가을 하늘 멀고	峽路秋天遠
시냇물 다리에 저녁 해 비끼네	溪橋夕照斜
주민들은 잘 알 수 있는가	居人能解未
선계의 덩굴 있는 곳 어디인지	何處是仙蘿

한 달 못 되어 신선 세계 다시 찾아 나섰는데	重尋仙界未三旬
물고기와 새가 낯익은 이 앞다퉈 맞이하네	魚鳥爭迎識面人
그대에게 다만 산골의 일 알도록 한다면	使君祗解溪山事
응당 주민들 미간 찡그리며 성내리라	應被居民蹙頞嗔

변경에서 어사를 기다리며 우연히 절구 3수를 읊다

境上待御史偶吟三絶

구름 사라진 긴 하늘에 석양 선명하고 雲盡長天落照明
그림 같은 선산 허공을 반쯤 가로질렀네 仙山如畫半空橫
높이 날아오를 날개를 빌릴 수 있다면 若爲借得高飛翼
잠깐 사이 뭇 봉우리 정상으로 날아가리 頃刻群峯頂上行

재해 검사관을 맞이하러 교외로 나가지 않았다면 不因郊迓搜災史
어떤 인연으로 종일 옥처럼 푸른 산을 마주 볼 수 있으랴
終日何緣對玉屛
임금의 은혜는 역시 도처에 있으니 亦是君恩隨處在
자칫 사람들의 비웃음을 사며 큰길에서 맞이하네 錯教人笑道周迎

송곳처럼 뾰족하게 깎은 옥과 같은 연적봉[166] 削玉銛錐硯滴峯
지난날 유람한 곳 돌아보니 몸에 소름이 돋네 舊遊回首粟生躬
그때 만약 바람의 도움으로 오르지 않았다면 當時若不攀風翼
응당 은교[167]가 푸른 하늘에 놓였으리라 應是銀橋架碧空

166 연적봉(硯滴峯) : 청량산의 열두 봉우리 가운데 하나로, 산 모양이 마치 연적과 같아 이름 지어졌다.

167 은교(銀橋) : 신선의 지팡이가 변하여 되었다는 전설상의 다리로 월궁(月宮)으로 통하는 다리라고 한다.

고산에서 어사 윤자고[168]와 이별하다

孤山別御史尹子固

동부[169]는 깊고 깊어 세속과 동떨어져 있는데	洞府深深隔世寰
성초[170]가 멀리 흰 구름 사이를 내달리네	星軺遙駐白雲間
울창한 언덕 푸른 물결에 맑은 가을 완연하고	蒼崖碧水淸秋盡
물든 단풍 붉은 노을에 석양 기운 스산하네	紅葉丹霞夕照寒
나그네 때 묻은 마음 지는 해에 사라지고	客裏塵心消半日
멀리 떠나는 이별의 한이 온 산에 감도네	天涯別恨繞千巒
선산은 지척인데 좋은 기약 막혔으니	仙山咫尺佳期阻
꿈속 혼이라도 꼭 다녀가리라	魂夢應須獨往還

168 윤자고(尹子固) : 윤근수(尹根壽)이다. 78쪽 주37 참조.

169 동부(洞府) : 도교의 용어로, 신선이 사는 곳을 말한다.

170 성초(星軺) : 사신이 탄 수레, 또는 사신을 말한다.

청송 서 사군의 시에 차운하다 2수

次靑松徐使君韻 二首

단산에서 만난 지 벌써 십 년	邂逅丹山已十星
그때의 기쁨 평생 간직한다네	當時懽若有平生
속세에서 이별한 뒤 소식 끊겼다가	風塵一別音書斷
강호에서 다시 만나니 귀밑머리 세 버렸네	江海重逢鬢髮明
따듯하고 향기로운 못엔 연꽃 뜨려 하고	日暖芳塘荷欲泛
봄 깊은 관청에는 죽순이 돋기 시작하네	春深公館竹初萌
좋았던 만남 떠올려 보매 되레 꿈만 같으니	追思佳會還成夢
여전히 한 쌍의 오리[171]는 아득히 멀리 있구나	依舊雙鳧隔渺冥

사해의 친한 벗들 별처럼 뿔뿔이 흩어지니	四海親朋落落星
강남 가을 기운 완연한데 나그네 시름 이네	江南秋盡客愁生
구름 돌아가는 먼 산봉우리 찬 산은 저물고	雲歸遠岫寒山暮
기러기 날아가는 긴 허공에 새벽 달빛 밝네	雁度長空曉月明
신선의 가르침에 진탑[172]이 홀연 놀라고	塵榻忽驚仙唾落

171 한 쌍의 오리 : 후한(後漢)의 왕교(王喬)가 섭령(葉令)으로 있으면서 경사(京師)에 올 때마다 한 쌍의 오리를 타고 왔다는 고사에서 연유하여 지방관을 뜻하는 말이 되었다. 《後漢書 方術列傳上 王喬》

172 진탑(塵榻) : 후한 말의 명사(名士)였던 진번(陳蕃)의 걸상인데, 먼지가 묻을 정도로 늘 걸어 두었다가 서치(徐穉)가 오면 이것을 내려서 앉게 하여 우대하였다는 고사가 있다. 《後漢書 徐穉列傳》

이별의 회한에 잠시 못난 마음 꺾이네	離懷俄折鄙端萌
멀리서 좋은 일 모아 홀로 읊조릴 곳 생각하니	遙思攢慶孤吟處
쓸쓸하던 시인의 마음 푸른 하늘을 건너네	寥落詩情駕碧冥

찰방 이노경[173] 녕 과 봉별하다

奉別李察訪魯卿 甯

낙엽 지는 강남 한 해 저물어 가는데 木落江南歲欲窮
임금의 은혜 멀리 초려에 내려졌네 天恩遙下草廬中
반평생 삶은 농사일 즐겼으나 半生身世甘畊隴
천 리 공명은 나를 위하여 이룬 것이 아니네 千里功名效匪躬
푸른 산 나그넷길에 서녘 해는 저물고 客路青山西落日
밝은 달 뜬 여관 창에 기러기 돌아가네 旅牕明月夜歸鴻
서울의 오랜 벗들이 내 소식 묻거든 長安舊伴如相問
녹만 축내며 나라에 보답하지 못한다 하게 坐食官錢欠報公

173 이노경(李魯卿) : 이녕(李甯, 1527~1588)으로, 본관은 진보(眞寶), 자는 노경, 호는 만랑(漫浪)이다. 이해(李瀣)의 아들로, 어려서부터 숙부인 이황(李滉)에게 수학하였다. 천거로 성현 찰방(省峴察訪)을 지냈다.

회포를 서술하여 사암 상공에게 올리다 3수

述懷上思庵相公 三首

세상사에 얽매여 다 희어진 머리털 形役人間髮欲霜
반평생 동안 영욕을 실컷 맛보았지 半生榮辱飽曾嘗
푸른 산의 향기로운 풀에 빈집이 묻히고 靑山芳草埋空宅
번화한 거리 날리는 먼지에 흰옷이 더러워졌네 紫陌飛塵化素裳
익힌 학문 날로 사라지며 시간만 흐르고 舊學日消時冉冉
친한 벗들 점점 줄어 자취가 쓸쓸하네 親朋漸少跡涼涼
한 조각 강남의 삶 시린 밤의 꿈에 江南一片寒宵夢
오래도록 성 서쪽 옥수 곁을 서성이네 長繞城西玉樹傍

한 해 끝자락 타향에서 놀란 나그네 마음 歲暮天涯客意驚
올해도 전처럼 전원으로 돌아가지 못했네 今年依舊未歸耕
긴 강에 기러기 끊어져 온 천지가 서늘하고 長河雁斷乾坤冷
작은 동산에 매화꽃 피어 설월이 환하리라 小苑梅回雪月明
나라에 보답할 힘 약해 녹만 축내는 신세 부끄럽고 報國力微慙斗粟
시절을 아파한 눈물 다하여 갈매기와의 맹세[174] 그리네 傷時淚盡戀鷗盟
영재[175]에 해는 짧고 날아다니는 겨울 까마귀 적으니 鈴齋日短寒鴉少

174 갈매기와의 맹세 : 은퇴하여 자연에 은거한다는 맹세를 말한다. 100쪽 주98 참조.

누워서 해 질 녘 쓸쓸하게 나부끼는 대나무 소리 듣네
臥聽蕭蕭暝竹聲

한 번 조정에 나가 이 생애 그르쳤으니 一被青袍誤此生
초심은 간데없고 귀밑머리만 세었구나 初心零落鬢毛明
희미한 풍진 속에 타향을 떠돌고 風塵杳杳萍蹤遠
아득한 강해에서 나그네 꿈 깨네 江海悠悠客夢驚
마른 풀 날리는 눈발에 짧은 시구 다하고 寒草雪飛窮短律
먼 하늘 어둑한 구름에 외로운 성 닫히네 遙天雲暝閉孤城
친한 벗에게도 경계의 말 끊었는데 親朋亦絶規箴語
가슴속에 싹튼 비루한 마음 다 말하였구나 長盡胸中鄙吝萌

175 영재(鈴齋) : 주군(州郡)의 수령이 있는 관아(官衙)를 말한다. 문봉은 31세에는 진보 현감을, 36세에는 예안 현감을 지냈다. 끝 구절의 "대나무 소리 듣네"로 볼 때 진보 현감일 때 지은 시로 보인다.

옥당에서 새벽에 앉아 소회를 써서 신군망[176]에게 드리다

玉堂曉坐書懷呈辛君望

외로운 등불 벗 삼아 홀로 잠 못 들어 하는데	身伴孤燈獨不眠
눈 그치고 바람 세찬 이 밤 길기도 하여라	雪晴風急夜如年
천 집에 물시계 멈추니 한기가 스며들고	千門漏徹寒更盡
만 집에 연기 잦아드니 새벽달 걸리었네	萬井煙消曉月懸
노년의 공명 위해 낯 두꺼워진 지 오래이니	白髮功名顏久厚
푸른 산의 초목 연이어 꿈을 꾸네	青山草木夢遙連
재주도 없고 식견도 어설퍼 도무지 쓸모없으니	材疎識薄都無用
바닷가 밭으로 돌아가 농사짓는 게 제격이라네	秖合歸耕海上田

176 신군망(辛君望) : 신응시(辛應時)이다. 62쪽 주10 참조.

민서초[177]가 보내온 시에 차운하다 2수

次閔恕初見寄韻 二首

한 번 속세를 떠돈 지 십여 년인데	一落紅塵十載餘
가련하게도 내 재주 너무 무능하구나	自憐材分太空疎
은혜를 입어 태평성대에 등용되었건만	承恩已誤明時用
학문을 잃어버려 도리어 경연하는 책에 부끄럽네	失學還慙講幄書
객지의 잠 꿈에서 깨니 찬 달은 지고	旅枕夢回寒月墮
타향에서 세모에 매화 핀 곳에서 묵네	天涯歲暮宿梅舒
남쪽 기러기는 소식을 전할 줄도 모르니	南鴻不解傳消息
밤낮 돌아갈 마음으로 집 주위를 서성이네	日夜歸心繞弊廬

제각기 부평초처럼 동서로 떠다닌 지 일 년	一年萍跡各西東
만 리 떨어진 마음 해 질 녘에 깊어지네	萬里離心落日中
백발 나이에 공명은 허황된 꿈인 듯하고	白髮功名如幻夢
세속의 인연은 떠도는 쑥대 같다네	紅塵聚散似飛蓬
성 모퉁이에는 눈이 남아 있고 온 산에 달빛 비치는데	城隅殘雪千峯月
궐 안에는 가벼운 안개 피어나고 오경의 종이 울리네	禁裏輕煙五夜鐘
지척에서 그리워만 하고 보지 못하니	咫尺相思不相見
꿈속에서만 공연히 옛 모습을 마주하네	夢魂空對舊時容

177 민서초(閔恕初) : 민충원(閔忠元)이다. 96쪽 주89 참조.

제야에 홀로 앉아 감회를 써서 진경, 자휴[178]에게 드리다 4수

歲除夜獨坐書懷呈震卿子休 四首

외로운 벼슬살이 신세	獨有宦遊子
바뀐 해에 특히 놀라네	偏驚歲律更
청산에 아직 돌아가지 못하는데	靑山未歸路
늙은 부모는 문에 기대어 기다리실 테지[179]	白髮倚門情
기러기는 찬 하늘 아득히 날아가고	雁度涼天迥
바람에 새벽 물시계 소리 맑게 들리네	風傳曉漏淸
외로운 등불도 내 심정 아는지	孤燈亦解事
밤새 나를 향해 환히 비추네	徹夜向人明

흰 눈 내린 봉래궁[180]의 밤에	白雪蓬萊夜
푸른 비단 걸친 강해 사람이라	靑綾江海人
한 번 벼슬살이에 몸은 늙어만 가는데	一官身欲老

178 진경(震卿), 자휴(子休) : 권벌(權橃)의 아들이자 이황(李滉)의 문인인 권동보(權東輔), 권동미(權東美) 형제의 자(字)이다.

179 늙은……테지 : 고향에서 자신을 애타게 기다릴 늙은 아버지에 대한 염려의 말이다. 전국 시대 제(齊)나라 왕손가(王孫賈)의 모친이 아들이 돌아올 때까지 항상 문에 기대어 기다렸던 고사가 전한다. 《戰國策 齊策6》

180 봉래궁(蓬萊宮) : 당(唐)나라 때의 궁궐 이름인데, 여기서는 한양의 궁궐을 가리킨다.

삼경의 길[181]에 풀은 속절없이 푸르리	三徑草空春
잘못 내린 총애 하늘땅만큼 무겁기만 한데	誤寵乾坤重
새해가 밝아 오니 고향 생각 간절하다네	思歸歲月新
분명 오경의 꿈에서	分明五更夢
초주[182]로 노부께 축수를 드렸지	椒酒壽孤親

옛날엔 창주[183]의 풍류객이었건만	舊日滄洲客
벼슬살이 세파에 밀려 괴롭다네	青衫困世塵
안개와 노을이 빈집을 둘러싸고	煙霞鎖空宅
잔나비와 학은 새봄을 원망하네	猿鶴怨新春
돌아갈 길 천 산 너머 있건만	歸路千山隔
그리운 고향 자주 꿈을 꾸네	鄕心一夢頻
임금의 은혜 얼마나 큰지	君恩如許大
감히 관직을 버릴 수 없다네	不敢擲簪紳

하늘 끝에서 형제처럼 이어져 지내며	天涯連棣蕚
떠돌이 신세로 한 해를 보내네	客裏送年華
한강물은 봄이어서 불어났지만	漢水春潮漲

181 삼경(三徑)의 길 : 보통 은둔자의 집을 의미하는 말이나, 여기서는 작자의 고향집을 가리키는 것으로 보인다. 83쪽 주59 참조.

182 초주(椒酒) : 새해 아침에 다례(茶禮)를 지내고 나서 웃어른에게 축수(祝壽)하며 올려 하례하는 술이다.

183 창주(滄洲) : 물가에 있는 지역으로, 주로 은자가 사는 곳을 말한다.

종남산엔 저녁 눈발 거세네	終南暮雪多
서울에는 진솔한 사람 드물고	紅塵眞面少
고향 동산엔 향기로운 풀 많다네	芳草故園賒
등불 아래서 먼 고향을 생각하니	遙想孤燈下
술로 근심을 달래 봄이 어떠하리	澆愁酒如何

삼가 노이재,[184] 기고봉[185]과 수창한 선생[186]의 시에 차운하다
伏次先生與盧伊齋奇高峯唱和韻

정밀한 공은 전혀 없고	縝密功全少
경박한 기운은 여전하네	輕浮氣尙留
길을 잃어 때때로 방황하고	迷行時冉冉
고개 돌리니 길은 아득하네	回首路悠悠
썩은 동아줄은 말을 매어 두기 어렵고	朽索難持馬
무너진 담장은 도적이 드나들기 쉽다네	頹垣易引渝
간절한 가르침의 말을 들었으니	丁寧聞誨語
높은 의리 천추토록 감동시키리	高義感千秋

이때 마침 선생의 귀한 편지를 받고서 느낌이 있어 짓는다.

184 노이재(盧伊齋) : 노수신(盧守愼, 1515~1590)으로, 본관은 광주(光州), 자는 과회(寡悔), 호는 이재・소재(穌齋)이다. 1543년(중종38) 문과에 급제하였다. 1585년(선조18)에 영의정에 이르렀다가 1588년에 사임하고 영중추부사가 되었다. 이듬해 10월에 정여립(鄭汝立)의 모반 사건으로 기축옥사가 일어나자 과거에 정여립을 천거했다는 이유로 대간의 탄핵을 받고 파직되었다. 문집으로 《소재집(穌齋集)》이 있다.

185 기고봉(奇高峯) : 기대승(奇大升, 1527~1572)으로, 본관은 행주(幸州), 자는 명언(明彦), 호는 고봉・존재(存齋)이다. 문과에 급제하여 벼슬은 대사간에 이르렀다. 이황과 사단칠정(四端七情)을 주제로 논쟁을 폈다. 문집으로 《고봉집(高峯集)》이 있다.

186 선생 : 퇴계(退溪) 이황(李滉)이다.

새벽에 앉아 우연히 써서 고봉에게 드리다[187]

曉坐偶書呈高峯

넘실넘실 강물은 흐르고	滔滔江漢流
봄날은 점점 더디게 가는군요	春日漸遲遲
잠자던 벌레 하나같이 놀라고	蟄蟲一以驚
나는 새들 짝 찾아다닙니다	飛鳥求其雌
온갖 풀에서는 새싹이 돋아나고	百草抽初芽
매화는 남쪽 가지에서 피어나는군요	梅花發南枝
봄 풍경도 이미 변했거늘	時物亦已變
나그네는 돌아간다는 말이 없습니다	遊子未言歸
저 날아가는 구름을 보니	瞻彼白雲飛
내 그리움 뻗어만 가는군요	悠悠我之思
길이 막히고 멀어선지	道路阻且長
소식이 어찌 이리 드문가요	消息來何稀
고향을 그리워하면서	非無懷土意
어찌하여 박봉에 매여 있을까요	奈此寸祿縻
벗은 날로 소원해지고	朋友日以疎
도덕은 날로 느슨해집니다	道德日以隳

187 새벽에……드리다 : 고봉 기대승이 이 시에 차운하여 지은 시가 《고봉집(高峯集)》 속집 〈존재만록(存在謾錄)〉에 실려 있다. 이 외에도 기대승이 문봉을 위하여 지은 8편의 시가 실려 있다.

위용이 남다른 고봉 선생	堂堂高峯子
내 일찍부터 도움 받았지요	伊余夙所資
기대하는 바는 연말에나 가능할지	所期在歲晚
잠언의 말이나 부지런히 해 주시오	願言勤箴規

황강[188] 가는 도중에 이여수[189]에게 부치다 3수

黃江道中寄李汝受 三首

이때 여수가 여가를 얻어 청풍에 아버지를 뵈러 와 있었다.

연못가 관사 적막하여 푸른 이끼에 잠겼는데	池館寥寥鎖碧苔
근친(覲親)하는 여가에 홀로 서성이고 있으리라	舞班餘暇獨徘徊
신선 사는 삼청 동부[190]에 그대가 다시 이르니	三淸洞府身重到
먼지 가득한 도성 거리는 꿈에도 돌아보지 않으리라	九陌風塵夢不回
석양 아래 돛은 풀 내음 가득한 물가에 떠 있고	落日帆檣芳草渚
봄 산의 잔나비와 학은 백운대에서 우네	春山猿鶴白雲臺
가련케도 이 나그네 신선의 연분 없어	可憐行客無仙分
응청각[191]의 하룻밤 술잔 기울이지 못하네	孤負凝淸一夜杯

188 황강(黃江) : 낙동강의 지류로 전라북도 무주군, 경상북도 김천시, 경상남도 거창군 경계에 있는 거창군 궁항리에서 발원하여 거창읍의 동부를 지나며 합천군을 지나 동쪽으로 흘러 합천군과 창녕군의 경계에서 낙동강과 합류한다.

189 이여수(李汝受) : 이산해(李山海, 1539~1609)로, 본관은 한산(韓山), 자는 여수, 호는 아계(鵝溪), 시호는 문충(文忠)이다. 이조 정랑, 의정부 사인 등을 지내고 이조 판서를 거쳐 영의정이 되었다. 특히 문장에 능하여 선조조 문장팔가(文章八家)의 한 사람으로 불렸다. 문집으로 《아계유고(鵝溪遺稿)》가 있다. 아버지는 이지번(李之蕃)으로 당시에 단양에 은둔하여 살고 있었다.

190 삼청 동부(三淸洞府) : 신선이 사는 곳을 말한다. 삼청은 신선이 사는 곳인 옥청(玉淸), 상청(上淸), 태청(太淸)을 가리키고, 동부는 도교의 말로 신선이 사는 지역을 지칭한다. 여기서는 청풍(淸風)을 가리킨다.

191 응청각(凝淸閣) : 청풍 관아 부속 건물로, 청풍 부사의 휴식처, 또는 중앙에서

함께 놀던 시절 돌아보니　回首曾遊處
세속에서 어느덧 십 년이라　紅塵已十秋
어지러운 산속 길에 눈 쌓여 있고　亂山殘雪路
찬비 내리는 저녁 강에 배 떠 있네　寒雨暮江舟
구름 속의 해는 신선의 자취에 미혹되고　雲日迷仙躅
하늘과 땅은 시끄러운 세상과 단절했네　乾坤隔世咻
좋은 기약 끝내 스스로 저버렸으니　佳期終自負
백구 노니는 물가에서 수심 깊어지네　愁殺白鷗洲

나그넷길 봄은 중반에 접어들고　客路春將半
역정에 해는 어느덧 기울었네　郵亭日正淪
눈 녹아 개울물 금세 불어나고　雪消溪漲急
숲이 따스해 불탄 흔적 새롭네　林暖燒痕新
향기로운 나무는 벼랑길에 감겨 있고　芳樹籠危棧
외로운 배는 저물녘 나루에 대어 있네　孤舟倚晚津
서로 그리워해도 볼 수 없으니　相思不相見
이별의 한은 강에 가득한 부평초와 같네　離恨滿江蘋

내려온 관리들의 객사로 사용되던 곳이다.

남계립[192]에게 드리다

呈南季立

해내의 친한 벗 소식 끊겼는데 海內親朋斷尺書
생각하니 그대의 정은 어떠한고 憶君情意竟何如
장경의 병[193] 때문에 사립문에 홀로 누워 있으니 柴門獨臥長卿病
향기로운 숲 금리[194]에 있는 나를 누가 찾을까 芳草誰尋錦里居
찬비 내리는 저녁 산에 돌아가는 새는 멀어지고 寒雨暮山歸鳥遠
해 질 녘 봄 불로 오래된 수풀이 성글게 되네 夕陽春燒古林疎
세월은 머물지 않는데 공부는 퇴보하니 年華不住工夫退
문득 인간 만사 허무하게만 느껴지네 忽覺人間萬事虛

192 남계립(南季立) : 이황(李滉)의 문인 남호례(南好禮)로 추정된다.

193 장경(長卿)의 병 : 장경은 한(漢)나라 사마상여(司馬相如)의 자이다. 사마상여는 늘 소갈병(消渴病)을 앓았는데, 경제(景帝) 때 무기상시(武騎常侍)로 있다가 병으로 인하여 그만두었고, 무제(武帝) 때 효문원 영(孝文園令)에 임명되었다가 또 병으로 그만두었다. 《漢書 司馬相如傳》

194 금리(錦里) : 중국 성도(成都) 금관성(錦官城)의 별칭으로 두보(杜甫)가 일찍이 우거했던 초당(草堂)이 여기에 있었다. 문봉이 거주하는 곳을 가리킨다.

한림원에서 변방 군수로 나가는 벗을 전송하다

送友人自玉堂出守邊郡

부절을 잡고 변경 군읍으로 가려고	擁節臨邊郡
성은을 머금고 한림원을 나서네	銜恩出禁林
조정에서 북쪽 변방을 근심하여	廟堂憂北塞
명망 있는 남쪽 인재를 중히 여기네	名望重南金
성 밖의 관소 삼추의 꿈이요	野館三秋夢
변방의 뜰은 만 리의 마음이라	邊庭萬里心
서릿발 같은 날카로운 칼날 몸에 차고	隨身一霜刃
한 치 해바라기 정성[195]으로 나라에 보답하리	報國寸葵忱
흰 눈 내리는 유관[196]의 저녁에	白雪楡關暮
구름 노을 진 농수[197]는 깊어라	黃雲隴水深
해 질 녘에 군용을 갖출 때	軍容當落日
호가 소리는 겨울 다듬질 가락에 섞이리	笳吹雜寒砧

195 해바라기 정성 : 해바라기가 해를 향하듯 임금을 향한 한결같은 충성심을 비유하는 말이다.

196 유관(楡關) : 변경의 요새를 뜻하는 말이다. 만리장성이 끝나는 곳에 설치된 요해지로 '천하제일관(天下第一關)'으로 일컬어진다. 산해관(山海關)으로 불리며, 하북성(河北省) 임유현(臨楡縣)에 있어 임유관(臨楡關)이라고도 한다.

197 농수(隴水) : 섬서성(陝西省)의 농현(隴縣) 서북쪽에 있는 농산(隴山)에서 발원하는 강인데, 이 지역은 중국 서쪽 변경의 요해처이므로 흔히 변경 지방에 있는 강을 뜻하는 말로 쓰인다.

한나라 성루의 모래는 누렇게 되고　漢壘沙昏色
북쪽 하늘에 기러기 소식 끊겼네　胡天雁斷音
풀 시들고 말도 수척하며　草衰征馬瘦
봉화 아득하고 수자리의 안개도 사라지리　烽迥戍煙沈
가난한 백성들 비로소 편히 잠들고　窮戶初安枕
귀한 집안은 음악을 연주하리라　高堂但鼓琴
성상은 북방 근심을 놓으시고　九重寬北顧
삼위[198]로 남쪽 침략 끊으리라　三衛絶南侵
변방의 호각은 소리가 고달프고　鼓角邊聲苦
북방의 강산은 기운이 음산하다네　江山朔氣陰
푸른 변방의 달에 객지의 정을 느끼고　旅情靑塞月
흰 구름 걸린 멧부리에 고향이 그리우리라　鄕思白雲岑
떠나는 사람 머무는 사람 모두 애간장 끊어지나　去住腸俱斷
오르고 내리는 천명은 믿을 수 없다네　升沈命不諶
간절한 마음에 친구 꿈을 꾸며　慇懃故人夢
부질없이 북쪽 바닷가 맴돌리라　空繞北溟潯

198 삼위(三衛) : 조선 초기의 내금위(內禁衛)・내시위(內侍衛)・별시위(別侍衛), 혹은 충순위(忠順衛)・충찬위(忠贊衛)・충장위(忠壯衛)를 가리키기도 하고, 금군(禁軍)인 겸사복(兼司僕)・내금위・우림위(羽林衛)를 지칭하기도 한다.

명 사신 성헌[199]의 〈압록강을 건너다〉에 차운하다
次天使成 憲 渡鴨綠江韻

어지러운 산에 붉은 태양 장대 높이 걸렸는데	亂山紅日一竿高
채익[200]이 멀리 푸른 압록강 물결을 넘어가네	彩鷁遙凌碧鴨濤
강 새 멀리 날며 중국의 사신에 놀라고	江鳥遠飛驚漢節
들꽃은 다투듯 피어나 관복에 비치네	野花爭發照宮袍
하늘 먼 곳 외진 변방 푸른 바다와 이어지고	天長絶塞通靑海
바닷가 찬 파도에 푸른 언덕 잠겼어라	潮上寒波浸綠皐
고향 생각 변방 풀 따라 일렁이니	鄕思却隨邊草動
이역에서 얼큰히 취해도 무방하다네	不妨殊域醉陶陶

199 성헌(成憲) : 명(明)나라 계문(薊門) 사람으로 한림원 검토(檢討)로서 1568년(선조1)에 부사 왕새(王璽)와 같이 조사(詔使)로 조선에 온 인물이다. 한편 부사 왕새는 강서 남풍(南豐) 사람으로 병과 급사중(兵科給事中)으로 왔었다. 《戊辰皇華集》

200 채익(彩鷁) : 화려하게 꾸민 배이다. 익(鷁)은 바람을 잘 타는 물새로, 뱃사람들이 뱃머리에다 채색 비단으로 익새의 모양을 만들어 달아서 배가 난파되지 않기를 기원하였다.

명 사신 왕새[201]의 시에 차운하다

次天使王璽韻

짙은 산 푸른 들판 압록강에 이어지고	蒼山綠野一江通
물가 외로운 돛이 저녁 바람결에 내려가네	浦外孤帆落晩風
조정에서 부절을 받으니 성은을 입었고	節降漢庭銜雨露
길이 요동에서 다하니 선경이 바라보이네	路窮遼塞見瀛蓬
고향의 물 가을 하늘 가에 차오르고	鄕關水積秋天外
바닷가 구름 석양 속에 이어졌네	海戍雲連落日中
물색이 몹시도 맑아 시재 풍부하니	物色凄淸詩料富
몸이 동쪽 압록강에 있는 줄도 모르겠네	不知身在鴨波東

201 왕새(王璽) : 169쪽 주199 참조.

고령[202]에서 성헌의 시에 차운하다

高嶺次成 憲 韻

깃발이 석양 사이에 흔들흔들 나부끼고	旌旆搖搖夕照間
비 갠 뒤 바위 개울에 물 졸졸 흐르네	雨餘巖澗水潺潺
하늘 끝 길에 녹음 짙고 풀 내음 가득하며	綠陰芳草天邊路
바닷가 산엔 새 돌아가고 구름 한 점 떠다니네	暝鳥孤雲海上山
큰길에서 낙마[203]를 보고 얼마나 시름겨워했는가	周道幾愁看駱馬
돌아가고픈 마음 응당 시골에서 낚시하던 일 떠올리리	歸心應憶釣滄灣
비단 주머니에 담은 글 많음을 아니	錦囊收拾知多少
문장이 사마천, 반고를 업신여길 정도라 하네	見說文章蔑馬班

202 고령(高嶺) : 대고령(大高嶺), 회령령(會寧嶺)이라고 하는데 요동(遼東)의 험준한 관문이다.

203 낙마(駱馬) : 검은 갈기에 몸은 흰 말이다.

동파관[204]에서 성헌의 시에 차운하다
東坡館成 憲 韻

저 멀리 자금[205]이 있는 옥경[206]을 꿈꾸며	紫禁迢迢夢玉京
때로는 사신을 머물게 해서 왕정[207]을 느리게 하네	時因駐節緩王程
푸른 나무에 바람 스치자 가을 기운 일어나고	風過綠樹秋涼起
짙푸른 산에 비 그치며 들녘 물 불어나네	雨斷蒼山野水生
해외로 예부터 동파(東坡)[208] 이름 전해졌거늘	海外舊傳坡老號
인간 세상에는 이제야 적선[209]이란 이름 알았네	人間今見謫仙名
우리나라 예로부터 신선이 사는 곳이라 불렸으니	東韓自古稱神境
중국에서 노닐며 천하를 떠다니는 것 부러워하지 않네	莫羨天遊泛八瀛

204 동파관(東坡館) : 고양(高陽)에서 임진강 건너 지역인 동파에 있는 역관(驛館)이다.

205 자금(紫禁) : 임금의 거처를 가리키는 말로, 궁궐을 의미한다. 여기서는 명(明)나라 황제의 궁궐인 자금성(紫禁城)을 가리킨다.

206 옥경(玉京) : 도가(道家)에서 말하는 천제(天帝)의 도성(都城)이다. 여기서는 명나라 수도 북경(北京)을 가리킨다.

207 왕정(王程) : 왕명을 받고 오는 사신의 여정을 말한다.

208 동파(東坡) : 소식(蘇軾)의 호이다. 아버지 소순(蘇洵), 동생 소철(蘇轍) 삼부자 모두 당송 8대 문장가에 속한다.

209 적선(謫仙) : 신선 세계에서 인간 세계로 귀양 온 선인(仙人)이라는 뜻으로, 이백(李白)을 가리키는 경우가 많다.

원접사[210]와 작별하며 성헌의 시에 차운하다

奉別遠接使次成 憲 韻

맑은 꿈 저 멀리 궁궐을 감싸 도는데　　清夢迢迢繞禁林
객관의 벌레 소리에 아찔하게 놀라네　　偏驚客枕瞑蟲音
하늘 끝에서 절기는 삼복을 지났으니　　天涯歲律經三伏
도성 집에서 온 편지는 만금 값이라네[211]　　日下家書抵萬金
서쪽에서 홀연히 청조[212]를 보내니　　西塞忽廻青鳥節
동쪽 사람들 부질없이 청운의 마음을 부치네　　東人空寄碧雲心
가련하구나, 분별없이 신선을 좇음이여　　自憐無分追仙侶
홀로 사신의 아름다운 글을 백번 읊조리네　　獨把瓊瑤百遍吟

210 원접사(遠接使) : 이때 원접사는 박순(朴淳)이었다.

211 집에서……값이라네 : 타향에 있을 때 집에서 온 편지 한 장의 값어치가 만금이나 될 정도로 반갑다는 뜻이다. 두보(杜甫)의 〈춘망(春望)〉 시에 "봉화는 석 달 동안 피어오르니, 집에서 온 편지는 만금 값이네.〔烽火連三月, 家書抵萬金.〕"라고 하였다.

212 청조(青鳥) : 사신(使臣)을 뜻한다. 137쪽 주153 참조.

뜻을 얻어 남쪽으로 돌아가는 퇴계 선생에게 삼가 하례하다[213] 2수

奉賀退溪先生得旨南還 二首

동강[214]에서 낚시를 그만둔 지 일 년이나	輟釣桐江近一年
옛 산의 잔나비와 학은 꿈에서 그대로네	故山猿鶴夢依然
백성들은 반드시 금정을 조리해 주길[215] 바라나	蒼生正望調金鼎
임금의 조서 잠깐 듣고 자갈밭으로 돌아갔네	丹詔俄聽返石田
화창한 날 전별 모임에 모인 수레 천 대요	祖帳春晴千兩集
한강의 곧은 바람에 돛단배 띄웠네	漢江風直一帆懸
이제부터 빈 골짜기에 명추 끊어지리니[216]	從今空谷鳴騶絕
만년에는 마음 편하고 복 또한 이어지리	晚歲心安福又綿

213 뜻을……하례하다 : 이 시는 퇴계가 1568년(선조1)에 선조의 부름으로 서울로 올라와서 〈무진육조소(戊辰六條疏)〉를 바치고, 몇 차례 경연에서 강의하며 《성학십도(聖學十圖)》를 지어 올리고 다음 해 봄에 선조의 허락을 얻어 귀향하게 된 것을 노래하고 있다.

214 동강(桐江) : 중국의 절강성(浙江省) 동려현(桐廬縣)에 있는 강으로, 후한(後漢)의 은사(隱士)인 엄광(嚴光)이 어릴 적 벗인 광무제(光武帝)의 천거를 피해 은거하며 낚시질하던 곳이다. 《後漢書 逸民列傳 嚴光》

215 금정(金鼎)을 조리해 주길 : 재상의 직책을 맡아 임금의 정사를 돕는 것을 말한다. 은(殷)나라 고종(高宗)이 부열(傅說)을 정승으로 임명하면서 "내가 국을 끓이면 그대는 소금과 매실이 되어야 한다."라고 하였다. 《書經 說命下》

216 이제부터……끊어지리니 : 명추(鳴騶)는 귀인의 행차를 수행하면서 벽제(辟除)하는 기마병을 말한다. 앞으로는 벼슬을 하지 않을 것이라는 의미이다.

늦봄 도산에 푸른빛 떠다니고	春晩陶山翠色浮
낚싯배 여전히 창주에 매여 있으리	釣船依舊繫滄洲
돌아가면 그야말로 강가에 매화 만발했을 테고	歸來正趁江梅發
갈매기와 만나면 응당 부끄럽지 않으리	邂逅應無白鳥羞
산림에서 나가고 물러남은 세도에 관계되고	林下卷舒關世道
해동의 문학으로 선현(先賢)을 이었다네	海東文學紹前修
고을 사람들 이날 술잔을 거두고	鄕閭此日稱觴罷
흐르는 물 돌아가는 구름도 근심을 풀 테지	流水歸雲亦解愁

퇴계 선생에게 올리다

上退溪先生

선생 모신 지 반년이 넘었거늘[217]	函丈摳衣隔半年
한강 가에서 온종일 그리워하네	離心日夜漢江邊
산천 아득하여 소식 끊어지고	山川渺渺音書斷
세월 흐를수록 후회만 감도네	歲月悠悠悔吝纒
밭두둑 위 흰 구름 괜스레 올려다보고	壟上白雲空擧目
골짜기 속 단풍나무 숲에서 홀로 신선을 찾는구나	峽中紅樹獨尋仙
천연대[218] 아래 창랑수에서	天淵臺下滄浪水
언제나 일엽편주 함께 탈 수 있을는지	何日同乘一葉船

217 선생……넘었거늘 : 예안 현감(禮安縣監)을 지내던 문봉은 1568년(선조1) 겨울 홍문관 교리로 임명되어 서울로 올라갔다가, 다음 해 여름에는 영천 군수(榮川郡守)가 된다. 퇴계는 1569년 3월 초에 귀향하였으므로 반년 이상 서울에서 모신 셈이다.

218 천연대(天淵臺) : 퇴계 이황이 도산(陶山) 앞에 있는 시냇가에 지은 누대로, 창랑대(滄浪臺)라고도 한다.

빗속에서 읊어 사암 상공에게 드리다

雨中吟呈思庵相公

어지러운 세상 공명의 길에서	擾擾功名路
끝없는 비방과 칭찬에 처한 몸	悠悠毁譽身
새벽에 푸른 산으로 돌아오는 길	青山曉歸路
늘그막에 흰머리가 친숙하여라	白髮暮年親
가랑비에 꾀꼬리는 나무에서 울고	細雨鶯啼樹
따스한 바람에 새는 봄을 즐긴다	和風鳥弄春
근심스러운 마음 털어놓을 데 없어	愁心無處寫
부질없이 괴롭게 읊는 사람이어라	空作苦吟人

한강에서 전송하다

漢江送別

남포의 봄 하늘에서 비 내리고	南浦春天雨
서산의 해 질 녘 구름 떠가는데	西山落日雲
외딴 배 이별의 정 끝이 없으니	孤舟意不極
갈림길서 헤어짐이 못내 아쉽네	惆悵路岐分

신정[219]에서 옛일을 회상하다
新亭懷古

홀로 높은 정자에 올라 옛일을 걱정하니　獨上高亭萬古愁
뿌연 안개 시든 풀 가을을 이기지 못하네　淡煙衰草不勝秋
구름 가 푸른 숲 과보[220]까지 이어졌고　雲邊綠樹連瓜步
난간 너머 긴 강 석두[221]를 휘감아 도네　檻外長江繞石頭
지난 일은 흔적 없이 물길 따라 흘러갔지만　往事不留隨逝水
청산은 예전 그대로 찬 모래톱에 기대 있네　青山依舊枕寒洲
가엾어라, 명사가 부질없이 눈물만 흘리다가　可憐名士空垂涕
끝내 중원을 오랑캐 손에 넘겨주고 말았지[222]　終使神州付虜偷

219 신정(新亭) : 《진서(晉書)》 〈왕도열전(王導列傳)〉에 나오는 정자 이름이다.

220 과보(瓜步) : 중국 양자강 이남의 이름난 지명이다.

221 석두(石頭) : 강소성(江蘇省)의 요해지로, 양자강을 끼고 있는 산성이다.

222 명사(名士)가……말았지 : 주의(周顗)를 비롯한 중원의 명사들이 중원 탈환의 의지를 보이지 않고 비탄에 빠져 있기만 한 것을 꼬집은 말이다. 《진서》 〈왕도열전〉을 보면, 서진(西晉) 말년에 중원이 함락되어 강남으로 피난을 가고, 여러 명사들이 신정에 모여 술을 마시는데 주의가 탄식하기를 "풍경은 똑같은데 강산은 모두 바뀌었다." 하니, 참석한 이들이 모두 서로를 돌아보며 눈물을 흘렸다고 한다. 이 광경을 본 왕도가 중원을 회복할 생각은 하지 않고 눈물만 흘린다고 꾸짖은 일이 있다.

영남으로 부임하는 벗을 전송하다

送友人之任南州

나뭇잎 지는 강남에 고갯길 깊숙하니	木落江南嶺路深
가을바람에 부임 행렬 날로 서두르네	秋風五馬日駸駸
백성을 맡기는 왕명을 몸소 받드니	身承明主蒼生托
외진 고을 띳집에 사는 선비의 노래를 직접 보리라	眼見窮鄕白屋吟
송사를 관장하는 관청 뜰 가득 핀 꽃은 훌륭한 분의 정치이고	花滿訟庭才子政
서가를 밝히는 달은 옛사람의 마음이라	月明書閣故人心
회양 땅으로 머지않아 교서가 내려갈 것이니	淮陽不久綸書下
가시덤불은 원래 봉황이 깃들일 곳 아니로다[223]	鸞鳳元非在棘林

223 회양(淮陽)……아니로다 : 중국 남방의 회양 땅은 우리나라 영남 지역에 비견된다. 영남으로 부임하는 벗의 재능으로 보아 머지않아 다시 중앙으로 부르는 교서가 내려올 것이라고 위로한 말이다. 《후한서(後漢書)》 〈순리열전(循吏列傳)〉을 보면, 후한의 고성 영(考城令) 왕환(王渙)이 구람(仇覽)을 주부(主簿)로 임명하려다가 그의 됨됨이를 보고 "가시나무 덤불은 봉황이 깃들일 곳이 아니니, 이 작은 고을이 어찌 대현이 나아갈 길이겠는가.〔枳棘非鸞鳳所棲, 百里豈大賢之路?〕"라고 하였다.

주연에서 삼송당 남경상[224] 몽오 을 전별하다

席上別三松南景祥 夢鰲

오늘 갈 길이 멀어 일정이 촉박하니	日下嚴程遠
하늘 끝으로 보내는 이별의 한이 깊네	天涯別恨多
산이 추우니 저물녘 새는 돌아오고	山寒暮歸鳥
서리 내리니 철 늦은 꽃 향기롭네	霜落晚香花
갈림길엔 늘 먼지로 가득하니	岐路塵常滿
행장을 갖춘 사람의 머리가 뿌옇게 되겠네	行裝鬢欲華
꿈속 그리움 그 누가 감당하랴	誰堪夢裏憶
이별의 설움 안개 물결에 가로막히네	離恨隔煙波

224 남경상(南景祥) : 남몽오(南夢鰲, 1528~1591)로, 본관은 영양(英陽), 자는 경상, 호는 삼송당(三松堂)이며, 영주 사람이다. 월천 조목(趙穆)과 학봉 김성일(金誠一) 등과 교류하였다. 순흥도호부 구만서당(龜灣書堂)에 있는 기영사(耆英祠)에 제향되었다.

주연에서 다시 앞 시에 차운하여 매헌 금백임[225] 보 과 유별하다
梅軒琴伯任 輔 席上復次前韻留別

잎 다 떨어진 산 모습 수척하고　木落山容瘦
차가운 강엔 기러기 그림자 많네　江寒雁影多
나그네 마음은 천 리 비추는 달이고　客心千里月
이별할 생각은 가을 맞은 꽃이네　離思九秋花
거울 속 센 머리 슬프니　鏡裏悲霜鬢
시름 속에 세월 보내네　愁邊送歲華
가엾어라, 나그네 꿈에서　自憐遊子夢
공연히 오호의 물결 떠올리네[226]　空憶五湖波

225 금백임(琴伯任) : 백임은 금보(琴輔)의 형인 금인(琴軔)의 자이다. 정유일이 착각한 듯하다. 금보(1521~1584)의 본관은 봉화(奉化), 자는 사임(士任), 호는 매헌(梅軒)이다. 성리학에 뜻을 두고 이황(李滉)에게 수학하였다. 문집으로 《매헌집(梅軒集)》이 있다.

226 공연히……떠올리네 : 돌아오지 않을 사람을 그리워함을 이른다. 《사기(史記)》 〈화식열전(貨殖列傳)〉에, 춘추 시대 월(越)나라의 대부 범려(范蠡)가 구천(句踐)을 보좌하여 오(吳)나라를 멸망시키고 나서는 바로 은퇴하여 편주를 타고 오호(五湖)에 떠서 종적을 감춰 버렸던 데서 온 말이다.

청풍으로 부임하는 동강 남시보[227] 언경 를 전송하다 4수
送東岡南時甫 彦經 之任淸風 四首

고상한 풍채 속세를 벗어난 사람　道骨超塵表
신선의 구역에 수령으로 나가네　仙區佩郡符
붉은 벼랑 사이 세 골짜기 물 건너　丹崖三峽水
단풍잎 깔린 수많은 산길 지나네　紅葉萬山途
작은 누각엔 맑은 향기 가득하고　小閣淸香滿
높은 다락엔 밝은 달이 외롭구나　高樓明月孤
명성만 듣고도 백성이 절로 교화되니　聞聲民自化
더 이상 어찌 시를 읊겠는가　嘯詠更何須

떠날 차비를 한단 소식 듣고도　聞君戒脂轄
병으로 그대 행렬 전송 못 했네　病不送君行
초토[228] 삼 년간 꿈속에서　草土三年夢
만 리 강산을 그리워했네　江山萬里情
정처 없는 나그네 마음 괴롭고　梗標羈思苦
별처럼 흩어져 벼슬살이하는 마음 놀랍네　星散宦心驚

227 남시보(南時甫) : 남언경(南彦經, 1528~1594)으로, 본관은 의령(宜寧), 자는 시보, 호는 동강(東岡)이다. 서경덕(徐敬德)의 문인으로 박순(朴淳), 박민헌(朴民獻) 등과 교유하였다. 1569년(선조2) 공조 정랑, 청풍 군수를 거쳐 1573년 양주 목사가 되어 도봉서원(道峯書院)을 건립하였다.

228 초토(草土) : 상중(喪中)에 있음을 의미한다.

남으로 돌아가는 길 한탄하며 보니	悵望南歸路
가을 하늘에 기러기 울음소리뿐이네	秋空一雁聲

갈림길에서 애간장 끊어지니	岐路魂堪斷
풍진세상 꿈처럼 늘 덧없네	風塵夢屢空
한평생 지기로 지냈고	知音百年內
많은 사람 중에 뜻이 맞았네	同氣萬人中
예전에 배운 학문은 진보했을 테고	舊學功應進
오래전 기약한 도는 끝이 없으리라	遐期道不窮
평생 네 글자[229] 있으니	平生有四字
처음과 끝 다르게 하지 말라	莫使異初終

이제껏 노닌 자취 되돌아보면	回首曾遊跡
눈 속의 기러기와 같다네	如今雪裏鴻
푸른 산엔 새벽달이 비치고	青山五更月
붉은 골짜기엔 구월의 단풍 들었네	丹峽九秋楓
티끌세상에서 부질없이 늙어 가니	塵土身空老
신선 세계는 꿈에서나 가 보겠네	仙都夢自通
그대에게 한마디 말 부치노니	憑君爲寄語
어느 때나 다시 만날 수 있을까	何日得重逢

229 네 글자 : 사람마다 일마다 사자부(四字符)는 다를 수 있다. 여기서 어떤 글자를 가리키는지는 분명하지 않다.

연경에 사신 가는 김회숙[230]을 전송하다 2수

送金晦叔奉使朝燕 二首

길 떠나는 말 슬픈 울음 멀어지니	征馬愁聲遠
도성 문은 해가 어둑어둑 서늘하네	都門暝色涼
계절은 늦가을을 지나는데	年華過搖落
헤어질 마음은 아득함에 빠져드네	離思入蒼茫
먼 이국땅에서는 소식이 끊어지고	海外音書斷
요서의 여로는 길기도 하지	遼西道路長
멀리서도 알겠네, 잠 못 드는 곳	遙知不寐處
여관에 비가 추적추적 내리리라는 것을	旅館雨浪浪

네 번째 중국에 사신 가는 길	四赴朝天路
인생의 절반이 문득 흘렀네	人間忽半生
몸가짐은 백옥처럼 깨끗하고	檢身看白玉
나라에 몸 바쳐 단심을 품었네	許國有丹誠
관문 길목에 저녁 비 내리니	暮雨關門道
촌 주막이라 더 차갑게 들리리라	寒聲野店更
유주[231]의 한 조각 달이	幽州一片月
응당 두 곳의 마음 비추리라	應照兩鄕情

230 김회숙(金晦叔) : 김계(金啓)이다. 80쪽 주44 참조.

231 유주(幽州) : 중국의 하북성(河北城) 일대를 가리킨다.

'떠오르는 해를 공경히 맞이하다'[232]라는 시제를 응제하다
寅賓出日應制

만 리 밖 해 뜨는 곳이 바다와 접해 있으니	萬里嵎夷接海濱
막 뜨는 해를 기다려 손님 대하듯 공경하네	俟看初日肅如賓
밝은 빛 은은하게 드넓은 망망대해를 비추고	晴輝暗射滄溟闊
나는 용이 서서히 평평한 적도에 오른다	飛馭徐騰赤道均
천상은 현묘한 이치로 봄이 벌써 반이 지났고	天上玄機春已半
인간 세상엔 봄 농사일이 막 시작되었네	人間東作事方新
이제야 알겠네, 요 임금이 희중에게 해를 맞이하게 한 뜻이	從知聖帝迎曦意
모두 하늘을 공경하고 백성을 아낌에 있음을	都在欽天與愛民

232 떠오르는……맞이하다 : 《서경》 〈요전(堯典)〉에 "나누어 희중에게 명하사 우이에 머물게 하시니, 그곳이 양곡이다. 떠오르는 해를 공경히 맞이하여 봄 농사를 고르게 하니, 밤낮의 길이는 같고 혼중성은 조수(鳥宿)이다. 이로써 중춘을 잘 맞추면 백성들은 흩어져 살고 짐승은 새끼를 치고 교미하느니라.〔分命羲仲, 宅嵎夷, 曰暘谷, 寅賓出日, 平秩東作, 日中, 星鳥. 以殷仲春, 厥民, 析, 鳥獸, 孳尾.〕"라고 한 구절이 있다. 요(堯) 임금이 희씨(羲氏)와 화씨(和氏)에게 천문을 다스리게 하였는데 희중(羲仲)에게는 봄을 다스리게 하였다고 한다.

'봉래전에서 귤을 하사하다'라는 시제를 응제하다

蓬萊賜橘應制

9일에 봉래궁 금빛 전각 열리니	九日蓬萊金殿開
내려 주신 신선 과일 빛나는 주옥 같네	恩傳仙果燦瓊瑰
상담[233]에 늦가을 서리가 여물기를 재촉하는데	湘潭秋晩霜催熟
금원에 바람이 서늘해지니 학이 가져왔네	禁苑風淸鶴捧來
빛나는 광채는 홍수금[234]을 넘어서려 하고	光照欲淩紅獸錦
나부끼는 향기는 자하배[235]에 먼저 감도네	香飄先繞紫霞杯
대궐에서 삼가 받아 환호성이 진동하니	彤墀拜賜懽聲動
내년에도 오늘 밤이 돌아오길 기다리네	願待明年此夕廻

233 상담(湘潭) : 중국 남쪽 초(楚)나라 지역의 강과 호수를 가리키지만 여기서는 우리나라 남쪽 지역의 강과 호수를 가리킨다.

234 홍수금(紅獸錦) : 홍수는 빨갛게 달아오른 짐승 모양의 탄(炭)을 가리킨다. 그와 같은 비단이니 귤의 빛이 붉고 비단같이 아름답다는 뜻이다.

235 자하배(紫霞杯) : 신선이 마시는 향기로운 술, 또는 술잔을 가리킨다.

대궐에서 숙직하고 새벽에 일어나 감회를 적어 이중익[236]에게 드리다

金鑾直宿曉起書懷呈李仲益

잠자다 언뜻 깨어 보니 밤은 쌀쌀한데	青綾睡罷夜凄凄
여명이 아득히 밝아 오고 달은 지려 하네	曙景蒼茫月欲低
눈빛이 은은히 양 대궐 문 아래로 이어졌고	雪色暗連雙闕下
물시계 소리가 멀리 궁궐 문 서쪽까지 전해진다	漏聲遙徹九門西
관원이 되어 대궐에 드니 성은이 두텁고	籍通丹禁新恩重
꿈속에 창주에 떨어져 옛길을 헤매네	夢落滄洲舊路迷
얕은 학식이야 본래 옛일 살필 힘이 없으니	淺學本無稽古力
괜히 대궐 지킨다고 욕되게 한 건 아닌지 부끄럽네	却慙虛辱守金閨

236 이중익(李仲益) : 이우직(李友直, 1529~1590)으로, 본관은 여흥(驪興), 자는 중익, 호는 저로(樗老), 시호는 문의(文懿)이다. 문과에 급제하여 예조·형조 판서를 지냈다. 청백리이다.

김하서 인후 의 시에 용운하여[237] 길원[238]의 죽림정사에 쓰다 2수

題吉遠竹林精舍用金河西 麟厚 韻 二首

그늘진 대숲 외딴집은 채색 서까래 마다하고	蔭竹孤齋謝采椽
깊숙한 거처는 세속의 기운 완전히 끊어졌네	幽棲都絶世氛牽
달빛은 성긴 그림자를 옮겨서 창 아래를 엿보고	月移疎影窺牕下
바람은 시원한 소리 보내와 베갯머리에 떨어지네	風送淸音落枕邊
땅 형세는 반곡 안과 다를 게 없고[239]	地勝不殊盤谷裏
담담한 마음은 선인 갈천을 보는 것 같네[240]	襟沖如見葛天先

237 김하서(金河西)의 시에 용운하여 : 김하서는 김인후(金麟厚, 1510~1560)로, 자는 후지(厚之), 호는 하서·담재(湛齋)이다. 문봉은 《하서전집(河西全集)》 권10의 〈제죽원(題竹院)〉에서 운을 따와 화운했다.

238 길원(吉遠) : 신희남(愼喜男, 1517~1591)의 자이다. 본관은 거창(居昌), 호는 영계(瀯溪)이다. 1576년(선조9) 강원도 관찰사로 나갔으며, 1581년에는 동서 붕당을 싫어하여 자청해서 금산 군수로 나갔다가 벼슬을 버리고 고향에 내려가 여생을 마쳤다. 시와 글씨에 뛰어나 명필 한호(韓濩)에게도 서예를 가르쳤다. 문집으로 《영계집(瀯溪集)》이 있다.

239 땅……없고 : 죽림정사(竹林精舍)가 산세가 깊어 은거하기 좋다는 말이다. 반곡(盤谷)은 중국 태항산(太行山) 남쪽 제원현(濟源縣)에 있는 지명으로, 이곳은 골짜기가 깊고 산세가 험준하여 은자가 살기 알맞은 곳이라 한다. 당(唐)나라 이원(李愿)이 벼슬에서 물러나 이곳에 은거하러 갈 적에 한유(韓愈)가 써 준 〈송이원귀반곡서(送李愿歸盤谷序)〉가 유명하다.

240 담담한……같네 : 갈천(葛天)은 전설상 상고(上古)의 제왕 갈천씨로, 그 당시에는 풍속이 순박하여 백성들이 의심할 줄 모르고 아무런 근심 걱정이 없었다 한다. 정사

푸릇한 이끼 오솔길 가득한 봄날 고요하니	蒼苔滿逕靑春靜
깊숙한 담장 안 대낮의 잠을 누가 깨우랴	深院誰驚白日眠

호수 너머 전원의 몇 칸짜리 작은 집	湖外田園屋數椽
천 리나 떨어져 있어도 늘 흥에 끌리네	別來千里興長牽
학 우는 깊숙한 언덕에 봄기운 생겨나고	鶴啼深塢春生處
매화 진 한적한 계단에 달빛 가득하네	梅落閑階月滿邊
대궐에 출입하여 두터운 은혜를 입으니	丹禁籍通身負重
청산은 길 멀어 꿈에서나 먼저 돌아간다	靑山路闊夢歸先
줄기마다 새 죽순 돋아 쪽빛으로 물들어	萬竿新竹留靑色
술 마시다 잠든 왕자유를 기다리고 있으리라[241]	應待王猷對酒眠

의 주인인 신희남의 질박한 마음이 갈천씨와 같다는 뜻이다.

241 줄기마다……있으리라 : 정사의 대나무가 신희남을 기다리고 있을 것이라는 말이다. 왕자유(王子猷)는 진(晉)나라 왕휘지(王徽之)로, 자유는 그의 자이다. 왕휘지는 남의 빈집에 잠시 거처할 동안에도 사람들에게 대나무를 빨리 심도록 다그쳤는데, 그 이유를 묻자 "하루라도 어떻게 이 멋진 나의 님을 대하지 않을 수가 있겠는가.〔何可一日無此君〕"라고 대답했던 고사가 있다. 《晉書 王徽之列傳》

백담 구경서[242] 봉령 가 소고 박중보[243] 승임 에게 보낸 시에 차운하다

次柏潭具景瑞 鳳齡 寄嘯皐朴重甫 承任 韻

강한의 나그네 시름겨워 머리 세려 하니 江漢羈愁欲白頭
꿈속 혼 창주 찾지 않은 날 없네 夢魂無日不滄洲
하늘 가득 밝은 달밤 푸른 산 아래 滿天明月靑山夜
사랑하는 사람은 어느 누각에 홀로 기대고 있을까 何處情人獨倚樓

242 구경서(具景瑞) : 구봉령(具鳳齡, 1526~1586)으로, 본관은 능성(綾城), 자는 경서, 호는 백담(柏潭)이다. 이황(李滉)의 문인이다. 1612년(광해군4) 주계서원(周溪書院)에 배향되었다. 1841년(헌종7) 문단(文端)이라는 시호가 내려졌다. 문집으로 《백담집(柏潭集)》이 전한다.

243 박중보(朴重甫) : 박승임(朴承任, 1517~1586)으로, 본관은 반남(潘南), 자는 중보, 호는 소고(嘯皐)이다. 경상북도 영주 출신으로 이황의 문인이다. 영주의 구산정사(龜山精舍)에 제향되었다. 저서로는 《성리유선(性理類選)》, 《공문심법유취(孔門心法類聚)》, 《강목심법(綱目心法)》, 《소고집(嘯皐集)》 등이 있다.

고향 그리며 읊어 유곡 이흠재[244] 국헌 에게 드리다

憶故園吟呈柳谷李欽哉 國憲

산 아래 묵정밭과 대숲 안 사립문이	山下荒田竹裏扉
떠나온 이래 삼 개월이나 꿈결에 어른거리네	別來三月夢依依
맑은 시내는 물이 줄어 낚시 바위 드러나고	淸川水落漁磯出
향긋한 풀은 안개 짙어 학 오솔길 희미하네	芳草煙深鶴徑微
하늘 너머 길이 푸른 바다까지 멀리 이어지니	天外路連滄海遠
나그네 마음도 흰 구름 따라 훨훨 날아가네	客中心逐白雲飛
답답한 근심 사라지지 않은 채 한 해가 저무니	窮愁不散年華暮
홀로 차가운 술잔 들고 석양 마주하네	獨把寒杯對夕暉

244 이흠재(李欽哉) : 이국헌(李國憲)으로, 자는 흠재, 호는 유곡(柳穀)이다.

선생의 소상일에 홀로 앉아 눈물을 훔치며 우연히 율시 2수를 지어 멀리 오천[245]의 벗들에게 부치다

先生小祥日獨坐攬涕偶成二律遙寄烏川諸友

시간은 흘러 지난해 돌아가신 날 돌아오니	蓂廻去歲樑摧日
길 가로막힌 텅 빈 산에서 눈물로 자리 젖네	路隔空山淚灑筵
지하의 황천길로 따라가지 못했으니	黃壤泉中身未逐
구름 덮인 당 아래서 꿈결이 길게 얽히네	白雲堂下夢長纏
하늘은 우리 유학이 망하는 걸 돌보지 않으시고	天心不惜斯文喪
세상은 끊긴 도학이 전해지는 걸 몰래 시기하네	世道潛猜絶學傳
선생님 말씀이 여전히 귀에 생생하게 남았는데	謨訓洋洋猶在耳
뉘 알랴, 내 뜻마저 이미 무너졌음을	誰知此志已頹然
도산 가는 길 돌아보니 아득히 멀고	回首陶山路杳然
묘소는 적막하게 구름 너머 있네	松門寂寂斷雲邊
이끼 돋은 작은 정원 오솔길을 한적하게 걷고	苔生小院閑行逕
달 갇힌 고요한 호수의 배에서 홀로 낚시하네	月鎖平湖獨釣船
남긴 자취는 유수 따라 흘러가지 않고	遺迹不隨流水逝
은미한 말은 그저 구문에 맡겨 전해지네	微言空托舊文傳
선생을 떠나보낸 지 이제 삼 년째	儀形一訣今三載
눈물 마르고 애 끊어짐은 나만 유독 심하네	眼槁腸摧我更偏

245 오천(烏川) : 현재 안동시 와룡면 오천리이다. 114쪽 주118 참조.

강원도 관찰사로 부임하는 하연 이공간[246] 중량 을 전송하다

送賀淵李公榦 仲樑 觀察關東

또 관동으로 향해 가는 길	又向關東路
멀리 부절이 늘어졌네	遙遙玉節遲
바닷가 성으로 봄에 떠난 뒤	海城春發後
달 밝은 때 산속 여관에 머무네	山館月明時
대궐 그리워 등잔 앞에서 꿈꾸고	戀闕燈前夢
진실을 찾아 눈 속에서 시 읊네	尋眞雪裏詩
매화 가지 부칠 곳 없어졌으니	梅花無處寄
천 리 너머 서로 생각할 뿐이네	千里祗相思

246 이공간(李公榦) : 이중량(李仲樑, 1504~1582)으로, 본관은 영천(永川), 자는 공간, 호는 하연(賀淵)이다. 이현보(李賢輔)의 아들이다. 1549년(명종4) 삼척 부사(三陟府使)를 지냈으며, 1570년(선조3) 강원도 관찰사에 제수되었으나 1572년 병사(兵事)를 소홀히 했다는 이유로 파면되었다.

충청도 관찰사 정존재 이중구[247] 담 를 전송하다

送忠淸方伯靜存齋李仲久 湛

대궐에서 윤음을 받들고　　日下承綸命
하늘가에서 옥정[248]을 옹위하네　　天邊擁玉旌
조정에서 지방 행정 중시하니　　朝家重方面
명망이 뛰어난 인물이라네　　名望出群英
새벽부터 밤까지 늘 몸 바쳐 일하고　　夙夜身常許
뜻은 천하를 맑히고자 했네[249]　　澄淸志欲行
봄바람 부는 물가에서　　春風江漢外
향긋한 풀 내음은 벗의 마음이라　　芳草故人情
시골 객관엔 매화가 막 피고　　野館梅初發
물가 전답엔 아직 물 안 찼네　　湖田水未生
일찍이 청운의 꿈 드높더니　　靑雲曾偃蹇
백발에 다시 은혜와 영광이네　　白髮復恩榮

247 이중구(李仲久) : 이담(李湛, 1512~1576)으로, 본관은 용인(龍仁), 자는 중구, 호는 정존재(靜存齋)이다. 《명종실록(明宗實錄)》 편수에 참여했으며, 충청도 관찰사를 지냈다.

248 옥정(玉旌) : 관찰사가 지니는 신표인 옥절(玉節)과 관찰사가 겸직인 절도사(節度使)로서 세우는 대장 깃발이다.

249 뜻은……했네 : 후한(後漢)의 범방(范滂)이 어지러운 기주(冀州)의 정정(政情)을 안찰하라는 명을 받고 출발할 적에 "수레에 올라 고삐를 손에 쥐고서는 천하를 정화할 뜻을 개연히 품었다."라고 한 고사가 있다. 《後漢書 范滂列傳》

요순처럼 되려고 하여	堯舜心期大
천인의 학술을 밝혔네	天人學術明
큰길 나무 밑에 수레 멈추고	停車道周樹
바닷가 백성에게 은택 베푸네	宣澤海邊氓
들녘 초소엔 밥 짓는 연기 끊어지고	野戍蒼煙斷
강가 누각엔 밝은 해가 화창하네	江樓白日晴
사람 그립고 대궐도 생각나니	懷人兼戀闕
이즈음에 시상이 맑으리라	詩思此時清

호당[250] 남루에서 저녁에 바라보다

湖堂南樓晩眺

홀로 남루에 앉아 있노라니 생각이 아득한데	獨坐南樓思渺然
흐린 봄날 어스름이 강과 하늘을 어둡게 하네	春陰暝色暗江天
배는 뿌연 안개 속 먼 포구로 돌아오고	舟廻遠浦蒼煙際
기러기는 멀리 날아서 흰 눈 가로 내려오네	雁下長程白雪邊
성 밖 종소리 산사까지 울려 퍼지고	郭外鐘聲傳野寺
빗속 뱃노래 갈대밭에 가로막혔네	雨中漁唱隔蘆田
남쪽으로 돌아가는 옛길은 그대로인데	南歸舊路依然在
한 폭 부들 돛을 언제나 달려나[251]	一幅蒲帆幾日懸

또 又

홀로 난간에 기대앉아 흥이 끊이지 않으니	獨坐憑欄興未裁
남쪽 누대의 맑은 풍경 정말로 아름답구나	南樓淸景儘佳哉

250 호당(湖堂) : 동호(東湖)의 독서당(讀書堂)을 가리킨다. 문관 가운데 특히 문학에 뛰어난 사람에게 휴가를 주어 학업을 닦게 하던 서재이다. 1426년(세종8)에 사가독서(賜暇讀書) 제도를 마련하여 처음에는 자택에서 독서했으나 후에 진관사(津寬寺)에서 독서하게 하다가, 1492년(성종23)에 마포 한강 변에 있던 사찰을 확장하여 남호독서당(南湖讀書堂)을 열었고, 이후 중종 때 두모포(豆毛浦)에 동호 독서당을 열었다. 두모포는 현재 성동구 옥수동이다.

251 한……달려나 : 고향으로 돌아가고 싶은 마음을 표현하였다.

즐비한 술집 깃발 그림자 석양에 나부끼고　　千家帘影飜斜日
사방 들판 물결 빛이 먼 누대에 출렁이네　　四野波光動遠臺
안개 사이 끊어진 다리에 길손 드무니　　煙際斷橋行客少
빗속 먼 사찰 저녁 종소리 급하네　　雨中遙寺暝鐘催
강산의 정취를 주관할 이 없으니　　無人管領江山趣
어부에게 돛대를 주었네　　付與漁翁一片桅

호당에서 즉흥적으로 읊다

湖堂卽事

푸른 나무 시원한 그늘에서 긴 여름날 보내는데	綠樹陰淸夏日長
졸다 깨어 할 일 없어 홀로 향을 태우네	睡廻無事獨焚香
수레 먼지는 푸른 이끼 낀 담을 넘어오지 않고	車塵不入靑苔院
물새만 이따금 흰 연꽃 핀 못에 날아오네	江鳥時來白藕塘
고요한 산과 내는 야외의 사찰 같고	寂寂山川同野寺
빽빽한 꽃과 나무는 신선의 마을 같네	深深花木似仙鄕
못난 재주로 외람되게 홍문관에 선발되니	非才亦忝登瀛選
넓은 바다에 보탤 게 없는 실개천이라 부끄럽네	愧乏涓流補海洋

압구정에서 노닐다

遊狎鷗亭

상당부원군(上黨府院君) 한명회(韓明澮)의 별장이다.

사람은 떠나고 정자만 남은 지 벌써 백 년	人去亭空已百年
부서진 난간 기울어진 섬돌에 찬 안개만 자욱하네	壞欄傾砌鎖寒煙
층층 계단에는 우거진 꽃이 적막하고	深花寂寂層臺上
옛길 옆에는 가는 풀이 무성하네	細草萋萋舊路邊
한밤 골짜기에서는 배를 타고 세월을 잊고	夜壑舟移迷歲月
봄날 강가 갈매기는 맑은 물결 희롱하였지	春江鷗在弄淸漣
청산은 응당 당시의 일을 알고 있겠지만	靑山應見當時事
세상에 일일이 전해 주기 부끄럽다네	羞向人間一一傳

성스러운 군주가 어진 신하를 얻은 것을 노래하다 40운

聖主得賢臣頌 四十韻

성스러운 덕은 하늘과 크기가 같고	聖德天同大
신령한 공은 바다와 함께 흐르네	神功海竝流
황하가 맑아지니 길한 운이 열리고	河淸吉[252]運啓
별이 모이니 기이한 조짐이 모여드네	星聚異祥稠
임금이 자리 비워 두고 어진 재상 생각하고	側席思賢佐
조정에 임해서는 뛰어난 인재를 찾네	臨朝訪俊儔
예의 그물을 천하에 펼치고[253]	禮羅張海宇
비단 예물로 은자를 초빙하네	束帛賁林丘
우뚝하게 높은 도리를 품었고	落落懷高道
당당하게 위대한 계책을 품었네	堂堂抱大猷
동량이 되길 원래 스스로 다짐했으나	棟樑元自許
재능 품고도 벼슬 먼저 구하지 않았지	瑜瑾不先求
작은 집에 숨어 지내며	環堵幽棲宅
창강에서 홀로 낚시하다가	滄江獨釣舟
불현듯 조정의 부름에 응하니	飜然應厚幣

252 吉 : 대본에는 '□'으로 되어 있다. 문맥에 근거하여 '吉'을 보충하였다.

253 예(禮)의……펼치고 : 한유(韓愈)의 〈송온조처사서(送溫造處士序)〉에 "대부 오공(烏公)이 하양(河陽)에 부임한 지 3개월 만에 석생(石生)을 인재라 하여 예의로 그물을 만들어 그물질하여 막하(幕下)로 데려갔다."라는 말이 있다.

진실로 훌륭한 짝을 얻었도다　眞是遇嘉逑

땅속에 묻힌 검을 파내고　劍向埋中掘

아궁이에서 타는 오동나무 꺼냈지[254]　桐從爨下收

가을바람 부니 귀뚜라미 울고　秋風鳴蟋蟀

장맛비 내리니 하루살이 나오네　陰雨出蜉蝣

석실에서 구름밭 갈던 사람[255]이　石室耕雲手

궁궐에서 임금의 계획을 보좌하네　華堂補衮謀

천하를 경륜하여 조화에 참여하니　經綸參造化

세상을 주선할 신통한 계책 지녔네　旋轉有神籌

물고기와 물이 만나니 기쁨이 막 넘치고[256]　魚水懽方洽

바람과 구름이 서로 만나니 비로소 아름답네　風雲際始休

청산에 돌아갈 꿈은 끊어지고　青山歸夢斷

백발에 만년 보낼 기약 아득하네　白髮晚期悠

들어와 아뢰면 말이 어찌 거슬림이 있겠는가　入告言何逆

254 아궁이에서……꺼냈지 : 한(漢)나라 채옹(蔡邕)이 아궁이의 오동나무 타는 소리를 듣고는 "이것은 좋은 거문고 재목이다." 하고는 꺼내어 거문고를 만들었다고 한다. 《後漢書 蔡邕列傳》

255 석실(石室)에서……사람 : 송(宋)나라 관사복(管師復)이 숭산(崇山)에 은거하였는데 어떤 사람이 그에게 "무슨 즐거움이 있느냐?"라고 묻자, 관사복이 "언덕에 덮인 흰 구름은 갈아도 다함이 없고, 못에 가득한 밝은 달은 낚아도 흔적이 없네.〔滿塢白雲耕不盡, 一潭明月釣無痕.〕"라고 한 데서 유래한 말로, 은자의 삶을 형용한다. 《山堂肆考 耕雲釣月》

256 물고기와……넘치고 : 성스러운 임금과 어진 신하의 만남을 의미한다. 제갈량(諸葛亮)을 얻은 유비(劉備)가 너무 기쁜 나머지, 둘이 서로 물과 물고기처럼 사귀며 함께 천하를 도모하자고 한 데서 유래하였다. 《三國誌 蜀書 諸葛亮傳》

누가 큰 도로써 다스릴 사람인지 묻는다면　　疇咨道自周
훌륭한 계책은 원래 기다려야 하는 사람이 있으니　　訏謨元有待
영광과 총애로 어찌 붙잡아 둘 수 있으리오　　榮寵豈堪留
한 시대의 명군과 현신이 만나서　　一代明良契
천년 만에 군신이 화답하여 노래했네　　千秋賡載謳
가시나무에 앉은 파리[257] 용납지 못하니　　不容蠅止棘
천리마가 큰바람을 탄 것과 무에 다르랴　　何異驥乘飂
천하에 춘대의 기운 두루 퍼지고[258]　　海內春臺徧
하늘 가운데엔 옥촉이 떠 있네[259]　　天中玉燭浮
대궐 중앙에서 옷자락 드리우고　　衣垂紫宸極
노래는 변방의 모서리까지 움직이네　　歌動華封陬
춤추는 봉황이 궁궐 전각에 날아오고　　儀鳳翙金殿
상서로운 기린이 들판에서 풀 뜯네　　祥麟食野疇

257 가시나무에 앉은 파리 : 《시경》 〈소아(小雅) 청승(青蠅)〉에 "앵앵거리는 파리가 울타리에 앉았도다. 화락한 군자는 참소하는 말을 믿지 말지어다. 앵앵거리는 파리가 가시나무에 앉았도다. 참소하는 사람이 끝이 없어 온 나라를 교란시키도다.〔營營青蠅, 止于樊. 豈弟君子, 無信讒言. 營營青蠅, 止于棘. 讒人罔極, 交亂四國.〕"라고 한 데서 온 말로, 참소하는 소인을 비유한 것이다.

258 천하에……퍼지고 : 춘대(春臺)는 따스한 봄날 전망 좋은 고층 전각으로, 태평성세의 화락한 기상을 의미한다. 《노자(老子)》 제21장에 "사람들은 즐거워하며 마치 진수성찬을 받은 듯하고 마치 봄에 대에 올라 구경하는 듯하다.〔衆人熙熙, 如享太牢, 如春登臺.〕"라고 하였다.

259 하늘……있네 : 옥촉(玉燭)은 사시의 기운이 조화됨을 이르는 말로, 태평성세를 의미한다. 《이아(爾雅)》 〈사시(四時)〉에 "사시의 기운이 조화를 이룸을 옥촉이라 한다."라고 하였다.

인재를 구하려 처음엔 오매불망하더니	訪才初寤寐
교화를 일으켜 끝내는 편안해졌네	興治竟優游
매실로 국의 간을 맞추고	梅和玄羹裏
배는 큰 나룻가에 띄우네	舟行大渡頭
위수에서 세월 낚시 그만두고	渭川收月釣
신야에서 봄날 경작 그치었지[260]	莘野罷春耰
쇄락하여 정신은 서로 합하고	灑落精神契
찬란하여 덕업이 넉넉하네	輝煌德業優
순수한 풍습으로 뉘 다시 돌리랴	淳風誰復返
말세의 구차함 이길 수 없어라	衰世不勝媮
두 미인은 늘 합치기 어려우니	兩美常難合
서로 기다리며 저마다 근심 있네	相須各有憂
난새는 위태롭게 깊숙한 골짜기에 숨어 있고	鸞危竄幽谷
준마는 병들어 소금 수레 끌고 있다네	驥病服鹽輈
못가에서 장사왕의 원망 품고[261]	澤畔懷沙怨
상수에서 부엉이의 근심 읊네[262]	湘潭賦鵩愁

260 위수(渭水)에서……그치었지 : 위수는 장안(長安) 근처 강으로, 강태공(姜太公) 여상(呂尙)이 이 강가에서 낚시를 하다가 무왕(武王)의 눈에 들어 주(周)나라를 일으키는 데 공을 세웠다. 《史記 齊太公世家》 신야(莘野)는 유신국(有莘國)의 들을 가리키는 말로, 이윤(伊尹)이 일찍이 유신의 들에서 농사를 짓다가 탕(湯) 임금의 초빙을 받고 상(商)나라를 도와 왕업을 이루었다. 《孟子 萬章上》

261 못가에서……품고 : 한나라 가의(賈誼)가 장사왕(長沙王)의 태부(太傅)로 쫓겨난 뒤 상수(湘水)를 건너다가 이곳에서 빠져 죽은 굴원(屈原)을 생각하며 자신의 감회를 덧붙여 애도하는 글을 지었다 한다. 《史記 賈生列傳》

상산의 저녁에 자주 지초 아름답고[263]	紫芝商嶺暮
율원에는 누런색 국화 그윽하고[264]	黃菊栗園幽
푸른 연잎 옷 지어 입고	歲月靑荷製
백로주[265]에서 행장 꾸렸네	行裝白鷺洲
군신이 모두 취해 몽롱하니	君臣皆醉眼
천지가 드디어 병이 들었네	天地遂瘡疣
우리의 도는 슬픈 노래 속에 있고	吾道悲歌裏
백성의 삶은 전쟁 중의 가을이네	民生戰血秋
하늘이 우리 성상을 돌보시니	聖神天有眷
순(舜)과 우(禹)의 덕과 비길 만하네	虞夏德堪侔
오래된 나라는 교목을 생각하여[266]	故國思喬木

262 상수(湘水)에서……읊네 : 복조(鵩鳥)가 지붕 위에 날아와 모였는데, 당시 민간에 전하는 말로는 복조가 지붕에 앉으면 그 집 주인이 죽는다고 하였으므로, 가의가 슬퍼하여 〈복조부(鵩鳥賦)〉를 지었다 한다. 《史記 賈生列傳》

263 상산(商山)의……아름답고 : 진(秦)나라 말기 사호(四皓) 즉 동원공(東園公), 하황공(夏黃公), 녹리선생(甪里先生), 기리계(綺里季)가 자줏빛 지초의 노래를 부르며 상산에 들어갔다고 한다. 《史記 留侯世家》

264 율원(栗園)에는……그윽하고 : 율리(栗里)에 있는 도잠(陶潛)의 전원을 가리킨다. 《南史 陶潛列傳》

265 백로주(白鷺洲) : 강소성(江蘇省) 강녕현(江寧縣) 서남쪽의 대강(大江) 가운데 있는 모래섬 이름이다. 이백(李白)의 〈등금릉봉황대(登金陵鳳凰臺)〉 시에 "삼산은 푸른 하늘 밖으로 반쯤 떨어져 있고, 두 강물은 백로주에서 중간이 나누어졌네. 이 모두가 뜬구름이 태양을 가린 때문이라, 장안을 볼 수 없어 사람을 시름하게 하누나.〔三山半落靑天外, 二水中分白鷺洲. 摠爲浮雲能蔽日, 長安不見使人愁.〕"라고 한 데서 온 말이다. 위 구절과 함께 왕과 신하가 노는 데 여념이 없다는 뜻이다.

266 오래된……생각하여 : 오래된 나라는 훌륭한 인재를 생각한다는 말이다. "오래된

깊은 산의 해어진 갖옷 방문하네[267]	深山訪弊裘
사방 문이 해와 달처럼 밝게 열리자	四門開日月
많은 인사들 준마처럼 모여드네	多士聚驊騮
훌륭한 정치에 도리어 부끄러움이 많으니	至治還多愧
많은 인재를 어찌 다 찾아 쓰리오	群才豈盡搜
관계가 가까우면 봉황이 깃듦을 생각하나[268]	地親思棲鳳
자취가 멀면 잠자는 갈매기와 짝하게 되네[269]	蹤遠伴眠鷗
정사에 임하여 걱정이 절실하지만	臨政憂雖切
사람을 구하는 도는 아직 부족하네	求人道未遒
미천한 신이 경계의 뜻을 올려	微臣獻箴意
온 마음으로 선왕을 본받기를 바라나이다	渾欲法前侯

나라란 교목(喬木)이 있음을 말하는 것이 아니라 세신(世臣)이 있음을 말한다."《孟子 梁惠王下》

267 깊은……방문하네 : 소진(蘇秦)이 집을 떠난 지 수년 동안 출세를 못 하여 입고 나갔던 갖옷이 다 해어졌다는 고사가 있는데, 깊은 산에 숨은 인재를 찾아 등용함을 의미한다.《史記 蘇秦列傳》

268 관계가……생각하나 : 임금과 신하의 관계가 가까워야 한다는 말이다. "관계가 가까우면 정(情)이 돈독해서 원망이 일어나더라도 쉽게 그칠 수가 있다."라는 말이 있다.《安氏家訓 1》

269 자취가……되네 : 임금과 신하의 관계가 멀면 어리석은 신하를 만나게 된다는 뜻이다.

문봉집

제2권

詩 시

임당[1]의 〈도성을 떠나며 즉흥으로 읊다〉[2]에 차운하다

次林塘出城口號

정유길(鄭惟吉)은 선생의 삼종형이다. 융경(隆慶) 6년 임신 9월에 만력 황제가 등극하여 반조사(頒詔使)[3]가 의주에 왔을 때 판서 정유길이 정사이고 서애(西厓) 유성룡(柳成龍), 정자(正字)인 권벽(權擘),[4] 선생이 모두 종사관이 되어 동행하던 중에 함께 창수한 것이다. 이 시부터 〈거련(車輦)[5] 도중〉까지이다.

교문[6]의 희미한 해는 아득히 떨어지는데	郊門薄日下遙空
검을 차고 처음으로 상국공[7]을 따르네	一劍初隨相國公

1 임당(林塘) : 정유길(1515~1588)의 호이다. 본관은 동래(東萊), 자는 길원(吉元)이다. 정광필(鄭光弼)의 손자이다. 우의정, 좌의정 등을 지냈고, 시문(詩文)과 서예 등에 뛰어나 임당체(林塘體)라는 평을 받았다. 문봉의 삼종형이다. 문집으로 《임당유고》가 있다.

2 도성을……읊다 : 정유길의 문집인 《임당유고(林塘遺稿)》 〈동사록(東槎錄)〉에는 원접사로 왕복할 때 주고받은 시들이 실려 있는데, 이는 〈동사록〉의 첫 번째 시이다.

3 반조사(頒詔使) : 명(明)나라의 목종(穆宗)이 사망하고 신종(神宗)이 즉위하였다는 것을 알리는 사신이다. 1572년(선조5) 11월 계미일에 중국 사신 한림원 검토(翰林院檢討) 한세능(韓世能)과 급사중(給事中) 진삼모(陳三謨)가 서울에 들어왔다는 기사가 《석담일기(石潭日記)》 권상에 나온다.

4 권벽(權擘) : 1520~1593. 본관은 안동, 자는 대수(大手), 호는 습재(習齋)이다. 좌승지 권기(權祺)의 아들이다. 이문(吏文)에 밝아 사신으로 중국에 여러 차례 다녀왔다. 홍문관 정자를 지내고, 《중종실록》, 《인종실록》, 《명종실록》 등의 편찬에 참여하였다. 문집으로 《습재집(習齋集)》이 있다.

5 거련(車輦) : 평안도 철산(鐵山)에 있는 역관(驛館)이다.

6 교문(郊門) : 교관(郊關)이라고도 하는데 교외를 말한다.

구름 속에서 고개 돌려 북궐 바라보고 雲裏首回瞻北闕
다리 옆에서 말을 타고 서풍을 향하네 橋邊騎去向西風
끝없는 나그넷길 가랑잎 흩날리고 蒼茫客路飛寒葉
드높은 가을 하늘엔 기러기 우짖네 迢遞秋天叫別鴻
여기서 변방은 아득한 천 리 길 從此關河杳千里
동쪽 도성으로 돌아오는 꿈을 얼마나 꾸리오 幾勞歸夢鳳城東

7 상국공(相國公) : 당시 예조 판서이던 정유길을 가리킨다.

벽제관에서 우연히 읊어 습재 권대수 벽 와 서애 유이현 성룡 에게 드리다

碧蹄館偶吟呈習齋權大手 擘 西厓柳而見 成龍

천 리나 되는 관서 길	千里關西路
이제야 수레가 출발하였네	而今發軔初
홍제원의 전별주 아직 깨지도 않아서	未醒弘濟酒
어느덧 벽제의 옛터에 이르렀구나	已入碧蹄墟
짝 잃은 새는 저물녘 가을 산에서 울고	孤鳥秋山暮
철 지난 개똥벌레 텅 빈 역관에 남아 있네	殘螢野館虛
오색구름 머리 돌려 바라본 곳에	五雲回首處
기러기 한 마리 나를 수심 젖게 하네	一雁更愁予

거듭 앞의 시[8]에 차운하다

疊次前韻

변방으로 가는 길은 물이 하늘까지 맞닿아 있는데	路向關河水接空
서쪽으로 가는 사신은 옛 벗 자주 만나네	西人重逬舊遊公
남쪽을 향한 나그네 꿈을 견디기 힘드나	難堪客夢飛南國
북풍에 부칠 가서는 아직 없었네	未見家書寄北風
서리 맞은 풀로 들빛이 흐릿한데	野色欲迷霜後草
뿔피리 소리만 먼 하늘 기러기 소리와 어울리네	角聲遙和日邊鴻
촉박한 여정으로 날마다 별 보고 길 떠나니	程嚴每苦侵星出
어느 때나 수레 돌려 동녘을 향할까	歸轄何時復指東

8 앞의 시 : 정유길(鄭惟吉)의 〈도성을 떠나면서 입으로 읊조리다〔出城口號〕〉를 가리킨다.

임진강 배 안에서

臨津舟中

해가 뜨자 안개 걷혀 해협의 하늘이 드러나고 日出煙消峽裏天
채색한 배는 바람에 날리듯 평평한 물을 건너가네 飄然畫舸度平川
썰물 진 포구의 돛은 멀리서 바람에 날리고 潮歸海口帆飛遠
물 빠진 갈대밭엔 기러기가 모여드네 水落蘆田雁下連
왕사는 넉넉하지 못해 여정이 괴로우니 王事不饒行役苦
나그네 마음 세월이 가는 것을 미리 두려워하네 客心先恐歲華遷
피리 불 때 가장 걱정이 없으니 鳴笳最是無情思
놀라 날아오른 갈매기는 뱃전으로 오지 않네 驚起沙鷗不近船

금교[9]에 이르러 임당의 시에 차운하다

到金郊次林塘韻

풍진세상 뜻한 일 헛되기 쉽고 塵中心事易成空
늙어 가며 백발옹 피할 수 없네 老去難逃白髮公
돌아갈 꿈에 달빛 드리운 초가집 얼마나 찾았던가 歸夢幾尋茅屋月
가는 길 오래도록 바다 입구에서 오는 바람 맞고 있네
征途長遡海門風
늦가을 길 떠나는 마음 부평초 같고 三秋別恨同萍水
십 년 동안 노닌 일은 눈 위의 기러기 발자국[10]과 같다네
十載曾遊似雪鴻
오랫동안 보국한 효과는 조금도 없었는데 報國久知無寸效
다시 동방에 오는 중국 사신을 감히 맞이하네 更堪來迓漢槎東

9 금교(金郊) : 황해도 금천군(金川郡) 금교역을 가리킨다.

10 눈……발자국 : 인생이란 우연히 눈 녹은 진창에 찍힌 기러기 발자국과 같다는 뜻이다. 송(宋)나라 소식(蘇軾)의 〈화자유민지회구(和子由澠池懷舊)〉 시에 "인생이 이르는 곳이 무엇과 같은지 아는가? 나는 기러기가 눈 덮인 진창을 밟는 것 같네. 진창 위에 우연히 발자국을 남겨 놓지만, 기러기 날아가면 어디로 가는지 어찌 알리오.〔人生到處知何似? 應似飛鴻踏雪泥. 泥上偶然留指爪, 鴻飛那復計東西?〕"라고 했다.

임당의 〈아침에 저탄[11]을 지나 총수산을 거쳐 안성에 도착하니 이미 초경이었다〉에 차운하다

朝過猪灘歷蔥秀抵安城夜已初鼓次林塘韻

푸른 산 이어지고 물은 끝이 없는데	青山不斷水無窮
맑은 개울에 잠시 멈추니 해는 뉘엿거리고	暫駐淸溪日下春
푸른 나무엔 새들이 비껴 날아오는데	樹色暗連斜度鳥
고운 젓대 소리는 홀로 잠든 용을 놀라 날아오르게 하네	笳聲驚起獨眠龍
바윗가 맑은 시냇물 차가운 소리 드날리고	巖邊玉溜飄寒韻
골짜기의 붉은 놀이 옛 봉지에 가득하네	洞裏丹霞鎖舊封
선구를 보내 마부를 꾸짖지 말게나	更遣前驅休叱馭
도착하면 새로운 달 보러 동쪽 봉우리에 오르려네	待看新月上東峯

11 저탄(猪灘) : 황해도 평산군(平山郡)의 동쪽에 있는 예성강(禮成江) 상류의 명칭이다.

취병[12] 가는 길에 이현의 〈앞의 시에 용운하여 즉흥으로 읊다〉에 차운하다

翆屛道中次而見用前韻口號

낙엽 진 나무에 노을 옅어지는 어스름한 저녁	落木殘霞瞑色空
맑은 놀은 진산공[13]을 따르고자 하네	淸遊欲慕晉山公
-원문 2자 빠짐- 요성의 학[14]이 아직 돌아오지 않고	□□未返遼城鶴
소동[15]에는 멀리 낭원풍[16]이 통하네	小洞遙通閬苑風
먼 길 온 나그네는 근심스런 마음으로 지는 해를 보고	長路愁懷看落日
나는 기러기 따라 연말에는 돌아가고자 한다	暮年歸計逐飛鴻

12 취병(翆屛) : 연경(燕京) 가는 길에 있는 취병산을 가리킨다.

13 진산공(晉山公) : 강희맹(姜希孟, 1424~1483)의 봉호이다. 본관은 진주(晉州). 자는 경순(景醇), 호는 사숙재(私淑齋)·운송거사(雲松居士)이다. 남이(南怡)의 옥사(獄事)를 다스린 공으로 익대 공신(翊戴功臣) 3등에 책록되고 진산군(晉山君)에 봉해졌다. 그림과 글씨에 능하였다. 문집으로 《사숙재집(私淑齋集)》이 있다.

14 요성(遼城)의 학 : 요동(遼東) 사람 정영위(丁令威)가 신선이 되고 나서 천년 만에 학으로 변해 다시 고향을 찾아와서는 요동 성문의 화표주(華表柱) 위에 내려앉았는데, 소년 하나가 활을 쏘려고 하자 허공으로 날아올라 배회하면서 "옛날 정영위가 한 마리 새가 되어, 집 떠난 지 천년 만에 이제 처음 돌아왔소. 성곽은 의구한데 사람은 모두 바뀌었나니, 신선술 왜 안 배우고 무덤만 이리도 즐비한고."라고 탄식하고는 사라졌다는 전설이 전한다. 《搜神後記 卷1》

15 소동(小洞) : 도가(道家)에서 말하는 36개의 소동천(小洞天)을 가리킨다.

16 낭원풍(閬苑風) : 곤륜산(崑崙山)의 신선이 논다는 낭원에서 불어오는 바람을 가리킨다.

단풍 든 나무에 걸린 흰 구름을 자주 돌아보니　　白雲紅樹頻回首
집은 멀고 먼 낙동강 동쪽에 있다네　　家在迢迢洛水東

안성[17] 가는 길에 3수

安城道中 三首

이어지는 산으로 들어가니 갑자기 감실 같은데　　行入連山忽似龕
높고 험한 돌길을 말은 잘 알고 있네　　崎嶇石路馬偏諳
높은 가을 떨어진 낙엽은 찬 물에 떠 있고　　高秋落葉浮寒水
멀리 있는 나무의 갈까마귀는 저녁 남기 띠고 있네　　遠樹歸鴉帶暮嵐
푸른 봉우리 너머 마을에서는 다듬이질 소리 은은하게 들려오고　　村隔碧峯聞暗杵
푸른 산에 달이 뜨니 외딴 암자 보이네　　月臨靑嶂見孤庵
두 번이나 이곳을 밤중에 지나가니　　重過此地皆逢夜
숲속을 거닐어 보지 못하는 것이 한스럽네　　又恨林巒未縱探

새벽에 안성관을 나서니　　曉發安城館
청산의 역로가 아득하다　　靑山驛路賒
별빛 드문 새벽에도 몇 집에서는 다듬이질하고　　殘星幾家杵
지는 달빛에도 몇 곡의 젓대 소리 전해 오네　　落月數聲笳
나그네 깊은 물 건너는데　　暗水行人渡
차가운 숲에는 여명이 비치네　　寒林曙色多
그대여 남은 여정 묻지 말게　　前程君莫問

17 안성(安城) : 황해도 평산(平山)의 옛 지명으로, 안성관이라는 역관(驛館)이 있었다.

근심스러운 생각 이기기 힘드니	愁思不勝加

무성한 나무가 위태로운 잔도를 에워싸고	暗樹籠危棧
차가운 냇물은 먼 숲을 감고 흐르네	寒川遶遠林
푸른 들판 저편에는 산이 보이고	山臨蒼野斷
짙은 흰 구름 속에는 성이 솟아 있네	城向白雲深
서리 맞은 풀에 나그네 근심 더해 가니	旅思迷霜草
변방 달빛 아래 다듬이질 소리 들리네	邊聲送月砧
나그네 임무는 아직 끝나지 않았으니	客行猶未已
앞으로 이정표를 몇 개나 찾아야 할까	前堠幾勞尋

대수의 〈안성관에서 자다〉[18]에 차운하다

次大手宿安城館韻

여관의 차가운 등불 아래 공연한 망상에 빠져 旅館寒燈客思空
부평 같은 내 신세 서쪽에서 돌아가 큰 공로를 좇고자 하네
西歸萍迹逐膚公
달이 떠오르니 창밖이 밝아 오고 淸光暗報窓前月
변방의 바람으로 냉기가 느껴지네 冷韻遙連塞上風
꿈에 천 리 밖 대궐의 대루원 돌아보고 千里夢廻靑瑣漏
서릿발 날리는 새벽에는 날아가던 기러기도 쉬어 가네 五更霜斷紫冥鴻
베갯머리에서 재촉하는 젓대 소리에 깨어 보니 枕邊已聽催笳發
아침 해가 아직 떠오르지도 않았네 未見晴暾上海東

18 안성관에서 자다 : 권벽(權擘)의 《습재집(習齋集)》에 이 시는 보이지 않지만, 권2에는 원접사로 왕복하며 문봉과 주고받은 시가 여러 편 실려 있다.

황주에 가는 길에 양대박[19]의 〈정사에게 올리다〉[20]에 차운하다

黃州道中次梁大樸呈使相韻

서늘한 언덕 어지러운 물 이리저리 흐르는데	寒原亂水自縱橫
끝없는 갈림길 나그네 지치게 하네	岐路無窮客倦行
들빛을 단장하던 강가의 나무는 모두 시들고	江樹盡凋粧野色
구름 건너던 기러기는 때로 소리를 멈추네	塞鴻時落度雲聲
삼 년이나 청산 너머 남국에 있다가[21]	三年南國靑山隔
천 리 밖 서쪽 관하에서 머리 세어지네	千里西關白髮生
머리 돌려 아득히 하늘 저쪽 바라보니	回首迢迢海天外
어디가 주상이 계신 곳인지 어지럽기만 하네	路迷何處是主城

19 양대박(梁大樸) : 1543～1592. 본관은 남원(南原), 자는 사진(士眞), 호는 송암(松巖)·청계(靑溪) 등이다. 시호는 충장(忠壯)이다. 임진왜란 때 전라도 담양(潭陽)에서 고경명(高敬命)을 맹주(盟主)로 삼고 의병장으로 활동하였다. 문집으로 《청계집(靑溪集)》이 있다.

20 정사에게 올리다 : 양대박의 《청계집》 권1의 〈황주요발근정사상(黃州曉發謹呈使相)〉을 가리킨다.

21 삼……있다가 : 문봉은 원접사 종사관이 되기 전 아버지의 상(喪)을 당해 고향 봉화에 3년을 머물렀다.

허 태사[22]의 〈옥류천〉에 차운한 임당의 시에 차운하다
次林塘次許太史玉溜泉韻

구름 길을 걸어 들어가	行入雲邊道
골짜기 하늘을 보고 깜짝 놀랐네	驚看洞裏天
산은 시냇물에서 끊어지고	山臨溪水斷
폭포는 돌 처마에 매달려 있네	泉向石簷懸
매서운 바람은 냉기를 머금었고	寒韻含風切
고운 햇빛은 맑은 빛을 띠고 있네	淸光帶日鮮
물맛은 차를 우려먹기에 좋고	味宜茶客鼎
소리는 신선의 현가 소리에 화답할 만하네	聲和羽人絃
홀연히 연꽃 핀 우물을 들여다보는 듯하다가	忽似窺蓮井
도리어 국화 핀 개울물을 마신 것 같네	還如飮菊川
누가 알리오, 저 드넓게 흐르는 물이	誰知流浩浩
애초엔 퐁퐁 솟는 물방울이었다는 것을	初自滴涓涓
상쾌한 기운은 단혈[23]과 통해 있고	爽氣通丹穴
깊은 원천은 푸른 산과 닿아 있네	深源接翠巓
땅에는 부석[24]의 자취가 남아 있고	地留鳧舃迹

22 허 태사(許太史) : 명(明)나라 사신 허국(許國)이다. 안휘성 흡현(歙縣) 사람으로, 자는 유정(維貞)이다. 그가 사관(史官)을 지냈으므로 허 태사라고 부른다. 문집으로 《허문목공집(許文穆公集)》이 있다.

23 단혈(丹穴) : 전설 속의 산 이름으로, 이곳에 모양이 마치 닭과 같고 오채(五采)의 무늬가 선명한 새가 있어 봉황(鳳凰)이라 부른다고 하였다. 《山海經 卷1 南山經》

숲은 민가의 밥 짓는 연기와 떨어져 있네　　林隔野人煙
오래도록 진령의 비기를 입었다고　　久被眞靈祕
단정한 학자들이 전하네　　端從學士傳

24 부석(鳧舃) : 후한(後漢) 하동(河東) 사람 왕교(王喬)가 현종(顯宗) 때에 섭현(葉縣)의 수령이 되었는데, 신술(神術)을 지니어 매월 초하루와 보름이면 항상 고을을 떠나 대궐에 나아가서 황제를 뵈었다. 황제는 그가 자주 오는데도 수레나 말이 보이지 않는 것을 괴이하게 여겨 태사(太史)로 하여금 지켜보게 하였다. 그가 도착할 무렵에 오리 두 마리가 동남방에서 날아오므로 이에 오리가 이르기를 기다려 그물을 쳐서 잡고 보니, 오리는 없고 신발 한 켤레만 있었다. 그 신발은 왕교가 상서성(尙書省)의 관속으로 있을 때 하사받은 것이었다. 《後漢書 方術列傳 王喬》

허 태사의 〈회란석〉[25]에 차운한 임당의 시에 차운하다
次林塘次許太史廻瀾石韻

끝없는 산 마치 그림 속에 들어온 듯	連山不斷如畫裏
가운데 푸른 절벽 하늘까지 솟아 있네	中有翠壁橫天起
언제 벼락이 신부[26]를 들어	何年霹靂運神斧
기이한 절벽을 깍아 깊은 물가에 두었는고	削成奇峭臨潭水
병풍처럼 두르고 옥처럼 솟아 가을 하늘을 비추니	屛圍玉立照秋空
세상의 티끌이 봉래산에 이르지는 못할 것이네	紅塵不到蓬島中
적성산의 연하 표지[27]도 기이함을 자랑할 수 없고	赤城霞標未誇奇
향로봉의 눈 폭포도 웅대함을 다툴 수 없네	香爐雪瀑難爭雄

25 허 태사(許太史)의 회란석(廻瀾石) : 《연행록선집(燕行錄選集)》의 《계산기정(薊山紀程)》 〈출성(出城)〉과 《심전고(心田稿)》 〈연계기정(燕薊紀程)〉에 보인다. 박연(朴淵)에서 갈라진 금릉(金陵)의 남천(南川)에 수면 위로 병풍 같은 석벽이 솟아 있는데, 예서(隷書)로 '영수병(映水屛)'이라 새겨져 있으며, 전면에는 명(明)나라 사신 허국(許國)과 위시량(魏時亮)의 시를, 후면에는 허국의 필체로 '회란석'이라는 세 글자를 새겨 놓은 비석이 있다고 한다. 《계산기정》은 1803년(순조3) 이해응(李海應)이 연경에 다녀온 일을 기록한 책이며, 《심전고》는 순조 때 박사호(朴思浩)의 저술인데, 모두 연행에 관한 지리와 풍경 등을 서술하였다.

26 신부(神斧) : 하(夏)나라 우(禹) 임금이 9년 동안 홍수를 다스릴 때, 용문산(龍門山)을 끊어 물길을 틀 때 사용한 도끼이다.

27 적성산(赤城山)의 연하(煙霞) 표지 : 진(晉)나라 손작(孫綽)이 천태산(天台山) 자락인 적성산에 표지를 세우고 은거 생활을 즐기면서 〈수초부(遂初賦)〉를 지었다. 또 손작의 〈유천태산부(遊天台山賦)〉에 "적성산에 연하가 일어나 절로 표지를 세운다.〔赤城霞起而建標.〕"라고 하였다.

뗏목 탄 한나라 사신이 바다 건너 와서	乘槎漢使到海東
신령스런 산을 알아보고 조물주를 속였다네	覰破靈祕欺天工
아름다운 이름이 이로써 세상에 퍼져서	佳名從此人間播
신선이 사는 제일봉이라 이름하였네	題作仙區第一峯

검수[28] 가는 길에

劍水道中

물은 가늘게 평원을 둘렀고	水繞平陂細
하늘은 광활한 들판에 낮게 떴네	天臨曠野低
아득한 안개는 강가 나무 위에 걸려 있고	遠煙江樹上
지는 해는 바다 서쪽을 비추네	斜日海門西
갈 길이 항상 바쁜데	行役心常急
모래바람은 시야를 가리는구나	風沙眼欲迷
의주는 아직도 천 리나 남았으니	龍灣尙千里
근심 가득한 귀밑머리 점점 세어 가리	愁鬢漸稀黎

28 검수(劍水) : 황해도 봉산(鳳山)과 서흥(瑞興) 사이에 있는 검수참(劍水站) 주변에 흐르는 물 이름이다.

임기[29]의 〈황주에서 새벽에 떠나며 정사에게 드리다〉에 차운하다

次林芑黃州曉發呈使相韻

저 멀리 언덕에 안개 걷혀 물빛이 맑아지니	遠岸煙消水色明
숲 헤치고 들판 지나 앞사람 따라가네	穿林度野趁前程
성 밑의 고각 소리 이별하는 마음 아프게 하고	城邊鼓角人傷別
길가의 흙먼지 말을 지치게 하네	道上塵沙馬倦行
늦가을 만 리 길 고향 산천 생각하니	秋晩故山思萬里
희게 변한 수심 찬 귀밑머리 천 가닥이나 되네	雪侵愁鬢見千莖
보잘것없는 뜬구름 같은 인생 이미 반이 지났으니	浮生草草今過半
전원으로 돌아가려는 계획 이루지 못함이 부끄럽네	自愧歸田計未成

29 임기(林芑) : ?~1592. 본관은 개령(開寧), 자는 우춘(遇春), 호는 수호자(垂胡子)이다. 단양 군수를 지낸 임재광(林齋光)의 서자로 태어났다. 서얼이었지만 이문(吏文)을 짓는 능력이 탁월하였으며, 스스로 서출에 얽매이지 않고 자신의 능력과 업적을 바탕으로 신분적 한계를 극복하였다.

임당의 〈대동강에서 뱃놀이하는 자리에 학사 이현이 제사 때문에 참석하지 못하여 유감하다〉에 차운하다

次林塘大同江舟中之席而見學士以忌不參有懷韻

아득히 긴 길을 따라	悠悠涉長道
하염없이 서늘한 언덕을 지나네	袞袞過寒坡
가을바람 나뭇잎에 불어오니	秋風吹木葉
강물이 작은 물결 일으키는구나	江水生微波
누대는 북쪽 모래톱에 가리어 있고	樓臺隱北渚
배들은 남쪽 물가에 가득하네	舸艦迷南涯
나란히 앉아 신선의 자태를 바라보니	列坐見仙姿
강에서 뱃노래 들려오네	中流聞棹歌
피곤한 마음 확 풀린 것 기뻐하며	且喜倦懷豁
수심 가득한 얼굴 술에 취해 보네	不辭愁顏酡
대단하구나, 기자의 옛 도읍이여	壯哉箕故都
아득히 일국의 서문이 되었네	邈焉國西門
우리나라는 고구려 때부터	江山自古麗
현가의 소리[30] 본래 성대했지	絃管從來繁

30 현가(絃歌)의 소리 : 거문고와 비파 등의 악기를 연주하며 시가(詩歌)를 읊는 소리라는 뜻으로, 백성들에게 예악을 가르치며 선정을 베풂을 비유하는 표현이다. 공자의 제자 자유(子游)가 수령으로 있는 무성(武城) 고을에 현가의 소리가 울려 퍼지자, 공자가 흐뭇하여 빙그레 웃으면서 "닭을 잡는 데에 어찌하여 소 잡는 칼을 쓰느냐."라고 농담을 한 고사에서 유래한 것이다. 《論語 陽貨》

선인의 자취를 그리워한 것이	緬懷舊遊迹
어느덧 십 년의 세월이 흘렀네	忽已經十春
감히 기생이 없음을 한스러워하랴	敢恨綺羅猜
오직 갈매기와 친하기만 생각하네[31]	惟憐鷗鳥親
쓸쓸한 서애는	寂寞西厓子
지루하게 새벽까지 홀로 누워 있으리	孤臥達長晨

31 오직……생각하네 : 성당(盛唐) 시인 유장경(劉長卿)이 유배 중에 지은 〈부견후제우월정(負譴後題于越亭)〉 시에 "청산 보며 흘리는 몇 줄기 눈물, 깊은 바닷속 탈수한 고기 신세. 누구를 만나러 떠돌아다니는가. 갈매기 친구만 괜시리 동정하네.〔青山數行淚, 滄海一窮鱗. 流落誰相見? 空憐鷗鳥親.〕"라는 구절이 있다.

이현의 〈연광정에서 자다〉에 차운하다

次而見宿練光亭韻

아스라한 붉은 난간에서 푸른 성 굽어보니	縹緲朱欄俯碧城
아득한 가을 은하수 흐르는 밤은 삼경일세	秋河迢遞夜三更
긴 둑 풀빛은 서리에 변하였고	長堤草色經霜變
저 멀리 갈매기 소리 달빛 따라 맑네	遠水鷗聲帶月淸
향불 다한 향로처럼 세속에 대한 허욕 끊고	香盡獸爐塵夢斷
구슬주렴에 바람이 부니 시객의 읊조림이 생겨나네	風鳴珠箔客吟生
가련하구나, 신선과 함께 동침할 수 없음이여	自憐無分同仙枕
술 깨어 일어나니 동창이 벌써 밝았구나	醉起東窓日已明

이현의 〈어사 정이건[32] 복시 과 봉별하다〉에 차운하다

次而見奉別御史鄭以健 復始 韻

평야는 광활하고 아득한 나무는 작고	平野茫茫遠樹低
강 구름과 바다 해는 석양에 희미하네	江雲海日夕陽迷
사람은 이별로 그리움 끝이 없는데	人間離別無窮思
저 물은 어찌 스스로 서쪽으로 흐를 줄 아는가	流水何知自向西

32 정이건(鄭以健) : 정복시(鄭復始, 1522~1595)로, 본관은 동래(東萊), 자는 이건, 호는 계담(桂潭)·계헌(桂軒)이다. 화담(花潭) 서경덕(徐敬德)에게 학문을 배웠으며 유영경(柳永慶)과 교유하였다. 문집으로 《계담집(桂潭集)》이 있다.

이현의 〈숙녕관[33]을 떠나다〉에 차운하다

次而見發肅寧館韻

한량없는 고향 생각에 세월 가는 것 한스러우니 迢迢客意恨流年
하물며 돌아갈 산천 아득함에랴 況復川原路杳然
해가 누런 구름에 들어가니 바닷가 수루가 희미하고 日入黃雲迷海戍
산이 흰 풀과 이어지니 오랑캐 땅 어두워지네 山連白草暗胡天
고향 동산의 꽃과 대나무는 은하수 밖이 되었고 故園花竹星河外
아득한 땅 바람 불고 안개 낀 곳은 기러기 나는 변방이네
遠地風煙塞雁邊
서녘의 한나라 사신 아직 만 리 밖에 있으니 西望漢槎猶萬里
어느 때 사신 온다는 소식이 진실이 되겠는가 幾時消息是眞傳

33 숙녕관(肅寧館) : 평안도 숙천부(肅川府)의 서쪽에 있던 객관이다.

임당의 〈숙천[34] 연당에서〉에 차운하다

次林塘肅川蓮堂韻

연이 어찌 감상하는 식물이겠는가　　蓮豈翫物植
연을 사랑하기 위하여 당을 세웠다네　　堂爲愛蓮起
당을 지으니 넓은 뜰에 그늘이 생기고　　堂成蔭廣庭
연이 자라니 맑은 물이 나오네　　蓮長出淸水
흥폐는 매우 일정하지 않으니　　興廢苦不常
텅 빈 버린 땅이 된 지 몇 해이던가　　幾年空遺址
누가 다시 화려한 건물을 지어　　何人復華搆
우뚝하니 이 서늘한 물줄기를 굽어보게 하는가　　巍然俯寒沚
공중에는 향기 나는 소매를 펄럭이는 여인이 있는 듯하고　　空中香袂女
물결 위에는 신선이 거니는 듯하네[35]　　波上羅襪子
찰랑찰랑 마치 서로 속삭이는 듯　　盈盈若相語
맑디맑아 감히 가리킬 수 없네　　皎皎不敢指
주인옹이 이를 참으로 사랑하여　　主人固愛此
곧은 마음을 그윽한 운치에 맡기었네　　貞心托幽致

34 숙천(肅川) : 평안도 서부에 있는 고을 이름이다.

35 물결……듯하네 : 삼국 시대 위(魏)나라 조식(曹植)의 〈낙신부(洛神賦)〉에 "물결 위를 가벼이 걸어갈 제, 버선 끝에 먼지가 일어나네.〔陵波微步, 羅韈生塵.〕"라는 말이 있는데, 신선이 물 위를 걸어갈 때 물결이 발에 부딪혀 생기는 물거품을 먼지에 빗대어 말한 것이다. 《文選 卷19》

늦가을에 내가 오니	我來値晩秋
못 안에서 서리 맞아 시들었다네	霜萎方塘裏
난간에 기대어 담담히 말을 잊으니	憑軒澹忘言
그윽한 정취 말릴 수 없네	幽懷不可止
더 머물지 못하고 버리고 가야 하니	棄去不復留
이 몸을 가누기 어렵네	此身難自使

이현의 〈백상루[36]에 오르다〉에 차운하다

次而見登百祥樓韻

높은 누각 마치 구천의 사다리에 오른 듯하니　　層樓如上九天梯
새가 주렴에 스치고 겨울 해는 낮게 떴네　　鳥拂瓊簾寒日低
낙엽 진 강가의 나무 황량하고　　江樹盡空霜落後
들판 서쪽에 비껴 있던 바다 구름 끊어졌네　　海雲遙斷野橫西
기러기 나는 갈대밭에 물빛 붉게 물들었고　　雁飛蘆渚川光暮
썰물 때 갯밭의 풀색은 희미하네　　潮退湖田草色迷
맑은 정취는 끝없는데 일행들은 또 나서니　　淸興未闌行又發
말도 짜증 내어 물가에서 울어 대네　　生憎征騎水邊嘶

36 백상루(百祥樓) : 평안남도 안주(安州) 북쪽 청천강(淸川江) 가에 있는 누대로 관서 팔경(關西八景)의 하나이다. 《新增東國輿地勝覽 卷52 平安道 安州牧》

대수의 〈백상루에 오르다〉에 차운하다

次大手登百祥樓韻

바람 불고 이슬 내리는 높은 누각에 오르니	風露迢迢十二樓
구름 그림자와 하늘빛이 함께 유유히 노니네	雲光潭影共悠悠
돛단배는 물때 맞춰 긴 섬으로 돌아오고	帆隨潮落歸長島
기러기는 안개 따라 저녁녘 물가에 앉았네	雁趁煙生下晚洲
임금을 위한 일 감히 천 리의 괴로움 말하랴마는	王事敢言千里苦
돌아가려는 마음에 하나의 관직도 쉬고자 하네	歸心早擬一官休
지난날 꿈결에서도 찾아왔던 곳	他年魂夢重尋處
달빛 비친 물 아득하여 낚싯배를 매어 두네	水月茫茫繫釣舟

이현의 〈안주의 신원 가는 길에〉에 차운하다[37]

次而見安州新院道中韻

시골 주점은 관로 양쪽에 길게 늘어서 있고	野店分臨官路長
해문과 안개 낀 나무도 아득히 떨어져 있네	海門煙樹隔蒼茫
초가집에 수많은 투숙객이	茅簷無限投眠客
반은 낙양을 향하여 동쪽으로 갈 사람이네	半是東歸向洛陽

37 이현의……차운하다 : 《임당유고(林塘遺稿)》에는 정유길(鄭惟吉)이 이 시에 차운한 시가 두 수 실려 있다.

대수의 〈신안관[38]에서 조사가 산해관을 지났다는 말을 듣고 짓다〉[39]에 차운하다

次大手新安館聞詔使過山海關有作韻

옥절 잡고 아득히 많은 산을 넘어오니	玉節迢迢越萬山
높은 하늘 사이 물오리[40]가 먼저 날아오르네	先飛鳧舃九霄間
요성의 화표주[41]를 지나기 전에	未經華表遼城柱
이미 발해관의 여러 겹 문을 지났다네	已度重門渤海關
밤에 시 읊는 여관에는 산 달빛이 차고	旅館夜吟山月冷
가을빛 물든 변방의 하늘에는 들 구름이 한가롭네	塞天秋望野雲閑
우리는 날마다 머리 들어 서쪽을 쳐다보거늘	東人日日翹西首
황제의 조서는 어느 때에 바다 건너 반포되는가	丹詔何時海外頒

38 신안관(新安館) : 평안도 정주(定州)에 설치된 역참, 또는 그 역참의 부속 건물인 객사(客舍)이다.

39 신안관에서……짓다 : 권벽(權擘)의 《습재집(習齋集)》 권2에 이 시가 실려 있다.

40 물오리 : 223쪽 주24 참조.

41 요성(遼城)의 화표주(華表柱) : 요동 사람 정영위(丁令威)가 학으로 변해 요동 성문의 화표주 위에 내려앉았다는 고사이다. 216쪽 주14 참조.

대수의 〈신안관에 머무는데 목사가 주연을 베풀기에 앞의 운으로 첩운시를 짓다〉에 차운하다

次大手留新安館主牧開宴疊前韻

우뚝하게 높고 화려한 누각은 사방의 산을 마주하고	崢嶸畫閣對環山
피리 소리 북소리는 까마득한 곳에서 들리네	笙鼓喧喧縹緲間
박망후[42]의 성사는 북궐을 떠나고	博望星槎離北闕
금갑을 두른 표요[43]는 서관에 누웠네	嫖姚金甲臥西關
가을밤 술잔 들고 시름 잊으니	秋宵樽酒澆愁盡
변방의 바람과 안개가 눈 가득 한가롭네	塞地風煙滿目閑
행차가 또 재촉하여 머물 수 없으니	行色又催留不得
때가 되면 돌아가 자륜의 명령을 맞이하리라[44]	趁期歸迓紫綸頒

42 박망후(博望侯) : 흉노(匈奴)를 정벌하고 나서 박망후에 봉해진 한(漢)나라 장건(張騫)을 가리킨다. 《漢書 張騫傳》

43 표요(嫖姚) : 한 무제(漢武帝) 때 표요교위(嫖姚校尉)에 임명된 곽거병(霍去病)을 가리킨다. 《漢書 衛青霍去病傳》

44 자륜(紫綸)의 명령을 맞이하리라 : 황제의 명령을 받든다는 뜻이다. 《예기(禮記)》 〈치의(緇衣)〉에 "명주실 같은 왕의 말씀이 동아줄처럼 나온다.〔王言如綸, 其出如綍.〕"라고 하였다. 왕의 말은 실오라기와 같이 가늘어도 나와서 미치는 영향은 굵은 동아줄과 같다는 뜻이다. 자색은 황제를 상징한다.

대수의 〈운흥[45] 가는 길에〉에 차운하다

次大手雲興道中韻

돌아갈 마음 정해지기도 전에 귀밑머리 먼저 희어지고 歸心未判鬢先皤
변방 관문은 아득하여 나그네 시름겹네 關塞迢迢客愁多
고목에 겨울 까마귀 내려앉으니 산은 어두워지려 하고 古木寒鴉山欲瞑
황량한 언덕에 삭풍이 부니 물결이 일렁이네 荒原朔吹水微波
농가는 풍년 들어 수확한 벼가 많고 田家歲稔多收稻
바다도 태평하여 오래도록 전쟁 없다네 海水時平久息戈
머리 돌리니 해 질 녘 구름은 하늘 끝까지 이어지고 回首暮雲天際盡
곳곳의 산들은 푸른 소라 기둥 같은 산봉우리를 보내 주네 群巒處處送青螺

45 운흥(雲興) : 평안도의 관로(官路)에 속하는 곽산(郭山)의 역(驛)이다.

임반관[46]에 묵으며 밤에 앉아 감회를 적다 2수

宿林畔館夜坐書懷 二首

타향에서 가을밤은 너무 길게 느껴져	客中秋夜覺偏長
남은 등잔불 다 돋우고 돌평상에 기대었네	挑盡殘燈倚石牀
사행길은 나가려 하여도 변방이 다하여 끊어지고	征路欲臨窮塞斷
병든 몸은 공연히 늦가을을 마음 아파하네	病懷空向暮秋傷
창문 앞 떨어지는 잎새에 사락사락 비 내리더니	窓前葉落蕭蕭雨
구름 너머 기러기 울고 간 자리에 말간 서리 내리네	雲外鴻嘶湛湛霜
향 피어오른 연기 속에 잠시 잠이 들었더니	却對香煙成小睡
잠깐 귀향한 꿈에 창랑에서 물을 대고 있었네	片時歸夢澆滄浪

하늘 끝에서 나그네는 역참을 지나며 꿈을 꾸고	天涯客過郵亭夢
바닷가에 가을 지나가니 낙엽이 슬프네	海上秋過落木愁
달빛 비치는 촌락에는 개 짖는 소리 들리고	月照村墟聞犬吠
깊은 밤 산장에는 사람 소리 끊어졌네	夜深山館斷人咻
세상사 오래도록 보니 해자의 사슴[47]과 같은데	久看世事同隍鹿

46 임반관(林畔館) : 중국 사신을 영송(迎送)하기 위하여 평안도 선천군(宣川郡)에 설치하였던 사신관(使臣館)이다.

47 해자의 사슴 : 인생의 득실(得失)이 무상하여 꿈과 같다는 것이다. 정(鄭)나라 때 어떤 사람이 나무하다가 사슴을 잡아 해자에 감춰 두었다. 얼마 후에 감춰 둔 곳을 잊어 사슴을 찾지 못하자 그 일이 꿈속에서 일어난 일이거니 생각하고 중얼거리며 돌아왔는데, 우연히 그의 말을 듣게 된 다른 사람이 그곳을 찾아가 보니 사슴이 있었다.

갈매기와 같은 내 생애를 얼마나 비웃었던가 幾笑生涯似水鷗
외로운 촛불도 잠 못 드는 내 마음 알아 孤燭亦知吾少睡
더디게 타서 그대로 오경에까지 이르렀네 遲燒直到五更頭

집으로 가져와서 아내에게 그 내력을 얘기하고는 "내가 사슴을 얻었으니 그 사람은 참 꿈을 꾼 것이다." 하니, 그 아내가 "당신이 실제로 그 사람을 만난 것이 아니라 꿈속에서 만난 것이며, 이제 사슴을 얻었으니 당신이 참 꿈을 꾸었소." 하였다. 그날 밤에 사슴을 잃은 나무꾼이 정말 꿈을 꾸었는데, 그 꿈에 따라 사슴을 가져간 사람을 찾아내어 송사를 일으켰더니, 재판관이 그 사슴을 각각 반분하도록 하였다. 뒷날 정나라 임금이 이 얘기를 듣고 "그 재판관도 꿈속에서 그 사슴을 반분하라 한 것이 아니냐." 하였다고 한다. 《列子 周穆王》

대수의 〈거련관[48]의 반송〉에 차운하다

次大手車輦館蟠松韻

기이하고 늙은 모습으로 푸른 하늘 의지하여　奇形老勢倚蒼圓
길가에 서서 행인에게 그림자 만들어 주네　爲蔭行人立道邊
바람 불면 울리는 파도 소리 듣는 듯하고　風拂乍聞鳴駭浪
이슬 맺히면 흩날리는 폭포수를 보는 것 같네　露霑如見灑飛泉
서리를 견디는 푸른 대나무와 절개를 같이 하려고 하지만
甘同翠竹凌霜節
햇살에 빛나는 붉은 복사꽃처럼 예쁨을 다투지는 않네
未競紅桃照日娟
사람들이 가죽나무와 떡갈나무[49]에 비교하든 말든　遮莫人將比樗櫟
세상에는 오히려 알아주는 글이 있다네　世間還有賞音篇

48 거련관(車輦館) : 평안도 철산(鐵山)에 있던 역관(驛館)이다. 여기에 반송이 있는데, 구불거리며 높이 솟아 맑은 그늘이 여러 두둑을 덮을 정도였다고 한다.《新增東國輿地勝覽 卷53 平安道 鐵山郡》

49 가죽나무와 떡갈나무 : 크기만 할 뿐 아무 쓸모가 없어서 어떤 목수도 돌아보지 않는 나무라는 뜻의 겸사이다.《장자(莊子)》〈소요유(逍遙遊)〉와 〈인간세(人間世)〉에 이에 대해 상세한 설명이 나온다.

거련 가는 길에 우연히 읊다

車輦道中偶吟

먼 봉우리 은은한 석양을 띠고	遠岫依依帶夕曛
가을바람 소리 끊어지니 저녁 구름 분분하네	金風吹斷暮雲紛
띠풀 누런 들빛은 멀리 하늘가에 이어지고	黃茅野色連天迥
흰 기러기는 가을날 줄지어 바다를 가르며 날아오네	白雁秋行度海分
객로는 이미 서쪽 변방 달을 따라가고	客路已隨西塞月
돌아가고 싶은 마음은 북산이문[50]을 얼마나 생각하였던가	歸心幾憶北山文
멀리서 바라보니 깃털 갓 쓴 사람들이 들판에 가득하니	遙看羽笠彌平楚
역관들이 부지런히 맞이하는 것을 알겠네	知是郵人道迓勤

50 북산이문 : 남북조 시대의 공치규(孔稚珪)가 지은 글이다. 주옹(周顒)이 북산(北山)에 숨어 살다가 벼슬을 살고 다시 돌아가려고 하자 북산의 신이 이문(移文)을 돌려 못 들어오게 막았다는 내용이다. 《古文眞寶 後集 卷2》

대수의 〈양책관[51]에 머물며 앞의 운으로 첩운시를 지어 제공에게 봉정하다〉에 차운하다

次大手宿良策館疊前韻奉呈諸公吟案韻

맑은 하늘 적막하고 달은 아직 차지 않았는데　寥落晴空月未圓
새벽 변경에 내리는 이슬에 나그네 마음 쓸쓸하고 겁나네　客懷憀慄曉霜邊
산성의 새벽하늘에 찬 잎새 날아들고　山城曙色飛寒葉
송원의 가을바람 소리에 어디선가 물 떨어지는 소리 들리네　松院秋聲滴暗泉
멀리 천 리를 바라보려니 눈은 얼마나 힘든가　遠目幾勞千里望
미인은 저 멀리 아름다운 오색구름 너머 있네　美人遙隔五雲娟
먼 길 가는 말은 시내와 산을 만나도 멈추지 못하여　征驂不爲溪山駐
가는 곳마다 자주 미고편[52]을 읊는다네　到處頻吟靡盬篇

51 양책관(良策館) : 평안도 용천군(龍川郡)에 있던 역관(驛館)으로, 동쪽으로는 의주와의 경계에 있었다.

52 미고편(靡盬篇) : 《시경》 〈소아(小雅) 사모(四牡)〉를 가리킨다. 멀리 외국으로 사신 가는 신하가 직무 때문에 자기의 수고로움은 돌아볼 겨를이 없음을 읊은 시이다. "왕사는 소홀히 할 수 없으니, 편안히 거처할 겨를이 없다.〔王事靡盬, 不遑啓處.〕"라는 내용이 나온다.

양책관에서 새벽에 앉아 다시 앞의 시에 용운하다 2수
良策館曉坐復用前韻 二首

삼성이 비끼고 북두성은 옮겨[53] 바다와 하늘이 하나로 뻗은 때에 參橫斗轉海天長
홀로 차가운 이불 끼고 흙 걸상에 앉았네 獨擁寒衾坐土牀
돌아가는 꿈은 변방 끝에서도 끊어지지 않고 歸夢不隨窮塞斷
병든 몸은 원정으로 매우 슬프네 病軀偏爲遠征傷
산하의 그림자 속에 늦가을 달빛 비치고 山河影裏三秋月
다듬이 소리 울리는 새벽에 서리 내리네 砧杵聲中五夜霜
왕사에 감히 나그네의 괴로움을 말할 수 있겠는가 王事敢言爲客苦
서풍이 재촉하여 귀밑머리만 세어졌네 西風催却鬢蒼浪

역루의 풍물은 스스로 유유하거늘 驛樓風物自悠悠
낙엽이 떨어지니 객지의 근심이 더욱 심하네 搖落偏生異地愁
이 한 몸 단자[54]의 계책을 따르고자 하나 身計欲隨檀子策

53 삼성(參星)이……옮겨 : 소식(蘇軾)의 〈유월이십일야도해(六月二十日夜渡海)〉 시에 "삼성 비끼고 북두성 옮기어 삼경이 되어 갈 제, 궂은비에 종일 불던 바람이 말끔히 그쳤네. 구름 걷히고 달 밝아라 누가 점철하려 했었나, 하늘 모양 바다 빛은 본래 맑고말고.〔參橫斗轉欲三更, 苦雨終風也解晴. 雲散月明誰點綴? 天容海色本澄淸.〕"라고 하였다.

54 단자(檀子) : 전국 시대 양 혜왕(梁惠王)이 제 위왕(齊威王)과 평륙(平陸)에서 회합했을 적에 혜왕이 위왕에게 보배를 가지고 있느냐고 묻자, 위왕이 없다고 답하였다.

세상 인정은 초인이 떠드는 것[55]과 같으니 누가 참겠는가 　世情誰耐楚人咻

문밖 다섯 그루 버드나무는 쓸쓸하고 　蕭條門外五株柳

물결 사이 만 리를 나는 기러기는 호탕하다네 　浩蕩波間萬里鷗

나그네 발길 마음대로 함께 가지 못하니 　羈迹不隨心共去

몇 번이고 하늘가에서 홀로 머리를 돌리네 　幾廻天際獨回首

혜왕이 "과인의 나라는 작은데도 오히려 지름이 1촌이나 되는 구슬이 있어서 수레를 앞뒤로 12승(乘)을 비추는 것이 10개나 됩니다. 그런데 어찌하여 만승(萬乘)의 나라에서 보배가 없단 말입니까." 하니, 위왕은 제나라에는 단자와 반자(朌子)라는 신하가 있어 나라를 지키기에 충분하니, 이들이 어찌 보배에 비교할 정도이겠느냐고 대답하였다. 《史記 田敬仲完世家》

55 초인(楚人)이 떠드는 것 : 《맹자》〈등문공 하(滕文公下)〉에 "초(楚)나라 대부(大夫)가 자기 자식에게 제(齊)나라의 말을 가르칠 경우, 제나라 사람 하나가 스승 노릇을 하고 초나라 사람 여럿이 곁에서 떠들어 댄다면 아무리 날로 매를 때리면서 제나라 말을 가르쳐도 되지 않을 것이다."라고 한 데서 온 말이다.

이현의 〈전문[56] 가는 길에〉에 차운하다

次而見箭門道中韻

준령이 구름 위로 솟아 있으니	峻嶺凌雲表
그곳에 오르면 뜻이 시원하리라	登攀意爽如
푸르디푸른 산은 들판을 두르고	蒼蒼山帀野
넓디넓은 바다는 언덕에 맞닿았네	淼淼海連墟
지세는 삼방[57]과 접하고 있고	地勢三方際
계절은 구월을 지났다	天時九月餘
서풍이 나그네를 늙었다 속이고	西風欺客老
불어와 귀밑머리를 듬성듬성하게 끊어 버리네	吹斷髮蕭疎

56 전문(箭門) : 전문령(箭門嶺)을 말하는 듯하며 박사호(朴思浩)의 《심전고(心田稿)》에 따르면, 의주 서쪽 10리쯤에 있다고 한다. 소관(所串)을 지나 의주로 들어가는 길목에 있어서 많은 사신들이 이 고갯마루에서 의주부와 압록강을 바라보며 시문을 지었다.

57 삼방(三方) : 함경도와 강원도의 경계에 큰 고개가 셋 있는데, 서쪽으로는 설운령(雪雲嶺)이 있고, 동북쪽으로 즉 함경도 안변과 강원도 회령의 경계에는 철령(鐵嶺)이 있으며, 남쪽으로는 삼방이 있다.《正祖實錄 16年 4月 19日》

전문령에 올라 용만[58]성을 바라보며 다시 대수의 '원' 자 운에 차운하다

登箭門嶺望龍灣城復次大手圓字韻

주위를 얼핏 둘러보니 둘레가 몇 리던가	睥睨周遭幾里圓
나그네 여정 오늘에서야 변방 끝에 이르렀네	客程今日正窮邊
산은 요의 군졸이 가을을 대비하는 보루와 이어지고	山連遼卒防秋障
강은 북방 아이들이 말에게 먹이는 물과 이어지네	江接胡兒飮馬泉
변방의 풍운은 비참하게만 보이고	絶域風雲看慘慘
고향의 안개 속 달은 꿈속에서 아름답네	故鄕煙月夢娟娟
용만에 다시 오니 하얗게 센 머리에 놀라	龍灣重到驚華髮
쓸쓸히 출새편[59]을 읊다가 그만두네	吟斷蕭蕭出塞篇

58 용만(龍灣) : 평안북도 의주(義州)의 고려 초기 이름이다.

59 출새편(出塞篇) : 출새곡(出塞曲)과 같은 말로, 국경의 요새를 거쳐 외국으로 나갈 때 불렀다는 악부(樂府) 〈횡취곡(橫吹曲)〉을 이른다.

전문령에 올라 용만성을 바라보다

登箭門嶺望龍灣城

바다로 길게 들어가는 삼천[60]을 즐겁게 보고	快睹三川入海長
석양 무렵 말을 내려 호상에 걸터앉았네	斜陽下馬據胡牀
길이 다한 변방 끝에 이내 몸 먼 땅에 치우쳐 있고	路窮遼塞身偏遠
가을 다 지난 호산은 눈 닿는 곳마다 절로 슬퍼라	秋盡胡山目自傷
들판 군영에는 푸른 안개 고목에 자욱하고	野戍蒼煙籠古木
강성에는 뿔피리 소리 된서리 속에 울려 퍼지네	江城殘角弄淸霜
또 예로부터 이별하던 곳이니	更是從來離別地
몇 사람이나 여기에서 눈물 떨구었던가	幾人到此淚浪浪

60 삼천(三川) : 압록강의 별칭으로 보인다.

용만 객사에서 소회를 쓰며 앞의 운으로 네 번째 첩운시를 짓다 2수

龍灣客舍書懷四疊前韻 二首

맑은 슬픔 밤과 함께 끝없이 이어지고 清愁袞袞共宵長
삭방의 들판 매서운 바람은 침상을 차갑게 파고드네 朔野尖風冷透牀
돌아갈 꿈에 어찌 왕사의 급함을 알겠는가 歸夢豈知王事急
기러기 울음소리 때를 어기지 않아 나그네 마음 슬프다네 鳴鴻不貸客心傷
관산과 하천의 길 끊어져 가을 풀숲에서 헤매고 關河路斷迷秋草
밤을 알리는 북소리 더디게 울려 새벽 서리 내려앉았네 更鼓聲遲帶曉霜
이 한 몸 자유롭지 못한 것이 참으로 애석하니 身未自由眞可惜
어느 때에 인끈 내던지고 유랑할 수 있을거나 幾時投紱任聊浪

옛 나루 황량한 성에 세월은 유유히 흘러 古渡荒城歲月悠
다시 와서 본 경치는 시름을 견딜 수 없게 하네 重來雲物不勝愁
가을에 강남을 하직하니 다시 돌아온 나그네 같고 秋辭江國如歸客
바람이 송림을 뒤흔드니 여럿이 떠드는 소리 같네 風撼松林似衆啾
반악은 반백의 나이가 되도록 벼슬하였고[61] 潘令年華二毛領

61 반악(潘岳)은……벼슬하였고 : 진(晉)나라의 문인 반악은 하양 영(河陽令)이 되어 임지 곳곳에 복숭아를 많이 심었다고 한다. 20세에 처음 벼슬하여 낭관(郎官)이

두릉의 신세는 한 마리 갈매기와 같다네[62] 杜陵身世一沙鷗
창파는 이별의 슬픔을 알지 못하여 滄波未解傷離別
밤낮으로 서쪽으로 흘러 바닷가에 이르는구나 日夜西流到海頭

된 뒤로 50세가 되기까지 여덟 번 벼슬을 옮기는 동안 품계가 단 한 번 올랐으나 반악은 벼슬살이에 재주가 없다고 체념하고 불만을 품지 않았다고 한다.《文選 卷16 閑居賦》

62 두릉(杜陵)의……같다네 : 두보(杜甫)가 자신을 갈매기에 비유하면서 "호탕한 연파 사이에 출몰하는 흰 갈매기를, 만 리 밖 어느 누가 길들일 수 있으리오.〔白鷗沒浩蕩, 萬里誰能馴?〕"라고 표현하였다.《杜少陵詩集 卷1 奉贈韋左丞丈》

임당의 〈용만의 이런저런 흥취를 시우(詩友) 세 군자에게 드리다〉에 차운하다

次林塘龍灣雜興奉三君子吟契韻

문성[63]이 거듭 구룡강에 떨어지니	文星重落九龍江
깃대 같은 붓에 풍물이 먼저 놀라네	風物先驚筆似杠
전각 위의 임금님 말씀 아직 귀에 쟁쟁한데	殿上綸音猶在耳
하늘가 변방의 수심은 어찌 마음을 파고드나	天邊愁緒詎侵腔
짙은 구름은 까마득한 요동의 수자리를 미혹하고	頑雲漠漠迷遼戍
찬 잎새는 쓸쓸한 나그네의 창문을 두드리네	寒葉蕭蕭打客窓
먼 길 가을날에 하룻밤만 남았으니	遠道秋光餘一夜
서로 마주하고 은항아리 기울여도 무방하리라	不妨相對瀉銀缸

63 문성(文星) : 문운(文運)을 주관한다는 문창성(文昌星) 혹은 문곡성(文曲星)으로, 문재(文才)가 뛰어난 인사를 비유하는 말이다.

임당의 〈앞의 운으로 다시 첩운시를 짓다〉에 차운하다
次林塘復疊前韻

쓸쓸한 비바람은 온 강에 가득하고 風雨蕭蕭滿一江
어렴풋한 석양빛은 붉은 깃대를 비추네 夕陽明滅映朱杠
황운과 백초가 황량한 이 땅에 다시 오니 黃雲白草重來地
홍정[64]에서 좋은 술 마시던 옛날이 후회가 되네 綠酒紅亭舊恨腔
강 건너 호가 소리는 기마병을 시름겹게 하고 隔水胡笳愁獵騎
산 너머 요동의 횃불은 누각 창을 비추네 度山遼燧照樓牕
가을에 돌아가는 나그네의 슬픈 마음 어쩔 수 없으니 秋歸客裏悲無奈
어딘가 가서 한 항아리 술을 사오리라 何處賖來碧蟻缸

64 홍정(紅亭) : 붉게 장식한 요정(料亭), 즉 기생집을 말한다.

또 차운하다

又次

붓으로 펼친 진이 당당하게 육강[65]에 펼쳐지니　筆陣堂堂駕陸江
문단에 누가 누운 붓대를 세우지 않겠는가　騷壇誰不竪降杠
관문에서는 일찌감치 동쪽으로 오는 기운을 아는데　關門早識東來氣
여관에서는 공연히 북쪽을 그리워하는 마음 수고롭히네　旅館空勞北戀腔
변방의 구름에 시야가 끊어지니 바람에 발을 걷고　望斷塞雲風捲箔
꿈속에 돌아가 유선침(遊仙枕) 베고 누우니 달이 창가에 비치네　夢回仙枕月臨窓
몸이 천리마 꼬리에 붙어 천 리를 달려왔으니　身隨驥尾踰千里
몇 번이고 마주하여 담소하며 옥항아리 기울이네　幾對談霏倒玉缸

65 육강(陸江) : 압록강(鴨綠江)을 가리킨다. 《여유당전서(與猶堂全書)》〈대동수경(大東水經)〉에 "《삼재도회(三才圖會)》에 보면 요동에서 압륙강(鴨陸江)을 넘으면 조선에 도달한다. 대개 륙(陸)과 록(綠)은 음이 서로 통하기 때문이니 압륙은 압록이다." 하였다.

무릇 수는 10에서 완성되는데, 반으로 나누면 5이므로 수를 쓸 때 5와 10을 단위수로 두니 5 또한 작은 단위의 성수(成數)이다. 삼가 두 수를 더하여 다섯 번째 첩운시[66]를 지으니 바로잡아 주시기 바랍니다

凡數成於十折之則五故用數者以五與十置單算五亦數之小成也謹加二首用成五疊伏祈斤敎

추풍에 농어와 순채를 먹던 오강을 추억하면서[67]	秋風魚菜憶吳江
만 리 먼 곳의 이내 몸은 변방의 나무다리를 건너네	萬里身隨度塞杠
소식을 전하고자 하나 기러기 발 드물고[68]	消息欲傳稀雁足
세월이 멈추지 않으니 술 생각이 간절하네	年華不駐劇羊腔

66 다섯 번째 첩운시 : 문봉은 정유길(鄭惟吉)의 〈용만잡흥(龍灣雜興)〉에 차운하여 앞에서 이미 세 수를 지었는데 다시 두 수를 더하여 다섯 수의 시를 지었다.

67 추풍에……추억하면서 : 진(晉)나라 장한(張翰)이 낙양(洛陽)에서 벼슬살이를 하던 중에 가을바람이 불어오는 것을 보고는 고향인 오(吳) 땅의 고채와 순챗국과 농어회 생각이 불현듯 일어나서 그길로 벼슬을 그만두고 돌아왔다는 고사가 전한다. 《世說新語 識鑑》

68 소식을……드물고 : 한 무제(漢武帝) 때 소무(蘇武)가 흉노(匈奴)에 사신으로 갔을 적에 흉노의 선우(單于)가 그를 굴복시키려고 온갖 회유와 협박을 가해도 소용이 없자 북해(北海) 주변의 황량한 변방에 그를 안치하고 양을 치게 하였다. 그 뒤 소제(昭帝)가 흉노와 화친을 맺고서 소무를 돌려보내 줄 것을 요청하자, 흉노 측에서는 소무가 이미 죽었다고 속였는데, 이에 한나라 사신이 "우리 천자가 상림원에서 기러기를 쏘아 잡았는데, 기러기 발목에 묶인 편지에 '소무 등이 어느 늪에 있다.' 하였다."라고 기지를 발휘하며 다그친 덕분에 소무가 19년 만에 귀국하게 되었다. 《漢書 蘇武傳》 여기서는 너무 멀리 떨어져 소식을 전할 방법이 없다는 말이다.

북소리 뿔피리 소리 구슬퍼 찬 베갯머리에서 놀라고 聲悲鼓角驚寒枕
은하수 그림자 움직여 창문에 반 걸렸구나 影動星河落半窓
어느 날에나 저 왕의 일을 끝내고 何日竣他王事了
가난한 집에 돌아가 술 단지를 보겠는가 歸來四壁見甖缸

구월 된서리가 압록강에 내리니 九月淸霜下鴨江
스산한 날씨에 북극성이 가깝다네 凄凄氣候近天杠
땅끝 길이 다한 것에 기꺼이 눈물 흘리고 邊頭肯作窮途泣
변방에 새로 〈백설곡〉[69]을 전한다네 塞上新傳白雪腔
몽매간에 북궐로 돌아가느라 얼마나 수고로웠던가 夢寐幾勞歸北闕
전원에서 초연히 지내려는 뜻 부질없이 저버렸네 田園空負倚南窓
나그네의 천만근 시름을 없애고자 한다면 欲澆客子愁千斛
응당 의주(義州)의 술 백 항아리를 비워야 하리 應費龍灣酒百缸

69 백설곡(白雪曲) : 전국 시대 초(楚)나라의 고아(高雅)한 가곡(歌曲)의 명칭이다. 이 노래가 매우 고아하여 따라 부를 수 있는 자가 극히 드물었다는 내용이 송옥(宋玉)의 〈대초왕문(對楚王問)〉에 나온다.

대수의 〈용만의 객관에서 소회를 쓰다〉에 차운하다
次大手龍灣客館書懷韻

재주 박한데 매우 부끄럽게도 왕명을 받아	才薄深慙綍命銜
공연히 많은 물과 많은 산을 지났네	空過萬水與千巖
동오에서는 오랫동안 순채 고채 생각[70]을 저버리고	東吳久負蓴菰思
남극에서는 도리어 율무의 참소[71]를 근심한다네	南極飜愁薏苡讒
기나긴 여정 함께 노니는 사람들[72] 물수리와 같은데	長路竝遊同鷲鶚
맑은 시 쏟아 내면 소함[73]과 같구나	淸詩頻出似韶咸
훗날 골짜기와 언덕에서 쉬고 노닐 때	他年丘壑棲遲處
여전한 모습으로 옛글을 열어 보리라	面目依然發舊緘

70 순채 고채 생각 : 진(晉)나라 장한(張翰)의 고사이다. 256쪽 주67 참조.

71 율무의 참소 : 한(漢)나라 때 마원(馬援)이 교지(交趾)에서 돌아올 적에 율무〔薏苡〕라는 약초를 가져왔는데, 간신들은 마원이 고운 구슬과 문채 나는 무소뿔을 뇌물로 받아 왔다고 모함하였다는 고사가 전한다. 《後漢書 馬援列傳》 여기에서는 뇌물을 받았다는 모함을 비유한다.

72 함께 노니는 사람들 : 송(宋)나라 당개(唐介)가 재상 문언박(文彦博)을 탄핵하다가 귀양갈 때 이사중(李師中)이 당개를 송별하던 시 〈송당개폄영주별가(送唐介貶英州別駕)〉에 "함께 놀던 영준은 얼굴이 어찌나 두꺼운지. 죽지 않은 간신도 한기가 뼛골에 사무쳤으리라.〔竝遊英俊顔何厚? 未死奸諛骨已寒.〕"라는 구절이 있다.

73 소함(韶咸) : 소는 순(舜) 임금의 음악 이름이고, 함은 요(堯) 임금의 음악 이름이다.

동자운과 강자운의 규례대로 앞의 운으로 다섯 번째 첩운시를 지어 용만 객사에서 회포를 쓰다 2수

依東字江字例五疊前韻龍灣客舍書懷 二首

시름으로 백발은 타향살이 중에 자라고[74] 緣愁白髮客中長
긴 밤 차가운 바람은 누운 침상에 파고 드네 永夜寒風透臥牀
촛불에 달려드는 나방 같은 세상 재미에 얼마나 놀랐던가 世味幾驚蛾燭赴
인정은 화살 맞은 새의 아픔처럼 상심하지는 않는다네 人情不似鳥弓傷
하늘가 마색[75]에 진관의 눈이 내리고 天涯馬色秦關雪
변방 다듬이질 소리에 초나라 집[76]에 서리 내리네 塞下砧聲楚戶霜

74 시름으로……자라고 : 이백(李白)의 시에 "나의 백발 보소 무려 삼천 장, 시름으로 이처럼 자라났다오.〔白髮三千丈, 緣愁似箇長.〕"라는 구절이 나온다. 《李太白集 卷7 秋浦吟》

75 마색(馬色) : 조선 시대 교통 관계를 주로 관장하기 위하여 설치되었던 병조 소속의 관서이다. 승여사(乘輿司)에서는 국왕의 수레나 가마 등에 관한 사항을 비롯하여, 의위(儀衛)와 관계되는 특수한 병종이나 서리에 대한 사항을 관장하였다. 그 뒤 정조 때에 이르러 승여사가 마색으로 개칭되면서, 관원이 지방에 부임하거나 공무로 여행할 때에 역마를 제공하는 입마(立馬) 등 여러 사무가 추가되었다.

76 초(楚)나라 집 : 전국 시대 말엽에 진(秦)나라에서 초나라 회왕(懷王)을 거짓으로 초청하여 억류하다가 죽게 만들자, 초나라 사람들의 원한이 매우 깊었다. 당시 초나라의 음양가(陰陽家) 남공(南公)이 말하기를 "초나라는 3호만 있어도 진나라를 멸망시킬 수 있다." 하였는데, 이것은 일종의 도참설(圖讖說)로, 과연 뒤에 초나라의 항우(項羽)

만사를 생각함에 모든 것이 코끝이 찡할 뿐이니 萬事思量盡酸鼻
어찌하면 종일토록 술에 질펀하게 취하겠는가 何如終日醉淋浪

갈림길에서 종횡하니 양주의 눈물[77]이고 縱橫岐上楊朱泣
하늘 끝 변방에 요락하였으니 송옥의 슬픔[78]이라네 搖落天邊宋玉愁
가을날 끊어질 듯 이어지는 호가 소리에 마음이 꺾여 心折胡笳秋斷續
꿈에서 깨니 변방의 병사들 밤에 떠들썩하여라 夢驚邊卒夜呀咻
십 년 세월 도성 길에서 공연히 말 달렸으니 十年紫陌空騎馬
만리창파에 아직 갈매기와 친하지는 못하였네 萬里滄波未狎鷗
늘 벼슬을 관두려고 하지만 늘 관두지 못하고 長擬掛冠長不掛
가련하게도 눈서리 내리듯 흰머리만 늘어 가누나 可憐霜雪已渾頭

가 삼호진(三戶津)을 건너와서 진나라를 멸망시켰다. 《史記 項羽本紀》

77 양주(楊朱)의 눈물 : 옛날 양주가 선(善)과 악(惡)의 분기점에서 악의 길을 향하는 사람이 많은 것을 슬퍼하여 눈물을 흘렸던 고사를 인용한 것이다. 《淮南子 說林訓》

78 송옥(宋玉)의 슬픔 : 송옥은 전국 시대 초나라의 문인으로, 일찍이 굴원(屈原)이 추방당한 것을 슬퍼하는 뜻으로 〈구변(九辯)〉을 지었다. 〈구변〉의 대략에 "슬프다, 가을의 기운이여. 쓸쓸하여라, 초목은 낙엽이 져서 쇠하였도다. 구슬퍼라, 흡사 타향에 있는 듯하도다. 산에 올라 물을 굽어봄이여, 돌아갈 사람을 보내도다.〔悲哉秋之爲氣也. 蕭瑟兮, 草木搖落而變衰. 憭慄兮, 若在遠行. 登山臨水兮, 送將歸.〕"라고 하였다.

임당의 〈10월 1일 이현의 생일에 용만 객사에서 한잔하다 감회가 일다〉에 차운하다
次林塘十月初一日而見初度小酌龍灣館有懷韻

화각의 시간은 느려 아직 달도 뜨지 않았는데	畫閣鐘遲月未生
젊은 기녀들은 부드럽게 술잔을 건네는구나	青娥隊裏細傳觥
이날은 재자들의 웅상절[79]인데	日當才子熊祥節
바람은 봉황 울음소리를 구지산[80]으로 보내 주네	風送緱山鳳吹聲
바다를 비추는 저녁 봉화는 들판의 군영을 통하고	照海夕烽通野戍
하늘에 이어진 삭방의 기운은 변방 성에 어둡네	連空朔氣暗邊城
하늘 끝 이 밤은 참으로 애석하니	天涯此夜眞堪惜
닭이 울 적에 은하수 비껴 흐른다 말하지 말라	莫道鷄鳴河漢橫

79 웅상절(熊祥節) : 《시경》 〈소아(小雅) 사간(斯干)〉의 "웅과 비는 남자아이를 낳을 상서로움이다.〔維熊維羆, 男子之祥.〕"라는 구절에서 따온 말로, 이날 동침하면 남자아이를 낳는다는 의미인 듯하다.

80 구지산(緱氏山) : 주(周)나라 영왕(靈王)의 태자 왕자교(王子喬)는 생황을 불어 봉황의 울음소리를 잘 냈는데, 신선 부구공(浮丘公)을 만나 숭산(嵩山)으로 들어가 도술을 배운 지 30여 년 후 백학을 타고 구지산 마루에 올라가 며칠간 있다가 떠나 버렸다고 한다. 《列仙傳 王子喬》

통군정[81]에 오르다 연구

登統軍亭聯句

흘러가는 강물은 끝이 없고 江水去無窮
구름 걸린 산은 겹겹으로 둘러 있네 雲山重復重

정유일이 지었다.

땅은 삼국의 경계를 나누고 地分三國界
사람들은 깊은 가을바람을 맞고 있네 人倚九秋風

권람이 지었다.

떨어지는 해는 아스라이 멀고 落日蒼茫外
우뚝한 정자는 가물가물 어렴풋한데 危亭縹緲中

유성룡이 지었다.

흥망은 끝없는 한이니 興亡無限恨
모두 한 마리 기러기에게 부치리라 都付一聲鴻

정유일이 지었다.

81 통군정(統軍亭) : 평안북도 의주군 의주읍에 있는 누정(樓亭)으로, 압록강 기슭 삼각산(三角山) 봉우리에 자리잡고 있다. 의주 읍성의 북쪽 장대(將臺)로서 군사 지휘처로 쓰였다. 관서 팔경(關西八景)의 하나이다.

곡성 연구
曲城聯句

물길 하도 멀어 바다인가 의심하고 水遠偏疑海
성 우뚝하여 산등성이에 자리 잡을 만하네 城危可當山
권람이 지었다.

누런 띠풀은 하늘 북쪽 땅에 펼쳐지고 黃茅天北地
흰 눈은 변방 서쪽 관문에 내리네 白雪塞西關
정유일이 지었다.

어지러운 산봉우리는 푸른 구름에 이어지고 亂岫連雲碧
돌아오는 새는 햇빛을 이고 날아오네 歸禽帶日還
유성룡이 지었다.

천고의 승경을 다 감상하고 賞窮千古勝
잠시의 한가로움을 취하여 즐기네 歡取片時閑
권람이 지었다.

아득한 저편에 모래섬이요 沙島微茫外
그윽한 노을 사이로 변방의 봉화라네 邊烽杳靄間
정유일이 지었다.

밤안개는 해 질 녘 피어올라 희고 瞑煙生晚白
황야는 가을을 보내며 찬란하네 荒野過秋斑
유성룡이 지었다.

구름은 노래 읊는 이의 귀밑머리처럼 희고 雲襯吟來鬢
바람은 술 취한 이의 낯빛에 놀란 듯하네 風驚醉後顔

권람이 지었다.

강물은 은하수에 닿은 듯하고　江如銀漢接
이내 몸은 우인을 잡고 올라가는 듯하네　身似羽人攀

정유일이 지었다.

나그네 되어 마음에 감개가 많으나　作客心多感
높이 올라도 떨쳐 버리지 못함을 한하네　登高恨未刪

유성룡이 지었다.

술잔 들고 곤드레만드레 취하였더니　杯觴曾酩酊
세월이 몇 번이나 돌았던가　歲月幾回環

권람이 지었다.

풍물이 생겨남은 변방의 절기 때문이요　風物生邊候
누대가 무너짐은 귀신이 아껴서라네　樓臺破鬼慳

정유일이 지었다.

서로 붙잡고 떠나가지 못하니　相携不能去
막 뜬 달이 서쪽 물굽이를 비추네　新月照西灣

유성룡이 지었다.

곡성에서 노닐며 주필하여 이현에게 드리다

遊曲城走筆呈而見

깎아지른 언덕은 황야를 굽어보고	斷岸臨荒野
너른 호수는 곡성에 둘러 있네	平湖繞曲城
산은 멀리 관문의 나무에 이어지고	山連關樹逈
새는 바다의 구름으로 가벼이 사라지네	鳥沒海雲輕
유자는 가을날 돌아갈 것이 한스럽고	遊子秋歸恨
떠나는 사람은 날 저무는 것이 정겹다네	離人日暮情
고기잡이배는 어느 곳에서 피리를 부는가	漁舟何處笛
아득히 먼 변방 소식 들려주는구나	迢遞起邊聲

이현이 나와 습재 등 여러 사람과 서성에서 노닐며 지은 〈위응물의 '장엄정사에서'에 차운하다〉에 차운하다

次而見與余及習齋諸人遊西城次韋詩莊嚴精舍韻

오랫동안 마음이 울적했기에	我懷久鬱紆
잠깐 서쪽 성 후미로 가 보았지	聊適城西隅
맑은 냇물 성근 숲을 두르고	淸川帶林薄
높은 언덕 하늘에 닿을 듯하네	危岸凌雲衢
백사장 물새 날아갔다 돌아오고	沙鳥去復來
산 위의 구름 걷혀서 풀어지네	山雲卷而舒
검 잡고서 길게 휘파람 불며	倚劍發長嘯
호탕하게 큰 우주 좁다 여기네	浩然隘八區
어느덧 해는 서쪽으로 저무니	須臾日西匿
날씨는 아침저녁으로 다르다오	氣象朝暮殊
변방의 봉화 번갈아 밝혀지고	邊烽遞相照
물가의 나무 멀리서 이슬을 머금네	浦樹遠含濡
먼 곳에서 이 풍경을 보게 되니	遐方遇此景
어찌 기뻐하지 않을 수 있으랴	安得不歡娛
함께 노닌 여러분	同遊二三子
또 같이 오기를 바라네	願言再來俱

이현의 〈위응물의 '서교유람'에 용운하다〉에 차운하다

次而見用韋詩西郊遊矚韻

외로운 성에 밤기운 생겨나니	孤城夜氣生
강물에 푸른빛이 고요히 엉기네	江水湛凝綠
수레 세우고 돌 위에 앉아	弭車坐石上
술병 열어 강가에서 마시네	開樽俯江曲
초승달은 저 멀리 내려가고	纖月下遙裔
자욱한 안개 어둠 속 나무를 감싸네	蒼煙籠暗木
흥이 일어 신명이 나니	但覺興有神
끊임없이 서로 술잔 권하네	未厭杯相屬

임당의 〈관해당에서 춘경[82] 숙부를 위해 쓰다〉에 차운하다

次林塘觀海堂爲春卿叔題韻

학처럼 야위고 얼음처럼 깨끗한 한 어른	鶴瘦氷淸一老翁
바람 따라 떠돌이 신세 몇 년이나 되었나	幾年身世逐飄蓬
죄를 입어 바다 섬에 집 지어 거한 지 10년	誅茅海嶼居初十
고향 산이 그립지만 소식은 끊어졌지	回首鄕山信不通
객지 생활 쓸쓸함은 시 상자에 쌓이고	客計蕭條詩篋裏
기교 부리는 마음은 물새와 지내며 말끔해졌네	機心牢落野鷗中
성하고 쇠하는 세상일에 무관심하니	人間懶管乘除事
홀로 안개 낀 노을과 함께 길이 살고자 하네	獨向煙霞欲永終

82 춘경(春卿) : 정화(鄭和)의 자이다. 본관은 동래(東萊), 호는 송암(松庵)이다. 문익공(文翼公) 정광필(鄭光弼)의 서자이다. 한어(漢語)에 능숙하여 벼슬이 사역원 정(司譯院正)에 이르렀다.

임당의 〈경숙[83] 영공에게 드리다〉에 차운하다
次林塘呈景肅令公韻

압록강은 짙게 푸르고 송골산[84]은 푸른데	鴨江凝碧鶻山蒼
만 리 뻗은 바람과 연기가 스스로 한 구역 이루네	萬里風煙自一方
옥관[85]에 있는 몸은 변방 기러기와 같고	身落玉關同塞雁
꿈에 금침을 돌려준 것[86]은 선방과 같네	夢回金枕似禪房
변경의 성에 은은하게 삼성[87]의 뿔피리 소리 들리고	邊城暗動三聲角

83 경숙(景肅) : 최옹(崔顒)의 자이다. 본관은 삭녕(朔寧), 호는 남강(南岡)이다. 1555년(명종10) 문과에 급제하고, 1557년에 홍문관 수찬을 거쳐, 1561년에 이조 좌랑이 되었다. 1568년(선조1) 대사간에 오르고, 1578년 경상 감사가 되어 선정을 베풀었다. 후에 예조 참판이 되었다.

84 송골산(松鶻山) : 압록강 맞은편에 있는 산 이름이다.

85 옥관(玉關) : 중국 감숙성(甘肅省) 돈황(敦煌)에 있는 옥문관(玉門關)으로, 여기서는 관북(關北) 즉 함경도 지방의 요새를 비유하는 말로 쓰였다.

86 금침(金枕)을 돌려준 것 : 옛날 신도도(辛道度)라는 사람이 집을 나와 유학(遊學)의 길에 올랐다가 옹주(雍州) 땅에 이르러 고대광실에 묵으면서 진(秦)나라 민왕(閔王)의 딸이라는 여자와 인연을 맺게 되었는데, 사흘 밤을 보낸 뒤에 그 여자가 "당신은 살아 있는 사람이고 나는 귀신입니다. 당신과 숙연이 있어서 이렇게 만나게 되었는데, 사흘 밤은 괜찮아도 그 이상 거할 수는 없으니, 더 오래 거하면 화를 당할 것입니다."라고 하면서 금침 1매를 신표(信標)로 주고는 눈물로 이별을 하였으며, 그 뒤에 그가 진나라에 들어가서 금침을 인연으로 하여 부마도위(駙馬都尉)가 되었다고 한다. 《搜神記 卷16》

87 삼성(三聲) : 군호(軍號)를 말한다. 옛날에 군중(軍中)에서 금고(金鼓), 가(笳), 탁(鐸)의 소리로 명령을 전하던 데서 비롯된 것이다. 여기서는 뿔피리 소리로 대신한 것이다.

북방의 기세는 차서 오경에 서리가 몰아치네	朔氣寒飄五夜霜
서울에서 나쁜 소식 올 줄 뉘 알았으랴	誰料西來消息惡
슬픔의 눈물 애써 훔치며 찻물을 마시네	强收哀淚引茶湯

이때 유중(柔仲)[88] 영공의 부고를 들었다.

88 유중(柔仲) : 박응남(朴應男, 1527～1572)의 자이다. 본관은 반남(潘南), 호는 남일(南逸), 시호는 문정(文貞)이다. 1553년 별시 문과에 급제하여 사간원 정언, 홍문관 수찬, 육조의 참의・참판 등을 역임하였다.

경숙의 〈앞의 시에 용운하다〉에 차운하다

次景肅用前韻

멀리서 칼 기운이 하늘을 쏘는 것을 바라보니 遙看劍氣射穹蒼
갑자기 사신이 삭방으로 가는 게 보이네 忽見星槎下朔方
세상을 놀라게 하는 시는 신선의 나무를 다듬은 듯하고 驚世詩如雕玉樹
사람을 푸근하게 하는 덕은 지초 방에 들어간 듯하네 薰人德似入芝房
구름이 목멱산에서 날아가니 마음은 기러기를 좇고 雲飛木覓心隨雁
가을이 용만에서 다하니 꿈속에서도 서리가 맺히네 秋盡龍灣夢帶霜
잠에서 깨어나도 세상 이야기 나눌 사람이 없어 睡罷無人對談塵
한밤중에 홀로 죽로탕[89]을 마시네 中宵獨酌竹爐湯

89 죽로탕(竹爐湯) : 겉에 대나무를 두른 화로가 죽로이며, 거기서 끓인 차를 죽로탕이라 한다.

이현의 〈밤에 영춘당[90]에 앉아 우연히 읊다〉에 차운하다

次而見迎春堂夜坐偶吟韻

여행한 길은 이제 천 리이며	客路今千里
유람한 지는 벌써 팔 년이네	曾遊已八年
강가에 있는 외로운 성엔	孤城江限地
시월인데 하늘에서 눈이 내리네	十月雪飛天
뿔피리 소리는 기러기 소리 따라 낮아지고	角和鴻聲落
봉화는 바다 빛 따라 전해지네	烽連海色傳
깊은 밤 시 읊기를 그치지 않으니	夜深吟未已
등잔불을 켠 채 근심스러운 잠을 자네	燈火伴愁眠

90 영춘당(迎春堂) : 평안도 정주(定州)의 객관 동쪽에 있다.

경숙의 〈여행을 하던 날 밤 다시 앞의 시에 용운하다〉에 차운하다

次景肅旅夜又用前韻

부질없이 두 귀밑머리 나날이 하얘짐을 보니　雙鬢空看日日蒼
잠 잘 자는 방법 배우지 못했음을 알겠구려　從知不學枕中方
서쪽 변방 오랑캐의 새로운 피리 소리에 근심이 생기고　愁生西塞新羌笛
꿈속에 동쪽 산의 대나무 방[91]에 갔네　夢落東山舊竹房
왕사는 기한이 있기에 길을 재촉하고　王事有期頻道路
돌아갈 생각 하지 못한 지 몇 해던가　身歸無計幾星霜
근심 잊는 데 가장 좋은 건 술밖에 없으니　忘憂最是杯中物
술 한 잔이 참으로 관설탕[92]이 된다오　一酌眞成灌雪湯

91 대나무 방 : 승방(僧房)의 별칭이다. 당 덕종(唐德宗)의 〈제장경사(題章敬寺)〉 시에 "송원의 이끼 빛엔 정적이 흐르고, 대나무 방의 풍경 소리는 그윽하구나.〔松院靜苔色, 竹房深磬聲.〕"라고 하였다. 《御定全唐詩 卷4》

92 관설탕(灌雪湯) : 술이 근심을 씻어 버리는 약과 같다는 뜻이다.

〈곡성 연구〉에 용운하여 용만의 이런저런 흥취를 읊다

龍灣雜興用曲城聯句韻

황량한 변방의 용만진은　　荒絶龍灣鎭
서쪽으로 말갈산과 이웃이네　　西隣靺鞨山
물결 이는 강가의 해자는　　波濤江左塹
중원을 걸어 잠그는 관문이네　　鎖鑰漢中關
병마는 강물을 여러 번 나누어 마시고　　戎馬分川飮
요동의 새는 언덕 너머 날아갔다 돌아오네　　遼禽隔岸還
변방의 누대는 딱따기 소리 고요하고　　戍樓宵柝[93]靜
방비 초소에는 저녁 횃불이 꺼졌네　　亭障夕烽閑
들판의 풀은 안개 속에서 자라고　　野草長煙際
구름 돛은 나무 사이로 멀리 떠나네　　雲帆遠樹間
외딴 성에 푸른 새매가 내려앉고　　孤城蒼隼下
깊은 절엔 푸른 이끼가 알록달록　　深院碧苔斑
바다 습기 뼛속까지 병들게 할까 걱정되고　　海瘴愁侵骨
매서운 바람 얼굴에 몰아칠까 두렵소　　風獰畏砭顔
강산에는 흔들흔들 나뭇잎이 떨어지는데　　江山正搖落
나그네는 몇 번이나 올랐던가　　客子幾登攀
한 해는 머물지 않고 내달아 저물고　　未駐年華暮
귀밑머리 깎이는 것 견디기 어렵네　　難堪鬢髮刪

93 柝 : 대본에는 '析'으로 되어 있는데, 문맥에 근거하여 '柝'으로 바로잡았다.

혼은 고향으로 아홉 번 돌아가고	還家魂九逝
조회를 기다리며 달은 세 번 바뀌었구나	待朝月三環
술병이 심해질까 걱정되긴 하지만	酒病愁催重
시인의 마음은 늙어도 아끼지 않네	吟懷老未慳
새벽이 되어 나의 생각 굳혔으니	曉來身計熟
그저 바닷가에 눕는 것이 제격이리라	秖合臥滄灣

대수의 〈중국 사신이 봉황성에 도착하였다는 말을 듣고 '조사가 산해관을 지났다는 말을 듣고'에 다시 용운하다〉에 차운하다

次大手聞詔使到鳳凰城復用聞過關韻

훨훨 나는 봉황 한 쌍 요산을 지나	翩翩雙鳳度遼山
오색 깃발이 잠깐 나그네 길에 머무네	暫駐霓旌客路間
서쪽으로 제향을 바라보니 어느덧 해는 지고	西望帝鄕空落日
동쪽으로 봉해[94]에서 막히니 변방의 관문이라	東窮蓬海是邊關
새하얀 풀 서리가 서린 채 한 해가 저물고	霜翻白草年華暮
누런 구름 바람에 흩어져 달빛이 한가롭네	風散黃雲月色閑
생각건대, 봄 같은 온화한 기운을 몸에 간직하였다	想得陽春藏脚下
조서를 반포할 때 함께 펼치리라	應隨鸞詔一時頒

94 봉해(蓬海) : 동해 바다를 말한다.

이현의 〈영춘당에서 밤에 벗을 그리며 이동양[95]의 시에 차운하다〉에 차운하다

次而見迎春夜懷次李東陽韻

깜빡깜빡 등잔은 푸른 장막을 비추는데	殘燈明滅照青帷
근심 많아 잠 못 이룰 때에 뉘 찾아오나	誰問愁多不寐時
강가의 여관 비가 내려 갑자기 추워졌고	江館雨來寒候急
변방의 하늘 기러기도 없어 소식도 더디어라	塞天鴻斷遠書遲
성은이 끊어진 지역 먼지바람도 고요하고	恩覃絶域風塵靜
세모에 외딴 성은 뿔피리 소리도 서글프네	歲暮孤城鼓角悲
아스라이 산속 정원에서 꿈속으로 빠져드니	迢遞山園頻入夢
동쪽 울타리 둘레에는 서리 맞은 국화가 가득하네	萬叢霜菊繞東籬

95 이동양(李東陽) : 1447~1516. 명(明)나라 문인이다. 자는 빈지(賓之), 호는 서애(西涯), 시호는 문정(文正)이다. 40여 년 동안 조정의 요직을 두루 지냈다. 성당(盛唐)의 시풍(詩風)을 추구하여 당시(唐詩) 부흥 운동에 선구적인 역할을 하였다. 《회록당집(懷麓堂集)》을 저술했으며, 그중에서도 역대의 사실(史實)을 노래한 〈의고악부(擬古樂府)〉 100편과 작시(作詩)의 기술론을 상세히 전개한 《회록당시화(懷麓堂詩話)》가 유명하다.

대수의 〈영춘당에서 병석에서 일어나다〉에 차운하다

次大手迎春堂病起韻

쓸쓸하게 지낸 지 아홉 달이 지났는데	搖落年華九月餘
명나라에서 온 사신이 나를 일으키네	西來鳳詔幾翹予
떠돌이 신세 물새도 슬프게 하고	飄飄身世悲鷗鳥
집안 편지도 까마득히 끊어졌다오	渺渺家書斷鯉魚
외딴 성에 눈 내리니 나그네 마음 슬퍼지고	白雪孤城愁旅望
세 오솔길에 푸른 이끼 전원생활을 꿈꾸네[96]	靑苔三徑夢園居
오늘 아침 술잔 잡고 그대의 축하를 받으니	今朝把酒憑君賀
병으로 금주하던 것이 풀렸기 때문이네	爲是沈痾勿藥除

96 세……꿈꾸네 : 도잠(陶潛)의 〈귀거래사(歸去來辭)〉에 "동복들은 기꺼이 맞아 주고, 어린아이는 문에서 기다리네. 세 오솔길은 황폐해 가지만, 소나무와 국화는 남아 있도다. 어린애 손잡고 방으로 들어가니, 항아리에 술이 가득하구나."라고 하였다.

눈 내린 뒤 이현과 통군정[97]에 올라 앞의 운[98]으로 여섯 번째 첩운시를 짓다

雪後與而見登統軍亭六疊前韻

눈 내리는 밤 달빛이 강에 가득한데	雪月交輝滿一江
깃대 같은 붓이 적은 것을 어이하랴	模來奈乏筆如杠
변방의 성 뿔피리 소리에 삼군은 고향을 그리워하고	邊城畫角三軍思
여행길 푸른 산은 아홉 굽이 굴곡지네	客路青山九轉腔
만 리 길 차가운 달빛 옥장[99]에 들어오고	萬里寒光侵玉帳
천산의 어둠은 구름 낀 창에 들어오네	千峯暝色入雲窓
만약 호공[100]의 술법을 배울 수만 있다면	若爲學得壺公術
잠시 강물에 소리쳐 술통을 만들리	暫叱江流化酒缸

97 통군정(統軍亭) : 262쪽 주81 참조.

98 앞의 운 : 임당 정유길의 〈용만 잡흥(龍灣雜興)〉을 가리킨다.

99 옥장(玉帳) : 군대에서 원수(元帥)가 거처하는 막사인데, 옥처럼 견고하다는 뜻에서 붙여진 이름이다.

100 호공(壺公) : 후한(後漢) 때의 한 선인(仙人)이 여남(汝南)의 시장에서 약을 팔면서 항상 옥상(屋上)에 병 하나를 달아 놓고 시장이 파하면 그 병 속으로 뛰어 들어가곤 하였다. 당시 시연(市掾)으로 있던 비장방(費長房)이 그 광경을 보고는 이상하게 여겨 그 선인을 찾아가 알현하고, 그를 따라서 함께 병 속으로 들어가 보니, 옥당(玉堂)이 화려하고 좋은 술과 맛있는 안주가 그득하여 함께 술을 실컷 마시고 나왔다고 한다. 《後漢書 費長房列傳》 이 고사로 인하여 후세에 그 선인을 호공이라 칭하게 되었다.

이현의 〈눈 내리는 밤에 통군정에 올라 회록당[101]의 시에 차운하다〉에 차운하다

次而見雪夜登統軍亭次懷麓堂韻

타향의 나그네 말도 없이 돌아왔는데	殊方遊子未言歸
다시 보니 고운 꽃잎 옷에 떨어져 있구려	再見琪花落客衣
가지런한 숲 하늘에 닿아 은빛 바다처럼 넓고	平楚連天銀海闊
높고 낮은 봉우리 햇빛을 머금고 병풍처럼 둘렀네	亂峯銜照玉屛圍
긴 강과 얼어붙은 누각에 차가운 조수는 부서지고	長河氷閣寒潮斷
먼 포구에는 안개가 일어나 먼 숲도 어슴푸레하네	極浦煙生遠樹微
이 높은 정자를 떠나면 서로 꿈에 생각할 테니	一去高亭應夢想
내일 아침 다시 올라 서로 헤어지지 않으리	明朝重上莫相違

101 회록당(懷麓堂) : 명(明)나라의 문인 이동양(李東陽)을 말한다. 277쪽 주95 참조.

양대박[102]의 시에 차운하다

次梁大樸韻

정자가 구름 빛을 삼면에서 끌어당겨	一亭雲物控三邊
동방의 승경 만고에 전해졌네	形勝東方萬古傳
눈이 갠 산속의 성은 은빛으로 변하였고	雪霽山城銀化界
강변 누각에 기댄 나그네 지상의 신선[103]일세	客憑江檻地行仙
군문은 가리려 하지만 차가운 달빛 가득하고	轅門欲掩寒光滿
뿔피리 소리 잠잠해졌으나 어둠은 이어지네	戍角初沈暝色綿
맑은 흥취 다하지 않았는데 마음은 서글퍼져	清興未闌心忽悵
좋은 자리 벗어나서 무성한 언덕에 홀로 눕네	茂陵孤臥負芳筵

102 양대박(梁大樸) : 221쪽 주19 참조.

103 지상의 신선 : 불가(佛家)의 《능엄경(楞嚴經)》에 나오는 신선을 말하는데, 대개 장수하면서 한가하게 사는 노인을 지칭한다.

경엄[104]의 〈병중에 여러 공이 통군정에 올라 함께 설경을 감상하였다는 말을 듣고 취중에 선위사 영공에게 드리다〉에 차운하다

次景嚴病中聞諸公登統軍亭共賞雪景醉呈宣慰令公韻

세모에 타향살이하는 나그네 마음이 놀라니　殊方歲暮客心驚

강물은 소리도 없고 눈은 그치지 않았네　江水無聲雪未晴

언덕 너머 군악 소리는 수졸의 눈물이요　隔岸胡笳征戍淚

성 가득 변경의 풀은 이별의 정이라오　滿城邊草別離情

바다 구름이 갑자기 천산의 어둠을 보내 버리고　海雲忽送千峯暝

어선의 불빛은 한 조각 밝은 달과 멀리 헤어졌네　漁火遙分片月明

홀로 등잔을 밝혀 밤늦도록 잠 못 이루며　獨對殘燈夜無睡

옛 동산에 돌아가고픈 생각 금치 못하네　故園歸思不禁生

104 경엄(景嚴) : 김규(金戣, ?~1580)의 자이다. 본관은 희천(熙川), 아버지는 김백순(金伯醇)이다. 장단 부사(長湍府使), 연안 부사(延安府使)로 나가 보임되었다가 파주 목사(坡州牧使)를 거쳐 정주(定州)로 옮긴 다음 해인 1580년(선조13) 3월에 병으로 임소에서 졸하였다.

양대박의 시에 차운하다

次梁大樸韻

세모에 차가운 강 얼어 흐르지 않으니	歲暮寒江凍不流
한가로운 변경의 나그네 절로 근심스럽네	悠悠邊客自生愁
호산의 하얀 눈은 모래 언덕에 흩날리고	胡山白雪連沙岸
요해의 누런 구름 변방 누대를 어둡게 하네	遼海黃雲暗戍樓
타지에서 홀로 개부[105]의 시를 읊고 있자니	異地獨吟開府賦
고상한 풍취에 두릉의 갖옷[106]을 뉘 연민하랴	高風誰憫杜陵裘
내일 아침 중국 사신을 기쁘게 맞이할 테니	明朝喜迓皇華使
붉은 부절 압록강 어귀에서 휘날리겠네	絳節離披鴨水頭

105 개부(開府) : 스스로 부서(府署)를 설치하고 요속(僚屬)을 선발하는 것으로, 여기서는 명(明)나라 사신을 가리킨다.

106 두릉(杜陵)의 갖옷 : 두릉에 살던 두보(杜甫)의 시를 의미한다.

동림의 황폐한 성[107]을 지나며 감회에 젖다

過東林廢城有感

오래된 성에 갔지만 이름은 알 수 없고	古城臨路不知名
덤불은 황폐하지만 성가퀴는 멀쩡하네	榛草荒涼雉堞平
화표주[108]는 봄비에 여러 번 씻기고	華表幾經春雨洗
높은 누대는 모두 농부의 밭이 되었구나	高臺盡入野人耕
번화함은 꿈처럼 사라져 텅 빈 산만 남아 있고	繁華如夢山空在
무정한 세월에 새들만 울고 있네	歲月無情鳥自鳴
해 질 녘 배회하며 먼 곳 생각하노라니	落日徘徊起遐想
수많은 가지 마른 버들에 안개가 서리네	數枝枯柳冷煙生

107 동림(東林)의 황폐한 성 : 평안북도 서해안 중부에 있는 동림산성(東林山城)을 말하는 듯하다.

108 화표주(華表柱) : 궁전이나 성곽, 무덤의 앞에 세우는 돌기둥이다. 한(漢)나라 때 요동(遼東) 사람 정영위(丁令威)가 신선술을 배워 천년 뒤에 학(鶴)이 되어 화표주에 내려와 앉았다는 데서 유래하였다.

전라도 관찰사 송당 유지숙[109] 홍 을 송별하다

送別全羅方伯松塘兪止叔 泓

물가에 닻줄 푸니 해가 서쪽으로 지려 하고	解纜汀洲日欲西
한 쌍 깃발 도성을 떠나니 말이 울부짖네	雙旌去國馬頻嘶
강 건너 꾀꼬리 소리에 이별의 넋이 끊어지는 듯한데	鶯聲渡水離魂斷
하늘에 이어진 풀빛에 역로는 희미하네	草色連天驛路迷
이끼 낀 오솔길 일 년 동안 문이 닫혀 있고	苔逕一年門久掩
바다와 산은 천 리나 되니 꿈속에서나 만나겠구려	海山千里夢相携
삼대가 지방관이 되었으니 은전이 유독 중할 터	分憂三世恩偏重
가는 곳마다 놀라면서 옛날 지은 시를 보리라	到處驚看舊字題

109 유지숙(兪止叔) : 유홍(兪泓, 1524~1594)으로, 본관은 기계(杞溪), 자는 지숙, 호는 송당(松塘)이다. 정여립(鄭汝立)의 모반 사건을 다스린 일과 종계(宗系)를 변무(辨誣)한 공으로 공신에 책록되고, 임진왜란 때에는 우의정으로 도성의 질서 회복과 복구에 기여하였다.

남쪽 고을에 수령으로 나가는 벗을 전송하다

送友人出宰南郡

성군께서 백성을 걱정하여 어진 관리 선발하니 聖主憂民選吏良
의젓한 수령은 황폐한 남쪽 고을로 향하네 翩翩五馬指南荒
강변에서 이별하는 아쉬움 향풀도 슬퍼하고 江邊別恨迷芳草
바다 밖에서 돌아오려는 마음 궁궐을 감싸네 海外歸心繞建章
해 질 녘 지저귀는 꾀꼬리 소리도 들리지 않는데 落日鶯啼不可聽
가을바람에 날아가는 기러기는 몇 번째 바라보는가 秋風雁度幾相望
훌륭한 명성 반드시 봉래산 위에도 전해질 터 佳聲應徹蓬萊上
가서 교서를 보고 일방으로 내려가시게 行見泥書下日傍

충청도 관찰사 유극후[110] 전 를 송별하다

送別忠淸方伯柳克厚 㙉

호수 너머 구름 낀 하늘에 역로는 길고　湖外雲天驛路長
이별하기 전 애간장 끊어져 술 마시기 어렵네　離腸先斷酒難嘗
배 타고 언덕 도니 하염없이 물은 흐르고　舟行轉岸空流水
풀빛은 사람을 홀리니 또다시 노을이 지네　草色迷人更夕陽
북궐에서 잠시 경연에 나아가기를 멈추니　北闕暫停趨講幄
남방에서 또 〈감당〉 시[111] 노래하는 걸 보겠네　南方又見賦甘棠
멀리서 알겠네, 여관에서 그리운 어버이 꿈을 꾸며　遙知旅館思親夢
괜스레 종남산의 고운 나무 주변 서성인다는 걸　虛繞終南錦樹傍

110 유극후(柳克厚) : 유전(柳㙉, 1531~1589)으로, 본관은 문화(文化), 자는 극후, 호는 우복(愚伏), 시호는 문정(文貞)이다. 정여립(鄭汝立)의 옥사를 다스린 후 평난공신(平難功臣)에 책록되고, 영의정 등을 지냈다.

111 감당(甘棠) 시 : 주(周)나라 때 백성들이 훌륭한 정사를 행했던 소공 석(召公奭)을 찬미한 노래이다. 《시경》 〈소남(召南) 감당〉에 "무성한 감당나무 자르지 말고 베지 말라. 소백께서 초막으로 삼으셨던 곳이니라.〔蔽芾甘棠, 勿翦勿伐, 召伯所茇.〕"라는 구절이 보이는데, 주희(朱熹)의 주에 따르면 백성들이 소공의 덕을 그리워하여 소공이 순행하면서 잠시 머물렀던 나무마저도 아껴서 차마 손상하지 못한 것을 노래한 것이라고 하였다.

임당 상공의 시에 차운하다

次林塘相公韻

상공은 재주 있는 귀양 온 신선[112]의 무리라	相公才調謫仙曹
일찍이 용주[113]를 타고 비단 도포를 입었었지	曾從龍舟着錦袍
천지 기운으로 어질게 태어나 인재로 추앙받고	間氣生賢推國器
훌륭한 시문 세상을 놀라게 해 시호로 불렸네	淸文驚世見詩豪
남궁에 가을이 서늘하니 연못 빛깔이 맑고	南宮秋冷池光淨
북궐에 구름이 걷히니 전각 모서리가 높구려	北闕雲消殿角高
노래하고 연주하는 가운데 공무는 적으니	歌管聲中公事少
관료들 데려다 향긋한 막걸리를 잘 권하네	好將僚屬引香醪

112 귀양 온 신선 : 문재(文才)가 뛰어난 사람을 일컫는다. 이백(李白)이 처음 장안(長安)에 들어갔을 때 하지장(賀知章)이 일찍이 장안의 자극궁(紫極宮)에서 이백을 보고 '적선인(謫仙人)'이라 하면서 그를 현종(玄宗)에게 천거하였는데, 이백의 시 〈대주억하감(對酒憶賀監)〉에 "장안에서 처음 만났을 때 나를 귀양 온 신선이라 불렀네.〔長安一相見, 呼我謫仙人.〕"라고 하였다.

113 용주(龍舟) : 임금이 타는 큰 배를 말한다.

동래에 부임하는 이여회[114] 영공을 송별하다

送李如晦令公之任東萊

어찌 측근의 신하를 먼 곳으로 보내시나	何事遙抛玉陛臣
남문의 열쇠를 맡길 사람도 없구려	南門鎖鑰寄無人
경연에서 잠시 《주역》 강을 멈추고	瓊筵乍輟韋編講
갑옷 입고 남쪽 오랑캐를 다스리겠네	金甲將綏卉服民
땅끝의 큰 파도에 바다 습기 걱정하며	地極鯨波愁海瘴
구름 뜬 관아에서 대궐 꿈을 꾸리	雲飛鳳闕夢楓宸
못난 나는 본래 남겨진 후손이라	鯫生本是遺氓裔
고향에 의탁하려 하니 눈물로 수건 적시네	欲托松楸淚濕巾

114 이여회(李如晦) : 이경명(李景明, 1517~1576)으로, 본관은 고성(固城), 자는 여회, 호는 모헌(慕軒)이다. 1562년(명종17) 별시에 급제하였다. 승지를 지내고, 동래부사 등을 역임하였다.

연경으로 조회 가는 유경열[115]을 전송하다 2수

送柳景說朝燕 二首

그대가 연경으로 조회하러 떠남에	之子朝燕去
봄바람이 길에 가득하고 화창하네	春風滿路光
연경 하늘엔 기러기가 다 날아가고	胡天廻雁盡
관문 가는 길엔 저녁 구름 길도다	關道暮雲長
행장에 딸린 외로운 칼 한 자루	行李隨孤劍
고향 소식은 아득해져 가네	音書渺故鄕
멀리서도 알겠네, 객점에서의 밤에	遙知旅店夜
꿈을 꾸며 홀로 고향으로 날아갈 것임을	歸夢獨悠揚

만 리나 되는 요양 길	萬里遼陽路
봄날 비단옷 입고 가네	三春繡服行
몸을 점검하며 흰 옥을 보니	撿身看白玉
나라에 충성을 맹세한 몸이네	許國有丹誠
향기 나는 풀은 돌아올 때의 한이요	芳草歸時恨
시든 꽃은 이별한 뒤의 마음이네	殘花別後情

115 유경열(柳景說) : 유희림(柳希霖, 1520～1601)으로, 본관은 문화(文化), 자는 경열, 시호는 문양(文陽)이다. 1561년(명종16) 식년 문과에 급제하였다. 1581년(선조14) 형조 참판으로 동지사(冬至使)가 되어 명(明)나라에 다녀왔다. 1604년 호성 공신(扈聖功臣) 3등에 봉하여졌다.

주나라 문화를 살핀 계자의 뜻이 있으니[116] 觀周季子意
머나먼 길을 싫증 내지 않을 것이네 應不厭遐征

116 주(周)나라……있으니 : 계자(季子)는 춘추 시대 오(吳)나라 왕 수몽(壽夢)의 넷째 아들로 이름은 계찰(季札)이다. 왕위를 사양하고 현자(賢者)로 칭송받은 인물인데, 연릉(延陵)에 봉해졌으므로 연릉 계자라고도 한다. 예악에 밝아 노(魯)나라로 사신 가서 주나라의 음악을 듣고 여러 나라의 흥망성쇠를 알았다고 한다. 《春秋左氏傳 襄公 29年》

파직되어 동쪽으로 돌아가는 친구[117] 최시중 를 송별하다

送別友人罷官東歸 崔時中

술을 마시며 행장을 걱정하고	對酒愁行李
상심하여 험난한 여정을 묻네	傷心問路岐
꾀꼬리 울고 부슬비 온 뒤라	啼鶯微雨後
저물녘에 풀들이 향기롭네	芳草夕陽時
북궐은 삼춘의 꿈이 되어	北闕三春夢
만 리 떨어진 동해에서 그리워하리라	東溟萬里思
관을 걸어 둔 것[118]은 일찍이 뜻이 있어서이고	掛冠曾有志
직위가 깎인 것은 홀연히 기약한 듯하네	鐫職忽如期
기러기가 아득히 멀어져 가고	渺渺鴻將遠
말들도 서둘러 늦지 않네	駸駸馬不遲
안개 낀 산 아래의 집에	煙霞山下宅
비 내리는 연못에 연꽃이 있네	荷芰雨中池

117 파직되어……친구 : 최운우(崔雲遇, 1532~1605)를 가리킨다. 본관은 강릉(江陵), 자는 시중(時中), 호는 향호(香湖)이다. 1552년(명종7) 사마시에 합격한 뒤 여러 관직을 거쳐 횡성 현감(橫城縣監)에 이르렀다. 이이(李珥)와 같은 마을에서 태어나 일찍이 도(道)에 뜻을 두었으며, 도산서원(陶山書院)에 있는 이황(李滉)을 만나 옛 성인의 도에 관한 이야기를 듣기도 하였다. 문집으로 《향호집(香湖集)》이 있다.

118 관(冠)을……것 : 관을 벗어서 걸어 놓는다는 것은 벼슬을 그만두는 것을 뜻한다. 왕망(王莽)이 자식을 죽였는데, 방맹(逄萌)이 이것을 보고는 삼강(三綱)이 끊어졌다 하여 즉시 동도(東都)의 성문에 관을 걸어 놓고 떠나 버린 데서 온 말이다. 《後漢書 逸民列傳 逄萌》

도에 대해서는 그저 머리만 긁적이고	吾道空搔首
이별의 시름이 눈썹에 가득하네	離愁正滿眉
변방은 아득한 하늘 밖이니	關城杳天外
단지 꿈에서나 서로 어울리게 되겠구려	應祇夢相隨

병중에 회포를 서술하여 정자정[119]에게 부치다 2수

病中述懷寄鄭子精 二首

돌아가고픈 마음에 청산의 집을 얼마나 생각하였던가 歸心幾憶青山宅
희뿌연 먼지가 조복에 오래 묻어 있네 塵霧長浮紫陌衣
수척해진 몸골에 많은 병을 감당키 어려우니 瘦骨不堪多病至
위태로운 길에 마음이 어긋났음을 자못 깨닫노라 危途頗覺寸心違
적막한 곳에 꾀꼬리 울고 꽃이 피니 세월에 그저 놀랍기만 하고 鶯花寂寂空驚歲
푸르고 푸른 이끼 낀 길에 홀로 문을 닫네 苔逕蒼蒼獨掩扉
앉아서 향 연기를 대하니 근심에 고통스럽지만 坐對篆煙愁正苦
내 마음이 향 연기를 원망하는 건 아니네 此心非是怨芳菲

문이 닫혀 연기가 사라지자 조그만 누각이 높고 門掩煙消小閣高
그대를 생각하는 마음에 물은 도도히 흐르네 憶君情意水滔滔
비 맞는 향초에 고향 생각이 나고 雨中芳草生鄉思
거울 속 세월은 늙은이의 모습이라네 鏡裏流年上鬢毛

119 정자정(鄭子精) : 정탁(鄭琢, 1526～1605)으로, 본관은 청주(淸州), 자는 자정, 호는 약포(藥圃)・백곡(柏谷), 시호는 정간(貞簡)이다. 이황(李滉)과 조식(曺植)의 문인이다. 대사헌, 좌의정 등을 역임하였으며, 임진왜란 때 곽재우(郭再祐)와 김덕룡(金德龍) 등의 명장을 천거하고 옥중의 이순신(李舜臣)을 극론으로 구하여 죽음을 면하게 하였다. 호종 공신(扈從功臣) 3등에 녹훈되고 서원부원군(西原府院君)에 봉해졌다. 저서로 《약포집(藥圃集)》, 《용만문견록(龍灣聞見錄)》 등이 있다.

도성에 먼지 휘날리니 조정으로 달려가는 말 게으르고 紫陌塵飛朝騎懶
창주로 가는 길 머니 나그네의 영혼 수고롭네　滄洲路闊旅魂勞
몸이 여윈 현안[120]의 병을 모두 가슴 아파하니　共傷玄晏淸羸病
어느 날에나 술통 열어 답답한 회포를 풀 수 있으려나 何日開樽寫鬱陶

120 현안(玄晏) : 서진(西晉) 시기의 의사이자 문학가인 황보밀(皇甫謐)의 호이다. 자는 사안(士安)이고, 어릴 때 이름은 정(靜)이다. 저서로는 《역대제왕세기(歷代帝王世紀)》, 《열녀전(列女傳)》, 《침구갑을경(針灸甲乙經)》 등이 있다.

동호에서 함녕군[121] 수선 의 망호정에 쓰다

東湖題咸寧君望湖亭 壽璿

해 저문 층층 누대 위　　日暮層臺上
오르니 객의 마음 공허해지네　　登臨客思空
새는 산 그림자 속에서 날고　　鳥飛山影裏
돛은 들판 연기 가운데를 지나가네　　帆過野煙中
푸른 풀이 둑길에 길게 이어져 있고　　青草長堤路
푸른 구름 속 먼 절의 종소리가 들리네　　蒼雲遠寺鐘
붉은 먼지[122] 휘날리는 조정에서　　明朝軟紅處
영봉[123]을 몇 번이나 꿈꾸었던가　　幾度夢贏蓬

121 함녕군(咸寧君) : 이수선(李壽璿)의 봉호이다. 성종(成宗)의 열네 번째 서자인 양원군(楊原君) 이희(李憘)의 아들이다.

122 붉은 먼지 : 관원들이 도성에서 조정에 출퇴근할 적에 타고 다니는 말과 수레에서 날리는 먼지이다.

123 영봉(贏蓬) : 신선이 산다는 영주(瀛洲)의 봉래산(蓬萊山)으로 여기서는 동호에 있는 독서당의 산을 의미한다.

오자강[124] 건 에게 부치다

奉寄吳子强 健

천 리에 있는 지음이	千里知音友
가을 내내 문을 닫고 산다네	三秋閉戶居
생애는 한 척의 고깃배에 의지하고	生涯一漁艇
학업은 다섯 수레의 책이네	事業五車書
청운의 길에 대한 꿈을 끊으니	夢斷靑雲路
한가한 몸 개천의 백로와 같네	身閑白鷺渠
바람결에 부치는 짧은 편지에	因風寄尺素
마음을 다하지 못하니 어찌하겠는가	不盡意何如

124 오자강(吳子强) : 오건(吳健, 1521~1574)으로, 본관은 함양(咸陽), 자는 자강, 호는 덕계(德溪)이다. 31세 때 조식(曺植)의 문하에 들어가 수학하였고, 이후 이황(李滉)의 문하에서도 수학하였다. 《명종실록(明宗實錄)》 편찬에 참여하였으며, 사직하고 고향에 내려가 독서와 집필로 여생을 보냈다. 그의 학문은 궁리거경(窮理居敬)을 중시하였는데, 이황의 이기철학(理氣哲學)과 조식의 경의철학(敬義哲學)을 융합한 것으로 평가된다.

등계달[125]을 송별하다 3수

送別滕季達 三首

등계달은 명(明)나라의 사신을 따라왔다.

초연히 일찍이 묶인 굴레를 벗어나	超然早脫網羅羈
황관[126]에 자취를 숨기니 세상에서 알아주지 않았네	托跡黃冠世不知
삼 묘의 집에 살며 벼슬살이 마음속 재가 되어	簪笏心灰三畝宅
강산을 좋아하는 습성을 백 년토록 기약하네	江山性癖百年期
맑은 시는 모습이 다양하여 봄 구름 색깔 같고	淸詩多態春雲色
도인의 골격은 티끌이 없어 들학의 모습과도 같네	道骨無塵野鶴姿
바다 밖에서 만나는 것은 응당 인연이 있어서니	海外相逢應有分
비루하고 인색한 마음이 얼음 녹듯 풀리네	能敎鄙吝解如澌

무슨 일로 사신 따라 만 리를 왔는가	何事隨槎萬里來
동해에 봉래산이 있다는 말을 들었을 것이네	應聞東海有蓬萊
여장의 밀랍 나막신은 산 찾는 사영운 거고[127]	裝中蠟屐遊山謝

125 등계달(滕季達) : 명나라 오(吳) 땅 사람으로, 자는 진생(晉生)이다. 글과 시를 잘하고 글씨를 잘 쓰며, 또한 천하의 명산대천을 두루 돌아다녔고, 스스로 북해(北海)라 호하였다. 문봉이 세상을 뜨자 등계달이 만사를 지었는데, 그 글이 《성소부부고(惺所覆瓿藁)》 권26 〈학산초담(鶴山樵談)〉에 실려 있다.

126 황관(黃冠) : 도사가 쓰는 관이다.

127 여장에……거고 : 남조 시대 송(宋)나라의 시인 사영운(謝靈運)이 명산을 등반하기 좋아하여 항상 나막신을 준비해 신고 다니면서 올라갈 때는 앞굽을 떼어 내고

소매 안에 용천검은 북두성 보는 뇌환 거라네[128] 袖裏龍光望斗雷
이역의 눈과 서리 맞으며 대동강을 건너 異域雪霜淩浿水
고향의 안개 낀 달이 있는 고소대[129]를 꿈에 보네 故鄕煙月夢蘇臺
풍채는 본래 선가의 풍미이니 風標自是仙家味
안기생[130]을 만나지 못하고 돌아간다고 한하지 마시게 莫恨安期未遇迴

지음이 이 세상에 드문 것을 홀로 한스러워하는데 自恨知音此世稀
그대를 만나니 기운이 훈지와 비슷하네 逢君氣味似壎篪
마음을 여는 것은 진나라 궁중을 비추는 거울과 같고 開心如對秦宮鏡
시를 지으면 사영운의 시를 자주 보네 落筆頻看謝守詩

내려올 때는 뒷굽을 떼어 냈으므로 그 나막신을 세상에서 사공극(謝公屐)이라고 칭했다는 고사가 있다. 《宋書 謝靈運列傳》 진(晉)나라 완부(阮孚)가 나막신에 밀랍을 칠해서 신는 습벽을 지니고 있었는데, 언젠가 어떤 사람이 그를 찾아갔을 때에도 밀랍을 칠하는 일을 태연히 계속하면서 "일생 동안 이런 나막신을 몇 켤레나 신을지 모르겠다."라고 탄식했다는 '납극(蠟屐)'의 고사가 전한다. 《世說新語 雅量》

128 소매……거라네 : 진(晉)나라 때 예장(豫章)의 점성가 뇌환(雷煥)이 풍성(豊城)에서 용천(龍泉)과 태아(太阿)라는 두 명검을 발견하였는데, 이후로 이 검들에서 광채가 솟아나와 견우성과 북두성 사이에 서렸던 자색의 불안한 기운이 사라졌다고 한다. 《晉書 張華列傳》

129 고소대(姑蘇臺) : 오(吳)나라 왕 부차(夫差)가 충신 오자서(伍子胥)의 말을 듣지 않고 미녀들과 놀기 위해 쌓은 대로, 부차는 이 대에서 미녀들과 놀다가 월(越)나라에 패망하였다. 《史記 越王句踐世家》 일설에는 부차의 선왕 합려(闔閭)가 쌓은 것이라고도 한다.

130 안기생(安期生) : 진 시황(秦始皇)이 동유(東游)할 때 함께 대화를 나누다가 자신이 보고 싶으면 수십 년 뒤에 봉래산(蓬萊山)으로 찾아오라고 한 뒤 자취를 감췄다는 선인(仙人)의 이름이다. 《史記 封禪書》《列仙傳》

객지의 광음이 흘러 어느덧 동지가 되었고　客裏光陰南至過
천애를 오가매 북쪽으로 돌아가는 것은 더디기만 하네 天涯行邁北歸遲
언젠가 입택[131]의 안개 낀 물가에서　他年笠澤煙波上
혹 생각하려나, 옥류천[132]의 물로 차 끓여 먹던 때를 倘憶烹茶玉溜時

131 입택(笠澤) : 중국 강소성(江蘇省)의 호수이다. 당(唐)나라의 육구몽(陸龜蒙)이 입택이라는 호수에 배를 띄워 놓고 그 배에 살면서 입택어옹(笠澤漁翁)이라고 자칭하였다.

132 옥류천(玉溜泉) : 황해도 평산(平山)의 서북쪽 총수산(蔥秀山)에 있는 샘이다.

중국 사신 진삼모[133]의 〈신안관에서〉에 차운하다
次陳天使新安館韻

아득하고도 먼 길 성사로 하늘 끝에 떨어지니 星槎迢遞落天涯
산기[134]의 높은 이름을 바다 밖에서 알아주네 散騎高名海外知
초산에 꽃이며 대나무 있지만 고향의 꿈은 멀어지고 花竹楚山鄕夢遠
대동강에 서리 끼고 바람 부니 객의 귀환 늦어지네 霜風浿水客歸遲
달 밝은 객점에서 외로이 읊고 月明夜館孤吟處
눈 내리는 시내 다리를 홀로 건널 때 雪下溪橋獨過時
봄이 발 아래에 있음을 은연중 느끼노니 暗覺陽春隨脚下
언덕의 매화는 지금 이미 남쪽 가지를 틔웠겠네 嶺梅今已發南枝

133 진삼모(陳三謨) : 1572년(선조5)에 명(明)나라 신종(神宗)의 즉위를 알리려고 온 사신이다. 직위는 이과 급사중(吏科給事中)으로 소개되고 있다.

134 산기(散騎) : 중국의 관직 이름이다. 산기시랑(散騎侍郎)으로 불리며 황제를 좌우에서 모시고 고문에 응하는 일을 한다. 진삼모의 직책이다.

중국 사신 진삼모의 〈공강정에서〉에 차운하다

次陳天使控江亭韻

중국 사신이 여기에서 거듭 노닐며	皇華駐節此重遊
문물을 바라보며 도리어 이역에서의 근심을 푸네	覽物還銷異域愁
강가의 저자에 눈 녹으니 기러기 떼 앉고	沙市雪消群下雁
바다 어귀에서 조류를 타고 홀로 배로 돌아가네	海門潮上獨歸舟
세월은 홀연히 동지를 지나가고	年華忽過陽生後
여행길은 멀리 일출하는 곳에 다다랐네	客路遙臨日出頭
힘써 동인을 위하여 보배로운 글을 남기니	强爲東人留寶墨
천고에 높은 이름 강물과 함께 흐르리라	高名千古共江流

〈개성 가는 길에〉[135]에 차운하다

次開城道中韻

천상의 별이 비로소 흩어졌지만	碧落星初散
창명의 해는 아직 뜨지 않았네	滄溟日未生
다른 지역 만 리 길	殊方萬里道
고국은 백 년의 정감이라네	故國百年情
산빛은 푸른 하늘과 닿아 있고	山色連天翠
시내 물빛은 흰 눈을 두르고 있네	川華帶雪明
날이 동지에 가까워지자	年光近南至
적막하던 객의 마음이 놀라네	寂寞客心驚

135 개성 가는 길에 : 정유길(鄭惟吉)의 《임당유고(林塘遺稿)》 권하 〈빈접록(儐接錄)〉에 실린 〈차진부사개성도중운(次陳副使開城道中韻)〉이라는 제목의 시가 이 시와 운이 같은 것을 보면 이 시도 진삼모(陳三謨)의 시에 차운한 것인 듯하다.

〈임진강에서〉에 차운하다

次臨津韻

비단옷 입은 당나라 공봉관이요	被錦唐供奉
뗏목 탄 한나라 사신이네[136]	乘槎漢使臣
구름 속에서 화악산을 바라보고	雲中望華嶽
눈 속에서 임진강 나루를 건너네	雪裏渡臨津
짐을 지고 궁벽한 바다를 건너려니	行李將窮海
계절은 어느덧 봄이 되려 하네	年華欲近春
동인은 덕을 높일 줄 아니	東人知尙德
고결한 인품을 다투어 모시려 하네	爭願挹淸塵

136 뗏목……사신이네 : 장건(張騫)이 한 무제(漢武帝)의 명을 받고 황하의 근원지를 밝히려고 뗏목을 타고 가다가 하늘 궁전에 이르러 견우(牽牛)와 직녀(織女)를 만나고 왔다는 이야기가 전한다.《天中記 卷2》

의주에 부임하는 정연부[137]를 전송하다

送鄭淵夫赴任義州

유신이 부절을 끼고 변방으로 향하는데	儒臣擁節向邊州
서쪽 변방에서 와서 거듭 수령이 되었네	西塞由來重牧侯
대궐 아래서 잠시 아침저녁의 경연을 멈추었지만	闕下暫停三接講
흉중에는 예부터 육도[138]의 도모가 있었네	胸中舊有六韜謀
하늘과 닿아 있는 삭방의 기색에 산천이 어둡고	連空朔氣山川暗
언덕 너머 오랑캐의 티끌에 고각 소리 근심하네	隔岸胡塵鼓角愁
이별한 뒤 이 심정 어느 곳에서 쏟아 낼까	別後此情何處寫
종남산[139]의 달빛이 용추[140]를 비추리라	終南月色照龍湫

137 정연부(鄭淵夫) : 정언지(鄭彦智, 1520~?)로, 본관은 동래(東萊), 자는 연부, 호는 동곡(東谷)이다. 선조 때 우의정을 지낸 정언신(鄭彦信)의 형이다. 1558년(명종13) 식년 문과에 급제하고 교리·의주 목사·승지·대사헌·대사간을 역임하였으며, 1589년(선조22)에는 이조 참판에 올랐다. 정여립(鄭汝立)의 역모 사건이 일어나자 역적과 교분이 두터웠던 인사로 지목되어 정언신은 중도부처(中途付處)되고, 정언지는 강계(江界)로 정배되었다.

138 육도 : 육도삼략(六韜三略), 즉 천하를 경영할 병서(兵書)를 말한다.

139 종남산(終南山) : 중국의 서안(西安)에 있는 산이지만 여기서는 서울의 남산을 가리킨다.

140 용추(龍湫) : 의주의 폭포를 가리키는 것으로 보인다.

참판 김회숙[141]을 애도하다
挽金參判晦叔

세상에서는 금정을 조리하기를[142] 고대하였는데　人間正待調金鼎
천상에서는 옥루[143]에 기록하기를 재촉하였네　天上俄催記玉樓
평탄하고 험난함에도 바뀌지 않아 곧은 지조를 남겼고　夷險不移餘直操
나라를 다스림에 요구하지 않아도 훌륭한 모사를 굴복시켰네　經綸無責屈奇謀
객지의 상여 처량하게 천 리를 돌아가　悽涼旅櫬歸千里
차가운 연기 적막하게 한 언덕에 가두네　寂寞寒煙鎖一丘
홀로 남쪽 하늘을 향해 그저 눈물을 흘리며　獨向南天空灑淚
거듭 옥나무[144]를 바라보며 이 생애 마치겠네　重瞻瓊樹此生休

141 김회숙(金晦叔) : 김계(金啓, 1528~1574)로, 본관은 부안(扶安), 자는 회숙, 호는 운강(雲江)이다. 중국어에 능통하여 승문원 부제조로 발탁되었고, 이조 참판에 이르렀다.

142 금정(金鼎)을 조리하기를 : 금정 속의 국을 조리한다는 뜻으로, 은(殷)나라 고종(高宗)이 부열(傅說)에게 "내가 만약 국을 만들거든, 그대는 소금과 매실이 되어야 한다."라고 한 데서 유래하여 나라를 다스리는 재상의 역할을 의미한다. 《書經 說命下》

143 옥루(玉樓) : 옥황상제의 궁궐인 백옥루(白玉樓)의 약칭이다.

144 옥나무 : 남조(南朝) 양(梁)나라의 강엄(江淹)이 "얼굴이라도 한번 보면 좋으련마는, 곤륜산(崑崙山)의 옥나무와 다르지 않네.〔願一見顏色, 不異瓊樹枝.〕"라고 표현한 뒤로, 멀리 떨어져 소식 없는 그리운 님을 옥나무로 비유하게 되었다. 《文選 卷31 古別離》

민서초[145]가 보낸 시에 차운하다 2수

次閔恕初見寄韻 二首

성곽 밖의 그대를 그리워하여 그저 생각만 하였는데	思君郭外首空回
한 편의 새로운 시는 역매[146]에 해당하네	一紙新詩當驛梅
시대가 깨끗해서 간할 일이 없다고 말하지 말게	莫道時淸無諫事
충성심을 대궐에 바치는 것을 좋아했다오	好將忠藎獻蓬萊

강가의 바람 연기에 대사립을 닫으니	江上風煙掩竹扉
고향 소식 기러기가 전해 주질 않네	故園消息雁來稀
올해 또 봄이 가는 것을 보았지만	今年又見春歸盡
백발의 쓸쓸한 몸은 벼슬 생각이 없네	白髮蕭蕭宦思微

145 민서초(閔恕初) : 민충원(閔忠元, 1541～?)으로, 본관은 여흥(驪興), 자는 서초이다. 1562년(명종17) 문과에 급제하였다. 1571년(선조4) 성균관 사예를 거쳐, 이듬해 정언(正言)이 되었다가 남양 부사에 임명되었다. 김효원(金孝元), 김우옹(金宇顒), 허봉(許篈), 최경창(崔慶昌), 홍적(洪迪) 등과 함께 독서당에 간택되었다. 1573년 사성(司成)이 되었고, 이듬해 헌납을 거쳐 집의가 되었다.

146 역매(驛梅) : 역사(驛使) 편에 부치는 매화로, 벗을 그리워하는 마음을 담고 있다. 남조(南朝) 송(宋)나라의 육개(陸凱)가 강남에 있을 때 교분이 두터웠던 범엽(范曄)에게 매화 한 가지를 부치면서, "북으로 가는 역사를 보고 매화를 꺾어 농산(隴山)에 사는 그대에게 부치오. 강남에는 아무것도 줄 것이 없어 우선 한 줄기의 봄을 보낸다오.〔折梅逢驛使, 寄與隴頭人. 江南無所有, 聊贈一枝春.〕"라는 시를 함께 부친 데서 유래하였다. 《太平御覽 卷970》

율곡 이숙헌 이 이 고향으로 돌아가려 한다는 소식을 듣고 율시 2수를 드리다

聞栗谷李叔獻 珥 將歸故山吟呈二律

시골에서 문득 낚싯줄을 거두고　林下飜然捲釣絲
애써 조정의 반열을 따라 천기를 시험하였네　强隨鵷列驗天機
나라 위한 충성심을 펼쳐 시대 바로잡기를 바라고　匡時幾見披丹悃
대궐에 들어가 성상 보필하기를 기약하였네　補衮方期入紫薇
꿈에서 홀연히 검은 학[147]의 원망에 놀랐으니　夢裏忽驚玄鶴怨
사람들은 흰 말 타고 돌아가는 것 붙잡기 어려워하네　人間難縶白駒歸
산속에서 다시 한가한 구름을 주관하게 되니　山中更作閑雲管
혹시라도 궁궐에서 벼슬하던 것을 생각하겠는가　倘憶蓬萊舊瑣闈

영남의 변두리 척박한 밭 초가집에서　石田茅屋嶺南邊
몸이 묶이고 이름이 속박된 지 20년이네　身絆名韁二十年
궁궐에서는 몇 번이나 물시계 소리 들으며　地禁幾聽雙闕漏
꿈에서는 항상 오호[148]의 연무를 서성이네　夢歸常繞五湖煙
은총을 탐내다 위기가 닥치는 것도 모르고　貪恩未覺危機迫

147 검은 학 : 소식(蘇軾)의 〈후적벽부(後赤壁賦)〉에 나오는 말로, 낮에 뱃전을 스치고 지나간 검은 학이 꿈에 신선이 되어 나타난다는 내용이 있다.

148 오호(五湖) : 춘추 시대 월(越)나라 대부 범려(范蠡)가 일찍이 구천(句踐)을 보좌하여 오(吳)나라를 멸망시키고 나서는 곧바로 거룻배를 오호에 띄워 타고 떠났다는 고사가 있다. 《史記 貨殖列傳》 여기서는 은퇴하여 사는 삶을 가리킨다.

배움을 잃고서 옛날의 삶을 바꾸게 될까 공연히 근심하네

失學空愁故步遷

오늘 문득 고니가 날아가는 것을 보니 今日忽瞻黃鵠去

도리어 티끌 생각을 훌훌 떠나게 하네 却教塵思亦飄然

연경에 조회 가는 박양백[149]을 전송하다 2수

送朴養伯朝燕 二首

전대로 이름 날려 한 세상의 으뜸이니 專對雄名一世魁
옥절을 차고서 아득하고도 아득한 연경을 향해 가네 迢迢玉節向燕臺
이별한 서쪽 교외의 길에 꾀꼬리 울고 꽃이 피는 저녁인데 西郊別路鶯花暮
북궐로 돌아가려는 마음에 귀밑머리가 빨리 세네 北闕歸心鬢髮催
요주[150]의 학 울음소리에 산속 달이 지고 遼柱鶴聲山月落
계문[151]의 안개 낀 수목에 바다 구름이 펼쳐지네 薊門煙樹海雲開
귀환할 날 손꼽아 헤아리니 슬픔이 먼저 북받치고 東還屈指腸先斷
나뭇잎이 쓸쓸히 떨어지니 서리 띤 기러기 돌아오네 木葉蕭蕭霜雁廻

사신이 되면 이별하는 날 많은 것을 항상 탄식하니 遊宦常嗟別日多
하늘 끝을 향한 멀고도 아득한 길 어떻게 감당하리오 更堪迢遞向天涯
산굽이의 역로에는 새가 자주 울고 山回驛路頻啼鳥

149 박양백(朴養伯) : 미상이다. 오건(吳健)의 《덕계집(德溪集)》에 〈송박양백지길주(送朴養伯之吉州)〉 2수가 있다. 같은 인물로 보인다.

150 요주(遼柱) : 요동(遼東)의 화표주(華表柱)이다. 216쪽 주14 참조.

151 계문(薊門) : 연경(燕京)의 덕승문(德勝門) 바깥 지역으로, 사신들이 연경에 들어갈 때 반드시 거쳐야 하는 곳이다. 이곳의 토성관(土城關) 주변으로 수목이 무성한데 안개 자욱한 풍경이 무척이나 아름다워 '계문연수(薊門煙樹)'라 불렸다. 계문연수는 황도 팔경(皇都八景) 가운데 하나로 꼽힌다.

봄 지난 관성에는 꽃이 다 졌네	春去關城盡落花
마음이 안정되지 않아 한강 굽이를 돌고	心似懸旌搖漢曲
꿈에서 밝은 달 따라 요하를 건너네	夢隨明月度遼河
세상이 뜬구름 같더라도	從敎世上浮雲態
사귀는 정에는 물결이 일지 않아야 하네	須信交情水未波

서장관으로 연경에 가는 하곡 허미숙[152] 봉 을 전송하다 5수

送荷谷許美叔 篈 以書狀赴燕 五首

금란전의 숙직을 잠시 멈추고　暫輟金鑾直
멀리 옥절 행차를 따라가네　遙隨玉節行
어릴 적부터 사신의 학문에 전념하다가　早年專對學
먼 길에 고향을 그리워하는 정취를 맛보네　長路望鄉情
들판의 군영은 요양의 요새이고　野戍遼陽塞
강의 관문은 계북의 성이라네　江關薊北城
주나라 음악을 살피고 사모했던 계자[153]는　觀周慕季子
서쪽으로 가는 것을 싫증 내지 않았을 것이네　應不厭西征

《시》와 《예》를 아버지에게 배워　詩禮趨庭學
〈국풍〉과 〈이소〉는 귀신 울리는 재주라네　風騷泣鬼才
명성은 높아 해와 달에 의지하며　名高依日月
한림원은 궁궐과 가깝네　地禁近蓬萊
날개를 편 듯한 모습은 푸른 하늘의 학과 같고　逸翮青雲鶴
홀로 향기로움은 흰 눈 속의 매화와 같네　孤芳白雪梅

152 허미숙(許美叔) : 허봉(許篈, 1551～1588)으로, 본관은 양천(陽川), 자는 미숙, 호는 하곡(荷谷)이다. 허난설헌(許蘭雪軒)의 오빠이자 허균(許筠)의 형이다. 유희춘(柳希春)의 문인이다.

153 주(周)나라……계자(季子) : 291쪽 주116 참조.

쓸쓸하고 외로워 헤어지지 않기를 바라니 　空疎不分願
교칠 같은 우정은 진뢰[154]에 의탁하네 　膠漆托陳雷

그럭저럭 나그네 신세로 지내는 곳에서 　悠悠羈旅地
이별이 많고도 많은 것이 근심이라네 　衮衮別離愁
강가에서 봄이 다하도록 　江漢三春盡
봄날에 만 리 길 노니네 　鶯花萬里遊
구름은 옛 요새의 길에 비껴 있고 　雲橫古塞路
달은 밤 내내 배에 가득하네 　月滿夜江舟
전란의 티끌 사라졌다고 하니 　聞說煙塵熄
돌아가면 근심이 적을 것이네 　歸來應少憂

맑은 정신은 수면에 비치는 달 같고 　神淸如水月
깊은 학문에는 연원이 있네 　學邃有淵源
우뚝하게 조정에서 빛나고 　鶚立朝端彩
휘몰아치듯 경연에서 논사하네 　風生講幄論
저무는 해를 따라 멀리서 노닐고 　遠遊隨落日
향 가득한 술통을 두고 이별의 정을 나누네 　離思滿芳樽
봄 기러기 이미 다 돌아가니 　春雁已歸盡
말 한마디 부칠 길이 없네 　無緣寄一言

154 진뢰(陳雷) : 후한(後漢)의 진중(陳重)과 뇌의(雷義)를 가리킨다. 우의(友誼)가 매우 두터워 향리에서 "아교와 칠을 단단하다 하지만 뇌의와 진중만은 못하리라."라고 일컬었다 한다.《後漢書 獨行列傳 陳重, 雷義》

버드나무 늘어진 파교[155] 위에서	楊柳灞橋上
그대를 보내려니 이별할 마음이 공허하네	送君空別情
옅은 구름은 위궐[156]을 가리고	輕陰迷魏闕
가랑비는 견고한 성벽을 적시네	細雨濕重城
칼 한 자루 차고 연대[157]에서 저녁을 보내고	一劍燕臺暮
외로운 뗏목엔 한수의 밝은 달이 비치리라	孤楂漢月明
지금 아득한 길을 출발하니	迢迢今啓路
이미 꿈속의 혼이 놀랐을 것이네	應已夢魂驚

155 파교(灞橋) : 장안(長安) 동쪽의 파수(灞水)에 놓인 다리이다. 옛날 장안 사람들이 손님을 전송하여 이 다리에 이르면 버들가지를 꺾어 주면서 석별의 정을 나누었다.

156 위궐(魏闕) : 궁문 밖 좌우에 세운 쌍궐(雙闕)로 이곳에 법령을 게시하였는데, 전하여 조정의 뜻으로 많이 쓰인다.

157 연대(燕臺) : 중국 하북성(河北省) 역현(易縣)의 동남쪽에 있던 황금대(黃金臺)의 별칭이다. 전국 시대 연 소왕(燕昭王)이 그곳에 누대를 쌓고 누대 위에 천금을 놓아두고서 천하의 선비를 맞아들였다는 데서 붙여진 이름이다.

집경전[158] 전지기로 동도[159]에 부임하는 금협지[160]를 전송하다 2수

送琴夾之以集慶殿直赴東都 二首

그대는 닭 무리의 학처럼 뛰어난데	之子鷄中鶴
은둔하여 홀로 원기를 길렀네	衡茅獨養眞
청삼[161] 차림으로 일명[162]에 나아가니	靑衫赴一命
백발에 홀로 계신 어버이를 위로해 드리네	白髮慰孤親
돌아가고픈 마음에 푸른 산의 달빛 꿈을 꾸지만	歸夢蒼山月
매인 채 도성에서 티끌을 근심하네	羈愁紫陌塵
임금님께 크고 작은 것 없이 보답해야 하지만	報君無小大
노순[163]을 그리워하는 것보다 괴로운 게 없네	莫苦戀鱸蓴

158 집경전(集慶殿) : 경주(慶州)에 있던, 태조 이성계(李成桂)의 어진(御眞)을 모시고 제사 지내던 곳이다.

159 동도(東都) : 경주를 가리킨다.

160 금협지(琴夾之) : 금응협(琴應夾, 1526~1596)으로, 본관은 봉화(奉化), 자는 협지, 호는 일휴당(日休堂)이다. 예안 출신이며 이황의 문인이다. 1574년(선조7) 행의(行義)가 조정에 알려져 집경전 참봉에 제수되었다. 문집으로 《일휴집》이 있다.

161 청삼(靑衫) : 푸른 적삼이라는 뜻으로, 품계가 낮은 관원의 복장을 가리킨다.

162 일명(一命) : 주관(周官)의 구명(九命)에서 나온 것으로, 최하위 품계인 종9품의 관직을 말하는데, 여기서는 집경전 참봉을 가리킨다.

163 노순(鱸蓴) : 농어(鱸魚)로 만든 회(膾)와 순채(蓴菜)라는 말로, 고향을 그리워하는 마음을 의미한다. 《진서(晉書)》 〈문원열전(文苑列傳) 장한(張翰)〉에 "장한이 가을바람이 부는 것을 보자 오(吳) 땅의 줄나물과 순챗국과 농어회가 생각나서 말하기를

도성에서 고향 벗을 만나니　　洛下逢鄕友
평안하라는 부탁밖엔 할 말이 없네　　平安外無言
진나라 거울[164]로 폐간을 들여다보는 듯하고　　肺肝秦鏡在
초나라 구름이 뒤집히듯 헤어졌다 만났다 하네　　離合楚雲飜
한강은 천자의 동산과 이어져 있고　　漢水連天苑
계림은 바다 어구와 가깝네　　鷄林近海門
그리워도 볼 수 없으니　　相思不相見
밝은 달이 이별의 혼을 비추리라　　明月照離魂

'인생살이에 있어서는 뜻에 맞게 사는 것이 귀한 법인데, 어찌 벼슬에 얽매여 수천 리 밖을 떠돌면서 명예와 관작을 노리겠는가.' 하고는 드디어 수레를 타고 고향으로 돌아갔다." 하였다.

164 진(秦)나라 거울 : 진 시황(秦始皇)이 사람의 마음속을 환히 비추어 보았다는 전설의 거울을 가리킨다. 보통 진경(秦鏡) 혹은 진대경(秦臺鏡)이라고 한다.

의운하여 김언우[165]에게 드리다 2수

依韻吟呈金彦遇 二首

여러 번 꿈에 지나간 한 조각 높은 누대를　　一片高樓夢幾通
푸른 산이 둘러싸고 흰 구름이 감싸고 있네　　青山環繞白雲封
맑은 모습은 남 따라 피리 불 생각[166]을 그만둔 지 오래니　　清標久斷吹竽計
말세에 누가 귀를 씻는 기풍[167]을 생각할까　　末世誰懷洗耳風
시를 읊지 않는 대나무 숲길에는 이끼가 가득하고　　吟罷竹林苔滿逕
강가의 누각에서 술이 깨니 물이 하늘과 이어지네　　酒醒江閣水連空
멀리서도 알겠네, 편안하게 살던 시골에는　　遙知隴上棲遲處
늙은 대와 시든 매화가 홀로 슬퍼함을　　老篠殘梅獨悒怏

165 김언우(金彦遇) : 김부필(金富弼, 1516~1577)로, 본관은 광산(光山), 자는 언우, 호는 후조당(後凋堂), 시호는 문순(文純)이다. 1537년(중종32) 사마시에 합격하였으나, 관직에 뜻을 두지 않고 학문에 전심하였다. 문집으로 《후조당유고(後凋堂遺稿)》가 있다.

166 남……생각 : 제(齊)나라 선왕(宣王)이 피리 연주를 좋아하여 항상 300인을 모아 합주(合奏)하게 하자, 남곽 처사(南郭處士)가 피리를 불지도 못하면서 슬쩍 끼어들어 흉내만 내며 국록을 타 먹었는데, 선왕이 죽고 민왕(湣王)이 즉위한 뒤 한 사람씩 연주하게 하자 처사가 줄행랑을 놓았다는 고사가 전한다. 《韓非子 內儲說上》

167 귀를 씻는 기풍(氣風) : 요(堯) 임금 때 고사(高士)인 허유(許由)와 소부(巢父)가 기산(箕山) 아래 영수(潁水) 가에 살았는데 요 임금이 허유에게 천하를 물려주려 하자 허유는 더러운 말을 들었다 하여 영수에서 귀를 씻었고, 소부는 소에게 영수의 냇물을 먹이려 하다가 허유가 그 물에 귀를 씻었다는 말을 듣고는 소를 상류로 끌고 가서 물을 먹였다 한다. 《高士傳 許由》

재주 없는 몸이 벼슬하게 된 것이 부끄럽고　愧却非才禁籍通
고향의 삼경[168]에는 푸른 이끼가 덮여 있네　故山三逕綠苔封
물새들이 창주[169]의 달을 차지하고　沙禽自占滄洲月
아침부터 말을 타고 도성의 풍진을 길이 근심하네　朝騎長愁紫陌風
유수 같은 세월에 구레나룻은 백발이 되고　流水歲華雙鬢改
뜬구름 같은 세상사는 온갖 도모가 공허해지네　浮雲世事百圖空
오천[170]의 옛 자취로 자주 고개 돌리는데　烏川舊跡頻回首
새로운 시를 읽으니 마음이 다시 근심스러워지네　一讀新詩意更忡

168 삼경(三逕) : 은사(隱士)의 뜨락을 가리킨다. 서한(西漢) 말에 장후(蔣詡)가 은거한 뒤 집 안 뜨락에 오솔길 세 개를 만들어 놓고는 오직 양중(羊仲)과 구중(求仲) 두 사람하고만 교유하며 두문불출했던 고사가 있다. 《三輔決錄 逃名》

169 창주(滄洲) : 물가의 수려한 경치를 뜻하는 말이다. 남조(南朝) 제(齊)의 시인 사조(謝朓)가 선성 태수(宣城太守)로 나가서 창주의 정취를 마음껏 누렸던 고사가 유명하다.

170 오천(烏川) : 경상북도 예안(禮安)에 있던 마을로 후에 군자리(君子里)로 이름이 바뀌었다.

명천[171] 수령 박경진[172]에게 부치다 2수

寄明川倅朴景進 二首

살을 비비며 속마음을 이해하는 벗 이 세상에 드문데 膽照肌磨此世稀
이별한 뒤로 올해 또 봄이 되었네 別來今已見春歸
몸은 돌아가는 기러기 따라 관새를 향하고 身隨廻雁投關塞
꿈은 날리는 구름 좇아 궁궐을 싸고 도네 夢逐飛雲繞鎖闈
밤이 되면 오랑캐의 풀피리 소리 자주 끊어졌다 이어지고 入夜胡笳多斷續
성을 비추는 변방의 해는 빛이 약하네 滿城邊日少光輝
심원한 성상께서 수레 앞에 나와 직접 보내시니 天顔穆穆臨軒遣
회양[173]을 향하여 오래 떨어져 있는 것을 원망치 않네 不向淮陽怨久違

하직하던 날에 상이 사정전(思政殿)에 나아가 인견(引見)했기 때문에 말하였다.

조정의 반열에서 정들었던 벗과 한 번 이별함에 一別鵷班舊好僚
돌아가는 말은 쓸쓸하고 길은 아득하네 蕭蕭歸馬路迢迢

171 명천(明川) : 함경북도 남동부 동해 연안에 있는 고을이다.

172 박경진(朴景進) : 박점(朴漸, 1532~?)으로, 본관은 고령(高靈), 자는 경진, 호는 복암(復菴)이다. 1569년(선조2) 문과에 급제하였다. 이조 좌랑, 좌부승지 등을 거쳐 1573년 명천 현감이 되고 1584년 황해 감사를 지냈다. 1591년 당쟁에 휘말려 서인이 몰락할 때 관직을 삭탈당하여 벼슬길에 더 이상 나가지 않았다.

173 회양(淮陽) : 강원도 중부에 있는 군이다. 금강산이 회양군에 속한다.

들판의 군영에 있는 오래된 느릅나무 모두 늙었고 千年野戍楡全老
사월의 천산엔 눈이 아직 녹지 않았으리 四月天山雪未消
씩씩한 절의는 평탄하든 험하든 고치지 않으니 壯節不隨夷險改
곧은 마음이야 헐뜯거나 칭찬한다고 흔들리겠는가 貞心肯被毁譽搖
가벼운 갖옷에 느슨한 띠를 두르고 아무 일 없으니 輕裘緩帶身無事
변방을 진압한 사람 가운데는 도료[174]가 있었네 彈壓邊疆有度遼

174 도료(度遼) : 한(漢)나라 때 장군의 명호로, 요수(遼水)를 건너가 흉노족을 친다는 뜻을 담고 있다. 《漢書 匈奴傳》

이안중의 시에 뒤미처 차운하여 도로 부치다 2수

追次李安仲韻還寄 二首

몸은 도성에 나아가 옷에 먼지 가득한데	身趨紫陌衣塵滿
집은 청산에 있어 객지에서 꿈에 날아가네	家在青山客夢飛
근심 걱정 이미 버렸으나 늙음을 재촉하니	愁苦已拚催鬢髮
형상은 초췌하고 허리둘레 항상 줄어드네	形羸常覺減腰圍
가을바람은 비를 내려 오동나무 잎이 나부끼고	金風吹雨飄桐葉
찬 이슬은 허공을 비껴 밝은 달을 씻네	玉露橫空洗月輝
심사가 뜻대로 되지 않고 때는 쉽게 옮겨 가니	心事未成時易逝
언제 남쪽으로 돌아갈지 모르겠네	不知何日是南歸

소싯적부터 내 분수는 방 안의 등불과 같아	小少常分一壁燈
세간의 기복은 헤아리기 어렵네	世間難料是沈升
그대에게 벼슬의 귀함을 말하지 않겠소	憑君莫話青雲貴
귀한 신분이 되자 벗을 얻지 못했네	纔到青雲未得朋

승정원의 작은 누각에서 즉흥으로 읊어 두 분 당후에게 드리고 아울러 내한[175] 이백옥[176] 순인 에게 보여 주고 화답을 구하다

銀臺小樓卽事呈堂后兩仙案兼示李伯玉 純仁 內翰求和

높은 누각에서 발을 걷고 앉으니　　高閣捲簾坐
선선한 바람 나그네 적삼에 불어오네　　微涼生客衫
가벼운 그늘은 미앙궁[177]의 버들이며　　輕陰未央柳
푸른 기운 쌓이니 화산[178]의 아지랑이네　　積翠華山嵐
백발 노인으로 경연에 달려 나가다가　　白髮趨經幄
푸른 강에서 낚시질하던 곳 꿈꾸네[179]　　滄江夢釣巖

175 내한(內翰) : 조선 시대 한림(翰林)의 다른 이름이다. 한림은 예문관(藝文館)의 정8품 벼슬인 대교(待敎)와 정9품 벼슬인 검열(檢閱)을 지칭하는 말이다.

176 이백옥(李伯玉) : 이순인(李純仁, 1533～1592)으로, 본관은 전의(全義), 자는 백옥·백생(伯生), 호는 고담(孤潭)이다. 이황(李滉)과 조식(曺植)의 문인이다. 문장에 뛰어나 당시 이산해(李山海), 최경창(崔慶昌), 백광훈(白光勳) 등과 함께 팔문장(八文章)이라고 불렸다. 저서로 《고담집》이 있다.

177 미앙궁(未央宮) : 당 현종(唐玄宗)이 양 귀비와 즐기던 장안(長安) 서쪽의 궁궐 이름이다.

178 화산(華山) : 중국 섬서성(陝西省) 화음현(華陰縣)의 남쪽 진령산맥(秦嶺山脈) 중에 있는 산으로 오악(五岳) 가운데서 서악(西岳)에 속한다.

179 푸른 강에서……꿈꾸네 : 주(周)나라의 태공망(太公望) 여상(呂尙)이 반계(磻溪)의 조암(釣巖)에서 낚시질하다가 문왕(文王)을 만나 사부(師傅)로 추대되었다는 고사를 읊은 듯하다. 《史記 齊太公世家》

시를 써서 속마음 하소연해 보지만　　題詩訴幽抱
청담을 나누지 못하는 것이 한스럽구려　　却恨阻清談

다시 앞의 시에 용운하여 자신[180]과 백생[181]에게 드리다

復用前韻呈子新伯生

아침 일찍 궁궐에 나아가니	曉日趨丹闕
먼지바람 하얀 적삼을 더럽히네	風塵化素衫
성은은 마른 풀에 맺힌 이슬이요	君恩枯草露
고향을 향한 꿈은 산천의 아지랑이네	鄕夢故山嵐
홍문관은 청쇄[182]와 이어지고	玉署連青瑣
경루[183]는 푸른 바위와 마주하네	瓊樓對翠巖
그대 꼭 한번 와 주시길	須君一來問
시를 함께 말하고자 하오	欲與共詩談

180 자신(子新) : 어떤 사람의 자로 보이는데 미상이다.

181 백생(伯生) : 이순인(李純仁)의 자이다. 322쪽 주176 참조.

182 청쇄(青瑣) : 쇄(瑣)는 쇄(鎖)와 통한다. 한(漢)나라 때 궁중의 문에 푸른색을 칠하고 쇠사슬 모양을 새겼으므로 이후 궁중의 문을 청쇄라고 하였다.

183 경루(瓊樓) : 십이 경루(十二瓊樓)로, 선경(仙境)에 있다는 구슬로 장식한 12개의 누대인데, 전하여 대궐의 누각을 가리킨다.

의운하여 동료 군망[184]에게 수답하다

依韻酬君望僚伯

서늘한 바람 먼 숲에서 일고	微涼生遠樹
상쾌한 기운 조복에 스며드네	爽氣入朝衫
서궁의 물시계 세월을 헤아리고	度月西宮漏
북악의 이내 주렴을 감싸네	縈簾北岳嵐
귀뚜라미는 분서[185]를 근심하고	候蟲愁粉署
오솔길에서 운암[186]을 추억하네	幽徑憶雲巖
쓸쓸히 한 해가 저물려 하니	寥落歲將暮
부질없이 돌아가리란 말로 위로하네	空勞歸去談

184 군망(君望) : 신응시(辛應時, 1532~1585)의 자이다. 본관은 영월(寧越), 호는 백록(白麓), 시호는 문장(文莊)이다. 백인걸(白仁傑)의 문하에서 배웠으며, 성혼(成渾), 이이(李珥)와 특히 교분이 두터웠다. 전라도 관찰사, 대사간, 부제학을 지냈다. 배천(白川)의 문회서원(文會書院)에 제향되었다. 문집으로 《백록유고(白麓遺稿)》가 있다.

185 분서(粉署) : 하얗게 벽을 칠한 관청이라는 말로, 상서성(尙書省)의 별칭이다.

186 운암(雲巖) : 김명일(金明一, 1534~1570)의 호이다. 학봉(鶴峯) 김성일(金誠一)의 형으로 이황(李滉)의 문인이다.

앞의 운으로 네 번째 첩운시를 지어 삼가 승지 여러분에게 드리다

四疊前韻伏呈僉侍仙案

누대에서 다행히 아무 일도 없어	樓居幸無事
온종일 가벼운 적삼 풀어 헤치네	終日解輕衫
바람은 용지의 물결을 일으키고	風颭龍池水
산은 대궐의 이내를 거두네	山收鳳闕嵐
매미는 높은 나무에서 울어 대고	蟬聲咽高木
구름 그림자 층층 바위를 건너네	雲影度層巖
가을 비애 떨쳐 버림은	消遣悲秋意
그대의 옥가루[187] 같은 얘기 덕택이라오	憑君玉塵談

187 옥가루 : 상대방의 언사나 시문을 미화한 말이다.

평창 군수로 나가는 황길재[188] 윤길 를 전송하다
送黃吉哉 允吉 出宰平昌

임금의 근심은 백성의 곤궁에 대한 걱정이라　　民窮方軫九重憂
함께 다스릴 관리로는 늘 소부[189] 같은 무리를 구하였네　　共理常求召父儔
대궐에서 밝은 은촉 조회를 거두고　　銀燭輟朝丹鳳闕
동부[190]를 지니고 백구 물가에서 면류관 드러내네[191]　　銅符露冕白鷗洲
진 땅 관문[192]의 옛길은 산천이 험하고　　秦關故道山川險

188 황길재(黃吉哉) : 황윤길(黃允吉, 1536~?)로, 본관은 장수(長水), 자는 길재, 호는 우송당(友松堂)이다. 1590년(선조23) 통신사로 일본에 파견되어 도요토미 히데요시(豐臣秀吉)를 접견하고 이듬해 귀국하여, 일본이 반드시 내침(來侵)할 것이므로 대비해야 한다고 복명하였다.

189 소부(召父) : 전한(前漢) 때 어진 정사를 폈던 소신신(召信臣)의 별칭으로, 일반적으로 어진 수령을 뜻한다. 소신신은 고을을 다스리면서 백성들을 자식처럼 돌보았는데, 남양 태수(南陽太守)가 되었을 적에는 교화가 크게 행해져서 백성들이 모두 농사에 힘썼으며, 호구가 날로 증가되고 도적과 옥송(獄訟)이 그쳤다. 이에 아전과 백성들이 소신신을 친애하여 '소부'라고 불렀다. 《漢書 召信臣傳》

190 동부(銅符) : 지방 수령이 차는 관인(官印)을 말한다. 동장(銅章)이라고도 한다.

191 면류관 드러내네 : 후한(後漢)의 곽하(郭賀)가 형주 자사(荊州刺史)가 되었을 때 정치를 잘하였으므로 명제(明帝)가 특히 표상하여 삼공(三公)의 옷을 주고, 부내(部內)에 다닐 때 수레의 장막을 걷고 면류관을 드러내어 백성들이 보게 한 것에서 유래하였다. 《後漢書 郭賀列傳》

192 진(秦) 땅 관문 : 진대(秦代)의 관소(關所)를 말하는데, 후세에는 변새(邊塞)의 뜻으로 많이 쓴다. 여기서는 강원도의 험한 길을 가리킨다.

촉 땅 잔도[193]의 가을바람에 나뭇잎이 시드네　　蜀棧秋風木葉稠
이별 후 소식이 끊어짐을 견디며　　別後可堪消息斷
임금의 조서가 벽촌에 내려지길 기다리리라　　待看泥詔下荒陬

193 촉(蜀) 땅 잔도(棧道) : 유비(劉備)가 촉으로 옮기며 만든 위험한 잔도를 말한다. 여기서는 강원도의 험한 길을 가리킨다.

정연지[194]의 교외 별장에 써서 부치다 2수
寄題衍之郊墅 二首

성곽 밖 동산 숲 몇 뙈기에	郭外園林數畝餘
문을 닫고 지내니 산에 사는 듯 적막하네	閉門寥寂似山居
정신이 맑아 홍진의 꿈 꾸지 않고	魂清不作紅塵夢
흥취가 일면 때로 백설 같은 나귀를 타네	興至時騎白雪驢
강 기운은 새벽 처마 밑 나무에 엉기고	江氣曉凝簷下樹
산빛은 갠 날 베갯머리 책 가까이에 있다네	山光晴襯枕邊書
한가한 생활 오래도록 이와 같기만 바라서	身閑只願長如此
향을 머금고[195] 조정에서 모시는 일 잊었다네	忘却含香侍玉除

인간 세상 자유의 몸이 되어	却作人間自在身
자주 자연을 찾고 속세를 멀리하였네	頻尋雲水遠風塵
금서각[196]은 강 마을의 길을 마주하고	琴書閣對江村路

194 정연지(鄭衍之) : 정지연(鄭芝衍, 1525~1583)으로, 본관은 동래(東萊), 자는 연지, 호는 남봉(南峯)이다. 문익공(文翼公) 정광필(鄭光弼)의 증손으로, 일찍이 이중호(李仲虎)로부터 학문을 배웠고 뒤에 이황(李滉), 서경덕(徐敬德), 성제원(成悌元)의 문하에 출입하여 많은 영향을 받았다. 1549년(명종4) 사마 양시에 모두 합격한 뒤 대사성, 대사간, 대사헌을 거쳐 1581년(선조14) 우의정에 올랐다.

195 향을 머금고 : 옛날 상서성(尙書省)의 낭관(郎官)이 일을 아뢸 때 구취(口臭)를 없애기 위해 입에 계설향(鷄舌香)을 머금었다는 고사에서 유래한 것으로, 여기에서는 이조의 낭관직을 가리킨다.

뽕나무 담은 촌로의 밭두렁과 이어져 있네　桑柘墻連野老畛
달밤의 학 울음소리에는 도기가 넘쳐 나고　夜月鶴聲饒道氣
저녁 산 노을 낀 경치는 시인의 정신을 괴롭히네　暮山煙景惱詩神
속된 모습 거두고 신선의 자취 찾으려 하나　欲收俗狀尋仙躅
도리어 초당의 신령이 수레를 막을까 두렵네[197]　還怕堂靈杜妄輪

196 금서각(琴書閣) : 정지연의 교외 별장에 있는 서재로 보인다.

197 초당(草堂)의……두렵네 : 남제(南齊) 때 주옹(周顒)이 북산(北山)에 은거하다가 뒤에 조정의 부름을 받고 해염 현령(海鹽縣令)이 되었는데, 임기를 마치고 돌아가는 길에 다시 그 북산에 들르려고 하였다. 이때 북산에 은거하고 있던 공치규(孔稚圭)가 주옹의 변절을 매우 못마땅하게 여긴 나머지 〈북산이문(北山移文)〉을 지어 그로 하여금 다시는 북산에 발을 들여놓지 못하도록 하는 뜻을 서술하였다. 그 글에 "종산의 영령과 초당의 신령이 연기로 하여금 역로를 달려가서 산정에 이문을 새기게 하였다.〔鍾山之英, 草堂之靈, 馳煙驛路, 勒移山庭.〕"라고 하였는데, 여기서는 진작 은퇴하지 못하고 관직에 매여 있는 문봉 자신의 처지를 책망하는 뜻으로 한 말이다.

영남 관찰사로 나가는 윤자고[198]를 전송하다
送尹子固出按嶺南

임금께서 남쪽 지방에 교화를 펴고자 하시니 九重欲布南維化
쌍절[199]을 가지고 북궐에서 하직하였다네 雙節初辭北闕雲
편안하거나 어렵거나 한결같을 줄 조정에서 믿고 있고 夷險不移朝著信
징청하게 할 뜻[200]이 있음은 온 나라에 알려졌네 澄淸有志海隅聞
강 하늘 기러기 울음소리에 이별의 혼은 끊어지는 듯한데 江天雁叫離魂斷
영남 길에 가을이 오니 낙엽이 어지럽네 嶺路秋歸落葉紛
이별 후 소식이 끊어지면 어이 견디리 別後可堪消息絶
역매[201]라도 한 가지 나누어 주기를 공연히 기다리네 驛梅空待一枝分

198 윤자고(尹子固) : 윤근수(尹根壽, 1537～1616)로, 본관은 해평(海平), 자는 자고, 호는 월정(月汀)이다. 1574년(선조7) 경상도 관찰사에 제수되었다.

199 쌍절(雙節) : 감사가 가지고 가는 한 쌍의 깃발로, 당(唐)나라 때 절도사에게 쌍정(雙旌)과 쌍절을 지급하여 정(旌)으로 포상하고 절(節)로 처벌하게 했던 데서 유래한다.

200 징청(澄淸)하게 할 뜻 : 후한(後漢) 때 기주(冀州)에 흉년이 들어 도적이 크게 일어났을 적에 조정에서 범방(范滂)을 청조사(淸詔使)로 삼아 그곳을 안찰하게 하자, 범방이 수레에 올라 말고삐를 잡고는 개연(慨然)히 천하를 깨끗이 진정시키려는 뜻이 있었다는 데서 온 말이다. 《後漢書 黨錮列傳 范滂》

201 역매(驛梅) : 307쪽 주146 참조.

호남 관찰사로 나가는 신군망을 전송하다 2수

送辛君望出按湖南 二首

일찍이 풍채로 남쪽 고을을 진동시키고 曾將風采動南州
부절을 잡고 거듭 다닌 지 한 해가 지났네 握節重遊隔一秋
조정의 반열 자주 떠나감을 함께 한스러워하고 鵷列共含頻去恨
임금을 그리는 마음 자신만 고생한다[202]는 근심을 안고 있네 葵心肯抱獨賢愁
강가의 구름과 눈은 수레를 헤매게 하고 江邊雲雪迷行蓋
호외의 산천이 역루를 휘감고 있네 湖外山川繞驛樓
손꼽아 보다가 돌아올 날 멀었음에 남몰래 놀라고 屈指暗驚回日遠
지붕에 걸린 밝은 달빛 아래 그리움만 길어지리 屋樑明月思悠悠

가을에 접어들며 문득 잦은 이별에 놀라고 秋來驚却別離頻
다시금 한수 가에 외로운 배를 푸네 又解孤舟漢水濱
옥절을 가지고 멀리 바닷가 길을 살피려고 玉節遠巡瀕海路
금란[203]에서 조서를 만드는 사람을 처음으로 보내네 金鑾初出草綸人
수심이 동령에서 생겨남에 한가로운 구름 합해지고 愁生東嶺閑雲合
꿈에서 훤당의 곁을 맴돎에 색동옷은 새롭다네 夢繞萱堂彩服新

202 자신만 고생한다 : 《시경》 〈소아(小雅) 북산(北山)〉에, 다른 관원들도 많은데 불공평하게 자기 혼자만 고생한다고 한탄한 데서 나온 말이다.

203 금란(金鑾) : 한림원 혹은 한림 학사의 별칭이다.

멀리서 생각건대 남민들이 다시 맞이함을 기뻐하리니 遙想南民欣再睹
징청을 위하여 지난날 위풍을 펴는 데 겨를이 없으리라
澄淸不假舊威伸

조형선[204]에 대한 만사

挽趙衡善

금문[205]에다 이름을 올리니 성은이 두터웠고　金門通籍天恩重
임금 곁에서 경서를 강론하며 성학을 도왔다네　玉座論經聖學裨
조정에선 모두 내를 건너는 노[206]가 되기를 기대하다가　朝著共期川楫濟
사림들은 골짝의 배가 옮겨졌음[207]을 문득 탄식하네　士林俄歎壑舟移
달빛이 산 나무를 비추자 두견이 멀리서 울고　月明山木鵑啼迥
봄빛이 문당[208]에 들자 학이 천천히 돌아왔네　春入文堂鶴返遲
하늘의 수명 양세의 뛰어난 인재에게 인색하니[209]　兩世大材天靳壽

204 조형선(趙衡善) : 조정기(趙廷機, 1535～1575)로, 본관은 풍양(豐壤), 자는 형선이다. 1564년(명종19) 문과에 급제하였다. 홍문관 교리가 되었을 때 이준경(李浚慶)이 죽음에 임하여 붕당을 경고한 데 대해 삼사(三司)가 공격하여 죄주기를 청하자 심희수(沈喜壽)와 더불어 이준경을 적극 변호하였다.

205 금문(金門) : 한(漢)나라 때 궁궐에 있던 금마문(金馬門)의 준말로 금규(金閨)로도 약칭하였다. 임금과 가까운 예문관과 홍문관 등을 말한다.

206 내를 건너는 노 : 조정의 중요한 직임을 맡은 인물을 말한다. 은(殷)나라 고종(高宗)이 현상(賢相) 부열(傅說)을 얻고 나서 "만일 큰 강을 건너게 되면 내가 그대를 배와 노로 삼을 것이다."라고 하였다. 《書經 說命上》

207 골짝의 배가 옮겨졌음 : 사람의 죽음을 뜻한다. 《장자(莊子)》 〈대종사(大宗師)〉에 "골짜기에 배를 숨겨 두고는 안전하다고 여기지만 한밤중에 힘센 자가 등에 지고 달아나도 어리석은 사람은 알아채지를 못한다."라고 하였다.

208 문당(文堂) : 예문관과 홍문관 등 학문이 높은 사람이 머무는 곳을 가리킨다.

209 하늘의……인색하니 : 조정기의 아버지 조종경(趙宗敬, 1495～1535)이 문과에

명성은 부질없이 후인들을 슬프게 하는구나　　　風聲空使後人悲

급제하여 주서, 정언, 수찬 등을 역임하였으나 아들과 같은 나이에 죽은 것을 가리킨다.

이희일의 〈명수당에서〉에 차운하다 2수
次李希一明秀堂韻 二首

풀에 파묻히고 구름에 가린 지 몇백 년이던가	草沒雲埋幾百年
하늘의 도움으로 어느 날 저녁 시선을 만났네	天心一夕與詩仙
햇빛을 띠고 지는 노을 푸른 산봉우리로 돌아가고	殘霞帶日歸靑嶂
바람을 받고 내려오는 기러기 푸른 내에 내려앉네	落雁衝風下碧川
마음은 꿈속에서 세 오솔길[210]을 떠나지 못하고	魂夢不離三逕裏
반쯤 열린 창문 앞에는 봄날 경치 오래도록 적막하네	煙花長寂半窓前
세속의 발자취 이르기 전에 정신이 먼저 도달하니	塵蹤未躡神先到
어찌 그대를 따라 한잠 함께할 수 있겠는가	安得隨君伴一眠

궁벽한 땅 어느 누가 다투겠는가	地僻人誰競
높은 누대 위에서는 흥을 이기지 못하네	臺高興不堪
하늘의 북쪽에서 마음은 재가 되고	心灰天極北
석봉의 남쪽에서 문을 닫았네	門掩石峯南
풀빛은 긴 다리 길에 이어져 있고	草色長橋路
종소리는 고목이 있는 암자에 퍼지네	鐘聲古木庵
책을 보며 오히려 여가가 많아	看書尙多暇
편안한 마음으로 빈 못에 떠다니네	容與泛空潭

210 세 오솔길 : 진(晉)나라 도잠(陶潛)의 〈귀거래사(歸去來辭)〉에 "세 오솔길은 황폐해 가지만, 소나무와 국화는 남아 있도다."라는 표현이 있는데, 이를 인용해 고향으로 돌아가고픈 마음을 나타내었다.

〈평산 동헌에서〉에 차운하다

次平山東軒韻

쏴쏴 비바람 몰아치는데 푸른 여울을 건너고 風雨蕭蕭度碧灘
서쪽으로 돌아가는 행장을 꾸리니 길은 멀고도 멀구나 西歸行李路漫漫
봄빛은 냇가의 풀 자라게 하고 春光欲長溪邊草
공기는 멀리 바닷가 산으로 이어지네 空氣遙連海上山
기러기는 객지의 시름을 일으켜 백발을 재촉하고 雁引旅愁催白髮
꽃은 관아의 술 맞이하여 홍안을 빌려주네 花迎官酒借紅顔
깊은 병 낫질 않는데 나랏일은 급하니 沈痾不解王程急
우인[211]의 새벽 말 재촉하는 소리 듣기 싫어라 厭聽郵人促曉鞍

211 우인(郵人) : 지방 군수를 보좌하는 관리로 감찰 업무를 담당한다.

평산에서 개석,[212] 자미[213]와 헤어지며 창연히 증별하다

平山與介錫子美分路悵然贈別

한강에서 출발한 세 사신 乘槎漢水三星客
연산으로 해를 향해 만 리 길을 갔다네 向日燕山萬里行
향기로운 사행길에서는 함께 시를 읊었고 芳草王程吟共過
객관에 꽃이 지니 병이 더욱 심했네 落花賓館病偏生
갈림길에서 한성의 달을 보며 시름이 깊어지고 愁纏岐路韓城月
봄 산 소쩍새 소리에 눈물 흘렸네 淚下春山蜀魄聲
홀로 저탄[214]을 건너며 고개 돌려 바라보니 獨渡猪灘回首望
쌍정[215]은 푸른 봉우리 어디에 보이는가 碧岑何處見雙旌

부(府)의 서쪽 5리에 경성(慶城)이 있는데 변한(弁韓)의 성이었다고 전해진다.

212 개석(介錫) : 정윤복(丁胤福, 1544~1592)의 자이다. 본관은 나주(羅州)이다. 1567년(명종22) 식년 문과에 합격하고 대사성, 동지중추부사 등을 역임하였다. 1589년(선조22) 정여립(鄭汝立)의 역모 사건 때 정여립과 친분이 있다는 이유로 파직되었다. 임진왜란 때 세자가 있던 이천(伊川)에서 병조 참판을 제수받고 성천(成川)에서 종사하던 중 병으로 죽었다.

213 자미(子美) : 미상이다. 선조 때 조휘(趙徽)의 자가 자미이고 문과에 급제하여 현감(縣監)을 지냈는데 동일 인물인지 확인할 수 없다

214 저탄(猪灘) : 황해도 평산군(平山郡)의 동쪽에 있는 예성강(禮成江)의 상류를 가리킨다.

215 쌍정(雙旌) : 관찰사의 의장이다. 331쪽 주199 참조.

금교관에서 앞의 시에 용운하여 개석, 자미에게 부치다 2수
金郊館用前韻寄介錫子美 二首

꽃과 새를 보고 유달리 이별의 정 슬퍼하며 花鳥偏傷折柳情
홀로 쇠잔한 몸 부축하여 동쪽으로 가네 獨扶衰疾向東行
구름 낀 먼 산에 봄 그늘 흩어지고 雲飛遠嶽春陰散
비 갠 들판에 들 물이 생겨나네 雨歇平坡野水生
눈물 어린 눈 향기 나는 풀빛에 미혹되고 淚眼欲迷芳草色
수심은 남몰래 저녁 피리 소리에 맺히네 愁心暗結暮笳聲
고개 돌리매 수많은 봉우리에 막힌 것 원망스러우니 回頭却怨千峯隔
어느 곳의 역사에서 깃발을 마주하리 何處郵亭對駐旌

한 말 술로도 이별을 원망하는 마음 없애기 어려운데 斗酒難消怨別情
무뢰한 마부는 다시금 길을 재촉하네 僕夫無賴更催行
하늘가 오래된 길 마음이 따라가고 天邊舊路心隨去
말 위의 새로운 수심 풀 위에 생겨나네 馬上新愁草喚生
들녘을 지나는 저녁노을 바다 빛으로 돌아가고 度野落霞歸海色
숲 너머 지저귀는 새 봄 소리를 보내네 隔林啼鳥送春聲
석양에 홀로 우헌의 자리에 기대어 있으려니 斜陽獨倚郵軒坐
객의 마음 어수선하여 휘날리는 깃발 같다오 客思搖搖似亂旌

등계달[216]에게 수답하다 3수

酬滕季達 三首

옛날 동쪽으로 온 날 떠올려 보니	憶昨東來日
남달리 돌보아 주는 은혜 받았네	偏承顧眄勤
자연스럽고 화려한 시 독보적이고	天葩詩獨步
옥가루 같은 말씀 처음 들었네	玉屑語初聞
만 리 떨어진 연산의 달을 그리워하고	萬里燕山月
잠시 만난 한강의 구름을 생각하리	三年漢水雲
다시 만날 인연이 없어	無因重會面
부질없이 남은 향기만 어루만지네	空自挹餘芬

우리 임금의 명을 받들어	謬捧吾王命
상국의 문물 살펴보려 하였네	將觀上國光
봄이 지나고 풍토병에 걸려	病生春後瘴
황해도 시골에 몸져누웠네	身臥海西鄉
홀연히 다시 잡은 손 놓치니	忽失重携手
애끓는 마음 견디기 어렵구나	難堪更斷腸
지붕에 밝은 달 걸려 있으니	屋樑明月在
신선의 의표 잠시도 잊을 수 없다오	仙表耿難忘

216 등계달(滕季達) : 298쪽 주125 참조.

문장은 중국을 울리고	文章鳴上國
덕의는 우리나라를 감동시키네	德義感東人
벼슬살이 마음에서 재가 된 지 오래고	簪笏心灰久
구름 낀 깊은 산에 자주 발길 닿았네	雲山足踏頻
훨훨 문필을 날리며	翩翩飛翰墨
끊임없이 정신을 모으네	脈脈會精神
어이하면 이 몸에 날개가 돋아	安得身生翼
이른 새벽 그대를 방문하리	隨君訪肇晨

구담 이이성[217] 지번 을 애도하다

龜潭李而盛 之蕃 挽

일 밖에 마음 두어 본래 세상을 가벼이 여겼으나　棲心事外元輕世
세속에 들어가 잠시 재주를 펼쳤네　混迹塵中暫展才
푸른 바위 가운데 초가집은 몇 번이나 옮겼던가　茅屋幾移蒼石裏
동부를 지니고 또 푸른 강 물굽이에 누웠네[218]　銅符且臥碧江隈
햇볕이 풀 이슬 말리니 노랫소리 끊어진 지 오래고　陽晞草露絃長絶
달이 영지밭을 비추니 학이 홀로 노니네　月照芝田鶴獨廻
누가 오래도록 황보[219]의 전을 이어 가랴　誰續千秋皇甫傳
부질없이 운수만 남아 절로 슬픔을 머금고 있네　空餘雲水自含哀

217 이이성(李而盛) : 이지번(李之蕃, 1508~1575)으로, 본관은 한산(韓山), 자는 이성, 호는 성암(省菴)·사정(思亭)·구담(龜潭)이다. 이지함(李之菡)의 형이며, 이산해(李山海)의 아버지이다. 천문과 지리에 모두 정통하였다. 인종 때 문음으로 추천되어 장례원 사평(掌隷院司評)이 되었으나 당시 윤원형(尹元衡)이 국권을 잡아 횡포를 부리므로 벼슬을 버리고 단양의 구담으로 낙향하였다. 선조 즉위 초에 이황(李滉)의 추천으로 청풍 군수를 지냈다.

218 동부(銅符)를……누웠네 : 청풍 군수를 지낸 것을 가리킨다.

219 황보(皇甫) : 《고사전(高士傳)》과 《일사전(逸士傳)》 등 많은 책을 저술한 진(晉)의 황보밀(皇甫謐)을 가리키는 것으로 보인다.

선성[220] 군수를 청하고 나서 얼마 뒤 조정으로 돌아가게 되어 감회에 젖다
乞郡宣城未幾將還朝有感

식어 버린 화로에 향이 다 타고 삼경이 되려는데	寒爐香盡欲三更
구름 밖 멀리서 한 마리 기러기 소리 들려오네	雲外遙聞一雁聲
넓은 들판 높은 바람에 마른 낙엽 바삭거리고	永野高風枯葉響
청산의 지는 달 반쪽 창문을 비추네	青山落月半牕明
홍진 세월 속 부질없이 몸만 늙어	紅塵歲月身空老
백발이 되도록 강호로 돌아가려는 계책을 이루지 못했다네	白髮江湖計未成
다시 서쪽에서 오는 소식 좋지 않으니	更有西來消息惡
밤새도록 애태우며 마음을 가누지 못하네	終宵耿耿不勝情

이때 새로 교리에 제수되었기 때문에 이렇게 말한 것이다.

220 선성(宣城) : 경상북도 예안(禮安)의 옛 이름이다. 문봉은 1568년(선조1) 36세 봄 예안 현감이 되었다가 그해 겨울 홍문관 교리로 부름을 받아 서울로 다시 올라갔다.

재차 앞의 시에 용운하여 계립[221]에게 부치다

再用前韻寄季立

조서를 받들고 남쪽으로 와서 해가 아직 바뀌지도 않았는데	奉檄南來歲未更
조서가 멀리서 다시 내려오니 헛된 명성 부끄럽네	鶴書遙下愧虛聲
일신의 도모 오래도록 서툴러 생애가 기구하고	謀身久拙生涯薄
세상살이 아무런 도움 될 곳 없이 귀밑머리만 세었네	住世無裨鬢髮明
시골길엔 눈이 많이 내려 사람이 오질 않고	村逕雪深人不到
흙 침상에 훈기가 도니 비로소 꿈을 꾸네	土牀煙煖夢初成
그리워하는 마음 흡사 도도히 흐르는 물 같지만	相思政似滔滔水
병든 몸으로 어떻게 이 심정 말하리	抱病何因道此情

221 계립(季立) : 이황(李滉)의 문인 남호례(南好禮)로 추정된다. 《문봉집》 제1권에 〈남계립에게 주다〔呈南季立〕〉라는 시가 실려 있다.

내성[222]의 전별연에서 운자를 부르다

奈城餞席呼韻

늙은이는 먼 길 객이 되고	白頭長路客
젊은이는 고향 사람이라오	靑眼故鄕人
해후하여 동이 속 술을 마시니	邂逅樽中酒
몸이 꿈속인 듯하네	依俙夢裏身
달밤에 천 리 먼 곳으로 배를 타고 돌아가고	歸舟千里月
온갖 꽃 피어나는 봄에 새는 지저귀네	啼鳥百花春
오랫동안 머물 수 없으니	留滯不能久
슬픈 내 마음 견디기 어렵구나	難堪傷我神

공이 이번 행차에서 귀환하지 못하고 경저(京邸)에서 사망하였다.

222 내성(奈城) : 봉화(奉化)의 마을로 문봉이 태어난 곳이다.

석문정사[223]에서 주신재[224]의 시에 차운하다

石門精舍次周愼齋韻

지경이 외져 은하수로 이어지고	境絶連宵漢
세속 먼지 드물어 신선이 모여 있네	塵稀集羽仙
풀 사이 깊은 오솔길 하나	草間深逕一
저녁 강가에는 수많은 산봉우리	江上暮山千
해 지자 외로운 배 떠나가고	落日孤舟去
맑은 바람에 새벽 종소리 들리네	淸風曉磬傳
해마다 필마로 지나가지만	年年匹馬過
끝내 한번 한가로이 노닐지 못했다오	終負一盤旋

223 석문정사(石門精舍) : 경상북도 안동시 풍산읍 막곡리의 청성산(靑城山) 중턱에 있다. 학봉(鶴峯) 김성일(金誠一)이 1587년(선조20)에 지었고 그곳에서 공부하였다.

224 주신재(周愼齋) : 주세붕(周世鵬, 1495～1554)으로, 본관은 상주(尙州), 자는 경유(景遊), 호는 신재·무릉도인(武陵道人) 등이다. 1522년(중종17) 별시 문과에 급제하여 벼슬이 동지중추부사에 이르렀다. 1541년 풍기 군수가 되어, 지방의 교화를 진작하기 위해 1542년 고려의 유현(儒賢) 안향(安珦)의 사당을 세우고, 이듬해에 학사(學舍)를 이건(移建)하여 백운동서원을 설립하였다.

권송암[225]의 한서재에서 퇴계 선생의 시에 차운하다
權松巖寒棲齋次退溪先生韻

쓸쓸한 푸른 소나무 푸른 산봉우리 감싸고 있으니 寥落蒼松繞碧岑
평생토록 소나무의 겨울 견디는 마음[226]을 마주하네 百年相對歲寒心
어지럽게 길에서 수레 모는 사람들은 紛紛路上驅車客
이름난 정원에서 복숭아와 오얏을 찾는다네 盡向名園桃李尋

225 권송암(權松巖) : 권호문(權好文, 1532~1587)으로, 본관은 안동(安東), 자는 장중(章仲), 호는 송암이다. 이황(李滉)의 제자이며, 같은 문하생인 유성룡(柳成龍), 김성일(金誠一) 등과 교분이 두터웠고 이들로부터 학행을 높이 평가받았다. 문집으로 《송암집(松巖集)》이 있다.

226 소나무의……마음 : 《논어》 〈자한(子罕)〉에 "계절이 추워진 뒤에야 소나무와 측백나무가 조락하지 않는 것을 안다." 하였는데, 추위에도 낙엽이 지지 않는 상록수의 모습을 가지고 어려운 시기에도 변치 않는 군자의 절조에 비유하고 있다.

고향으로 돌아가는 김부의[227] 신중과 작별하다 2수
奉別金富儀愼仲還鄕 二首

서울에 들어섰으나 본래 벼슬 때문이 아닌지라	入洛元非爲曳裾
다시 필마를 끌고 강호로 돌아간다네	還持匹馬返江湖
높은 의표 청산으로 돌아갈 계책 고치지 않으니	高標不改青山計
많은 선비들 모두 백발 유생을 탄식하네	多士咸嗟白髮儒
고향은 가까우나 영남 길 눈이 깊어	嶺路雪深鄕國近
변경에서 한 해가 저무니 나그네살이 외로웠네	關河歲暮客行孤
벼슬을 그만두고 그대를 따라갈 수 없으니	未能投紱隨君去
한쪽 구석에서 이별의 생각 여전하다네	依舊離懷地一隅

자질은 썩은 나무와 같아 조각도 할 수 없고[228]	材如朽木彫難着
교유는 아교를 칠과 섞은 듯 우의가 더욱 돈독하네	交似投膠意更敦
이별 원망하며 세월의 흐름에 몇 번이나 놀랐던고	怨別幾驚移歲月
고개 돌려 공연히 산천과 떨어져 있음을 탄식한다네	回頭空恨隔川原
푸른 강 달밤에 배 띄우니 고향 꿈에 괴롭고	滄江泛月勞鄕夢
도성에서 들리는 닭 울음소리에 객의 마음 끊어지네	紫陌聞鷄斷客魂

227 김부의(金富儀) : 1525~1582. 본관은 광산(光山), 자는 신중(愼仲), 호는 읍청정(挹淸亭)이다. 김부필(金富弼)의 아우이다.

228 썩은……없고 : 재여(宰予)가 낮에 잠을 자자, 공자가 "썩은 나무에는 무엇을 새길 수가 없다."라고 평한 일화가 전한다. 《論語 公冶長》

시골에서 만약 아는 사람 만나 묻거든	林下若逢相識問
금문 옆에서 홀로 귀밑머리 세었다 하게나	獨將衰鬢傍金門

김백순[229]의 시에 차운하다

次韻金伯純

청산녹수 가운데 집을 마련하니	卜宅青山綠水中
가을바람 불어와 어채[230]가 강동[231]보다 낫겠구나	秋風魚菜勝江東
줄과 부들과 세월을 보내며 세상일이 없고	菰蒲日月無塵事
소나무와 국화 전원에 오묘한 공이 있으리	松菊田園有妙功
서늘한 저녁 시냇가 집에서 술친구 맞이하고	溪館晚涼邀酒伴
고요한 밤 안개 낀 물결 위 어부를 좇네	煙波靜夜趁漁翁
종전의 이해와 득실은 모두 다 잊고서	從前得失都忘了
홀로 형문[232]에서 게으름을 기르리라	獨向衡門但養慵

229 김백순(金伯純) : 김극일(金克一, 1522~1585)로, 본관은 의성(義城), 자는 백순, 호는 약봉(藥峰)이다. 이황(李滉)의 문인이고, 1546년(명종1)에 증광 문과에 급제하였다. 주로 지방관을 역임했고, 효성이 매우 지극하였다. 청계(青溪) 김진(金璡)의 장자로 동생 김수일(金守一), 김명일(金明一), 김성일(金誠一), 김복일(金復一)과 함께 '김씨오룡(金氏五龍)'으로 불렸다. 안동의 사빈서원(泗濱書院)에 배향되었다. 문집으로 《약봉일고(藥峰逸稿)》가 있다.

230 어채(魚菜) : 농어(鱸魚)와 순채(蓴菜)로, 여기서는 고향을 가리킨다. 315쪽 주163 참조.

231 강동(江東) : 양자강 남쪽을 일컫는 경우가 많다.

232 형문(衡門) : 나무를 가로질러 만든 보잘것없는 문으로, 안분자족(安分自足)하는 은자(隱者)의 거처를 뜻한다. 《시경》 〈진풍(陳風) 형문〉에 "형문의 아래에서 한가히 지낼 만하다.〔衡門之下, 可以棲遲.〕"라는 내용이 보인다.

몸에 동장[233]을 차고 수령이 되어	身佩銅章作縣官
종일토록 공무에 매여 한가할 틈 없네	簿書終日未偸閑
청산의 기약이 있으나 어느 때에 가겠으며	靑山有約何時去
백발은 무정하여 뽑아내기 어렵다네	白髮無情不勝刪
인간 세상 반평생 영광과 오욕이 많고	人世半生多寵辱
고향의 세 갈래 길에는 띠풀이 그득하네	故園三逕長茅菅
멀리서 생각건대 손을 사절하고 은거하며	遙思謝客棲遲處
밝은 달 푸른 물결 속에 홀로 문을 닫고 있겠지	明月滄波獨閉關

233 동장(銅章) : 지방 수령이 차는 관인(官印)을 말한다. 동인(銅印)이라고도 한다. 한(漢)나라에서 600섬 이상의 녹봉을 받는 벼슬아치가 가졌다고 한다.

돈서[234]에게 드리고 아울러 언우[235], 신중, 협지[236]에게 보내다
呈惇敍兼簡彦遇愼仲夾之

산수에 정든 벗이 사니	山水故人居
우연히 와서 대사립을 찾네	偶來尋竹扉
먼 봉우리에 지는 노을 내려오고	遠峯殘照下
높은 나무에 저녁 새가 돌아오네	高樹暮禽歸
천지간에 한평생이 얼마나 되는가	天地百年幾
풍진이 이제야 드물다네	風塵今日稀
한 잔 술로 서로 권하기를 다하니	一杯相屬盡
이별의 한은 도리어 더욱 짙어지네	別恨轉依依

234 돈서(惇敍) : 김부륜(金富倫, 1531~1598)의 자이다. 본관은 광산(光山), 호는 설월당(雪月堂)이다. 김부인(金富仁), 김부신(金富信)은 그의 형이다. 이황(李滉)의 문인으로 예안(禮安)의 오천(烏川)에 살았다. 1555년(명종10)에 사마시에 합격하여 직장(直長), 주부(主簿)를 거쳐 동복 현감과 성주 목사로 부임하여 학정(學政)에 치중하였다. 임진왜란 때 가산(家産)을 털어 향병(鄕兵)을 도운 사적이 있다. 문집으로 《설월당집(雪月堂集)》이 있다.

235 언우(彦遇) : 김부필(金富弼, 1516~1577)의 자이다. 본관은 광산, 호는 후조당(後凋堂)·후조당(後彫堂)이다. 이황의 문인으로 예안에 살았다. 사마시에 합격한 뒤 과거 공부를 그만두었고, 세 번이나 참봉에 제수되었으나 벼슬에 나가지 않았다.

236 협지(夾之) : 금응협(琴應夾, 1526~1596)의 자이다. 본관은 봉화(奉化), 호는 일휴당(日休堂)이다. 예안에 살았다. 이황의 문인으로 충신독경(忠信篤敬)을 근본으로 삼아 독서 강의(讀書講義)에 힘썼고, 효도와 우애가 지극하였다. 사마시에 합격하여 벼슬은 익찬(翊贊)에 이르렀다.

필마 타고 강 따라 돌아올 때는	匹馬傍江歸
청산에 달도 안 뜬 때였지	青山無月時
시든 풀 위에 잔설이 남아 있고	寒蕪殘雪在
평야엔 어지러운 별 드리워졌네	平野亂星垂
세상일 의미가 적고	世事少意味
인생에 이별은 많다오	人生多別離
밤새도록 애타는 마음	終宵懷耿耿
수운[237]의 슬픔 여전하네	依舊樹雲悲

237 수운(樹雲) : 벗을 그리워하는 마음을 뜻하는 말로, 두보(杜甫)의 〈춘일억이백(春日憶李白)〉 시에 "위수 북쪽엔 봄 하늘에 우뚝 선 나무, 강 동쪽엔 저문 날 구름.〔渭北春天樹, 江東日暮雲.〕"이라고 한 데서 유래하였다.

문봉집

제3권

경연강의 經筵講義

서 書

경연강의 經筵講義

경연강의

經筵講義

당시 선생이 시강관(侍講官)으로 입시하였다.

융경(隆慶) 신미년(1571, 선조4) 12월 6일 갑오. 《중용혹문(中庸或問)》을 진강하였다. 문장을 보면서 상이 이르기를,

"충서(忠恕)[1]에는 성인(聖人)의 충서와 학자의 충서가 있소. 학자의 충서는 노력하는 것이고, 성인의 충서는 미루어 살피지 않고 행하는 것이오."

하니, 시강관 정유일이 아뢰기를,

1 충서(忠恕) : 《논어》 〈이인(里仁)〉과 《중용장구》 제13장에 나온다. 《논어》의 충서는 공자의 충서이므로 성인의 충서라고 하며, 《중용장구》의 충서는 도(道)와 멀지 않은 충서이므로 학자의 충서라고 한다. 선조는 《중용장구》의 충서를 보며 《논어》의 충서와 비교하고 있다. 주희(朱熹)는 《논어집주》와 《중용장구》에서 충(忠)은 "자기의 마음을 다하는 것"이며, 서(恕)는 "자기 마음을 미루어 남에게 미치는 것"이라고 풀이하였다. 《중용장구》의 해당 구절은 다음과 같다. "충서는 도와 거리가 멀지 않으니, 자기에게 베풀어 보아 원하지 않는 것을 또한 남에게 베풀지 말라.〔忠恕違道不遠, 施諸己而不願, 亦勿施於人.〕"

"마치 '성(誠)은 천도(天道)이고, 성하고자 하는 것은 인도(人道)이다.'[2]라고 한 것과 같은 것으로, 성인과 학자의 충서는 하나의 도리이지만, 노력하느냐 노력하지 않느냐 하는 차이가 있습니다."

하자, 검토관 이헌국(李憲國)[3]이 아뢰기를,

"충서에 어찌 성인과 학자의 차이가 있겠습니까. 성인은 충서를 행하고, 학자는 그것을 배우는 것입니다. 다만 성인은 배우지 않아도 할 수 있으며, 학자는 반드시 공부를 통해서 할 수 있습니다."

하니, 정유일이 아뢰기를,

"성인과 학자의 충서에 대해서는 《논어》의 일이관지장(一以貫之章)에서 모두 말했습니다. 성인의 도(道)를 충서라고 말할 수는 없지만, 문인들이 알지 못할 것을 걱정하였으므로 학자들이 자신을 다하고 자신을 미루는 조목을 빌려서 알려 준 것입니다.[4] 충서를 실천함에 하나로써 관통하는 것은 성인의 충서이고, 자신에게 베풀어 보아

2 성(誠)은……인도(人道)이다 : 《중용장구》 제20장에 나온다. "진실한 것은 하늘의 도이고, 진실하려고 노력하는 것은 사람의 도이다.〔誠者, 天之道也; 誠之者, 人之道也.〕" 진실함 혹은 성실함으로 번역할 수 있는 성(誠)은 하늘의 도인데, 진실하려고 노력하는 것은 사람으로서 마땅히 행해야 하는 당연한 도리라는 뜻이다. 저절로 자연스럽게 이루어지는 것은 하늘의 도이고, 인위적인 노력에 의하여 이루어지는 것은 사람의 도라는 것이다.

3 이헌국(李憲國) : 1525~1602. 본관은 전주(全州), 자는 흠재(欽哉), 호는 유곡(柳谷)이다. 1551년(명종6) 별시 문과에 급제하여 예문관 검열, 사간원 정언 등을 역임하였다.

4 자신을 다하고……것입니다 : 인위적인 노력을 필요로 하는 학자들의 충과 서를 가지고 공자의 도를 설명하기에 부족하지만 증자가 제자들의 이해를 돕기 위하여 "공자의 도는 충서일 뿐이다."라고 설명하였다는 것이다.

원하지 않는 것을 남에게도 베풀지 않도록 하는 것은 학자의 충서입니다."

하였다. 상이 이르기를,

"유희춘(柳希春)[5]은 문자에 대해 많이 알고 있소."

하니, 이헌국이 아뢰기를,

"당대에 쉽게 얻을 수 없는 사람입니다. 20년 동안 유배 생활을 하면서 다른 것은 하지 않고 오직 글만 읽었을 뿐입니다. 지키는 바가 없는 사람은 환난을 만나면 그 지키는 바를 잃지만, 이 사람은 그렇지가 않습니다."

하고, 정유일이 아뢰기를,

"널리 보고 기억 잘하기로 이만한 사람이 없습니다."

하였다. 이헌국이 아뢰기를,

"나이가 많아 세상에 오랫동안 머물지 못할까 걱정입니다. 만약 긴 시간 머물게 된다면, 배우는 자에게 어찌 우연한 기회이겠습니까. 경연에서도 어찌 이런 사람을 많이 얻을 수 있겠습니까. 옛날에는 후학들이 이러한 사람을 스승으로 삼고 수업을 받았습니다만, 쇠퇴한 세상에서는 이렇게 이름이 알려지면 죄를 얻는 경우가 많아서 많이 얻을 수 없습니다."

하고, 정유일이 아뢰기를,

5 유희춘(柳希春) : 1513~1577. 본관은 선산(善山), 자는 인중(仁仲), 호는 미암(眉巖)이다. 1547년 양재역 벽서 사건에 연루되어 제주도에 유배되었다가 곧 함경도 종성에 안치되었다. 그곳에서 19년간을 보내면서 독서와 저술에 몰두하였다. 경사(經史)와 성리학에 조예가 깊어 《미암일기(眉巖日記)》, 《속휘변(續諱辨)》, 《역대요록(歷代要錄)》, 《강목고이(綱目考異)》 등의 저서를 남겼다.

"하늘로부터 받은 자질이 총명하여 널리 보고 기억을 잘하는 것입니다."

하니, 상이 이르기를,

"경연 석상에서도 모두 그가 올린 계(啓)에 한 글자도 잘못이 없다고 하오."

하자, 정유일이 아뢰기를,

"공부가 박학(博學)에 치우쳤기 때문에 바르고 올바른 공부인 단속하기를 예(禮)로써 하는 곳에서는 법식(法式)에 깊지 않을까 두렵기도 합니다."[6]

하니, 상이 이르기를,

"명(明)나라 영락제(永樂帝) 때, 어떤 신하가 오랫동안 구금되었는데 옥중에서 글을 읽었다오. 어떤 사람이 '죽음이 이미 가까이 왔는데 어찌 그렇게 고생을 하시오?'라고 묻자, 대답하기를 '아침에 도를 들으면 저녁에 죽어도 좋다.'라고 하였소. 후에 사면을 받고 재상이 되었는데, 문장이 모두 옥중에서 이룬 것이었소."

하자, 이헌국이 아뢰기를,

"유희춘은 육진(六鎭)에 유배되었는데, 을사년(1545, 명종 즉위년)에도 많은 사람이 그곳으로 유배되었습니다. 그래서 그 지방 사람들을 가르쳤는데, 문풍(文風)이 홀연 변하여 심지어 과거에 합격한

6 공부가……합니다 : 지(知)와 행(行)을 함께 중시하는 유학에서는 박문(博文)과 약례(約禮)를 학문의 두 기둥으로 삼는다. 박문은 지에 속하고 약례는 행에 속한다. 이 두 가지는 어느 한쪽에도 치우침이 없어야 하는데 유희춘을 박학이라고 칭찬하니, 문봉은 약례가 부족할까 염려하고 있다.

자도 있었습니다."

하고, 정유일이 아뢰기를,

"유희춘이 20년간 조정에 있었다면 어떻게 성취해 낸 것이 이러한 수준에 이를 수 있었겠습니까. 주자가 '진회(秦檜)[7]가 집권한 20년 동안에 호방형(胡邦衡)[8]을 만들었을 뿐이다.'[9]라고 하였는데, 이것으로 본다면 윤원형(尹元衡)이 집권한 20년 동안에는 유희춘을 만들었을 뿐입니다."

하였다.-학봉(鶴峯)[10] 선생의 수록(手錄)에서 출전하였다.-

정유일이 또 아뢰기를,

"임금과 신하는 한 몸으로, 임금과 신하 사이에는 정(情)과 의리에

7 진회(秦檜) : 1090~1155. 남송(南宋) 초기 재상을 지낸 정치가이다. 강녕(江寧) 사람으로, 자는 회지(會之)이다. 충신 악비(岳飛)를 무고하게 죽이고 주전파(主戰派)를 탄압하여 금(金)나라와 굴욕적인 화친을 체결해서 후대에 크게 지탄을 받은 간신(姦臣)이다. 죽은 뒤에 영종(寧宗)이 그의 벼슬을 빼앗고 처음 시호 충헌(忠獻)을 목추(繆醜)로 고쳤다.

8 호방형(胡邦衡) : 송(宋)나라 호전(胡銓, 1102~1180)으로, 자는 방형, 호는 담암(澹菴), 시호는 충간(忠簡)이다.

9 진회(秦檜)가……뿐이다 : 호전(胡銓)은 소흥(紹興) 8년(1138) 진회가 화친을 주장하자 글을 올려 강력하게 반대하고 당시 대신(大臣)으로서 금나라와의 화의를 주장하던 사신(使臣) 왕륜(王倫), 진회, 참정(參政) 손근(孫近) 세 사람의 목을 벨 것을 강력하게 주청하여, 적과의 화의를 주장하는 간신을 처벌하기를 주창한 강직한 사람의 표본이 되었다. 간신 진회로 말미암아 강직한 호전의 인물됨이 더욱 드러나게 되었다는 말이다.

10 학봉(鶴峯) : 김성일(金誠一, 1538~1593)의 호이다. 본관은 의성(義城), 자는 사순(士純)이다. 안동 임하(臨河) 출생으로, 1556년 도산서원으로 가서 이황(李滉)을 만나 그의 문하생이 되었다.

간격이 없어 아버지와 아들 관계와 같아야 합니다. 이 뜻은 무진년(1568, 선조1) 신이 교리(校理)로 있을 때 이미 아뢰었습니다. 옛 역사를 보면 다스림이 이루어져 평화로운 시대에는 임금과 신하가 한 몸이 되어, 임금은 신하를 의심하여 멀리하지 않았고 신하는 임금을 두려워하여 꺼리는 마음이 없었으며, 임금과 신하 사이의 정과 의리는 서로 믿고 서로 구제하였습니다. 한(漢)・당(唐) 이후 소강(小康)[11]의 시대에도 임금과 신하 사이에 정과 뜻이 서로 소통되어 가부를 의논할 때에 엄하게 여겨 꺼리거나 의심하여 멀리하는 마음이 없었습니다. 그러므로 임금은 자신의 신하를 믿고 신하는 자신의 임금을 사랑하여 윗사람과 아랫사람 사이에 간극이 없어 다스림의 도가 이루어졌습니다. 옛일을 잘 아는 노인들에게 들으니, '조종조(祖宗朝)에서는 임금이 신하를 접견할 때마다 다스림의 도와 민간의 고통, 바깥 조정의 득실을 자문하였다. 그러므로 임금과 신하가 한 몸이 되고 태평의 다스림이 이루어졌다. 중세 이후로는 임금과 신하의 예(禮)에 점차 간격이 생겨, 정희왕후(貞熹王后)가 조정에 임하여 예의(禮儀)가 많이 바뀌었고 접견도 또한 드물게 되었다. 폐조(廢朝 연산군) 때는 말할 것도 없다. 기묘년(1519, 중종14)의 소인들[12]이

11 소강(小康) : 조금 편안한 세상이란 뜻으로, 《예기》 〈예운(禮運)〉에 의하면, 요순(堯舜) 시대를 일러 대동(大同) 시대라 하고, 우(禹), 탕(湯), 문왕(文王), 무왕(武王), 성왕(成王), 주공(周公)의 시대를 일러 대동보다는 못하나 조금 다스려진 세상이라 하여 이를 소강 시대라고 하였다.

12 기묘년의 소인들 : 1519년 11월에 조광조(趙光祖), 김정(金淨), 김식(金湜) 등 신진 사류가 남곤(南袞), 심정(沈貞), 등의 훈구 재상에 의해 화를 입는 기묘사화(己卯士禍)가 발생하는데, 이 당시 신진 사류는 훈구 세력을 소인이라 비판하였다.

군자를 배척하여 함정에 빠뜨리자 좋은 법과 아름다운 뜻은 하나같이 소멸되었으며 승지가 친히 아뢰던 법은 기묘년부터 폐지되어 옛 제도가 점점 허물어졌다.'라고 하였습니다. 지금은 경연과 상참(常參)을 시사(視事)로 삼고 있으므로 신하들 가운데 임금의 얼굴을 뵐 수 있는 사람이 시종(侍從)의 신하 외에는 거의 없습니다. 그러므로 간간이 입시하지만 두려워하고 겁내는 마음이 생겨 말하고자 하는 바가 있더라도 열에 하나둘을 아뢸 뿐입니다. 근래 신이 시골에 있으면서 상께서 경연에서 말씀이 거의 없다고 전해 들었습니다. 지금 신이 입시하여 보니 상께서 문장의 뜻과 고사(古事)를 많이 물으셔서 신의 마음이 삼가 기쁜데 여러 사람의 마음도 같을 것입니다. 임금과 신하가 어찌 반드시 서로 엄하고 사나우며 두려워하고 꺼린 뒤에야 체통이 서겠습니까. 윗사람과 아랫사람이 한 몸이 되어 속마음이 환하게 통한 뒤에야 바야흐로 신하들의 거짓과 바름, 바깥 조정의 득실을 알게 될 것이며, 아랫사람들 또한 기뻐하고 마음이 쏠려 아들이 아버지 대하듯 할 것이니 어찌 말을 하지 못할 마음이 생기겠습니까. 조종조의 법규와 제도가 허물어진 지 비록 오래되었으나 복구하고자 하면 한 번 손바닥을 뒤집는 사이에 달려 있습니다. 상께서 점차 옛 법도를 복구하고자 하시니, 자주 경연을 열어 문장의 뜻을 묻고 이어서 조정과 바깥의 일에 대해 물으면 사람들의 마음이 저절로 고무되어 움직일 것입니다. 예부터 신하 된 자들은 자기 몸을 아끼는 사람은 많고 임금을 사랑하는 사람은 적습니다. 임금이 벽력 같은 위엄으로 줄곧 꺾어 버리기만 하면 누가 감히 말을 다 하겠습니까. 벗 사이에도 너무 엄하게 대하면 말을 다 하지 못하는데, 임금이 너무 엄하다면 신하가 어떻게 말을 다 할 수 있겠습니까. 경연에서 정과 의리가 서로 소통되어 아버지가 아들 대하듯이 한다면 신하가 임금 보기를 아들이 아버지 보듯이 하는 것은 반드시 그렇게 되기를 바라지 않더라도 그렇게 될 것입니다. 오늘 경연 자리에서 응답이 메아리같이 신속하여 신이 참으로 기쁩니다."

하니, 상이 이르기를,

"조종조에서는 그와 같지 않아 전혀 간극이 없었소. 후세에 세상의 도가 점차 떨어져 저절로 이렇게 된 것이오."

하자, 정유일이 아뢰기를,

"성상의 하교가 지당하십니다. 항상 조종조에서 신하를 대하던 뜻을 깊이 생각하여 세상의 도가 떨어졌다 하지 마시고 옛 도를 행하여 아랫사람을 대하면 옛 도가 점점 이루어질 것입니다."

하였다.-학봉 선생이 손수 기록한 것에서 나왔다.-

서 書

퇴계 선생에게 올린 문목[13]

上退溪先生問目

〔문〕 진북계(陳北溪)[14]는 "'마음이 태극(太極)이다.'[15]라는 것은 단지 모든 이(理)가 내 마음에 모두 모여 있다는 것으로, 이 마음은 혼륜한 하나의 이(理)일 따름입니다. 이 도리가 유행하여 '나와〔出〕',[16] 일에 응하고 외물과 만나면서 천 갈래 만 단서가 각기 그 이(理)의 당연함을 얻게 되면 이것은 또한 각기 하나의 태극입니다."[17]라고

13 퇴계……문목 : 1556년(명종11) 4월 11일에 작성된 것이다.《퇴계 선생께 올린 편지Ⅱ, 영남퇴계학연구원, 2011, 73～78쪽》

14 진북계(陳北溪) : 송(宋)나라 유학자 진순(陳淳, 1159～1223)으로, 자는 안경(安卿), 호는 북계, 시호는 문안(文安)이다. 황간(黃榦)과 함께 주희(朱熹)의 고제(高弟)로 일컬어진다. 저서에《북계자의(北溪字義)》,《엄릉강의(嚴陵講義)》,《북계문집(北溪文集)》 등이 있다.

15 마음이 태극(太極)이다 : 소옹(邵雍)의《황극경세서(皇極經世書)》 권14〈관물외편 하(觀物外篇下)〉에 나온다.

16 나와〔出〕: 이황(李滉)이 답서에서 진순의 표현에 약간의 문제가 있다고 지적한 글자이다.

17 마음이……태극입니다 :《북계자의(北溪字義)》〈태극(太極)〉 항목에 나온다. 마

하였습니다. 이와 같이 말한다면 마음에 있는 이(理)를 미루어 내어 일에 응하고 외물과 만나는 것이 되어, 일이나 외물에는 본래 이러한 이(理)가 없는 것이 되니, 옳지 않은 것이 아닙니까. 저의 마음에 있는 것과 일에 있는 것이 단지 하나의 이(理)일 뿐이라는 생각은[18] 하나의 일이 있으면 곧 하나의 일의 이(理)가 있지만 다만 그것을 재량하는 곳은 곧 이 마음에 있을 따름이라는 것입니다. 진북계의 말뜻은[19] 마음에 있는 것은 '하나의 근본'이고 일에 있는 것은 '만 가지 다른 것'으로 생각하는 것 같습니다. 생각건대 하나의 근본이라고 하는 것은 이(理)를 모두 거느리는 두뇌와 같은 곳〔總腦處〕을 가리킨 것이지 마음에 있는 것을 의미하는 것은 아닐 것입니다. 어떻게 일이나 외물의 이(理)가 모두 마음에 있는 것에서부터 조각조각 나뉘어 나오겠습니까. 이와 같다면 이(理)는 형태가 있는 것이 되어 만 가지 변화의 근원이 되기에 부족합니다. 함부로 억측하고 상상한 것을 가지고 앞선 학자들의 논의를 비난하고 헐뜯었으니 매우 분수에 넘치는 일입니다. 절충하여 가르쳐 주시기를 삼가 바랍니다.

또한 《통서(通書)》 사편(師篇)의 제5절에서는 "어두운 사람이 밝

음이 곧 궁극적 진리로서의 태극이라는 소옹의 말에 대한 진순의 해석으로, 사람의 마음으로부터 인간의 도리가 나오며, 사람의 마음으로부터 나온 그 도리 역시 모두 태극이라는 의미이다. 이 구절에 대한 중시를 통해 사람의 마음에 대한 중시를 엿볼 수 있다.

18 마음에……생각은 : 대본에는 '□□□□'로 되어 있다. 《퇴계집(退溪集)》 권24 〈답정자중별지(答鄭子中別紙)〉에 근거하여 '謂在心在'를 보충하여 번역하였다.

19 진북계의 말뜻은 : 대본에는 '□□□□'로 되어 있다. 문맥에 근거하여 '陳北溪之'를 보충하여 번역하였다.

은 사람에게 구한다."[20]라고 하였습니다. 이는 어두운 사람이 밝은 사람에게 구한다는 것입니까? 사편(思篇)에서 "기미〔幾〕가 저쪽에서 움직이면 진실함〔誠〕이 여기에서 움직인다."[21]라고 한 것에 대해서는 그 뜻을 정확히 알 수가 없습니다. 가르쳐 주시기를 삼가 바랍니다.

애경편(愛敬篇)에서 가설하여 질문을 만들어 놓은 두 구절[22]에는 물어보는 의미가 있으나 그에 해당하는 의문사가 없습니다. 어떻게 읽어야 하는 것인지 모르겠습니다. 동정편(動靜篇)의 첫째 구절[23]은

20 어두운……구한다 : 이 부분을 이해하기 위해 앞뒤 구절을 살펴보면 다음과 같다. "그러므로 먼저 깨친 사람은 깨치지 못한 사람을 깨우쳐 준다. 어두운 사람이 밝은 사람에게 구하니 스승의 도가 확립된다.〔故先覺覺後覺. 闇者求於明, 而師道立矣.〕" 가르침이란 먼저 도를 안 사람이 아직 도를 알지 못한 사람에게 하는 것인데, 아직 도를 잘 알지 못한 사람이 도를 안 사람에게 찾아감으로써 사제 관계가 성립되는 것이니 배우는 사람의 자발적 노력이 필요하다는 것이다.

21 기미〔幾〕가……움직인다 : 이 부분을 이해하기 위해 앞뒤 구절을 살펴보면 다음과 같다. "생각이 없는 것이 근본이고, 생각하여 통하는 것은 용이다. 기미가 저쪽에서 움직이면 진실함이 여기에서 움직인다. 생각하지 않아도 통하지 않는 것이 없는 것이 성인이다.〔無思, 本也; 思通, 用也. 幾動於彼, 誠動於此. 無思而無不通爲聖人.〕" 평상시 생각이 없다가 사태의 기미가 드러나기 시작하면 그에 대한 앎과 생각이 인간 내면의 진실함, 곧 성(誠)에서 생겨난다는 의미이다. 일반적으로 인간의 인식에 대해 설명한 구절로 이해된다.

22 애경편(愛敬篇)에서……구절 : '유선불급(有善不及)'과 '유불선(有不善)'을 가리킨다. 이 두 구절이 의문문이지만 의문사가 없는 것에 대하여 질문하고 있는 것이다.

23 동정편(動靜篇)의 첫째 구절 : "움직이면 고요함이 없고, 고요하면 움직임이 없는 것은 사물이다.〔動而無靜, 靜而無動, 物也.〕" 하나의 사물에서 움직임과 고요함 즉 움직이지 않음이 동시에 발견되지 않는다는 것은 형체를 가지고 있어 그것에 국한되기 때문으로 현상 세계에 대한 설명이다.

분수〔分〕가 일정하여 바뀌지 않는 것을 말하였습니다. 다음 구절[24]은 명(命)이 유행하여 그치지 않는 것을 말하였습니다. 마땅히 이렇게 보아야 합니까? 문사편(文辭篇)에서 "그 도덕의 실질을 돈독하게 쌓고서 문장의 재주가 있는 사람은 그것을 글로 쓴다."[25]라고 하였는데, 이 말은 내면에 실질을 쌓고서 문사(文辭)를 가지고 그것을 쓴다는 말입니까? 아울러 가르쳐 주시기를 바랍니다.

주자(朱子)가 말하기를 "사람과 만물은 형체에 치우침과 바름의 차이가 있으므로 그 성(性)에 있어 밝음과 어두움의 차이가 없지 않다."[26]라고 하였습니다. 이를 가지고 말하면 사람과 만물의 성은 본래 일찍이 같지 않음이 없으니 인의예지(仁義禮智)를 사람만 품부받았으며 사물이 품부받은 것은 인의예지 외에 다른 하나의 성인

24 다음 구절 : "움직이되 움직임이 없고, 고요하되 고요함이 없는 것은 신이다.〔動而無動, 靜而無靜, 神也.〕" 움직임과 움직임이 없음, 고요함과 고요함이 없음을 모두 갖추고 있다는 것은 형체에 구애받지 않는다는 것으로, 형이상의 이(理)에 대한 설명이다.

25 그……쓴다 : 이 부분을 이해하기 위해 앞뒤 구절을 살펴보면 다음과 같다. "문장과 말은 재주이고, 도와 덕은 실질이다. 그 도덕의 실질을 돈독하게 쌓고서 문장의 재주가 있는 사람은 그것을 글로 쓴다. 그것이 아름다우면 사랑을 받고, 사랑을 받으면 멀리 전해진다. 그래서 어진 사람이 그것을 배워서 그 경지에 이를 수 있으면, 그것은 가르침이 된다. 그러므로 '그 표현하는 말에 문채가 없으면 멀리 행해지지 않는다.'라고 말한다.〔文辭, 藝也; 道德, 實也. 篤其實, 而藝者書之, 美則愛, 愛則傳焉. 賢者得以學而至之, 是爲教. 故曰: "言之無文, 行之不遠."〕" 도와 덕은 문장과 말로 표현되는 실제 내용이며, 문장과 말은 도와 덕을 다른 사람에게 전달할 수 있는 도구라는 의미이다.

26 사람과……않다 : 《성리대전서(性理大全書)》 권4 〈서명(西銘)〉에 실린 "백성은 나의 동포이며 만물은 나의 동료이다.〔民吾同胞, 物吾與也.〕"라고 한 것에 대한 주석이다. 성(性)이 비록 사람과 만물에 있어 차이가 없이 동일하더라도 형체의 다름으로 인해 실제 현실에서는 차등을 갖는다는 의미이다.

것은 아닙니다. 사람의 기운은 통하여 막히지 않고 사물의 기운은 막히어 통하지 않으므로 사람은 미루어 나갈 수 있고 사물은 미루어 나가지 못합니다. 이러한 이유로 얻은 이(理)가 치우침과 온전함의 차이가 없을 수 없는 것입니다. "사람이 금수와 다른 것이 거의 드물다."[27]라는 것이 이것입니다. 사람이 비록 이 이(理)를 온전히 얻었지만 미루어 알지 못하고 반대로 행한다면, 비록 사람의 형체를 갖추고 있으나 사실은 한 마리 금수일 따름입니다. 이 설은 어떠한지요? 격물(格物)에 관한 설은 신속하게 찬집하여 후학에게 도움을 주시기를 매우 바라고 바랍니다. 의심스러운 것이 너무 많아 글로 다 아뢸 수가 없으므로 우선 한두 가지만 여쭈니 선생님께서 가르쳐 주십시오.

서재의 이름을 극재(克齋)로 고쳤습니다. 요사이에 병통이 오로지 나 자신에게 있다는 것을 깨달아 이 이름으로 고쳤습니다. 삼가 바라건대 한 말씀 베풀어 가르쳐 주십시오.

〔답〕[28] "마음이 태극(太極)이다."라는 것은 곧 '인극(人極)'[29]이라고 하

27 사람이……드물다 : 《맹자》〈이루 하(離婁下)〉에 보인다. 글자에 출입이 있으며, 전후 맥락을 위해 전문을 살펴보면 다음과 같다. "맹자가 말하였다. '사람이 금수와 다른 것이 얼마 안 되니, 일반 사람들은 이것을 버리고 군자는 이것을 보존한다. 순임금은 여러 사물의 이치에 밝으며 인륜을 특히 살피셨으니, 인의를 따라 행한 것이지 인의를 행하려고 하신 것은 아니었다.'〔孟子曰: "人之所以異於禽獸者幾希, 庶民去之, 君子存之. 舜明於庶物, 察於人倫, 由仁義行, 非行仁義也."〕" 사람과 금수의 차이는 아주 미세한 것에서 보이는데, 맹자는 그것을 인륜에 대한 성찰과 인의에 따르는 삶에서 찾았다.

28 답 : 《퇴계집》 권24 〈답정자중(答鄭子中)〉 제2서에 실려 있는 내용으로 이황이 문봉의 편지에 답한 글이다.

29 인극(人極) : 《태극도설(太極圖說)》에 "성인은 중, 정, 인, 의로써 온갖 일을 안정

는 것입니다. 이 이(理)는 남과 내가 없으며 안팎이 없고 단계의 나뉨도 없으며 반듯한 형체도 없습니다. 그것이 고요할 때는 혼연히 모든 것을 갖추고 있어 이것이 하나의 근본이 되니, 본래 마음에 있거나 외물에 있거나 하는 구분이 없습니다. 그것이 움직여서 일에 응하고 외물과 만나는 상황이 되면 모든 일과 외물의 이(理)는 곧 내 마음이 본래 갖추고 있는 이(理)입니다. 다만 마음이 주재가 되어 각각 그 법칙을 따라 거기에 응할 뿐이지 어찌 내 마음으로부터 미루어 내기를 기다린 후에야 일과 외물의 이(理)가 되겠습니까. 북계는 주자의 문하에서 이(理)를 궁구하는 데 가장 정통하였는데 어찌 이것을 모르고 말하였겠습니까. 다만 여기에 '출(出)' 자 하나를 써 놓은 것은 보내온 편지에서 의심한 것과 같은 혐의가 어느 정도 있는 듯하지만, 그것은 곧 언어의 작은 흠입니다. 독해를 잘하는 사람이라면 자기 생각을 상대의 뜻에 맞추어 헤아리니, 자연히 소통되지 않는 부분이 없을 것입니다. 아마도 "마음에 있는 것에서부터 조각조각 나뉘어 나온다."라고

시키고, 고요함을 위주로 하여 사람의 표준을 세웠다.〔聖人定之以中正仁義而主靜, 立人極焉.〕"라고 하였다. 인극의 '극(極)' 자는 궁극(窮極)과 표준(標準)이라는 의미를 지니고 있는데, 여기서는 표준의 의미가 강하다. 그러므로 '인극을 세운다.'라는 것은 인간 윤리 생활의 최고 표준을 세운다는 것이다. 그러면 그 최고 표준을 어떻게 세울 수 있는가? 주돈이(周敦頤)는 이 글에서 고요함〔靜〕을 위주로 하여 최고 표준을 세운다고 하였다. 그런데 '정'에 대하여 주돈이는 《통서》에서 "욕심이 없으면 고요하게 된다."라고 하였다. 이 욕심은 사욕(私慾)을 말하는 것이니 사람은 먼저 마음속에서 인욕(人慾)의 사사로움을 버리고 천리(天理)의 공정함에 따르는 심적 태도를 가지고 있어야 그 기준의 실현이 가능해진다. 그러므로 인간 윤리 생활의 전제 조건은 무욕(無慾), 즉 사욕을 버리는 것이다. 그러면 사람의 표준이란 무엇인가? 이는 곧 인간성, 즉 인간의 내면에 부여된 태극이다.

하는 것은 옳지 않은 듯합니다.

또 보내온 편지에서 "마음에 있거나 일에 있거나 다만 하나의 이(理)일 뿐이다."라고 한 것은 옳은 말입니다만, 다시 이르기를 "하나의 근본이라고 하는 것은 이(理)를 모두 거느리는 두뇌와 같은 곳〔總腦處〕을 가리킨 것이지 마음에 있는 것을 의미하는 것은 아니다."라고 하였습니다. 이미 하나의 이(理)일 뿐이라고 말을 한 이상 이(理)를 모두 거느리는 두뇌와 같은 곳이 마음에 있지 않으면 또 어디에 있어야 하겠습니까. 다만 마음에 있거나 외물에 있거나 본래 두 갈래가 없다는 것을 분명하고 투철하게 알고 난 다음에야 비로소 참된 앎이 될 것입니다. 만약 그렇지 않고서 함부로 "단지 하나의 이(理)일 뿐이다."라고 말한다면 아마도 하나의 근본과 만 가지 다름이라는 것에 대해서는 여전히 제대로 알지 못하는 부분이 있는 것입니다. 이것이 내가 예전에 매번 "이(理)라는 글자는 알기 어렵다."[30]라고 한 그것입니다. 어떠합니까?

《통서》에 "어두운 사람이 밝은 사람에게 구한다.", "그 도덕의 실질을 돈독하게 쌓고서 문장의 재주가 있는 사람은 그것을 글로 쓴다."라는 말과 주자가 "몸에 있어 치우침과 바름의 차이가 있다."라고 한 의론

30 이(理)라는……어렵다 : 이황의 이와 같은 발언은 기대승(奇大升)에게 보낸 편지에서 발견되니, "대개 옛사람과 지금 사람의 학문이나 도술이 차이 나는 이유를 깊이 생각해 보면, 다만 이(理) 자를 알기 어렵기 때문일 뿐입니다. 이(理) 자를 알기 어렵다고 하는 것은 대강 알기가 어렵다는 것이 아니라 참으로 알고 신묘하게 깨달아 궁극에까지 이르기가 어렵다는 것입니다.〔蓋嘗深思古今人學問道術之所以差者, 只爲理字難知故耳. 所謂理字難知者, 非略知之爲難, 眞知妙解到十分處爲難耳.〕"라고 하였다.《退溪集 卷16 答奇明彦(論四端七情第二書)》 이를 통해 이(理)에 대한 앎이 비단 지식적 앎일 뿐만이 아니라 실천으로 귀결되는 앎을 뜻한다고 할 수 있다.

에 대해서는 모두 이미 옳게 보았습니다. 그러나 "기미가 저쪽에서 움직이면 진실함이 여기에서 움직인다."라고 한 것에서 '저쪽〔彼〕', '여기〔此〕' 두 글자에 대해서는 과연 의심할 수 있습니다. 저의 생각에 기미라는 것은 움직임의 은미한 것인데 외물에 감응하여 움직이므로 기미에 대해서는 '저쪽'이라고 말한 것이며, 진실함이라는 것은 이(理)의 실질이므로 안에서부터 드러나기 때문에 진실함에 대해서는 '여기'라고 말하였을 따름입니다. "선한 사람이 있는데 내가 미치지 못한다면?"이라고 한 것은 곧 가설하여 한 질문이어서 그 아래에 마땅히 "그것에 대해 어떻게 할 것인가?"라는 등의 말이 있어야 하지만, 지금 그것이 없습니다. 이는 염계(濂溪)[31]가 말을 한 것이 지나치게 간략한 곳입니다. 그러나 이는 우리나라 사람들이 토를 달아서 읽었으므로 어렵게 되었던 것입니다. 만약에 중국 사람처럼 아예 토를 다는 어려움이 없다고 한다면 "선한 사람이 있는데 내가 미치지 못한다면?"이라고만 하고 바로 '왈(曰)' 다음의 문장[32]을 잇더라도 무슨 문제가 있겠습니까.

동정편의 첫 구절과 다음 구절은 다만 형이상(形而下)과 형이하(形而下)를 가지고 방체(方體)가 있는 것은 정체됨이 있으며 형기를 초월하는 것은 헤아릴 수 없다는 의미를 구분하여 말한 것입니다. 지금

31 염계(濂溪) : 주돈이(周敦頤, 1017~1073)의 호이다. 자는 무숙(茂叔)이다. 중국 성리학의 틀을 만들고 기초를 닦은 인물로 평가된다. 정호(程顥)와 정이(程頤) 형제에게 학문을 가르쳤다. 그의 저술은 7권의 《주자전서(周子全書)》로 전해지는데, 그 가운데 《태극도설(太極圖說)》과 《통서(通書)》가 가장 대표적인 저작으로 꼽힌다.

32 왈(曰) 다음의 문장 : "선한 사람이 있는데 내가 미치지 못한다면?"이라고 한 것에 대한 대답을 실어 놓은 부분을 가리킨다. "미치지 못하면 배워야 한다는 것이다.〔不及, 則學焉.〕"

'분수가 일정한 것', '명이 유행하는 것'이라고 말한다면 온당하지 않을 것 같습니다. 주해의 설명[33]을 익숙하게 완미해 보면 알게 될 것입니다. 무릇 이것은 모두 나의 억견으로 경솔히 설명한 것이 되어 옳은지 그른지 모르겠습니다. 이치에 어긋나는 것이 있으면 모두 도로 가르쳐 주시어 강론에 보탬이 되는 데 도움을 주면 매우 다행이겠습니다.

〔답〕[34] 전에 논의한 "마음이 태극이다."라는 북계 진순(陳淳)의 학설을 꼼꼼히 생각해 보니 끝내 병통이 있습니다. 다만 연평(延平)[35]이 주자에게 말한 "이것으로부터 분수를 미루어 내는 곳이 잘못이다."[36]라고 한 설명과 주자의 《대학혹문(大學或問)》 보망장(補亡章)의 "마음은 한 몸을 주재하고 이(理)는 만물에 있어 서로 체(體)와 용(用)이 된다."[37]라고 한 의론 및 정자(程子)의 "다른 사람이 배불리 먹는다면 그대는

33 주해의 설명 : 《성리대전서》에 실린 《통서해(通書解)》, 즉 주희의 주석을 가리키는 것으로 보인다.

34 답 : 이황이 다시 답한 편지의 내용이다. 《퇴계집》 권24 〈답정자중〉 제3서에 실려 있다.

35 연평(延平) : 이동(李侗, 1093~1163)의 호이다. 자는 원중(愿中), 남검주(南劍州) 즉 지금의 복건성 사람으로 주희의 스승이다. 양시(楊時), 나종언(羅從彦)과 함께 남검주 세 선생으로 불린다.

36 이것으로부터……잘못이다 : 《연평답문(延平答問)》의 신사년(1161) 8월 7일 서신에 나온다. 여기서는 '이일분수(理一分殊)'에 대해 논의하고 있는데, 하나의 이(理)만을 강조하면서 분수처에서의 옳음을 아는 데 필요한 것들을 간과하는 데 대해 경계하고 있다.

37 마음은……된다 : 마음과 이(理)를 내외로 나누어 말할 수 없지만, 마음을 보존하는 공부와 이(理)에 대한 궁구가 구분됨을 설명하는 부분이다.

배고프지 않겠는가."라고 한 등의 설[38]로 미루어 보건대 북계의 설이 온당치 못함을 알 수 있습니다. 그대는 그 말의 병통을 깨달을 수 있었으니 이는 매우 쉽지 않은 일입니다.

38 정자(程子)의……설 : 《이정외서(二程外書)》 권11에 나온다. 형체의 다름을 간과한 채 하나의 이(理)에 대해서만 주목한 제자를 깨우치고자 한 말이다.

선생에게 올린 문목 병진년(1556, 명종11)

上先生問目 丙辰

〔문〕 앞의 편지에서 말한 것을 지금 생각해 보니 과연 잘못된 부분이 많습니다. 이미 마음에 있는 것이나 일에 있는 것이나 마찬가지라고 하였는데, 한 가지 근본이라고 하는 것은 다만 이(理)를 모두 거느리는 두뇌와 같은 곳〔總腦處〕을 가리켜 말한 것일 따름일 뿐 마음에 있는 것을 가리킨 것은 아니라고 다시 말한다면, 이 말은 매우 잘못된 것입니다. 이와 같다면 마음에 있는 것 외에 별도로 모두 거느리는 두뇌와 같은 곳이 되는 하나의 사물이 있는 것입니다. 선생님의 답서에서는 "그것이 고요할 때는 혼연히 모든 것을 갖추고 있어, 본래 마음에 있거나 외물에 있거나 하는 구분이 없습니다. 그것이 움직여서 응하고 만나는 상황이 되면 모든 일과 외물의 이(理)는 곧 내 마음이 본래 갖추고 있는 이(理)입니다."라고 하였습니다. 그러나 저는 다음과 같이 생각합니다. 그것이 고요할 때는 일에 있는 이(理)를 수합하여 마음에 갖추는 것이 아닙니다. 이 마음이 갖추고 있는 이(理)가 곧 일에 있는 이(理)입니다. 그것이 응하는 상황이 되면 마음에 있는 이(理)가 흘러나와 나누어진 것이 아닙니다. 일에 있는 이(理)가 곧 마음에 있는 이(理)입니다. 답서의 뜻 역시 이와 같을 뿐입니다. 변별한 북계(北溪)의 설[39]에 대해서는 매우 번거롭

39 북계(北溪)의 설 : 여기에서 말한 북계의 설은 다음을 가리킨다. "'마음이 태극(太極)이다.'라는 것은 단지 모든 이(理)가 내 마음에 모두 모여 있다는 것으로, 이 마음은

게도 정성스럽게 일러 주셨습니다. 예전에 매번 이(理) 자를 알기가 어렵다고 가르치셨는데, 당시에도 그것이 그렇다는 것을 깊이 알 수가 없었으며, 지금에 와서 생각을 하여도 과연 쉽지가 않습니다. 반드시 2, 3십 년의 공력을 들여야 그 가운데 한두 가지라도 엿볼 만할 것입니다. 만약 함부로 이(理)는 하나라고 말하면서 참으로 알지 못한다면 결국 도움 되는 것이 없을 것입니다.

〔답〕[40] 마음에 있는 것이나 일에 있는 것이나 하나라는 설은 본 것이 투철하다고 하겠습니다. 이것을 알게 되면 이(理)의 알기 어려운 곳도 점차 훤히 이해할 수 있게 될 것입니다.

〔문〕 달은 햇빛을 받아서 밝습니다. 달이 땅 위에 있으면 해는 땅 아래로 들어가며 그 빛은 땅의 사방이 공허한 곳에서 쏟아져 나와 달을 비춥니다. 그렇다면 해가 땅 위에 있을 때는 그 빛 또한 쏟아져 내려와 달을 비추는 것입니까? 달이 햇빛을 받을 때 해는 빛이 없는 것이 아니라 그 빛이 본래 스스로 그와 같습니다. 그렇다면 해가 땅 위에 있는 경우 땅 아래는 밤이 되고, 해가 땅 아래 있는 경우 땅 아래는 낮이 되는 것입니까? 그렇지 않으면 햇빛에 밝고 어두운 때가 있는 것이 됩니다. 자세히 생각해 보면 햇빛은 땅 위와 땅 아래

혼륜하게 하나의 이(理)일 따름입니다. 이 도리가 유행하여 나와〔出〕, 일에 응하고 외물과 만나면서 천 갈래 만 단서가 각기 그 이(理)의 당연함을 얻으면 이 또한 각기 하나의 태극입니다." 이는 모든 이(理)가 인간의 마음에 모여 있다는 주장으로, 인간의 마음과 그 마음에 갖추어진 하나의 이(理), 그리고 외부 사태 속에서의 올바름에 대해 모두 태극이라고 할 수 있다는 것이다.

40 답 :《퇴계집(退溪集)》 권24 〈답정자중별지(答鄭子中別紙)〉 제5서에 실려 있다.

라고 해서 달라지지 않으니, 땅 아래도 해의 출입에 따라 밤낮이 된다는 것은 의심의 여지가 없습니다. 이 뜻을 선유들은 설파한 적이 없으니, 가르쳐 주시기를 삼가 바랍니다.

〔답〕 해는 땅 아래에 있어도 당연히 밝게 빛납니다. 그 빛이 쏟아져 나와 밝은 달빛이 될 수 있다는 것만 보아도 알 수 있습니다. 그러나 겨울은 사계절 가운데 음이고 땅 아래는 땅 위의 음입니다. 땅 위의 햇빛이 겨울에 이르면 조금씩 약해지는 것은 해가 약해지는 것이 아니라 궁극에 이른 음이 그렇게 되게끔 하는 것입니다. 그렇다면 대지에 쌓인 음 아래에 비록 햇빛이 있다고 하더라도 땅에서 나와 낮이 되는 것과는 당연히 차이가 있을 것이므로 《주역》에서는 밝은 빛이 땅으로 들어간 것을 명이(明夷)라고 하였습니다.[41]

〔문〕 정자(程子)가 "측은지심(惻隱之心)은 사람의 생(生)의 길이다."[42]라고 하였습니다. 이 생 자는 생출(生出)의 생 자입니까? 이것은 사람의 마음이 본래 스스로 생생하여 끝이 없음을 말한 것입니다. 예컨대 걸(桀)과 도척(盜跖)이라 할지라도 이것이 없이는 살 수가 없다는 말은 비록 걸과 도척이라도 측은지심이 있으므로 움직이고

41 주역에서는……하였습니다 : 《주역》 〈명이괘(明夷卦) 단(彖)〉의 설명으로, 땅을 상징하는 곤괘(坤卦) 아래에 불을 상징하는 이괘(離卦)가 자리하고 있는 명이괘의 괘상(卦象)을 통해 그 의미를 풀이한 것이다. 단사(彖辭)에서 말하기를 "밝음이 땅 아래로 들어간 것이 명이괘이니, 안으로는 문명하고 밖으로는 유순하다. 군자를 이 괘를 보고 큰 어려움을 견딘다. 문왕(文王)이 그렇게 하였다."라고 하였다.

42 측은지심(惻隱之心)은……길이다 : 《이정유서(二程遺書)》 권21 하에 나온다. 측은지심은 살아 있는 사람이라면 누구나 갖고 있다는 의미이다.

작용할 수 있다는 것입니까?

〔답〕 "측은지심은 사람의 생의 길이다."라고 한 정자의 이 한 단락 말에 대하여 주자(朱子)의 문하에서 분별하여 말한 세 조목은 아래의 글에 상세하니 참고할 만합니다. 대체로 이 생 자는 다만 '살아서 활동한다〔生活〕'의 생이니, 생하고 생하여 다함이 없다는 뜻입니다. 곧 천지가 만물을 낳는 마음과 관통하는 것이 다만 이 생 자이므로 주자는 혹자의 천지가 만물을 낳는 마음에 대한 물음에 다음과 같이 답하였습니다. "천지의 마음은 다만 생입니다. 무릇 만물은 모두 생하여야 바야흐로 이 물체가 있게 됩니다. 사람과 만물이 생하고 생하여 끝이 없는 것은 그것이 생하기 때문이니, 생하지 않으면 곧 말라 죽게 됩니다." 이것을 가지고 살펴보건대 "걸과 도척도 이것이 없이는 살 수 없다."라는 것 역시 '살아서 활동한다'의 생일 따름입니다. 보내온 편지에서 생출의 뜻이라고 하고 또 움직이고 작용하는 뜻이라고도 하였는데, 이것은 아마도 본래의 의미가 아닐 것입니다.

〔문〕 "사려와 동작은 모두 하늘이다."[43]라고 하였습니다. 이것은 사려와 동작은 사람이 할 수 있는 것이 아니고 모두 천리가 스스로 그러한 것이라는 뜻입니까? 만약 소당연(所當然)의 이(理)를 말한다면 사려와 동작이 마땅함에 부합한다는 것이 이것입니다. 그러나

43 사려와……하늘이다 : 《이정유서》 권11에 나오는 정자의 말이다. 《성리대전서(性理大全書)》, 《근사록(近思錄)》 등에도 실려 있다. "보고 듣고 생각하고 행동하는 것이 모두 하늘의 이치가 스스로 그러한 것이다. 사람은 다만 그 가운데서 참된 것과 거짓된 것을 식별하여야 한다.〔視聽思慮動作, 皆天也. 人但於其中要識得眞與妄爾.〕" 인간의 생각과 행위는 모두 타고난 능력을 발휘해 내는 것이라는 뜻이다.

그 사려와 동작이 되는 까닭은 이(理)가 아니라고 할 수 없습니다. 지난번에 정윤희(丁胤禧)[44]와 이기(理氣)의 학설에 대하여 논하였는데, 제가 말하기를 "사려와 동작은 모두 기(氣)입니다. 그러나 어찌 그렇게 되는 까닭이 없겠습니까."라고 하였습니다. 그러자 정윤희가 말하기를 "그렇지 않습니다. 사려와 동작이 마땅함에 부합하면 이(理)입니다. 사려하고 동작할 수 있는 까닭은 기의 영명함입니다. 만약 그렇게 되는 까닭을 이(理)라고 한다면 이는 두 개의 이가 있는 것입니다."라고 하였으니, 저 역시 당시에는 정윤희의 설이 옳다고 생각하였습니다. 그러나 지금 와서 생각해 보니 그렇지 않습니다. 사려와 동작이 과연 기의 영명함이라면 기의 영명함 또한 어찌 까닭이 없이 그러하겠습니까. 생각건대 정윤희가 생각하는 것이 만약 이러한 설명과 같다고 한다면 이(理)에 두 가지 소이연(所以然)이 있다고 여기는 것이니, 이것은 바로 이가 하나임을 알지 못하는 것입니다. 이렇게 말하는 것이 옳은지 그른지 모르겠습니다.

주자는 "지각(知覺)은 곧 마음의 덕이다."[45]라고 하였습니다. 이는 마음이라는 것이 본래부터 텅 비고 영명한 지각이라는 것을 말합니다. 만약 그 온전한 덕을 말한다면 마땅히 인(仁)이라는 것을 마음의

44 정윤희(丁胤禧) : 1531~1589. 본관은 나주(羅州), 자는 경석(景錫), 호는 고암(顧庵)·순암(順庵)이다. 이황(李滉)의 문인이다. 문장으로 이름을 떨쳤고 사륙문에 뛰어나 한때 홍문관과 예문관의 모든 서류를 찬술하였다. 문집으로 《고암집(顧庵集)》이 있다.

45 지각(知覺)은……덕이다 : 《주자어류(朱子語類)》 권20 〈논어(論語) 2〉에 나온다. 《성리대전서》 권32 〈심(心)〉에도 실려 있다. 지각이라는 것은 마음이 가지고 있는 특정한 능력이라는 뜻이다.

덕이라고 하여야 합니다.

〔답〕 마음의 본체가 포함한 것에는 갖추어지지 않은 것이 없습니다. 인(仁)은 참으로 마음의 덕이며, 지(智) 또한 마음의 덕에서 벗어나지 않습니다. 지각은 지의 일이므로 마음의 덕이라고 한 것입니다. 무슨 의문이 있겠습니까.

〔문〕 "품부받은 기(氣)에 선과 악의 차이가 있는 까닭 역시 성(性)의 이(理)입니다."라는 말을 알지 못하겠습니다. "음(陰)과 양(陽) 두 기는 이(理)에 근본을 두고 생겨난 것입니다. 이가 아니면 기는 생겨날 곳이 없습니다. 악은 음입니다. 비록 이(理)의 바른 것은 아니지만 이(理)를 떠나서 홀로 행해질 수는 없습니다. 반드시 이 기의 까닭이 되는 이가 있을 것이므로 '악 또한 성이라고 하지 않을 수 없다.'[46]라고 한 것입니다." 이렇게 말하면 어떤지 모르겠습니다.

〔답〕 "품부받은 기가 악한 것도 성의 이(理)이다."라고 하였는데, 이 말은 해괴한 것 같습니다. 그러나 정자 이래 이 이치를 논한 것이 하나가 아닙니다. 생각건대 성을 물에 비유한다면 맑고 조용히 흐르는 것이 물의 본성입니다. 그것이 진흙과 찌꺼기를 만나게 되면 더럽고 탁해지며, 험한 곳을 만나면 물결이 세차지는데 이는 그것의 본성이 아닙니다. 그러나 물이라고 하지 않을 수는 없고 다만 처한 상황이 다를 뿐입니다. 그렇다면 품부받은 기의 악함이 비록 성의 본래 그러한 모습은

46 악……없다 : 《이정유서》 권1에 나온다. 본래 성은 선하다는 것이 전통 유학의 전제인데, 그 선한 성을 가진 인간이 기질에 의해 악한 행동을 한 경우에도 그 악한 행동을 한 인간 역시 성에 따르고 있다고 할 수 있다는 의미이다.

아니더라도 어찌 성의 이(理)라고 말할 수 없겠습니까. 보내온 편지에서는 음의 기는 이(理)에서 생겨나는데 음의 기는 악이니, 이것을 악도 성이라는 것의 증거로 보았습니다. 이것은 아마도 그러하지 않을 것입니다. 무릇 악을 음이라고 하는 것은 선과 악의 부류로 구분하는 경우 이쪽에 속하게 된다는 것을 말하였을 뿐, 이(理)에서 생기는 음기가 반드시 악이며 또한 이러한 이유로 악한 인물이 될 수 있다고 하는 것이 아닙니다. 보내온 편지와 같이 말한다면 악이 생겨나는 것 또한 성에 근원하여 선과 서로 대립하여 나오는 것이니 옳겠습니까.

〔문〕 기가 처음에 본래 선하지 않음이 없지만 오늘날까지 이리저리 오르고 내리며 그것이 섞인 지가 오래되었습니다. 처음이라고 하는 것은 기운의 최초 근원이 되는 곳을 가리켜 말한 것입니까, 아니면 사람이 부여받은 처음을 말하는 것입니까? 부여받은 처음에는 기에 원래 선과 악의 차이가 있으니, 아마 근원이 되는 곳을 가리켜 말한 것 같습니다만, 옳은지 알지 못하겠습니다.

〔답〕 기의 처음이 선하지 않음이 없다는 것은 곧 기가 생겨나는 근원이 되는 곳이지, 부여받은 처음이 아닙니다. 그러나 기에는 하루의 처음도 있고 한 달의 처음도 있으며 한 철의 처음도 있고 한 해의 처음도 있으며 한 원(元)[47]의 처음도 있습니다. 그러나 이것 또한 대략 예를 들어서

47 원(元) : 소옹(邵雍)은 《황극경세서(皇極經世書)》에서 우주의 시간을 지구의 년, 월, 일, 시에 대응하여 원(元), 회(會), 운(運), 세(世)로 설명하고 있다. 1원은 우주의 1년으로 지구의 12만 9600년에 해당하고, 1회는 우주의 한 달로 지구의 1만 800년이며, 1운은 우주의 하루로 지구의 360년이며, 1세는 우주의 한 시간으로 지구의 30년이다.

말한 것일 뿐입니다. 옮겨 오고 옮겨 가서 그 변화가 끝이 없으니 마땅히 경우에 따라 융통성 있게 보아야지, 어느 곳이 기의 처음이라고 정해서는 안 됩니다. 만약에 한 가지 경우만을 가리켜 정한다면 통하지 않아 조화의 오묘함을 설명하기에 부족합니다.

〔문〕 재경(才卿)[48]이 "마른 나무에 성은 있어도 인은 없습니다."라고 하자, 주자가 "이 설 또한 옳다. 마른 나무는 원래 일찍이 이 도리를 품부받은 적이 없고 오직 사람만이 그 온전함을 얻는다."라고 하였습니다.[49] 생각건대 마른 나무의 성이 인의(仁義) 외에 별도로 하나의 성인 것은 아닙니다. 다만 그 품부받은 기가 치우진 것 가운데서도 치우친 것이므로 완전히 막혀 통하지 않는 것입니다. 또한 금수 가운데 조금 지각이 있거나 혹 한길로 통하는 경우만 못한 것입니다. 그러나 이 사물이 되는 이(理)는 곧 사단(四端)의 이입니다. 다만 통하여 알 수가 없는 것입니다. 그러므로 또 말하기를 "비록 인의예지와 비슷하다고 더 이상 논할 수 없지만 이 성이 없다고 말할 수는 없다."[50]라고 하였습니다.

48 재경(才卿) : 주희(朱熹)의 제자 진문울(陳文蔚, 1154~1239)의 자이다. 호는 극재(克齋) 또는 북산(北山)이다.

49 재경(才卿)이……하였습니다 : 《주자어류》 권4 〈성리(性理) 1〉에 나온다. 마른 나무와 사람의 차이점을 말하고 있는데, 인이 마른 나무에는 없고 인간에게는 있다는 말이다.

50 비록……없다 : 《회암집(晦庵集)》 권58 〈답서자융(答徐子融)〉에 나온다. 마른 나무와 사람에게 인의예지가 동일하게 갖추어져 있다고 할 수는 없지만 두 가지 모두 성을 갖추고 있다고 할 수 있다는 말이다.

어떤 사람이 《이정유서(二程遺書)》에 대하여 묻기를 "마음은 본래 선한데 사려로 드러나면 선함과 선하지 않음이 있다는 것[51]은 어떻습니까?"라고 하였습니다. 주자는 "아마도 이 부분에는 조금 온당하지 못한 것이 있는 것 같다. 생각건대 모든 일은 마음이 하는 것이 아님이 없어, 비록 방벽(放辟)하고 사치하다 해도 그 역시 마음이 하는 것이다."[52]라고 하였습니다. 대저 방벽하고 사치하는 것은 모두 사려로 발하여진 다음에 있게 되는 것입니다. 정자의 뜻 또한 마음의 본체는 선하지 않은 것이 없지만 드러난 후에 선과 악의 다름이 있다는 것입니다. 그렇다면 주자가 온당치 못하다고 한 것은 무엇을 가리켜 이른 것입니까?

〔답〕 정자의 "마음이 본래 선하다."라는 주장에 대해서 주자가 약간 온당하지 못하다고 한 것은, 생각건대 이미 마음이라고 하였으면 이미 이(理)와 기를 겸한 것이므로 기가 그 안에 섞여 있지 않을 수 없으니, 사람은 본래 사려와 동작에 드러나기를 기다리지 않고도 불선의 뿌리가 이미 마음속에 있거늘 어찌 선하다고 할 수 있겠느냐고 하면서 이러한 이유로 온당하지 못하다고 한 것입니다. 그러나 처음에 근본해서 말한다면 마음이 아직 드러나지 아니하고 기운이 아직 주도하지 아니하여 본체가 텅 비어 밝을 때에는 본래 선하지 아니함이 없습니다. 그러므로 훗날 이에 대해 논하였을 때 다시 마음의 본체를 가리킨 것이

51 마음은……것 : 《이정유서》 권18에 나온다. 사려는 마음에서 생기는 것인데 본래 선한 마음에서 어떻게 선하지 않은 생각이 생기는 것인지에 대한 질문이다.

52 아마도……것이다 : 《주자어류》 권95 〈정자지서(程子之書) 1〉에 보인다. 인간의 마음과 선악의 문제를 논한 것인데, 특히 인간의 삶을 주관하는 마음을 논하고 있다.

라고 하면서 정자의 의도를 밝혔으니, 그렇다면 결국에는 온당하지 못하다고 여기지 않았다는 것을 알 수 있습니다.

〔문〕 성(性)이 아니면 유래하여 발생할 곳도 없다는 것[53]은 마음이 움직이는 원인이 이(理)임을 말한 것입니다. 마음은 스스로 움직이고 고요해질 수 없으며 반드시 움직이고 고요하게 하는 이(理)가 있기 때문에 그와 같을 수 있는 것입니다. 그러므로 다시 마음은 움직임과 고요함의 이(理)를 갖추었다고 말합니다. 이러한 설명은 어떠한지 모르겠습니다. 이상 여러 조목은 《성리서(性理書)》[54]를 읽다가 미처 깨닫지 못한 곳이 있어서 감히 삼가 여쭙는 것이니 가르쳐 주시기를 삼가 바랍니다.

〔답〕 성이 아니면 유래하여 발생할 곳도 없다는 것은, 물이 아니면 무엇으로부터 파도가 되겠느냐는 것과 마찬가지입니다.

〔문〕 또한 성이라는 것은 천하 공공(公共)의 이이고, 기는 내 몸이 가지고 있는 것입니다.-혼륜(渾淪)하여 말하면 기 또한 공공의 기입니다.- 기에는 생겨나고 사라짐이 있지만 이(理)에는 생겨남과 사라짐이 없습니다. 아직 생겨나기 전에는 별도로 하나의 사물로 한곳에 있다가 기를 기다려서 형체를 이루면 바야흐로 이 기 가운데 모여서 머물

53 성(性)이……것 : 《회암집》 권42 〈답호광중(答胡廣仲)〉에 나온다. 인간은 마음으로 자신의 삶을 영위해 나가는데, 그 마음에 간직된 성을 통해 모든 사태와 만난다는 것이다.

54 성리서(性理書) : 《성리대전》을 가리킨다. 이전에는 《성리대전서》라고 부르기도 하였다.

고, 이미 사라진 후에는 다시 하나의 사물이 되어 한곳에 있게 되는 것이 아닙니다. 이 몸에는 생사가 있지만 천하 공공의 성은 본래 스스로 그러합니다. 비유컨대 햇빛이 사물을 비추는 것과 같아서 이 사물이 이미 없어져도 빛이 그것을 따라 없어지는 것이 아니니, 사물은 절로 없을 때가 있지만 빛은 더함도 덜어 냄도 없습니다. 주자가 "이 기가 없어도 이 성은 있으며, 기에는 존재하지 않음이 있으나 이(理)는 항상 있다."[55]라고 한 것이 아마 이와 같은 것입니까? 깨우쳐 주시기를 바랍니다.

〔답〕 "기에는 생겨나고 사라짐이 있지만 이에는 생겨남과 사라짐이 없습니다."라는 설명은 제대로 보았습니다. 햇빛이 사물을 비춘다는 것으로 비유를 한 것 또한 좋습니다. 그러나 햇빛도 오히려 이따금씩 없어지는 것은 형체가 있기 때문입니다. 이의 경우에는 소리나 냄새도 없고 형체도 없으며 다함도 없으니 언제 없어지겠습니까. 석씨(釋氏)는 성이 이인 줄도 모르고 이른바 정령(精靈)이라든가 신식(神識)이라는 것을 이라고 하여 "죽어도 없어지지 않으며 떠나갔다가도 다시 돌아온다."라고 하였으니 이러한 이가 어디에 있겠습니까.

〔문〕 또 비가 오려고 하면 개구리가 반드시 먼저 우는데 대저 개구리는 음의 동물이고 비 또한 음의 기인데 이것은 기가 서로 감응하여 그러한 것입니까? 땅이 흔들리면 꿩이 우는 것도 이러한 종류의

55 이 기가……있다 : 《회암집》 권46 〈답유숙문(答劉叔文)〉에 나온다. 형체를 가졌기에 생성하고 소멸하는 기와는 달리 성과 이(理)는 형체를 갖지 않았기 때문에 항상 존재한다는 성리학의 입장이 담긴 말이다.

것입니까?

〔답〕 개구리는 음의 동물이어서 비가 오려고 하면 같은 기에 감응하여 비가 오기 전에 먼저 운다고 한 것은 참으로 그렇습니다. 꿩은 양의 동물이므로 성질이 잘 놀라고 잘 웁니다. 온 땅이 흔들려 모든 동물들이 다 놀라겠지만 꿩만이 그 상황에 반응하여 울 수 있는 것입니다. 반드시 기가 감응하여 그렇게 하는 것은 아닐 것입니다.

퇴계 선생에게 올린 강목의 질문 신유년(1561, 명종16)

上退溪先生講目稟質 辛酉

〔문〕 마음이 가는 바를 지(志)라고 합니다.[56] 예를 들면 이 일을 하고자 하면 마음이 이쪽으로 갑니다. 이미 이곳으로 와서 다시 생각하고 꾀하며 헤아리는 것은 의(意)입니다. 지는 주장하고 기필하는 것이고, 의는 영위하고 헤아리는 것입니다. 지는 공적이며 의는 사적이라고 하는 것은 지는 마음이 선에 있는 것이며 의는 선과 악의 기미가 되는 것을 이르는 것입니까?

〔답〕[57] 지와 의에 대해 분별한 것은 회암(晦庵 주희(朱熹))을 비롯하여 여러 선생들의 해설이 이미 상세한데, 보내온 변론에서도 잘 파악하였습니다. 다만 지는 공적이고 의는 사적인데, 여기에서 공과 사라는 글자는 선과 악을 나누어서 말한 것이 아닙니다. 요즘 사람들이 말하는 공적인 일, 사적인 일과 같은 의미일 뿐입니다. 공적인 일이라고 반드시 모두 선한 것이 아니고 사적인 일이라고 해서 반드시 모두 악한

56 마음이……합니다 : 지에 대한 이와 같은 해석은 주희의 여러 저술 속에서 발견된다. 《논어집주》 〈위정(爲政)〉 제4장에 대한 주희의 주석, 〈이인(里仁)〉 제4장에 대한 주희의 주석, 〈술이(述而)〉 제6장에 대한 주희의 주석, 《맹자집주》 〈공손추 상(公孫丑上)〉 제2장에 대한 주희의 주석, 〈진심 상(盡心上)〉 제33장에 대한 주희의 주석, 《주자어류(朱子語類)》 권5 〈성리(性理) 2〉 등에 보인다. 지는 마음이 의도하는 바를 뜻하니, 요즘의 의지라는 말과 그 의미가 유사하다고 할 수 있다. 다만 여기서는 비슷해 보이는 의와 지의 뜻을 어떻게 변별할 수 있는지 논의하고 있다.

57 답 : 《퇴계집(退溪集)》 권25 〈답정자중강목(答鄭子中講目)〉 제14서가 이 편지에 대한 이황(李滉)의 답서이다.

것은 아닙니다. 다만 관청의 일은 공공에 속하기 때문에 공적인 일이라고 하고, 민간의 일은 사사롭고 개인적인 것에 속하므로 사사로운 일이라고 하는 것입니다. 이는 인심(人心)이 형기(形氣)의 사사로움에서 발생한다[58]는 것과도 같은데, 형기라고 하여 모두 사사롭고 사악한 것은 아닙니다. 다만 오로지 한 사람의 개인적인 것에 속하는 것을 가리켜 말한 것일 뿐입니다.

〔문〕 정(情)은 성(性)에서 발하여 선은 있으나 악은 없습니다. 정이 악으로 흐르는 것은 의(意)가 그렇게 만드는 것입니다. 의는 그 정을 끼고 좌지우지합니다. 예를 들면 갓난아이가 우물에 들어가려는 것을 보았을 때 깜짝 놀라고 측은한 마음이 드는 것은 인(仁)한 정이 발한 것이며, 교분을 맺으려거나 칭찬을 바라는 등의 마음도 있는 것은 사사로운 뜻이 그 사이에서 마구 생겨나서 본연의 정이 사사로운 뜻의 부림을 받아 가로막혀 더 이상 유행하지 않도록 하기 때문입니다. 이 설이 어떠한지요?

〔답〕 정에 선은 있고 악은 없다는 것은 사단(四端)이 그것입니다. 칠정(七情)의 경우 악이 없다고 말할 수 없는 것은 그 기운이 반드시 순수하게 선하지는 않기 때문입니다. 측은지심(惻隱之心)이 드러나는데 교분을 맺으려 하거나 칭찬을 바라는 잘못은 의가 하는 것이라고 하는 보내온 편지의 말은 옳습니다.

58 인심(人心)이……발생한다 : 인심과 형기의 관계에 대한 주희의 해석은 《중용장구》의 서문에 보인다.

〔문〕 인의예지(仁義禮智)는 성(性)이고, 측은(惻隱), 수오(羞惡), 사양(辭讓), 시비(是非)는 정(情)입니다. 마음의 작용이 되는 것은 측은, 수오, 사양, 시비를 벗어나지 않으며, 이 네 가지는 사람의 마음이 그칠 수 없는 것입니다. 그러나 이 네 가지가 되는 까닭에는 반드시 인의예지라는 근본이 있습니다. 그러나 마음에 갖추어진 인의예지에 알아볼 수 있는 형상과 가리킬 수 있는 자리가 있지 않으니 어떻게 그것을 알 수 있겠습니까. 다만 그 마음이 발현함에 반드시 이 네 가지가 있음을 통하여 그것이 아직 발하기 전에는 반드시 이 네 가지가 되는 까닭으로서의 근본이 있음을 아는 것입니다. 이미 발한 것을 통하여 아직 발하지 않은 것을 구하면 아직 발하지 않은 것에 갖춰진 것을 참으로 알 수 있습니다. 그러므로 "잘 살피는 사람은 이미 발현하였을 때 살핀다."[59]라고 하는 것입니다. 대체로 모든 사물의 이(理)는 그것이 유행하고 발현하는 곳을 통하여 그 근원을 구하면 반드시 그렇게 되는 까닭이 그 안에 있을 것입니다. 공자 문하에서는 오로지 사람들이 일상생활에서 항상 행하는 도를 가지고 가르치고, 일찍이 근원을 가리키며 보여 주지 않았던 것은 바로 이러한 이유입니다.

"의(義)라는 것은 마음의 재제(裁制)함이고 일의 마땅함입니다."[60]

59 잘……살핀다 : 《주자어류》 권62 〈중용(中庸) 1〉에 나온다. 정이(程頤)의 말을 인용한 것인데, 고요한 때의 존양(存養) 공부와 움직일 때의 성찰(省察) 공부의 관계에 대해 논의하면서 언급되었다. 주희는 이 말에 병통이 있다고 여겼다. 주희는 스승 이동(李侗)의 영향으로 미발(未發) 공부를 중시하였으며, 주희의 이러한 경향은 그의 중화신설(中和新說)에 잘 드러난다.

60 의(義)라는……마땅함입니다 : 의에 대한 주희의 설명은 《맹자집주》 〈양혜왕 상

모든 일에는 각각 마땅한 바가 있으며 그 재제하고 처리하는 것은 마음에 달려 있습니다. 그러나 마음으로 재제함과 일의 마땅함에는 안팎의 구분이 있지 않습니다. 마음으로 재제하는 것은 마음에 있는 의이며, 일의 마땅함은 일에 있는 의입니다. 마음은 재제하지 않을 수 없고 일은 마땅함에 부합하지 않을 수가 없으니, 안팎을 합하고 체용을 겸하여 의라는 개념이 있는 것입니다. 마음에 있고 일에 있는 것은 하나일 뿐이지 안팎의 구분이 있는 것은 아닙니다. 의가 밖에 있는 것이 아니라고 하는 것[61]이 이것입니다. 이와 같이 말한다면 옳은지 그른지 모르겠습니다.

〔답〕 인의예지는 성이고, 의라는 것은 마음으로 재제하는 것이라고 하였는데, 이 두 조목의 논리가 매우 좋고 의를 논한 곳은 더욱 정밀합니다.

〔문〕 분함을 참고 욕심을 막는 것[62]은 마음을 바르게 하는 것이며, 선으로 옮겨 가고 허물을 고치는 것[63]은 몸을 닦는 것입니다. 생각건

(梁惠王上)〉 제1장에 대한 주희의 주석, 《주자어류》 권51 〈맹자(孟子) 1〉 등에 보인다. 유학의 의란, 구체적 상황에서 해당 일을 처리하는 사람의 마음으로 찾아지는 것이면서도 그 상황에서의 올바른 방안을 가리킨다는 뜻이다.

61 의가……것 : 《맹자》 〈고자 상(告子上)〉에서 맹자는 고자가 의는 밖에 있다고 주장하는 것을 비판한다. 그리고 "인의예지는 밖에서 나를 변화시키는 것이 아니라 내가 본래 가지고 있는 것이다."라고 명백하게 밝히고 있다.

62 분함을……것 : 《주역》 〈손괘(損卦) 상(象)〉에 "산 아래에 못이 있음이 손이니, 군자는 이 상을 보고서 분함을 참고 욕심을 막는다."라고 하였으니, 군자가 수신을 위해 덜어 내야 하는 것 가운데 가장 급선무가 분함과 욕심이라는 것이다.

63 선으로……것 : 《주역》 〈익괘(益卦) 상〉에 "바람과 우레가 익이니, 군자가 이 상

대 분함을 이미 참았고 욕심을 이미 막았다면 마음이 바르게 된 것이며, 허물을 고쳐서 선으로 옮겨 갔다면 몸도 닦였다는 것은 또한 어떠합니까?

〔답〕 분함을 참고 욕심을 막는 것은 마음을 바르게 하는 것과 유사하고, 선으로 옮겨 가고 허물을 고치는 것은 몸을 닦는 것과 유사합니다. 그러나 이러한 것들을 통틀어 말할 수도 있습니다. 그러므로 《주역》 손괘(損卦)의 상전(象傳)에 대해서 정자(程子)와 주자(朱子)가 모두 수신(修身)을 가지고 설명하였으니,[64] 익괘(益卦)의 상전에 대해서도 정심(正心)을 가지고 설명할 수 있음을 알 수 있습니다.

〔문〕 장자(張子 장재(張載))가 "텅 빔과 기(氣)를 합하여 성(性)이라는 이름이 있게 되었다."[65]라고 한 것은 기질(氣質)의 성을 가리킨 것이 아닙니다. 다만 이(理)와 기가 하나로 합해서 성이 된다는 말입니다. 생각건대 성이라고 말하는 경우 기가 아니면 의지하여 드러날

을 보고서 선을 보면 옮겨 가고 허물이 있으면 고친다."라고 하였으니, 군자가 수신을 하는 데 가장 유익한 것은 선을 실천하고 잘못을 고치는 것이라는 의미이다.

64 주역……설명하였으니 : 《주역》 〈손괘 상〉에 대해 정이는 "산 아래에 못이 있으니, 기운이 위로 통하여 윤택하게 하는 것과 아래를 깊게 파서 더 높게 함은 모두 아래를 더는 상이다. 군자가 손의 상을 관찰하여 자기에게서 더니, 수신하는 방법에서 마땅히 덜어야 할 것은 오직 분함과 욕심이다. 그러므로 분노를 징계하고 의욕을 막는 것이다."라고 해석하고, 주희는 "군자가 수신함에 있어서 마땅히 덜어야 할 것은 이보다 간절한 것이 없다."라고 해석하였다. 이 두 설명을 보면 손괘의 분함을 참고 욕심을 막는 것에 대한 정이와 주희의 해석이 모두 수신의 차원에서 이루어지고 있음을 알 수 있다.

65 텅……되었다 : 《정몽(正蒙)》 〈태화(太和)〉에 나온다. 장재는 이어 성과 지각을 합하여 심(心)이라는 이름이 있게 되었다는 설명을 덧붙인다.

곳이 없으므로 반드시 이와 기를 합하여 성을 말해야 비로소 갖추어집니다. 그렇다면 본연의 성과 기질의 성을 구분하지 않고 곧장 성의 체단(體段)을 가리키는 것이 아닙니까?

〔답〕 텅 빔과 기를 합하여 성이라는 이름이 있게 되었다는 것에 대해서는 의논한 내용이 옳습니다.

〔문〕 오성(五性)이 감동(感動)하여 선과 악이 나누어진다는 것[66]은 말의 형세로 보건대 오상(五常)의 성(性)[67]이 외물에 감응하여 움직이고, 움직인 다음에 비로소 선과 악의 구분이 있음을 말하는 듯합니다. 그러나 선과 악이라고 하는 것은 오성을 말하는 것이 아니라 곧바로 마음을 말하니 오성이 감동한다고 한 것은 다만 사람의 마음이 발동하는 까닭으로서의 이(理)를 말한 것이 아닙니까? 마음이 외물에 감응하여 움직일 수 있는 것은 거기에 그와 같은 이가 있기 때문입니다. 감응한 것이 비록 악하지만 그 발하는 까닭은 이입니다. 감동하는 것과 선악이 나누어진다는 것은 모두 마음을 가리켜 말한 것일 듯한데 어떠한지 모르겠습니다. 아마도 학자들이 잘 살피지 않는다면 잘못하여 선악을 오성에 귀속시킬 것이므로 감히 아뢰고 삼가 가르침을 바랍니다.

〔답〕 오성이 감동한다는 것에 대해 운운한 것은 대개 옳은 말입니다.

66 오성(五性)이……것 : 《태극도설(太極圖說)》에 나온다. 오성은 인의예지신(仁義禮智信)을 가리키는데, 오성이 담긴 심(心)이 외부 사물과 관계를 맺는 가운데 선악이 생겨나는 것을 의미한다.

67 오상(五常)의 성(性) : 인의예지신을 가리킨다.

생각건대 이와 기가 합해 있고 성(性)과 정(情)을 통섭하는 것이 심(心)이므로 감동하는 것은 비록 오성이지만 그것이 발할 때에 이가 드러나서 기가 따르면 선이 되고, 기가 가려 이가 숨겨지면 악이 됩니다.

〔문〕 주자가 "지각이 없어 아픔과 가려움을 모른다."[68]라고 한 것은 신식(神識)이 어두운 것을 말하는 것으로 "몸이 죽었다."라고 하는 설을 이르는 것입니까?

양(陽)은 발산(發散)을 주로 하고 음(陰)은 엉겨 안정되는 것을 주로 합니다. 의(義)와 지(智)가 음이라고 하는 것은 일의 이치를 재단하고 처리하여 각기 있어야 할 곳에 머무르며, 시시비비가 각기 그 마땅함을 얻으면 더 이상 옮기거나 바꿀 수가 없어서 음이 한번 정해지면 이동하지 않는 것과 비슷하기 때문에 음에 속하는 것입니까?

〔답〕 지각이 없다는 것과 양이 발산을 주로 한다는 두 조목 역시 옳습니다.

〔문〕 둔괘(屯卦)의 초효(初爻)[69]는 괘를 이루는 데 있어 주인이 된다고 하는데, 이른바 괘를 이루는 데 있어 주인이 된다는 것이 무엇을 의미하는지 모르겠습니다.

68 지각이……모른다 : 《회암집(晦庵集)》 권47 〈답여자약(答呂子約)〉에 나온다. 주희는 독서에 열중하여 자신을 망각한 사람을 비판하며 이러한 표현을 사용하였다. 그러한 사람은 독서를 많이 해도 자신에게 아무런 도움이 없다는 것이다.

69 둔괘(屯卦)의 초효(初爻) : 둔괘는 수뢰(水雷), 즉 초효와 5효는 양효이고 나머지 네 효는 음효이다. 이러한 상을 가진 둔괘에서 초효가 괘의 주인이 된다는 것의 의미를 질문한 것이다.

〔답〕 둔괘의 초효는 3획괘의 경우 하나의 양이 두 음의 아래에서 움직이니 본래 주인이 되어야 합니다. 6획괘의 경우에는 매우 어려운 시기를 맞이하여 양으로서 강한 것이 첫 자리에 있으니, 이것은 귀한 사람이 미천한 사람에게 낮추는 것으로 때를 얻어 형통할 사람이기 때문에 괘를 이루는 데 있어 주인이 됩니다.

〔문〕 주자가 "고시(古詩)는 모름지기 서진(西晉) 시기 이전의 것을 보아야 한다."[70]라고 하였는데, 무엇을 가리켜 한 말인지 모르겠습니다. 또 "두자미(杜子美 두보(杜甫))의 시 가운데 기주(夔州) 이전 것[71]은 아름다운데 이후의 시는 배워서는 안 된다."라고 하였으며, 또 "두자미가 만년에 지은 시는 도무지 이해할 수 없다."[72]라고 하였는데 무엇을 이르는 것인지 모르겠습니다. 아울러 가르쳐 주시기를 바랍니다.

〔답〕 주자가 시(詩)를 논하면서 서진 이전의 것을 취하고 두자미의 시를 논하면서 기주 이전의 것을 취하였습니다. 지금 보면 강좌(江左)[73] 시인들의 시는 정말 서진 이전의 시만 못하고, 두자미의 기주

70 고시(古詩)는……한다 : 《주자어류》 권140 〈논문 하(論文下) 시(詩)〉에 나온다. 서진 이전의 여러 악부(樂府)가 훌륭하다는 측면에서 이렇게 말하였다.

71 기주(夔州) 이전 것 : 두보가 55세 때부터 기주에 있었는데, 그 전에 지은 시를 말한다. 주희는 기주에 살기 시작한 시기 이후의 두보 시는 지나치게 무겁고 번쇄하다고 평하였다.

72 두자미가……없다 : 《주자어류》 권140 〈논문 하 시〉에 나온다. 주희는 이 시기 두보의 시에 대해서 모두 벙어리 같다고 평하였다.

73 강좌(江左) : 중국 강동(江東) 지방이다. 특히 동진(東晉)의 서울이 있었던 건강

이후의 시 역시 너무 멋대로이니, 대체로 그렇다 하겠습니다. 그러나 건안(建安) 시인들[74]의 시도 좋은 것은 지극히 좋지만 좋지 않은 것도 많으며, 두자미가 만년에 지은 시도 풀어진 것은 너무 풀어졌지만 간혹 정연하고 평온한 것도 있습니다. 그런데 주자가 그렇게 말하였으니, 이러한 부분은 우리들의 소견이 아직 미치지 못하여 억측으로 판단할 수는 없습니다. 우선 정해진 말을 지키다가 우리의 의리가 성숙되고 안목이 높아진 뒤에야 천천히 의논할 일입니다.

〔문〕 서화담(徐花潭 서경덕(徐敬德))은 지금 세상에서 가장 얻기 어려운 자로, 우리 무리에서 우러러 받드는 사람 또한 적지 않습니다. 그의 학문의 옳고 그름은 후학이 감히 논의할 것은 아니지만, 그의 의론을 살펴보면 의심스러운 곳이 없을 수 없는 듯합니다. 〈이와 기의 근원을 캐다〔原理氣〕〉와 〈귀와 신, 죽음과 삶에 대해 논하다〔鬼神死生論〕〉, 〈이와 기에 대한 설〔理氣說〕〉과 같은 편들은 익숙하고 상세하게 익히고 음미하면 바다와 같이 넓고 아득하여 그 끝을 헤아릴 수 없습니다. 우선 그중 가장 이해하지 못한 몇 곳을 들어 아뢰니 깨우쳐 주시기를 삼가 바랍니다.

〈이와 기의 근원을 캐다〉에서는 "태허(太虛)는 담연하여 형체가 없는데……소옹(邵翁 소옹(邵雍))은 한마디도 말하지 못한 곳이다."[75]

(建康) 즉 지금의 남경(南京) 지역을 가리킨다.

74 건안(建安) 시인들 : 건안은 한(漢)나라 헌제(獻帝)의 연호인데, 당시에 조식(曹植), 왕찬(王粲), 유정(劉楨) 등의 시가 문학사의 중요한 위치에 있다.

75 태허(太虛)는……곳이다 : 《화담집(花潭集)》 권2 〈잡저(雜著)〉에 실려 있다. 서

라고 하였습니다. 이것은 모두 기를 말한 것 같은데 그 아래에서는 오히려 다음과 같이 이어서 말하였습니다. "《주역》에서 말한 '고요하여 움직이지 않는다.'[76]라는 것이고, 《중용》에서 말한 '성실한 것은 스스로 이룬다.'라는 것이다." 이는 또한 이(理)에 대해 말한 것입니다. '담연한 체'와 '혼연한 작용'이라는 것은 모두 기를 가리키는 것 같은데 도리어 말하기를 "염계(濂溪)는 여기에서 어찌하지 못하고 단지 '무극(無極)이면서 태극(太極)이다.'[77]라고만 말하였다."라고 하였습니다. 이것은 기를 이라고 여긴 것 같습니다. 무슨 까닭으로 이렇게 말하였는지 모르겠습니다.

〈귀와 신, 죽음과 삶에 대해 논하다〉에서는 "모임과 흩어짐은 있지만 있음과 없음은 없으니 기의 본체가 그러하다."[78]라고 하였습니다. 이 설은 매우 정밀합니다. 그 아래에서는 오히려 말하기를 "비록 풀 한 포기, 나무 한 그루와 같이 미미한 것도 그 기는 끝내 또한

경덕이 태허를 기라고 하면서 경전에서 이(理)를 설명하는 구절들을 인용한 것을 이해하기 어렵다는 질문이다.

76 고요하여 움직이지 않는다 : 《주역》 〈계사전 상(繫辭傳上)〉에 나온다. 도체(道體)를 형용한 말이나 마음의 체인 성(性)을 표현할 때도 자주 사용된다.

77 무극(無極)이면서 태극(太極)이다 : 《태극도설》의 첫 구절이다. 주희는 이 구절이 태극이 형체는 없지만 그 가운데 지극한 이치가 있다는 것을 표현하기 위하여 염계 주돈이(周敦頤)가 태극 앞에 무극이라는 두 글자를 추가한 것이라고 설명하고 있다. 주희에게는 태극은 이(理)이다. 그런데 서경덕이 기를 설명하며 인용하고 있으니, 이는 기를 이로 안 것이 아니냐고 질문하고 있다.

78 모임과……그러하다 : 《화담집》 권2 〈잡저〉에 실려 있다. 태허인 기는 영원한데 그 기운이 모임과 흩어짐으로 말미암아 생성과 소멸의 변화가 있다는 기일원론(氣一元論)의 내용이다.

흩어지지 않는다."라고 하였습니다. 이는 도리어 석씨(釋氏)의 주장과 비슷합니다. 이 글 끝까지의 논의는 모두 이 의미입니다. 아니면 별도로 소견이 있어서 그렇게 말하였습니까? 제 생각에는 사람과 만물의 기는 본래 하나의 기입니다. 살아 있을 때는 이 기가 이르러, 있음으로 향하는 것입니다. 죽어서는 기가 다하여, 없음으로 들어가는 것입니다. 없음은 모두 흩어져서 없어지는 것입니다. 어찌 응결하여 흩어지지 않는 이치가 있겠습니까. 궁극적으로 말하면 그 기는 오히려 흩어져 천지의 기와 혼합하여 틈이 없게 되지만 사실은 민멸되어 없어지는 것입니다. 이를테면 향촉의 기가 흩어지면 없어지는 것과 같은 것이니 어찌 한곳에 엉기어 모이겠습니까. 제사 때 서로 감응하는 것은 대개 자손의 기가 돌아가신 할아버지의 기여서, 자손이 태어나면 돌아가신 할아버지의 기는 아직 죽지 않은 것과 같습니다. 그러므로 자손의 기가 전일하면 서로 감응하여 흠향하는 것도 혹 그런 이치가 있는 것이지 실제로 돌아가신 할아버지의 이미 흩어진 기운이 한곳에 응축되어 천지 사이를 두루 흘러 다니다가 자손이 경의를 표하고 예를 다하기를 기다린 후에야 와서 흠향하는 것이 아닙니다. 이 설이 어떠한지 모르겠습니다.

〈이와 기에 대한 설〉에서는 "닫고 열 수 있고 움직이고 고요할 수 있으며 살리고 이길 수 있는 것의 근원에 대해서 이름하기를 태극이라고 한다. 기의 바깥에는 이가 없고 이는 기를 주재하는 것이다."[79]

79 닫고……것이다 : 《화담집》 권2 〈잡저〉에 나온다. 여기서는 이와 기의 관계를 이해함에 있어 이가 기를 주재하기는 하지만 이는 기보다 먼저 있거나 기 밖에 있을 수는 없는 입장, 즉 이와 기를 하나로 보는 서경덕의 이기일물(理氣一物)의 입장을 확인할

라고 하였습니다. 말한 것이 매우 정밀합니다. 또 말하기를 "이는 기보다 앞서지 않는다. 만약 이가 기보다 앞선다고 한다면 이 기는 시작이 있는 것이다."라고 하였습니다. 대체로 이와 기는 본래 선후를 구분할 수 없습니다만 궁극적으로 말하면 반드시 이가 있은 다음에 이 기가 있습니다. 만약 이 기가 되는 까닭으로서의 이가 없다면 이 기는 어디로부터 생겨났겠습니까? 다만 먼저 저것이 있은 다음에 이것이 있다고는 말할 수 없으니 이렇게 되면 너무 지나치게 분별하는 것이 됩니다. 과연 화담의 설을 옳다고 한다면 주자의 논설은 틀린 것이 아닙니까? 저의 얕은 견해를 가지고 감히 선현을 논한다면 당돌하고 꺼리지 않는다는 죄를 면하지 못할 것입니다.

다만 근래에 화담의 학설이 성행하고 있는데, 이를테면 허태휘(許太輝)[80]나 박화숙(朴和叔)[81] 같은 무리들은 모두 그 문하의 사람으로 줄곧 그를 높이고 믿어 남들이 그의 잘못을 배척하는 것을 매우 싫어합니다. 얼마 전 화숙과 말을 한 적이 있는데, 존숭하고 추대하여

수 있다.

80 허태휘(許太輝) : 허엽(許曄, 1517~1580)으로, 본관은 양천(陽川), 자는 태휘, 호는 초당(草堂)이다. 대사간에 올라 향약의 시행을 건의하였으며 동인과 서인의 당쟁 시 동인의 영수가 되었다. 30년간 관직 생활을 하였으나 청렴결백하여 청백리에 녹선되었다. 장남 성(筬), 차남 봉(篈), 삼남 균(筠), 딸 난설헌(蘭雪軒)과 함께 중국과 일본에도 잘 알려져 있다. 《초당집(草堂集)》, 《전언왕행록(前言往行錄)》 등이 전한다.

81 박화숙(朴和叔) : 박순(朴淳, 1523~1589)으로, 본관은 충주(忠州), 자는 화숙, 호는 사암(思菴)이다. 서경덕의 문인이다. 명종 때 우의정, 좌의정에 이어 선조 때 영의정으로 14년간 재직했다. 동서 당쟁 속에서 이이와 성혼을 편들다 서인으로 지목되어 탄핵을 받고 은거했다. 시와 문, 서예에 모두 뛰어났다. 문집으로 《사암집(思菴集)》이 있다.

공이 장횡거(張橫渠 장재)의 아래에 있지 않다고 하였습니다. 생각건대 화담의 사람들은 이미 그의 사람됨에 감복하고 있고, 허태휘와 박화숙 두 분은 지금 세상에서 중시되는 사람인데 이와 같이 서로 추대하여 존숭하니 학자들이 어찌 쓸리듯이 그를 따르지 않을 수 있겠습니까. 삼가 바라건대 선생님께서 그런 학설에 대략이나마 주석을 붙여 그 그름을 공격하여 올바름으로 돌아가게 해 주십시오. 그렇게 해 주시기를 매우 바랍니다. 제가 이 말을 하는 것이 선생님께서 급히 나오셔서 세상을 밝히기를 바라기 때문은 아닙니다. 상자 속에 깊이 감추어 두고 문하의 선비에게도 보여 주지 않아 지금은 비록 갑자기 널리 퍼지지 않더라도 후학들에게 이로움이 되는 것이 어찌 한계가 있겠습니까. 참람하고 경솔함이 여기에까지 이르렀으니 옳고 그름을 모르겠습니다만, 옳지 않음이 있다면 통렬하게 꾸짖어 주십시오.

"태극에 움직임〔動〕과 고요함〔靜〕이 있다."[82]라는 것은 태극의 움직임과 고요함이 음・양의 움직임과 고요함과 같이 형상과 장소가 있다는 것을 이르는 것이 아닙니다. 다만 움직임과 고요함을 하게 하는 이(理)가 있다는 것을 말합니다. "명이 유행하는 까닭〔天命之所

82 태극에……있다 : 〈태극도설해(太極圖說解)〉에 나온다. 〈태극도설해〉는 주돈이의 《태극도설》에 대한 주희의 해설이다. 태극은 모양과 장소가 없는 형이상적인 존재이다. 형이상적인 존재의 움직임과 고요함은 현상 세계에 사는 인간으로서 상상하기 쉽지 않다. 이황은 이(理)를 설명하며 "지극히 텅 비어 있으면서 지극히 알차고〔至虛而至實〕, 지극한 무이면서 지극한 유이고〔至無而至有〕, 움직이되 움직임이 없고〔動而無動〕, 고요하되 고요함이 없다〔靜而無靜〕."라는 표현을 사용하는데, 상상하기도 어려운 존재임을 알 수 있다.

以流行〕"[83]이라고 하는 것은 한 번 움직이고 한 번 고요하게 되는 이가 있으므로 명이 유행할 수 있다는 것을 말합니다. 우리말로 토를 달아 읽으면 마땅히 "태극지유동정(太極之有動靜)은 천명지소이유행야(天命之所以流行也)"[84]라고 하여야 할 텐데 옳은지 그른지 모르겠습니다.

곤괘(坤卦)의 '직방대(直方大)'[85] 세 글자는 곤도(坤道)의 왕성함을 찬탄한 것입니다. 곤이 사물을 낳음은 터럭 하나의 거짓도 없는데 이것이 직(直)입니다. 형형색색으로 그 항상됨을 바꾸지 않아 만고토록 항상 이와 같은 것이 방(方)입니다. 직이면서 방하니, 그래서 큼〔大〕이 됩니다. 《전(傳)》과 《의(義)》[86]에서 다 설명하였는데 스스로 이와 같이 사사로이 설을 세웠습니다. 어떤지 모르겠습니다.

〔답〕 화담의 소견은 정밀하지 못하여 그가 저술한 여러 논설을 보면 한 편도 병통 없는 것이 없으니, 주신 글에서 거론한 것만 그럴 뿐이

83 명이 유행하는 까닭 : 〈태극도설해〉 원문에는 '天' 자가 없다. 〈태극도설해〉 원문에는 앞에서는 '천명지유행야(天命之流行也)'로 나오고 뒤에는 '명지소이유행(命之所以流行)'으로 나온다.

84 태극지유동정(太極之有動靜)은 천명지소이유행야(天命之所以流行也) : 〈태극도설해〉 원문에는 "태극에 동과 정이 있는 것, 이는 천명의 유행이다.〔太極之有動靜, 是天命之流行也.〕"라고 나온다. 앞에 나오는 '천명지유행야'와 뒤의 '명지소이유행'이 뒤섞여 혼동을 일으키고 있다.

85 직방대(直方大) : 《주역》 〈곤괘 육이(六二)〉에 나온다. 곧음, 방정함, 위대함 이 세 가지를 가지고 땅의 덕을 설명한 것이다. 내면의 곧음, 외면의 방정함, 그리고 그러한 덕의 성대함이 곤괘 육이의 덕이라는 것이다.

86 전(傳)과 의(義) : 《전(傳)》은 정이의 《역전(易傳)》을, 《의(義)》는 주희의 《역본의(易本義)》를 가리킨다.

아닙니다. 그리고 그의 문인들이 추존한 것은 너무 실정에 맞지 않습니다. 지난해 남시보(南時甫)[87]의 편지를 받았는데, "허태휘가 화담을 백사(白沙)[88]에 비견할 수 있다고 하는데 이 말이 어떠합니까?"라고 하였습니다. 내가 대답한 것을 지금 자세히는 기억할 수 없지만, 대개 "백사는 선도(禪道)에 빠졌다 하나 그 인품이 참으로 높은데, 화담의 학문은 허탄하고 잡스러워 백사에게 미치지 못할 듯하다. ……"라고 하였습니다. 시보가 그 편지를 받고 태휘에게 보이니, 태휘가 한 차례 편지를 보내와 힐문하였는데, 도리어 전에 백사에게 견주던 말은 숨기고 그의 학문을 늘어놓고는 끝에 가서 "장횡거와 다를 것이 무엇이 있느냐."라고 하였습니다. 또 태휘가 아는 종실(宗室) 사람 가운데 종성 영(鍾城令)이라는 분도 일찍이 서화담에게 배웠는데, 역시 스승의 만년의 높은 조예를 지극히 추존하면서 내 말을 배척하였습니다. 내가 생각하니, 이 두 사람은 말로 다툴 수 없겠기에 우선 답하기를 "화담은 공이 친히 배운 바요 나는 전하여 들은 것뿐이니, 전하여 들은 사람의 말을 잘못이라 하여야 할 것 같소. 그러나 화담의 저술을 내가 모두 얻어 보았는데, 〈서명(西銘)〉에 견줄 만한 글이 어느 글이며 〈정몽(正蒙)〉에 비할 만한 글이 어느 글인지 모르겠소. ……"라고 하였습니다. 그가 후일에 무슨 말로 회답했는지는 생각이 나지 않습니다. 말세에 학문에 뜻을

87 남시보(南時甫) : 남언경(南彦經, 1528~1594)으로, 본관은 의령(宜寧), 자는 시보, 호는 동강(東岡)이다. 서경덕, 이황의 문인이다.

88 백사(白沙) : 명(明)나라 유학자 진헌장(陳獻章, 1428~1500)의 호이다. 자는 공보(公甫), 또 다른 호는 석재(石齋)이다. 광동성(廣東省) 백사(白沙) 출생이고, 강재(康齋) 오여필(吳與弼)을 사사하였다. 정좌(靜坐)하여 마음을 깨끗이 함으로써 천리(天理)를 체인(體認)할 것을 주장하였다.

둔 사람들이 드물어 간혹 겨우 한두 사람을 볼 수 있는데 그 식견과 의론이 소루하고 광망(誑妄)함이 이와 같으니, 어찌 세속에서 해괴하게 여기며 비웃고 꾸짖지 않겠습니까. 태휘는 사람이 좋기는 하지만 원래 결점을 많이 갖고 있는데, 화숙의 의론 역시 이와 같을 것이라고는 생각지 못했습니다. 훗날 화숙과 말을 하다가 의논이 여기에 미치면 내가 태휘에게 물었던 말로 질문하여 그가 말한 것을 뽑아서 알려 주면 매우 고맙겠습니다.

공이 변론한 여러 조목에 대해서 나의 소견을 말한다면, 이치를 많이 터득하고 또 더러는 창을 가지고 방으로 들어온 곳[89]도 있으니, 기뻐할 만한 일입니다. 다만 서화담이 "모임과 흩어짐은 있지만 있음과 없음은 없다."라고 한 것을 매우 정밀하다고 한 것, 또 스스로 "그 기가 흩어져서는 천지의 기와 빈틈없이 혼합한다."라고 하는 등의 몇 군데는 의심스럽습니다. 생각건대 이(理)는 원래 유무(有無)가 없는데 그래도 유무로 말하는 경우가 있습니다. 그러나 기의 경우에는 기가 이르러 펴지고 모여 형(形)을 이루면 유가 되고, 되돌아서 돌아가고 흩어져 없어지면 무가 되니, 어찌 유무가 없다고 하겠습니까. -혹 별도로 근거가 있는 것을 내가 기억하지 못하는 것인가요?- 기가 흩어지는 것은 자연히 소진되어 사라지는 것이지 반드시 천지의 기와 빈틈없이 혼합한 뒤에 사라지는 것은 아닙니다. 보내온 편지에서 나에게 그 시비를 변론하게 하고

89 창을……곳 : 한나라 하휴(何休)가 《춘추(春秋)》를 전공하여 《공양묵수(公羊墨守)》, 《좌씨고황(左氏膏肓)》, 《곡량폐질(穀梁廢疾)》이란 세 책을 저술했는데, 정현(鄭玄)이 그것을 반박하여 《발묵수(發墨守)》, 《침고황(鍼膏肓)》을 저술하니, 하휴가 말하기를 "자네가 내 창을 가지고 내 집에 들어와서 나를 공격하는가."라고 하였다. 《後漢書 鄭玄列傳》

싶다고 했는데, 내가 지금 자신도 당하(堂下)의 사람들 속에 섞여 있으니 어찌 다른 사람의 곡직을 분간할 수 있겠습니까. 더구나 전에 황중거(黃仲擧)[90]와 학문을 논하다가 우연히 송당(松堂 박영(朴英))의 《백록동규해(白鹿洞規解)》에 말이 미쳐 잘못된 곳을 지적하지 않을 수 없게 되었는데,[91] 그의 문인들이 이것을 본다면 틀림없이 불평이 많을 것입니다. 그런데 지금 또 여기에 대하여 말을 한다면 적이 더욱 많아질 것이니 어찌하겠습니까. 이미 저지른 뒤에는 숨기려 하여도 그것이 소동파(蘇東坡)의 이른바 진흙 속에서 싸우는 짐승[92] 같아서 끝내 그 자취를 가릴 수 없을 듯합니다. 그러니 다시 1, 2년을 기다려서 가리움을 조금 제거한 뒤에 다시 의논하여야겠습니다. 태극에 움직임과 고요함이 있다는 의론은 매우 좋고, 직방대의 뜻도 좋습니다. 다만 직 자의 뜻은 곤(坤)의 두텁게 머금어 간직한 기운이 조화 생성의 묘(妙)를 이룰 때 흔들리고 막힘이 없이 모두 이룬다는 것이지 털끝만 한 거짓도 없음을 말하는 것은 아니라 하겠습니다.

90 황중거(黃仲擧) : 황준량(黃俊良, 1517～1563)으로, 본관은 평해(平海), 자는 중거, 호는 금계(錦溪)이다. 경상북도 영주시 풍기읍(豐基邑)에서 태어났다. 이황의 문인으로, 농암(聾巖) 이현보(李賢輔)의 손서(孫壻)이다.

91 송당(松堂)의……되었는데 : 《퇴계집》 권19에 실려 있는 〈답황중거논백록동규집해(答黃仲擧論白鹿洞規集解)〉에 보인다.

92 소동파(蘇東坡)의……짐승 : 소식(蘇軾)의 《동파전집(東坡全集)》 권51 〈상황제서(上皇帝書)〉에 나오는 내용으로, 싸우지 않은 것처럼 꾸미고자 하여도 그럴 수 없다는 뜻이다.

퇴계 선생에게 올린 문목[93]

上退溪先生問目

〔문〕 선생님의 답서에서 "지(志)는 공적이고 의(意)는 사적인데, 여기에서 '공(公)'과 '사(私)'라는 글자는 선과 악으로 나누어 말한 것이 아닙니다. 요즘 사람들이 말하는 공적인 일, 사적인 일과 같은 의미일 뿐입니다. 사적인 일이라고 해서 반드시 모두 악한 것은 아닙니다.-원문 2자 결락- 공공에 속하므로 공적인 일이라고 하고 사사롭고 개인적인 것에 속하므로 사사로운 일이라고 하는 것입니다.[94]"라고 하셨습니다. 어떻게 지가 공공이고 의가 사사롭고 개인적인 것이라고 보는지 모르겠습니다.

〔답〕[95] 주자(朱子)는 다음과 같이 말하였습니다. "지는 마음이 가는 것으로 줄곧 곧게 가는 것이고, 의는 지가 경영하면서 왕래하는 것으로 이것은 그 지의 다리이다. 무릇 영위하고 계획하며 왕래하는 것은 모두 의이다."[96] 또 "지는 공공연히 주장하며 일을 하려는 것이고, 의는 사적

93 퇴계……문목 : 1561년(명종16) 4월에 작성된 것이다.

94 사사로운……것입니다 : 대본에는 '謂之私□□'로 되어 있다. 《문봉집》 권3 〈퇴계 선생에게 올린 강목의 질문〔上退溪先生講目稟質(辛酉)〕〉에 근거하여 뒤에 '事耳'를 보충하여 번역하였다.

95 답 : 《퇴계집(退溪集)》 권25 〈답정자중별지(答鄭子中別紙)〉 제17서가 이 편지에 대한 이황(李滉)의 답서이다.

96 지는……의이다 : 《주자어류(朱子語類)》 권5 〈성리(性理) 2〉에 나온다. 주희(朱熹)에 의하면 지는 의를 통해 추진력을 얻게 된다.

으로 살그머니 다니는 와중에 드러나는 것이다. 지는 정벌하는 것과 같고 의는 침략하는 것과 같다."[97]라고 하였습니다. 이 몇 가지 설들을 모아서 보면 지는 공적인 것이고 의는 사적인 것임을 알 수 있습니다.

〔문〕 "이(理)와 기(氣)를 합하고 성(性)과 정(情)을 통섭하는 것은 심(心)입니다. 그러므로 감동하는 것은 오성(五性)이더라도 그것이 발할 때에 이가 드러나서 기가 따르면 선이 되고, 기가 가리어 이가 숨겨지면 악이 되는 것입니다. ……"라고 하신 것에서 '기' 자 아래에 어떤 글자를 써야 합니까?

〔답〕 앞의 편지에서 "이가 드러나서 기가 따르면 선이 되고, 기가 가리어 이가 숨겨지면 악이 됩니다."라고 하였는데, 처음에는 '기가 가린다'고 할 때의 '기' 자 밑에 '추(麤)' 자를 쓰려고도 하였고 또 '포(暴)' 자를 쓰려고도 하였는데, 퇴고를 하면서도 정하지 못하였습니다. 그래서 그 부분을 비워 두었다가 결국 잊어버리고 글자를 채워 넣지 못한 채 보내 드렸던 것입니다. 지금 다시 생각해 보니 두 글자는 모두 알맞지 않아서, '엄(揜)' 자를 쓰는 것이 온당하고 잘못이 없을 듯합니다.[98]

〔문〕 얼마 전에 박화숙(朴和叔)과 이야기를 하였습니다. 그가 말하

97 지는 공공연히……같다 : 《주자어류》 권5 〈성리(性理) 2〉에 나온다. 주희에 의하면 지와 의는 모두 정(情)에 속하지만 지는 공공연히 드러난 뜻이고 의는 아직 공표되지 않고 마음속에 간직하고 있는 뜻이다.

98 엄(揜)……듯합니다 : 주고받은 편지의 내용으로 보면 문봉이 보낸 편지 원문의 '기엄이이은즉악(氣揜而理隱則惡)'에서 '엄' 자의 자리는 비어 있었는데 나중에 채워진 것을 알 수 있다.

기를 "심(心)에는 지각이 있는데 어떠한 이유로 그럴 수 있는 것인가?"라고 하였습니다. 저는 다음과 같이 대답하였습니다. "지각이라고 하는 것은 기의 영명함이며, 영명하게 되는 까닭은 이입니다.-원문 1자 결락- 마음에 있는 기가 대단히 정세(精細)하고 밝기 때문에 지각할 수 있는 것입니다." 화숙이 말하기를 "이 또한 대강을 말한 것입니다. 사물을 접촉하자마자 마음이 곧바로 감응하여 움직이는데, 그 기틀은 저절로 그러하니[99] 그 묘함은 헤아릴 수 없습니다. 그렇게 되는 것을 세밀하게 생각해 보아도 살피고 헤아리기 쉽지 않습니다."라고 하였습니다.-원문 4자 결락- 저는 대답을 할 수가 없었습니다. 가르침을 바랍니다.

〔답〕 화숙이 "심에는 지각이 있는데 어떠한 이유로 그럴 수 있는 것인가?"라고 한 것에 대한 공의 대답은 대체로 옳습니다. 화숙이 무엇 때문에 다시 "살피고 헤아리기 쉽지 않습니다."라고 했는지는 알지 못하겠습니다. 이 이치에 대해서는 주자의 문하에서 논한 것이 모든 의미를 드러냈습니다. 어떤 사람이 주자에게 물었습니다. "지각은 마음의 영명함이 본래 이와 같은 것입니까, 아니면 기가 그렇게 하는 것입니까?" 이에 주자는 다음과 같이 답하였습니다. "이것은 오로지 기만이 하는 것이 아닙니다. 먼저 지각의 이(理)가 있습니다. 이는 지각하지 못하고 기가 모여 형체를 이루어 이와 기가 합하면 지각할 수 있습니다. 비유컨대 이것은 촛불이 기름을 얻어야 빛과 불꽃을 내는 것과 같습니다."[100] 또 다음과 같이 말하였습니다. "깨닫는 것은 마음의 이이

99 저절로 그러하니 : 대본에는 '自□'로 되어 있다. 문맥에 근거하여 뒤에 '然'을 보충하여 번역하였다.

고, 깨달을 수 있는 것은 기의 영명함이다."[101] 나는 이것에 대해 다음과 같이 생각합니다. 촛불이 기름을 얻어서 빛과 불꽃이 있게 되므로 깊고 어두운 곳을 밝히고, 거울이 수은을 얻어서 그 같은 밝음이 있게 되므로 고운 것이나 못난 것을 비출 수 있습니다. 이와 기가 합하여 마음이 되어 그와 같이 텅 비어 영명하여 헤아릴 수 없는 오묘함이 있게 되므로 사물이 오게 되면 바로 지각할 수 있습니다. 지금은 다만 이와 같은 밝은 가르침을 통하여 함양하고 체험하는 공부를 더 하고 쌓인 것이 많아진 다음에야 자연스럽게 환히 탁 트여 관통하는 경지가 있게 될 것입니다. 만약 그렇게 여기지 않고 별도로 지극히 심오하고 지극히 신묘한 이치를 구하고자 한다면 반드시 허무하고 아득한 곳으로 떨어져 의혹됨이 더욱 심해질 것입니다.

〔문〕《중용》에서 "하늘이 명한 것을 성(性)이라고 한다."[102]라고 하였습니다. 명(命)은 "이어 나가는 것이 선이다."[103]라고 한 것이고,

100 어떤……같습니다 : 《주자어류》 권5 〈성리(性理) 2〉에 나온다. 인간의 지각 작용에 대해, 촛불에 기름이 부어져야 불이 환히 밝혀지는 것처럼 지각 작용의 근거로서 마음에 있는 이치에 마음의 영명한 기운이 합해져야 지각이 가능해진다고 설명하고 있다.

101 깨닫는……영명함이다 : 《주자어류》 권5 〈성리(性理) 2〉에 나온다. 마음의 영명한 기운으로 인해 가능한 인간의 지각 작용과 그 지각 작용의 근거로서 마음에 있는 이치에 대한 설명이다.

102 하늘이……한다 : 《중용장구》 제1장에 나온다. 성리학에서 중시되는 대표적 구절로서, 하늘의 명령과 인간의 성을 통해 하늘과 인간의 관계를 설명하고 있다.

103 이어……선이다 : 《주역》 〈계사전 상(繫辭傳上)〉에 나온다. 하늘의 도를 이어 나가는 것이 곧 선이라는 것이다.

성은 "이루어진 것이 성이다."[104]라고 한 것이라고 하면 어떻습니까?

〔답〕 명은 이어 나가는 것이 선이라는 것이고 성은 이루어진 것이 성이라는 것이라고 하였는데, 이렇게 본 것은 또한 잘 보았습니다. 다만 계승하는 것은 유행하는 곳을 가리켜 말한 것이고, 명은 부여하는 곳을 가리켜 말한 것이므로 약간 같지 않은 부분이 있습니다.

〔문〕 "어두운 곳보다 잘 드러나는 것이 없고 세미한 일보다 잘 나타나는 것이 없다."[105]라는 것은 도체(道體)의 본래 그러한 점입니다. 생각건대 어둡고 세미한 가운데 저절로 드러나고 나타나는 이치가 있습니다.

〔답〕 어두운 곳보다 잘 드러나는 것이 없고 세미한 일보다 잘 나타나는 것이 없다는 것에 대한 논의는 옳습니다.

〔문〕《주역》은 역수(逆數)[106]입니다. 생각건대 《주역》이라는 것은 앞으로 올 것을 경계하는 것입니다. 음양이 소장하는 이치에 따라

104 이루어진 것이 성이다 : 《주역》 〈계사전 상〉에 나온다. 하늘의 도가 인간을 비롯한 만물에 온전히 갖추어져 있는 것을 성이라고 한다는 것이다.

105 어두운……없다 : 《중용장구》 제1장에 나온다. "어두운 곳보다 잘 드러나는 것이 없으며 세미한 일보다 잘 나타나는 것이 없다. 그러므로 군자는 그 홀로 아는 마음을 삼간다.〔莫見乎隱, 莫顯乎微, 故君子愼其獨也.〕" 군자의 신독 공부가 자기 자신만이 아는 미세한 마음의 기미에 대한 살핌을 내용으로 한다는 것이다.

106 역수(逆數) : 《주역》 〈설괘전(說卦傳)〉에 나오는 말로, 미래를 예측하는 것을 뜻한다. "지난 일을 헤아리는 것은 순이고, 미래를 아는 것은 역이다. 그러므로 역은 시간을 거슬러서 헤아리는 것이다.〔數往者順, 知來者逆. 是故易逆數也.〕"

경계하기를 '이렇게 하면 길하고 이렇게 하면 흉하다'고 하니, 모두 미래의 일입니다. 생각건대 음양의 두 기운이 사그라지고 자라나거나 차고 비는 데는 스스로 그러한 이치가 있으며, 길흉(吉凶)과 회린(悔吝)은 이 이치가 있음에 따라 반드시 그러함을 아는 것입니다. 이것으로 미루어 보건대 비록 천세 만세 멀더라도 미리 알 수 있습니다. 그러니 성인이 앞으로 오게 될 일을 아는 것은 이치일 따름입니다. 공자가 자장(子張)의 "열 왕조 뒤의 일을 알 수가 있습니까?"라는 질문에 대해 답한 것[107] 또한 이 뜻이 아닙니까?

〔답〕《주역》이 역수라는 것은 《역학계몽(易學啓蒙)》의 소자(邵子)와 주자(朱子)의 설[108]에서 모두 말하였습니다. 지금 논의한 것에 이치가 없지는 않지만 부자(夫子)의 본래 의도가 아님을 어찌하겠습니까.

〔문〕 주자가 말하였습니다. "소씨(邵氏)의 설에 따르면 선천(先天)이란 복희(伏羲)가 그린 《역》이고, 후천(後天)이란 문왕(文王)이 부연한 《역》이다. 복희의 《역》은 본래 문자가 없고 단지 하나의 그림일 뿐이다. 문왕의 《역》은 곧 지금의 《주역》이니 공자가 전(傳)

107 공자가……것 : 《논어》 〈위정(爲政)〉에 나온다. 그 내용은 다음과 같다. "자장이 물었다. '열 왕조 뒤의 일을 미리 알 수 있습니까?' 공자가 대답하였다. '은(殷)나라는 하(夏)나라의 예를 따랐으니 손익한 바를 알 수 있으며, 주(周)나라는 은나라의 예를 따랐으니 손익한 바를 알 수 있다. 혹시라도 주나라를 잇는 자가 있다면 비록 백세 뒤라도 알 수 있을 것이다.'" 공자가 미래를 예측한다는 것은 주술가들의 일과는 다르다. 각 왕조마다 장단점이 있으니, 그 문화를 계승하는 자는 장점은 살리고 단점은 보완하리라는 것을 안다는 의미로 읽힌다.

108 역학계몽(易學啓蒙)의……설 : 《역학계몽》 〈원괘획(原卦畫)〉에 나온다. 〈선천도〉에서 말하는 팔괘의 관계에 입각하여 역수의 의미에 대해 설명하고 있다.

을 지은 것이 이것이다." 이 말과 같다면 〈선천도(先天圖)〉는 복희가 당초 괘를 그린 차례이며 지금의 《주역》은 문왕이 편차한 것입니까? 생각건대 문왕은 복희의 그림에 따라 그 차례를 옮기고 바꾸었으니 모두 자기의 뜻입니까? 그렇다면 문왕 이전에는 지금 〈선천도〉라고 하는 것만 있었을 뿐이고 《주역》의 차례는 아직 없었던 것입니까? 복희의 〈팔괘도(八卦圖)〉는 〈선천〉의 차례와 서로 부합하는데 문왕의 팔괘는 《주역》의 차례와 같지 않으니 어째서입니까? 오초려(吳草廬)[109]가 이르기를 "복희 당시에는 3획으로 된 괘에 대한 이름은 있었지만 6획으로 된 괘에 대해서는 아직 이름이 없었는데 문왕이 비로소 6획으로 된 괘의 이름을 짓고 –원문 2자 결락– 이전에 –원문 3자 결락–"라고 하였는데, 이 설이 어떠한지요?

〔답〕 〈선천도〉는 복희가 괘를 그린 순서가 아니고 괘를 그린 뒤에 그 중간에서 잘라 적당히 변경하여 이 그림을 만든 것입니다. 생각건대 비록 어느 정도 안배한 것 같기는 하지만 음양의 소장(消長)과 운행의 순서를 이렇게 하지 않으면 모양을 이루지 못하기 때문입니다. 괘를 그린 순서를 논한다면 횡도(橫圖)를 가지고 말해야 옳을 것입니다. 지금의 《주역》은 본래 문왕이 편차한 것으로 그 자체 문왕의 뜻이며, 그 전에는 일찍이 없던 것입니다. 그러므로 이를 《주역》이라 하여 《연산역(連山易)》, 《귀장역(歸藏易)》[110]과는 구별합니다. 또한 문왕의 팔

109 오초려(吳草廬) : 원나라 학자 오징(吳澄, 1249~1333)으로, 자는 유청(幼淸)·백청(伯淸), 호는 초려, 시호는 문정(文正)이다. 주희의 사전제자(四傳弟子)로, 이학(理學)을 위주로 하면서 심학(心學)도 아울러 취하여 그 사상을 조화시켰다. 〈도통도(道統圖)〉를 지어 주희 이후의 도통을 계승하였다고 자부하였다. 저서에 《오경찬언(五經纂言)》, 《의례일경전(儀禮逸經傳)》, 《오문정집(吳文正集)》 등이 있다.

괘가 《주역》의 순서와 같지 않은 것은 문왕이 팔괘에서 입용변화(入用變化)의 신묘함이 있음을 보았으므로 복희의 명체(明體)의 방위를 고쳐 바꾼 것이며, 64괘에서는 거기에 반대되는 상이 있고 또 서로 받아들이는 뜻이 있음을 보았으므로 두 《역》의 순서를 바꾼 것입니다. 두 가지가 같지 않은 것은 또한 이치의 형세가 스스로 그러한 것입니다. 따라서 주자가 후천설 가운데서 취한 뜻이 또 같지 않다고 한 것은 바로 이런 것들을 가리켜 말한 것입니다. 복희씨가 다만 3획괘만 이름 지었고 문왕이 비로소 6획괘의 이름을 지었다는 것에 대해서, 예전에 어떤 사람이 이것을 회암(晦庵 주희) 선생에게 물었습니다. 이에 대답하기를 아직 상고한 적이 없다고 하였습니다. 오초려가 비록 이러한 말을 한 적이 있기는 하지만 지금 어찌 반드시 그러리라고 믿겠습니까. 선생의 답문은 《주자어류》의 《주역》을 논한 곳[111]에 있습니다.

〔문〕 역은 바뀐다는 것이고 변한다는 것입니다. "역에 태극(太極)이 있다."[112]라고 하는 것은 역 가운데 태극이 있다는 것을 말하는 것이

110 연산역(連山易), 귀장역(歸藏易) : 역은 예로부터 연산(連山), 귀장(歸藏), 주역(周易)의 세 가지 역이 있었는데 연산역과 귀장역은 없어지고 《주역》만이 지금까지 전해지고 있다. 연산역은 하(夏)나라 때의 역으로 알려져 있고 귀장역은 은(殷)나라 때의 역으로 알려져 있다.

111 주자어류의……곳 : 《주자어류》 권65 〈역(易) 1〉에 나온다. 복희가 3획괘의 이름을 지었고 문왕이 6획괘의 이름을 지었느냐는 질문에 대해 주희는 아직 상고한 적이 없다는 말로 답하였다.

112 역에 태극(太極)이 있다 : 《주역》 〈계사전 상〉에 나온다. 세상의 모든 변화의 근거로서의 태극을 설명하는 구절이다.

아니라 바뀜과 변함이 태극의 이치라는 말 아닌지요?

"무리를 분류하여 사물을 변별한다."[113]라는 것은 의(義)이며, 사물이 같을 수 없는 것은 사물의 이치입니다. 분류하고 변별하는 것은 "사물을 처리하는 것을 의라 한다."[114]라는 것입니다. 이렇게 보는 것이 어떠한지요?

〔답〕 역에 태극이 있다는 것과 무리를 분류하여 사물을 변별한다는 것 두 가지에 대해서는 옳게 보았습니다.

〔문〕 복서(卜筮)라는 것은 신명(神明)에게 길흉을 묻는 것입니다. 신명이 길흉을 알려 주는 것은 반드시 이치가 있으므로 성인이 복서의 방법을 세운 것입니다. 생각건대 사람과 신명은 하나의 기이기에 사람이 정성을 다하여 감동시키면 신명의 덕을 움직일 수 있습니다. 따라서 그에게 일러 주는 것입니다. 그러나 신명이라고 하는 것은 세속에서 말하는 귀신이라는 것과는 같지 않고 단지 기를 주재(主宰)하는 것을 말합니다.

〔답〕 성인이 복서의 방법을 세웠다는 것은 바로 설명한 것과 같습니다. 신명은 분명 세속에서 귀신이라고 하는 것이 아닙니다만, 기운을 주재

113 무리를……변별한다 : 《주역》 〈동인괘(同人卦) 상(象)〉에 나온다. "하늘과 불이 동인이니, 군자가 이 상을 보고서 무리를 분류하여 사물을 변별한다.〔天與火同人, 君子以, 類族辨物.〕" 하늘과 불이 위에 있고 위로 올라가려는 유사한 성질을 가지고 있는 것을 알듯, 여러 사물의 같고 다른 점을 변별하여 분류함을 말한다.

114 사물을……한다 : 《주역》 〈간괘(艮卦) 단(彖)〉에 대한 정이(程頤)의 주석에 나온다. 간괘에서는 사물에 있는 이치를 따르고 상황에 알맞은 의로움에 적합한 행동을 하는 것을 말함으로써 때에 맞는 행위의 중요성을 이야기하고 있다.

하는 것만을 말하는 것도 아닙니다. 주자가 일찍이 문인의 물음에 답하기를 "신(神)은 이(理)가 기(氣)를 타고 출입하는 것이다."[115]라고 하였습니다. 나의 생각으로도 신명의 신을 이렇게 보아야만 그 신묘함을 터득하게 됩니다. 전부 '기'라는 글자에만 연결시킨다면 다소 거칠게 됩니다.

〔문〕 이정(二程)이 강절(康節 소옹(邵雍))의 학술을 귀하게 여기지 않았습니다만 강절의 수학〔數〕이 어찌 이(理) 밖의 일이겠습니까. 귀하게 여기지 않았다는 것은 추산(推算)하는 학술을 가리켜 말한 것입니까? 명도(明道)가 말하기를 "요부(堯夫 소옹)의 수학은 다만 한 배씩 더해 가는 법일 뿐이다."[116]라고 하였습니다. 나중에 이천(伊川)이 묻기를 "한 배씩 더해 가는 수학은 어떻습니까?"라고 하니, 명도가 답하기를 "그것에 대해서 잊었다."라고 하였습니다.[117] 그렇다면 이정은 수학을 하지 않은 것입니까? 학자는 반드시 배우지

115 신(神)은……것이다 : 《회암집(晦庵集)》 권62 〈답두인중(答杜仁仲)〉에 나온다. 신의 의미를 기의 차원이 아닌 이의 차원에서 이해해야 함을 말하고 있다. 신이란, 기의 작용에 대한 서술이라고 할 수도 있지만 이가 작용하고 있는 것에 대한 형용임을 알아야 한다는 것이다.

116 요부(堯夫)의……뿐이다 : 《이정외서(二程外書)》 권12에 나온다. '1, 2, 4, 8, 16,……'과 같이 1에서 시작하여 배로 늘려 가는 계산법을 말한다. 태극과 음양, 그리고 괘를 통해 천지 만물의 소장(消長)과 변화의 수리(數理)를 규칙화하여 설명하는 데 사용된다.

117 나중에……하였습니다 : 《이정외서(二程外書)》 권12에 나온다. 소옹이 미래를 예측하는 데 사용한 가일배법(加一倍法)에 대한 이정 형제의 대화이다. 다만 그것에 대해 잊었다는 정호의 말 외에 더 구체적인 기록은 보이지 않는다.

않아도 됩니까? 〈하도(河圖)〉와 〈낙서(洛書)〉의 선천(先天)의 수라고 하는 것에 대해서 이정은 그다지 유의하지 않았습니까? 제 생각에 이 이가 있으면 이 기가 있으며, 이 기가 있으면 자연히 이 수가 있으므로 수학은 곧 학자가 알아야 할 것이라고 생각합니다. 어떠한지요?

〔답〕 강절의 학술을 이정이 귀하게 여기지 않은 것은 추산하여 미래를 아는 술법만이 아닙니다. 수학도 귀하게 여기지 않았습니다. 생각건대 이가 있으면 기가 있고 기가 있으면 수가 있습니다. 이는 기를 버려두고 홀로 행해질 수 없는데, 또 어떻게 수를 버릴 수 있겠습니까. 보내주신 편지에서 "수가 어찌 이(理) 밖의 일이겠습니까."라고 한 것이 바로 이러한 것입니다. 다만 이를 위주로 한다면 수는 그 안에 포함됩니다. 혹 그 가운데 포함하지 못하는 경우가 있다고 하더라도 이익과 손해를 계산하지 않아 일은 모두 바름을 얻게 됩니다. 수를 위주로 한다면 그 정상적인 경우에는 진실로 이가 그 속에 있겠지만, 정상적이 아닌 경우에는 이(理)에 부합하는 것이 드물어 이익을 좇고 손해를 피하며 인륜을 해치고 의리를 파멸시키는 일까지도 모두 거리낌 없이 하게 됩니다. 이것이 이정이 그 학술을 귀하게 여기지 않았던 까닭입니다. 그러나 이것은 다만 그 학술 때문에 저 말류의 폐단이 반드시 여기까지 이를까 염려했던 것이지 강절이 그렇다고 여겼던 것은 아닙니다. 〈하도〉와 〈낙서〉가 곧 이와 수의 근원이라고 하는 것은 성인이 《주역》 〈계사(繫辭)〉에서 이미 분명히 말하였으니, 이것을 버리고서 《주역》을 배울 수 없다는 것은 분명합니다. 그런데 이정은 강절과 함께 이것도 강론하여 밝히지 않았으니 이는 이해할 수 없습니다. 이러한 일들이 온 세상에 밝게 드러나는 것은 또한 때를 기다려야 하는 일이기 때문에

강절이 겨우 홀로 파악할 수 있었고 주자에 이른 후에야 드디어 크게 밝혀 사람들 모두가 다 알 수 있게 한 것일까요? 그렇다면 배우는 사람들이 요부가 수를 위주로 했던 것을 배우고자 하면서 이(理)를 갖추게 되기는 참으로 어려울 것입니다. 회암처럼 이를 위주로 하면서 수를 밝히는 것을 겸하는 것에 어찌 또한 힘쓰지 않을 수 있겠습니까.

〔문〕 질(質)을 가지고 그 생성의 순서를 말하면 수화목금토(水火木金土)라고 하고, 기(氣)를 가지고 운행하는 순서를 말하면 목화토금수(木火土金水)라고 합니다. 생성된 순서라고 하는 것은 처음 생겨나는 때에 근본을 두어 말하는 것이고, 운행하는 순서라고 하는 것은 지금 운행하는 것으로부터 말하는 것입니까?

〔답〕 오행(五行)에는 생성의 순서가 있고 운행하는 순서가 있습니다. 서로 얽히고설켜 천변만화하는 것이어서 한 가지로 개괄하여 한정해 말할 수 없습니다. 생성되는 것으로부터 말한다면 개벽하던 처음에 본래 일원(一元)과 오행의 생성이 있었습니다. 그러나 한 해에는 또한 한 해의 생성이 있고 하루에는 또한 하루의 생성이 있어서 한 해에 생성된 것을 첫 일원이 생성한 것이 그렇게 하는 것이라고 말할 수는 없습니다. 그러나 그 이전에 일원이 생성되지 않았다면 또 어찌 한 해의 생성이 있겠습니까. 하루와 한 해의 관계에서도 그러합니다. 운행하는 것으로부터 말한다면 일원의 운행이 있고 한 해의 운행이 있으며 하루의 운행이 있습니다. 오늘 운행하는 것을 예전부터 있었던 일원의 운행이 그렇게 하는 것이라고는 할 수 없습니다. 그러나 예전부터의 운행이 아니라면 또 어디로부터 오늘의 운행이 있겠습니까. 하루와 한 해의 관계에서도 그러합니다. 주자가 일찍이 말하기를 "기가 이미

흩어진 것은 이미 변화해 버려 있는 것이 없지만 이(理)에 근본을 두어 날로 생겨나는 것은 본래 호연하여 끝이 없다."[118]라고 하였습니다. 이미 날로 생겨나서 끝이 없다고 하였다면 그것이 날마다 운행하여 끝이 없음을 알 수 있습니다. 이것이 얽히고설켜 변화하는 까닭을 한 가지로 개괄하여 말할 수 없다는 것입니다. 지금 생성되는 순서는 그 처음에 생성한 때를 근본으로 하여 말하고, 운행하는 순서는 지금 운행하는 것으로부터 말한다고 하였는데, 이렇게 배정한다면 활용하는 법이 없게 되어 조화의 신묘함을 말할 수 없을 것입니다.

〔문〕 오행이라는 것은 기가 하늘에서 운행하고 질이 땅에서 갖추어진 것인데 1, 2, 3, 4가 모두 5를 얻은 후에 6, 7, 8, 9가 됩니다. 5는 토(土)입니다. 오행은 토를 얻은 후에 질을 이루므로 그 수가 이와 같은 것입니까?

〔답〕 1, 2, 3, 4가 5를 얻어 6, 7, 8, 9를 이루니 4행이 토의 수를 얻는다는 것이 이것입니다.

〔문〕 어떤 사람이 묻기를 "수(水), 화(火), 목(木), 금(金), 토(土)는 제 생각에는 기의 시작으로 따뜻할 따름입니다. 따뜻하면 찌고 무덥게 되며, 찌고 무더우면 뻗쳐 나가고, 뻗쳐 나가면 굳게 엉기며, 굳게 엉기면 형질(形質)이 있게 됩니다. 다섯 가지는 비록 하나이지

118 기가……없다 : 《주자어류》 권3 〈귀신(鬼神)〉에 나온다. 기는 취산(聚散)을 통해 변화하지만, 그 변화의 이치는 사라지지 않고 끝없이 변화의 근거로 작동한다는 말이다.

만 그 선후의 순서를 미루어 보면 이치상 혹 이런 것 같습니다."라고 하자, 주자가 "또한 일리가 있다."라고 하였습니다.[119] 그렇다면 오행이 처음 생겨난 순서는 마땅히 이렇게 보아야 합니까? 제 생각으로는 오행이 있으면 일시에 함께 있는 것이지, 수를 낳은 다음에 화를 낳고, 화를 낳은 다음에 목, 금, 토를 낳는 것은 아닌 듯합니다. 다만 그 음양의 기운을 얻은 바에 많고 적음, 텅 비고 가득 참의 차이가 있습니다. 그러므로 세밀히 미루어 보면 선후의 순서가 약간 있을 것 같을 따름입니다. 어떠한지요?

〔답〕 어떤 사람이 질문한 '오행이 처음 생겨난 순서'는 자못 의미가 있으므로 선생도 그렇게 여겼습니다. 보내 주신 글에서 "오행이 있으면 일시에 함께 있는 것이지 수를 낳은 다음에 화를 낳는 것은 아닌 듯합니다. ……"라고 하였는데, 이것은 곧 《역학계몽(易學啓蒙)》 〈천일지이(天一地二)〉 주에서 면재 황씨(勉齋黃氏 황간(黃榦))가 설명한 뜻으로, 나도 일찍이 그 설명에 깊이 감복하여 확실한 의론으로 생각하였습니다. 그런데 《성리대전(性理大全)》을 보니 이씨 희렴(李氏希濂)의 설이 실려 있는데, 황씨를 심하게 배척한 것은 어째서일까요?-이씨가 황씨를 배척한 설을 상세히 보면 오로지 《계몽》에 보이는 것만이 아니니 마땅히 따로 설명이 있겠지만 그 말의 뜻이 《계몽》에 보이는 것과 서로 같으므로 지금 함께 인용하여 말하는 것입니다.- 그중에서 화가 금을 낳는다는 설명은 황씨가 참으로 잘못한 것이지만, 그 나머지 황씨의 잘못이 과연 모두 이씨의 말대로이겠습니까. 이씨가 어떤 사람인지는 《계몽》에 상세하지 않으

119 어떤……하였습니다 : 《회암집》 권46 〈답황상백(答黃商伯)〉에 나온다. 오행 사이의 순서에 대한 질문과 대답이다.

니 혹여 상고할 수 있으면 분명히 가르쳐 주시기 바랍니다.

〔문〕《가례(家禮)》에서 시제(時祭)의 날을 점칠 때 배교(环珓)[120]를 던져서 한다고 하였는데, 이 또한 신명(神明)이 길흉을 알려 주는 것입니까? 배교에 과연 시귀(蓍龜)의 영험함이 있는지요?

〔답〕 점치는 데 배교를 사용한다는 말은 옛날에는 듣지 못하였고 후세에 사용하게 된 것인데, 그 신명에게 묻는 뜻이 옛날과 어찌 다르겠습니까. 그러나 배교는 시귀의 영험함만은 못하니, 어찌 반드시 신명이 알려 주는 것을 틀리지 않게 얻으리라고 보장할 수 있겠습니까. 다만 거북점은 전해지지 않고 시초(蓍草) 또한 얻을 수 없으니 어쩔 수 없이 그다음 것을 사용할 뿐입니다. 그러므로 점서(占筮)에 있어서 또한 대나무 산가지를 쓰는 것도 의미는 이와 같을 따름입니다.

〔문〕 반함(飯含)을 주인이 행하는 것, 이것이 비록 고례(古禮)이기는 하지만 실로 차마 하지 못하는 바인지라 지금은 모두 행해지지 않으니, 어떠합니까?

〔답〕 반함에 대해서 이야기하였는데, 반함뿐만 아니라 소렴(小斂)과 대렴(大斂)의 효(絞)[121]를 묶거나 시신을 들거나 시신을 어루만지는 것 등도 모두 상을 당한 사람이 스스로 알아서 해야 할 것입니다. 옛사

120 배교(环珓) : 옛날에 점을 칠 때 사용하던 기구의 하나이다. 옥이나 대나무로 조개껍질 모양을 만드는데, 양쪽 조각이 떨어졌다 붙었다 할 수 있게 해서 이를 가지고 땅바닥에 던져서 그 모양을 보고 길흉을 점치던 도구이다. 환교(環珓)라고도 한다.

121 효(絞) : 염할 때 마지막으로 시신을 묶는 베이다.

람이 이에 대해 차마 하기 어려운 점이 있는 것을 모르지 않았는데도 반드시 이렇게 하도록 한 것은 어버이를 지극히 사랑하는 마음과 애통하고 절박한 심정을 가지고 이 세상에서 마지막으로 있는 일을 스스로 하지 않고 다른 사람에게 시키는 것은 더욱 할 수 없는 일이기 때문입니다. 그러므로 옛날 예법이 이러했습니다. 지금 사람들은 작은 불인(不忍)은 차마 하지 못하면서 도리어 큰 불인은 감히 하고 있으니, 이것이야말로 크게 잘못된 일이 아닌가 합니다.

〔문〕 "방친(旁親) 중에 후사가 없는 사람은 반부(班祔)한다."[122]의 주석에서 "처, 형제, 형제의 처는 조(祖)에 합사한다."라고 하였습니다. 처라고 한 것은 아들이 없는 사람을 이릅니다. 만약에 처에게 아들이 있다면 합사해서는 안 되며, 별도로 다른 실(室)을 두어야 합니까? 만약 그 아들이 떨어져 거주한다면 그 아들의 집에 두어야 합니까?

〔답〕 반부에 관한 항목의 주석에서 처를 돌아가신 조모〔祖妣〕와 합사한다는 것은 보내온 말씀이 옳습니다. 그러나 아들이 있는 처의 경우에는 부제(祔祭)를 지내고 신주(神主)를 궤연(几筵)에 돌려보냈다가 상이 끝나면 별도로 다른 실이나 아들의 실에 따로 모시는 것이 좋을 것입니다.

122 방친(旁親)……반부(班祔)한다 : 《가례》 〈통례(通禮) 사당(祠堂)〉의 구절이다. 사당 제도에 따르면 친족 가운데 대를 이을 후손이 없는 경우 함께 사당에 모시는 사례가 있다.

〔문〕 사마공(司馬公 사마광(司馬光))의 《거가잡의(居家雜儀)》에는 아랫사람과 어린이가 존장(尊長)에게 사배(四拜), 육배(六拜)를 하는 예가 있는데 이는 어떠한지요?

〔답〕 아랫사람과 어린이가 존장에게 사배, 육배를 하는 데 대해서는 아직 고찰해 본 적이 없습니다. 다만 일찍이 《이정유서(二程遺書)》 제1권을 보니 "집안 제사에서는 모두 두 번 절하는 것을 예법으로 삼는데, 요즘 사람들이 살아 있는 사람을 섬기는 데 있어서 사배를 재배(再拜)로 여기는 것은 절하는 중간에 문안하는 일을 두었기 때문일 것이다. 죽은 사람 섬기기를 산 사람 섬기듯 한다면 성의가 마땅히 이러해야 하겠지만 죽은 사람에게 문안하는 일은 도리어 신(神)을 모독하는 것이다. 제사와 같은 경우에는 축(祝), 고(告), 사신(謝神) 등의 일이 있으니 자연히 사배, 육배의 예가 있게 된다."라고 하였습니다. 이에 근거하여 미루어 본다면 사배, 육배의 뜻을 알 수 있습니다. 다만 지금 《가례》에서는 제사에 축, 고 등이 있든 없든 간에 모두 재배를 하고, 구경산(丘瓊山)[123] 같은 사람은 또 모두 사배를 해야 한다 하니, 이것은 또 무슨 의미인지 모르겠습니다.

〔문〕 《가례》에는 서자(庶子)를 위한 적자(嫡子)의 복제(服制)가 없으니 적자와 서자의 구분이 없이 복제가 모두 같다는 의미인지요?

123 구경산(丘瓊山) : 명(明)나라 경산 사람 구준(丘濬, 1421~1495)으로, 자는 중심(仲深), 호는 경대(瓊臺)이다. 효종(孝宗) 때 예부 상서가 되고 문연각 대학사(文淵閣大學士)를 겸하여 정무에 참여했다. 상서로서 내각에 들어간 것은 그가 처음이다. 저서로 《대학연의보(大學衍義補)》, 《가례의절(家禮儀節)》 등이 있다.

〔답〕 서자를 위한 복제에 대해 사람들이 의문이 많은데 《가례》만이 아니라 《대명률(大明律)》 등의 책에도 없습니다. 《의례경전통해(儀禮經傳通解)》[124] 같은 것은 옛날 예법을 모아서 기재하지 않은 것이 없는데도 그에 대한 글은 없으니 여간해서는 그 뜻을 깨닫지 못하겠습니다. 아마도 옛날 사람들의 적서 구별이 엄격하였다고는 하지만 골육의 은혜는 다를 것이 없으므로 요즘 사람처럼 노예 대접하듯이 하지 않았기 때문에 복제에 차별이 없었던 듯한데, 확실히는 모르겠습니다.

〔문〕 제사를 지낼 때 아버지가 나이가 들어 병환이 있거나 혹은 다른 이유로 제사에 참여할 수 없게 되어 자제들이 대신 행하도록 한다면 축문에는 아버지의 이름을 써야 합니까, 자제의 이름을 써야 합니까? 제 생각으로는 "임금이 신하 아무개를 파견하였다.〔國君遣臣某〕"라고 하는 경우를 따라 "아무개가 아들 아무개에게 명하기를〔某命子某〕"이라고 쓰는 것이 어떨까 합니다.

〔답〕 아버지가 제사에 참여하지 않고 자제에게 대신 행하게 하는 경우, 종자(宗子)가 다른 나라에 나가 있으면 그다음 아들을 시켜 대신 제사를 지내게 하는 경우를 따라 축문에서는 "효자 아무개가 아들 아무개로 하여금〔孝子某使子某〕"이라고 해야 할 것입니다.

124 의례경전통해(儀禮經傳通解) : 주희가 《의례》를 중심으로 《예기(禮記)》와 경사(經史)에 있는 예설(禮說), 선유(先儒)들의 학설을 모아 편찬한 책으로 원집 37권과 속집 29권으로 되어 있다. 원집의 내용은 가례(家禮), 향례(鄕禮), 학례(學禮), 방국례(邦國禮) 등이고, 속집은 황간(黃榦)이 편찬한 상례(喪禮) 15권과 양복(楊復)이 편찬한 의례상복도식(儀禮喪服圖式) 2권과 제례(祭禮) 13권으로 구성되어 있다.

〔문〕 지금 사람들은 기일(忌日)에 돌아가신 부모님을 함께 제사 지내며, 또 3년 동안은 아침저녁으로 전(奠)을 올립니다. 함께 제사를 지내는 것은 모두 옛 예법이 아니지만 세속에서 통행하니 세속의 통행을 따르는 것이 의리에 해롭지 않을는지요? 이정존(李靜存)[125] 이 이르기를 "모친상을 모시면 함께 제사 지낼 수 없지만 부친상에는 함께 제사를 지내도 무방하다."라고 하였는데, 이 설은 어떠한지요?

〔답〕 기일과 삼년상에 돌아가신 부모님을 함께 제사 지내는 것이 예가 아님은 의심할 여지가 없습니다. 세속을 따라 행하여도 해로울 것이 없다는 설명을 기제(忌祭)에는 적용할 수도 있겠습니다. 삼년상의 경우에는 길흉의 제사를 함께 행하는 것이 되어서 축사(祝辭)와 애곡(哀哭)을 어느 한 신위(神位)만을 위주로 할 수 없으며 또 두 신위에 겸하여 행할 수도 없습니다. 이것이 제일 처리하기 어려운 일입니다. 이정존의 주장에도 '지나친 것을 없애고', '심한 것을 없앤다'라고 했을 뿐이니, 부친상이나 모친상에서 비례(非禮)가 되는 것은 마찬가지입니다.

〔문〕 세속의 사십구재(四十九齋)가 그 의리를 해침이 가장 큽니다. 다만 부모님이 이것을 복을 닦는 밑천으로 여기고 굳이 그것을 행하려고 하여 돌아가실 때 은근히 부탁하고, 다른 형제들도 부모님 뜻을

125 이정존(李靜存) : 이담(李湛, 1510~1575)으로, 본관은 용인(龍仁), 자는 중구(仲九), 호는 정존재(靜存齋)이다. 김굉필(金宏弼)에게 배우고, 1538년(중종33) 문과에 급제, 정언, 수찬, 지평을 거쳐 1544년 사가독서(賜暇讀書)했다. 1545년(명종 즉위년) 공조 정랑으로 을사사화에 연루되어 삭직되고, 1547년 양재역 벽서 사건에 또 연루되어 양산(梁山)에 부처(付處)되었다. 1551년 풀려나와 1565년 복관되었다. 이황의 문인이다. 문집으로 《정존재집(靜存齋集)》이 있다.

지켜 행하려고 하면 어떻게 해야 합니까? 부모님이 편찮지 않을 때 순순히 의리상으로 불가능하다고 말씀을 드려 부모님이 스스로 그 잘못된 점을 알도록 하고 그것을 하지 않도록 하면 좋을 것입니다. 그런데 비록 말씀을 드렸지만 부모님이 깨닫지 못하고 한사코 그것을 행하게 한다면 어떻게 해야 합니까? 부모님께서 그러한 명령을 내리지 않았는데 형제들이 행하려고 할 때, 제가 그것을 막으면서 따르지 않으면 어떻겠습니까?

〔답〕 사십구재는 불교에서 나왔다고 들었는데 그것이 무엇을 의미하는지는 모르겠습니다. 그러나 옛사람이 이런 일을 논의한 것이 한두 가지가 아닌데 모두 개도(開導)하여 허락을 얻는 것을 제일가는 도리로 삼았습니다. 만일 불행히도 끝내 허락을 얻지 못한다면 어버이의 뜻을 거스를 수는 없는 것이니, 이 또한 옛사람이 이미 말한 것입니다. 지금으로서는 옛것을 믿고 지성으로 행해야 할 것입니다. 만일 부모의 명령이 없이 단지 형제들의 뜻에서 나왔다면 역시 위에서 말한 뜻에 따라 처리해야 합니다. 다만 따르거나 어길 때에 어려운 정도와 경중의 차이를 부모의 명령과 비교한다면 참작할 것이 없지 않은데, 요점은 형제간에 우애하고 공경하는 정을 상실하지 않고 슬픈 마음으로 곡진하게 행하는 데 있을 뿐입니다.

〔문〕 "잊지도 말고 조장하지도 말라."[126]라고 하는 것에는 "솔개는

126 잊지도……말라 : 《맹자》 〈공손추 상(公孫丑上)〉에 나온다. 호연지기를 기르는 방법으로, 의로운 일을 계속해서 해 나가면서 동시에 그 결과를 미리 기대하지 않아야 한다는 의미로 맹자가 한 말이다.

날아 하늘에 이르고, 물고기는 못에서 뛰논다."[127]라는 것의 기상이 있다고 합니다. "잊지도 말고 조장하지도 말라."라는 것은 하늘의 이치가 당연히 그러한 것이니, 이것은 털끝만큼이라도 안배하여 두는 것을 용납하지 않습니다. "솔개는 날아 하늘에 이르고, 물고기는 못에서 뛰논다."라는 것은 하늘의 이치가 스스로 그러하면서 발현한 것이니, 날거나 뛰노는 데 뜻을 두지 않더라도 저절로 날고 뛰놉니다. 비유하는 뜻입니다만, 스스로 그러하면서 작위함이 없는 기상을 취했습니다. 어떠한지 모르겠습니다.

날마다 글을 읽으면서 과정을 정하여 이 마음을 묶는 것[128]은 사마 온공(司馬溫公 사마광)이 중(中) 자에 얽매인 것[129]과 같은 것이 아닙니다. 다만 글을 읽을 때에 이 마음을 독서하는 데 두어 다른 곳으로 달아나지 않게 하는 것입니다.

사마 온공과 여 신공(呂申公)[130]의 출처가 같지 않은 것에 대해

127 솔개는……뛰논다 : 《시경》 〈대아(大雅) 한록(旱麓)〉의 시구이다. 도가 하늘의 새와 물속의 물고기에게서도 실현되고 있다는 의미로, 도의 생동감 있는 공효를 가리키는 말로 자주 사용된다.

128 날마다……것 : 《주자어류》 권118 〈훈문인(訓門人) 6〉에 나온다. 주일(主一) 공부를 묻는 제자에게 주희가 답한 내용 가운데 나오는데, 공부의 결과에 신경을 쓰지 말고 현재의 공부를 착실하게 진행할 것을 권하면서 한 말이다.

129 사마……것 : 《근사록집해(近思錄集解)》 권4 제21장에 나온다. 사마광이 마음이 동요하는 것을 막기 위하여 중(中) 자를 외운 일이 있다. 정호는 이를 '중' 자에 얽매인 것이라고 비평하였다.

130 여 신공(呂申公) : 북송(北宋)의 대신(大臣) 여공저(呂公著, 1018~1089)로, 자는 회숙(晦叔), 시호는 정헌(正獻)이다. 어사중승(御史中丞), 상서우복야(尙書右仆射), 중서시랑(中書侍郎)을 지냈다. 사마광과 절친한 친구 사이로 서로 협력하여 정치

정자(程子)가 신공은 세신(世臣)이어서 그렇지 않을 수 없다고 여겼습니다. 회암과 남헌(南軒)[131]의 출처도 이와 같습니까? 그렇다면 세신의 의리는 다른 사람과 다릅니다. 말해도 행하지 않고 간해도 듣지 않는 데에 이르러서는 어떻게 해야 합니까?

〔답〕 "잊지도 말고 조장하지도 말라."라는 것과 "솔개는 날아 하늘에 이르고 물고기는 못에서 뛰논다."라는 것의 의미는 비유의 뜻입니다. 다만 그것의 스스로 그러함과 작위함이 없는 기상만을 취하는 것이 좋겠습니다. 그러나 옛사람들이 이에 대해 논의한 여러 설명을 보면, 대개 비유를 취해서 그 기상을 말하는 것만이 아니라, 이것으로 인해 저것을 들어서 도체(道體)가 스스로 그렇게 발현하여 유행하는 실질을 보인 것입니다. "잊지도 말고 조장하지도 말라."라는 것은 도체가 나 자신한테 있어서 스스로 그렇게 발현하여 유행하는 실질을 볼 수 있는 것이고, "솔개는 날아 하늘에 이르고 물고기는 못에서 뛰논다."라는 것에서는 도체가 사물에 있어서 스스로 그렇게 발현하여 유행하는 실질을 볼 수 있는 것입니다. 또 "기수(沂水)에서 목욕하고 읊으며 돌아오리라."[132]라는 말을 인용하여 아울러 말한다면, 기수에서 목욕하고

를 했다. 신국공(申國公)으로 봉해졌는데, 부친 여이간(呂夷簡) 역시 신국공이라서 '여 신공'이라 불렀다. 저서로 《정헌공집(正獻公集)》이 있다.

131 남헌(南軒) : 송(宋)나라 학자 장식(張栻)의 호이다. 자는 경부(敬夫)이다. 스승 호굉(胡宏)의 학문을 이어받아 송나라 호상학파(湖湘學派)의 영수가 되었다. 주희, 여조겸(呂祖謙)과 더불어 '동남삼현(東南三賢)'으로 일컬어진다.

132 기수(沂水)에서……돌아오리라 : 《논어》 〈선진(先進)〉에 나오는 내용이다. 현재 자신이 처한 상황에서 자연스럽고 차분하게 그 일상생활에서의 즐거움을 이야기하는 증점(曾點)의 기상을 말한다.

읊으며 돌아오겠다는 것에서 도체가 일상생활에 있어서 스스로 그렇게 발현하여 유행하는 실질을 볼 수 있는 것입니다. 이와 같을 뿐인데 어떻게 생각하십니까? 장차 글을 읽으면서 과정을 정해 두고 이 마음을 묶는 것은 다만 이 마음이 달아나지 못하게 하기 위해서라고 하였는데, 이 의론이 매우 좋습니다. 정자가 사마 온공과 여 신공의 출처가 같지 않은 점을 논하였는데,[133] 보내온 글에서는 회암과 남헌의 출처도 그렇다고 하였으니, 또한 좋은 말입니다. 세신이 비록 다른 사람들과 같지 않다고는 하지만 간언(諫言)이 쓰이지 않고 말하는 것을 들어주지 않는다면 어찌 떠나지 않을 수 있겠습니까. 다만 그 떠나는 결정이 다른 사람처럼 가볍고 쉬울 수는 없습니다.

〔문〕 주자가 연평(延平)에게 "태극이 동(動)하여 양(陽)을 낳는다."[134] 라는 것에 대해서 묻자, 선생은 "이것은 이(理)일 뿐이니, 이미 드러난 것〔已發〕으로 볼 수 없다."라고 대답하였습니다. 주자가 말하기를 "여기에서 '태극이 동하여 양을 낳는다.'라는 것은 곧 천지의 희로애락이 드러나는 것이고, '두 기(氣)가 교감하여 만물을 화생(化生)한다.'[135]라는 것은 곧 사람과 만물의 희로애락이 드러나는 것입니다." 하니, 연평이 다음과 같이 대답하였습니다. "'태극이 동하여 양

133 정자가……논하였는데 : 《이정문집(二程文集)》 부록 권상에 사마광은 신종(神宗)의 부름에 나아가지 않고, 여공저는 부름에 응한 기사가 나온다.

134 태극이……낳는다 : 《태극도설(太極圖說)》에 나온다. 태극의 이치가 움직이면 양의 기운이 생겨난다는 의미이다.

135 두……화생(化生)한다 : 《태극도설》에 나온다. 남성을 상징하는 건도(乾道)와 여성을 상징하는 곤도(坤道)가 서로 감응하여 온갖 존재가 생겨나고 변화한다는 것이다.

을 낳는다.'라는 것은, 지극한 이(理)의 근원이 동하고 정(靜)하며, 닫히고 열리는 것일 뿐이다. 만물을 끝내고 만물을 시작하는 것에 대해서도 이 이가 하나로 꿰뚫고 있을 뿐이다. '두 기가 교감한다'는 것에 이르러서는 희로애락이 아직 드러나지 않은 것〔未發〕과 이미 드러난 것[136]으로 사람의 차원에서 미루어 찾은 것이다. 대본(大本)과 달도(達道)[137]를 보게 된 곳에 이르러서는 똑같이 이러한 이일 뿐이다. 생각건대 천지의 본원, 사람과 만물의 차원에서 미루어 보는 것은 다를 수밖에 없다. 이것이 태극이 동하여 양을 낳는 것을 희로애락이 이미 드러난 것이라고 여기기 어려운 이유이다. 천지의 경우에는 다만 이러한 이일 뿐이다."[138] 저는 다음과 같이 생각합니다. 지극한 이의 근원이라는 것은 천지가 만물을 낳는 이의 차원에서 말한 것일 뿐입니다. 태극이 동하여 양을 낳고 만물을 화생한 뒤에 만물 각각의 성명(性命)을 바르게 합니다.[139] 만물의 이가 비록 천지

136 희로애락이……것 : 《중용장구》 제1장에 나온다. "기뻐하고 노하고 슬퍼하고 즐거워함이 드러나지 않은 것을 중(中)이라 이르고, 드러나 모두 절도에 맞는 것을 화(和)라고 이른다. 중이라는 것은 천하의 큰 근본이고, 화라는 것은 천하의 공통된 도이다." 《중용》에서는 희로애락의 감정이 아직 겉으로 드러나지 않은 마음의 상태를 중이라 하고, 그 감정이 표출되어 해당 상황에 적합한 경우를 화라고 한다.

137 대본(大本)과 달도(達道) : 《중용장구》 제1장에 나온다. 희로애락의 감정이 아직 겉으로 드러나지 않은 마음의 상태를 중이라 하고 그 감정이 표출되어 해당 상황에 적합한 경우를 화라고 하는데, 중이 온 세상의 근본이고 화가 온 세상에 두루 통하는 도리라는 의미에서 각각 대본과 달도라고 한다.

138 주자가 연평(延平)에게……뿐이다 : 《연평답문(延平答問)》의 신사년(1161) 2월 24일 서신에 나온다. 태극이 움직여 양의 기운이 생겨난다는 구절은 천지, 사람과 만물의 차원에서 각기 다르게 해석되는 것임을 말하고 있다.

의 이일지라도, 만약 만물을 낳는 이가 없다면 만물에 무엇으로부터 이러한 이가 있게 되겠습니까. 이것이 지극한 이의 근원이라고 하는 것입니다. 근원이라고 하는 것은 물의 갈래와 같습니다. 물의 갈래는 나누어지지만 물의 갈래가 되는 까닭은 근원에서 비롯합니다. 생각건대 만물과 만사를 총괄하는 이는 단지 모두 천지의 이일 뿐입니다. 이것을 낳는 까닭으로서의 이가 있으므로 이것이 있을 수 있습니다. 이것이 되는 까닭이 어찌 천지의 이가 아니겠습니까.

동하여 양을 낳는 것은 이발의 차원에서 말해서는 안 된다고 하는 것에 대해 다음과 같이 생각합니다. 동하여 양을 낳는다는 것은 동하여 양을 낳는 이가 있음을 말하는 것일 뿐입니다. 미발과 이발의 경우에는 사람 마음의 움직임〔動〕과 고요함〔靜〕을 말하는 것이지, 이것을 이라고 여긴 것은 아닙니다. 대본과 달도에 이르러서야 비로소 이(理)를 말한 것입니다. 이 이가 바로 천지가 동하여 양을 낳고 정하여 음을 낳는 이입니다. "천지의 본원, 사람과 만물의 차원에서 미루어 보는 것은 다를 수밖에 없다."라고 하는 것은 천지 본원에 나아가 말하면 바로 이를 말하는 것이며, 사람과 만물에 나아가 미루어 간다면 여기에서 그 이를 미루어 본 것이니 그래서 다르지 않을 수 없다고 말하는 것입니다.

주자가 또 다음과 같이 말하였습니다. "동하여 양을 낳는다는 것

139 만물……합니다 : 《주역》 〈건괘(乾卦) 단(彖)〉에 나온다. "건도가 변화함에 각각 성명을 바르게 하니, 위대한 조화를 온전히 보전하여 이에 바른 것이 이롭다.〔乾道變化, 各正性命, 保合大和, 乃利貞.〕" 건도가 변화하여 만물에게 각각 바른 성명을 부여하니, 건도는 바른 성명의 근원이라는 것이다.

은 복괘(復卦)에서 하나의 양이 생겨서 천지의 마음을 본다[140]는 것과 어떻게 다릅니까? 동하여 양을 낳는 것은 천지의 희로애락이 드러나는 곳으로, 여기에서 바로 천지의 마음을 봅니다." 연평은 다음과 같이 답하였습니다. "복괘에서 천지의 마음을 보는 것, 이것이 바로 동하여 양을 낳는 이이다."[141] 저는 다음과 같이 생각합니다. 동하여 양을 낳는 것에서 천지의 이를 볼 수 있다는 것은 하나의 양이 생겨나는 것에서 천지의 마음을 볼 수 있다는 말과 같다는 것이 주자의 뜻입니다. 이와 같다면 동하여 양을 낳는다는 것과 하나의 양이 생긴다는 것을 동일하게 본 것 같습니다. 그리고 동하여 양을 낳는 것을 오로지 기라고 보았으므로 이발이라고 여긴 것 같습니다. 연평은 동하여 양을 낳는 것은 이일 뿐이라고 여겼기 때문에 복괘에서 천지의 마음을 보는 것을 동하여 양을 낳는 이(理)라고 여겼습니다. 생각건대 하나의 양이 생긴다고 하는 것은 오로지 기를 가리켜 한 말입니다. 그 아래에 '천지의 마음을 본다'는 것을 붙인 다음에야 이만을 말하는 것이 됩니다. 동하여 양을 낳는다고 하는 것은 동하여 양을 낳는 이 이가 있다고 말하는 것일 뿐입니다. 연평의 뜻이 대개 이와 같은데 선생님 생각은 어떠하신지요?

140 하나의……본다 : 《주역》 〈복괘 단〉에 나온다. 복괘의 상괘(上卦)는 곤(坤), 하괘(下卦)는 진(震)으로 초효만 양효이고 나머지 다섯 효는 모두 음효이다. 초효인 양효가 아래에서부터 생겨나기 시작하는 그 변화의 기미를 통해 천지 변화의 양상을 알 수 있다는 말이다.

141 주자가 또……이이다 : 《연평답문》의 신사년(1161년) 2월 24일 서신에 나온다. 건괘에서 변화하여 하나의 양효가 아래에서부터 생겨나기 시작하는 복괘의 상을 통해 태극이 동하여 양을 낳는다는 구절의 의미를 설명하고 있다.

〔답〕[142] 동하여 양을 낳는 것은 이인데 이것을 이발이라고 볼 수 없다는 한 조목은 보내온 편지의 대의가 맞습니다. 다만 간혹 어구에 결함이 없지는 않습니다. 예를 들면 "만물의 이가 비록 천지의 이일지라도, 만약 만물을 낳는 이가 없다면 만물에 무엇으로부터 이러한 이가 있게 되겠습니까."라고 하였는데, 이렇게 되면 천지의 이와 만물을 낳는 이가 두 개의 이인 것처럼 됩니다. 말하기를 "이것을 낳는 까닭으로서의 이가 있기 때문에 이것이 있을 수 있습니다. …… 어찌 천지의 이가 아니겠습니까."라고 하였는데, 이것은 참으로 그러합니다. 그러나 이것은 연평이 말한 이를 드러내기에는 친절하지 않은 듯하니, 곧 군더더기 말일 따름입니다. 또 말하기를 "사람 마음의 움직임과 고요함을 말하는 것이지, 이것을 이라고 여긴 것은 아닙니다. 대본과 달도에 이르러서야 비로소 이를 말한 것입니다."라고 하였는데, 이 부분은 더욱 온당치 못합니다. "사람 마음의 움직임과 고요함을 말하는 것이지, 천지의 이에 나아가 움직임과 고요함을 말한 것은 아니다."라고 고쳤으면 합니다. 그러나 사람 마음의 움직임과 고요함의 이는 천지의 움직임과 고요함의 이이니, 두 가지가 있지 않습니다. 그러므로 대본과 달도를 보게 된 곳에 이르러서는 똑같이 이러한 이일 뿐이라고 한 것입니다. 연평이 주자에게 답변하기를 "복괘에서 천지의 마음을 보는 것, 이것이 바로 동하여 양을 낳는 이이다."라고 하였습니다. 살펴보건대 주자가 일찍이 말하기를 "이(理)에 움직임과 고요함이 있기 때문에 기에 움직임과 고요함이 있다. 만일 이에 움직임과 고요함이 없다면 어디로부터 기에 움직임과 고요함이 있겠는가."[143]라고 하였습니다. 생각건대 이가

142 답 : 《퇴계집》 권25 〈답정자중강목(答鄭子中講目)〉(제20서)에 실려 있다.

동하면 기가 따라서 생겨나고 기가 동하면 이가 따라서 나타납니다. 염계(濂溪)는 "태극이 동하여 양을 낳는다."라고 하였으니, 이것은 이가 동하면 기가 생겨남을 말한 것입니다. 《주역》에서는 "복괘에서 천지의 마음을 볼 수 있다."라고 하였으니, 이것은 기가 동하면 이가 나타나기 때문에 볼 수 있다고 한 것입니다.-일반적으로 심(心)을 말한 것은 모두 이와 기를 겸한 것으로 보아야 합니다.- 두 가지가 모두 조화에 속하는 것이어서 두 가지가 아닙니다. 따라서 연평이 복괘에서 천지의 마음을 보는 것을 동하여 양을 낳는 이라고 하였으니, 그 말이 간략하고도 극진합니다. 주자가 인용한 희로애락이 이미 드러난 것과 아직 드러나지 않은 것은 비록 이와 기를 합하여 말한 것이기는 하지만, 단지 이것은 사람 마음에 나아가 움직임과 고요함을 말한 것일 뿐이어서, 조화처(造化處)를 말한 것과 함께 끌어 붙여 말할 수는 없습니다. 그러므로 연평이 그렇다고 하지 않은 것입니다.-이것은 주자의 초년(初年) 견해이고, 나중에는 이런 말이 없습니다.- 지금 주자가 동하여 양을 낳는 것을 오로지 기라고 보았기 때문에 이발이라고 여긴 것 같다고 하였는데, 아마도 반드시 그렇지는 않은 듯합니다. 또 말하기를 "하나의 양이 생긴다고 하는 것은 오로지 기를 가리켜 한 말입니다. 그 아래에 '천지의 마음을 본다'는 것을 붙인 다음에야 이만을 말하는 것이 됩니다."라고 하였는데, 이 역시 너무 갈라서 보는 것이 아닌가 합니다.

〔문〕 요약해서 말하면, '동하여 양을 낳는다.'라는 것은 이를 위주로

143 이(理)에……있겠는가 : 《회암집》 권56 〈답정자상(答鄭子上)〉에 나온다. 모든 것의 존재와 운동의 근거인 이를 통해 기의 움직임과 고요함을 설명하고 있다.

하여 말한 것이지만 기도 그 가운데에 있습니다. 아직 드러나지 않은 것과 이미 드러난 것은 오로지 기만을 가리켜 한 말입니다. 또 동하여 양을 낳고 정하여 음을 낳는다고 한 것에서, '동'이라는 글자와 '정'이라는 글자는 비록 이와 기를 겸한 말이라고 할지라도 중점은 이에 있습니다. 동이 지극하면 정하고 정이 지극하면 다시 동한다고 한 말에서, '동'이라는 글자와 '정'이라는 글자는 비록 이와 기를 겸한 말이지만 중점은 기에 있습니다. 어떻게 생각하십니까?

〔답〕 "요약해서 말하면, '동하여 양을 낳는다.'라는 것은 이를 위주로 하여 말한 것이지만 기도 그 가운데에 있습니다."라고 한 구절은 매우 옳지만, "아직 드러나지 않은 것과 이미 드러난 것은 오로지 기만을 가리켜 한 말입니다."라고 한 구절은 그렇지 않습니다. 마땅히 이와 기를 겸한 혼륜설(渾淪說)이라고 해야 합니다.-희로애락은 측은(惻隱), 수오(羞惡) 등과 상대하여 말한 후에야 이에 속하고 기에 속한다는 구분이 있습니다.- 그 아래에 "동하여 양을 낳고,……중점은 기에 있습니다."라고 한 것은 참으로 정밀하게 본 것입니다.

〔문〕 연평이 주자에게 다음과 같이 답하였습니다. "인(仁)이라는 글자는 설명하기 매우 어려우니, 다만 천리(天理)의 전체 모습이라고 보는 것이 맞다. 심(心)이라는 글자 역시 가리켜서 설명하기 어려우니, 오직 발용(發用)하는 곳을 취해서 마음이라고 본다." 또 "맹자는 인이란 사람의 마음[144]이라고 하였다. 마음의 본바탕이 있음과

144 인이란 사람의 마음 : 《맹자》 〈고자 상(告子上)〉에 나온다. 인은 사람다움이라고 해석될 수 있는데, 그 사람다움이란 사람이 가지고 있는 마음을 통해 실현된다는 의미

없음을 통하고, 어둠과 밝음을 관통하여 포괄하지 않음이 없다."라고 하였습니다. 천리의 전체 모습이라고 하는 것은 네 가지를 포함하여 말한 것입니까? 생각건대 마음이라는 것은 낳고 낳음이 끊이지 않는 것인데, 낳고 낳을 수 있는 까닭이 인입니다. 생각건대 사단(四端)의 발현으로부터 모든 일과 행동에 이르기까지 인의예지의 이치가 아님이 없습니다. 그러나 그것이 발생하고 응용하는 근본은 마음에 있습니다. 마음이 발동할 수 없으면 의(義), 예(禮), 지(智)가 모두 둘 곳이 없어 모든 일과 행동의 이치가 모두 스스로 행해지지 못합니다. 이것은 오상(五常)과 모든 행동이 인이 아님이 없으니, 이것을 천리의 전체 모습이라고 합니다. 있음과 없음을 통하고 어둠과 밝음을 관통하여 포괄하지 않음이 없다는 것은 마음의 본바탕이며, 이렇게 될 수 있는 까닭은 인입니다.

주자가 "인은 마음의 바른 이치이며 발동할 수 있고 응용할 수 있는 것이다."[145]라고 하였습니다. 발동할 수 있다고 하는 것은 외물에 감응하면 바로 발동할 수 있다는 것이고, 응용할 수 있다고 하는 것은 온갖 변화에 수작하여 그 활용이 무궁한 것이니, 마음의 전체는 이와 같을 뿐입니다. 이와 같이 할 수 있도록 하는 것이 바로 인입니다. 따라서 "인은 마음의 온전한 덕이다."[146]라고 합니다.

이다.

145 인은……것이다 : 《연평답문》의 임오년(1162) 6월 11일 서신에 나온다. 마음 가운데 올바른 이치가 곧 인이라고 할 수 있는데, 그 인한 마음은 실제 삶 속에서 구현된다는 의미이다.

146 인은……덕이다 : 인에 대한 주자의 이러한 해석은 《주자어류》, 《회암집》 등 여러 곳에서 보인다. 마음이 본래 갖추고 있는 덕성이 바로 인이며, 그러한 인을 마음의

주자가 "모름지기 이 이치를 깨달아야만 인이다."[147]라고 하였습니다. 이 이치를 깨달으면 이 마음의 발동이 오로지 의리에 있기 때문에 인이라고 합니까? 북계(北溪) 역시 "지각(知覺)하는 것이 순전히 이 이치이면 바로 인이다."[148]라고 하였는데, 또한 이 뜻입니까?

"인은 마음의 덕이고, 사랑의 이치이다."[149]라고 한 것은 이치의 측면에서 한 말입니다. "인은 사사로운 마음이 없이 그 덕을 지니고 있는 것이다."라는 것은 사람이 실제로 이 이치를 얻은 측면에서 말한 것입니다.

〔답〕 "인이라는 글자는 설명하기 매우 어렵다.", "인은 마음의 바른 이치이다.", "모름지기 이 이치를 깨달아야만 한다.", "인은 마음의 덕이다."라고 한 네 조목의 설명은 모두 합당합니다.

〔문〕 노씨(老氏)[150]의 텅 빔이 기(氣)를 낳을 수 있다는 말을 화담(花

핵심으로 이해하려는 사유를 엿볼 수 있다.

147 모름지기……인이다 : 《주자어류》 권101 〈정자문인(程子門人)〉에 나온다. 인한 행위를 하는 것이 인에 대한 앎을 통해 가능하다는 의미이다.

148 지각(知覺)하는……인이다 : 《북계자의(北溪字義)》 권상 〈인의예지신(仁義禮智信)〉에 나온다. 지각의 내용이 이치에 입각한 경우도 있으며 욕심에 휘둘린 경우도 있는데, 지각 역시 이치에 대한 앎을 통해 인한 행위로 귀결될 수 있음을 말하고 있다.

149 인은……이치이다 : 《맹자집주》 〈양혜왕 상(梁惠王上)〉 제1장에 대한 주희의 주석에 나온다. 마음의 덕 가운데 인을 그 핵심으로 설명하기 때문에 인을 사람다움이라고 해석할 수 있으며, 구체적인 삶 속에서 표현되는 사랑이 바로 그 인에 근거하고 있다고 보기 때문에 인을 사랑의 이치라고 설명한다.

150 노씨(老氏) : 노자(老子)를 가리킨다. 이름은 이이(李耳), 자는 담(聃)이다. 노담(老聃)이라고도 한다.

潭)이 비방한 적이 있는데 맞습니다. 그러나 이 '허(虛)'라는 글자를 '이(理)'라는 글자로 보아도 잘못이 없을 것 같습니다. 어떠한지 모르겠습니다.

〔답〕 텅 빔이 기를 낳을 수 있다는 것에서 텅 빔을 '이'라는 글자로 보는 것은 잘못이 없습니다. 다만 노씨는 원래 '이' 자를 알지 못하니 어떻게 끌어다 설명할 수 있겠습니까.

〔문〕 성(性)은 형상(形狀)이 없으나 가장 쉽게 보이는 곳이 있습니다. 혈육의 마음은 형상이 있지만, 그 운용하고 유동(流動)하는 곳에서는 형상이 보이지 않습니다. 운용하고 유동하는 까닭은 성입니다. 운용하는 곳에서도 형상을 볼 수 없는데, 하물며 그러한 까닭으로서의 이치이겠습니까.

〔답〕 "운용하는 곳에서도 형상을 볼 수 없다.〔用處亦不見形狀〕"라는 것에서의 '용(用)' 자 위에 '심지(心之)'라는 두 글자를 넣는다면 의미가 더 분명할 것 같습니다. 어떻습니까?

〔문〕 사람의 손이 물건을 잡고 발은 걸으며 눈이 보고 귀가 듣는 것은 마음이 그렇게 시킨 것이 아닙니다. 생각건대 온몸에 가득 찬 것은 모두 하나의 기운입니다. 기운은 본래 활동적인 것으로, 스스로 운동할 수 있습니다. 따라서 비록 마음이 다른 일에 있더라도 손과 발이 스스로 움직이며, 귀와 눈이 스스로 보고 듣습니다. 생각건대 스스로 그러한 것입니다. 그러나 그 실제는 이치가 그렇게 하도록 합니다. 화담은 여기에 대해서 '기운의 신묘한 곳'이라고 하여 이치에 귀속시키지 않았습니다. 그 말이 한쪽에 치우친 것 같은데,

어떠한지 모르겠습니다.

〔답〕 손이 물건을 잡고 발은 걸으며 눈이 보고 귀가 듣는 것을 화담은 기운의 신묘한 곳이라고만 하고 이치에 귀속시키지는 않았으니, 참으로 치우친 것입니다. 다만 보내온 글에서 "마음이 그렇게 시킨 것이 아닙니다."라고 한 구절 역시 자기도 모르게 화담의 문제점에 떨어진 것입니다. 당연히 "……귀가 듣는 것에는 모두 본래의 법칙이 있는데 이를 주관하는 것은 마음이다. 그러나 때로 마음이 시키는 것을 기다리지 않고 스스로 그렇게 하는 경우도 있다."라고 해야 할 듯합니다. 이렇게 말해야 그 의미가 극진하게 됩니다. 또 "그 실제는 이치가 그렇게 하도록 합니다.〔其實理使然也〕"라는 것에서의 '이(理)' 자는 '심(心)' 자로 하는 것이 어떻겠습니까?

〔문〕 박화숙(朴和叔)이 말하기를 "화담이 일찍이 한 덩어리의 얼음이 그릇 안에 있으면 그 그릇의 바깥에는 물방울이 맺힌다고 하였다."라고 하였습니다. 사람들은 모두 그릇이 샌다고 하는데, 실제로는 그릇이 새는 것이 아닙니다. 생각건대 얼음은 아주 차가운 것입니다. 바깥의 뜨거운 기운이 그릇 안으로 들어가지 못하고 그릇 밖에서 멈추면 물방울이 됩니다. 우레나 천둥도 그러합니다. 음의 기운이 아래에서부터 위로 올라가 맺혀 두꺼운 구름이 됩니다. 두꺼운 구름 위에는 햇볕이 비추지만 음의 기운이 맺혀 있는 것이 본래 두껍기 때문에 양의 기운이 들어가지 못합니다. 그러므로 그것이 발동하여 우레와 천둥이 된다고 하였습니다. 이 말이 정밀한 것 같은데, 어떠한지요?

〔답〕 화담의, 얼음이 그릇 안에 있으면 그릇 바깥에 물방울이 맺힌다는

것과 우레나 천둥에 관한 설은 아마도 그러한 것 같습니다.

〔문〕 비와 이슬은 땅의 기운이 위로 올라가 공중에서 양의 기운을 만나 더는 위로 올라가지 못하면 서로 합해지는데, 차고 더운 기운이 서로 교류하여 자연스럽게 뜨거워져 물기가 생기게 되어 마침내 비와 이슬이 됩니다. 물의 성질은 아래로 흘러 내려오는 것인데, 이미 물이 되었다면 자연스럽게 아래로 떨어집니다. 선유들이 가마솥이나 떡시루의 뚜껑에 비유하였는데, 바로 그것입니다. 가뭄이 심하면 땅 기운이 축축하지 않기에 위로 올라갈 수 없습니다. 그러므로 비와 이슬이 없습니다. 서리와 눈은 비와 이슬이 응결한 것입니다. 기운이 점점 맺히면 서리가 되고, 아주 굳게 맺히면 눈이 됩니다. 생각건대 봄과 여름에는 발산하고 가을과 겨울에는 응결하는데, 그 이치가 자연스럽습니다. 여름에 서리가 내리고 겨울에 비가 오면 상서롭지 않다고들 하는데, 그것은 때에 맞지 않은 것이기 때문입니다.

구름이 흩어지면 아무것도 없는 것으로, 오늘 흩어져 한곳에 있다가 다음 날 다시 모이는 것이 아닙니다. 흩어진 것은 이미 없어지는 것이어서, 오는 것이 다시 낳고 나아 다함이 없는 것일 뿐입니다.

사람이 물의 기운을 얻으면 정(精)이 되고, 불의 기운을 얻으면 신(神)이 됩니다. 물은 양이 안에 있기 때문에 정은 지혜를 저장하고, 불은 양이 밖에 있기 때문에 신은 용(用)으로 드러납니다.[151]

〔답〕 비와 이슬, 구름이 흩어지는 것, 사람이 물의 기운을 얻으면 정이

151 물은……드러납니다 : 물을 상징하는 감괘(坎卦)는 양이 안에 있고〔☵〕, 불을 상징하는 이괘(離卦)는 양이 밖에 있다〔☲〕.

된다는 세 조항은 모두 좋습니다.

〔문〕 한 사람의 몸에는 64괘 384효가 갖추어지지 않은 것이 없습니다. 괘나 효 가운데서 말한 도리는 본래 저절로 온전히 갖추어집니다. 괘나 효의 상황 또한 갖추지 않음이 없습니다. 하늘과 땅만이 그러한 것이 아니라 사람의 한 몸도 역시 이와 같습니다.

〔답〕 한 사람의 몸에 64괘 384효가 모두 갖추어졌다는 것은 정말 그렇습니다. 다만 이렇게 막연하게 아는 것은 도움이 되는 점이 없을 듯합니다.

〔문〕 주자는 장자(莊子)가 강절(康節 소옹(邵雍))에 비해서 견해가 비교적 높고 기상이 비교적 호방하다고 했는데,[152] 장자의 소견이 강절보다 높은 것이 어떤 일에 대한 것인지 모르겠습니다.

〔답〕 장자의 소견이 강절보다 높다는 것에 대해 지금 추측하여 이야기할 수는 없습니다. 그러나 그 기상이 강절보다 호방하다는 것은 그의 말을 통해 알 수 있습니다. 그 기상이 호방하고 말이 호탕하기에 말로 소견의 높은 것을 극진히 해낼 수 있었습니다. 이것이 강절이 미치지 못하는 이유입니다. 그러나 성인을 헐뜯고 예의를 멸시하여 명교(名教)에 죄를 지은 결점이 강절에게는 없습니다. 어찌 같은 수준에서 비교할 수 있겠습니까. 아마도 주자의 이 말은 이유가 있어 한 것으로,

152 주자는……했는데 : 《주자어류》 권100 〈소자지서(邵子之書)〉에 나온다. 주희는 장자에 대해서 일에 대한 식견은 있지만 검속함이 없다고 보았으며, 소옹에 대해서는 비교적 온건하고 규구(規矩)를 갖추고 있다고 평하였다.

우선 한 가지 부분만을 들어 말한 것이지 두 사람의 우열을 전반적으로 논평한 것은 아닌 것 같습니다.

〔문〕 윤화정(尹和靖)[153]이 시종 반열에 있을 때 조정의 신하가 천축(天竺 인도)의 관음(觀音)을 교외에서 맞이하자, 화정이 그와 함께 갔습니다. 그러고는 "저분도 어진 사람이다. 어진 사람을 보면 성의를 보여야 한다."라고 하면서 공경히 절을 하였습니다.[154] 화정의 이러한 행동이 어떠한지 모르겠습니다.

〔답〕 화정이 관음을 맞이한 일은 참으로 그 뜻을 알 수 없습니다. 정자나 주자 같으면 틀림없이 하지 않았을 것이니, 후학이 어찌 감히 이런 일들을 배우겠습니까.

〔문〕 "반드시 일삼음이 있되"에서부터 "조장하지 말라."[155]까지에 대

153 윤화정(尹和靖) : 송나라 학자 윤돈(尹焞, 1071~1142)으로, 자는 언명(彦明), 호는 화정이다. 젊었을 때 정이를 사사(師事)했다. 저서에 《논어맹자해(論語孟子解)》, 《화정집(和靖集)》, 《문인문답(門人問答)》이 있다.

154 윤화정(尹和靖)이……하였습니다 : 이 내용은 《화정집》 권7 〈사설부록(師說附錄)〉에 보이며, 《회암집》 권71 〈기화정선생오사(記和靖先生五事)〉에도 실려 있다. 이를 통해 불교에 대한 윤돈의 우호적 태도를 확인할 수 있다.

155 반드시……말라 : 《맹자》 〈공손추 상(公孫丑上)〉 제2장에 나온다. 맹자는 나라를 다스리는 데 있어 부동심이 중요하다고 보았는데, 그 마음이 움직이지 않는 경지는 지언(知言), 즉 말을 아는 것과 호연지기를 잘 기르는 것 두 가지를 통해 도달할 수 있다고 하였다. 이 가운데 호연지기를 기르는 방법으로 제시한 것이 의로운 행동을 지속적으로 해 나가는 것이다. 여기서 언급한 "반드시 일삼음이 있되 공효를 미리 기대하면 안 된다. 마음에 잊지도 말며, 억지로 조장하지 말라.〔必有事焉而勿正, 心勿忘,

해서, 맹자는 비록 기운을 기르는 것을 위주로 하였고, 이천(伊川)은 비록 마음을 보존하는 것을 위주로 하였지만,[156] 일상생활에서 일을 실행하는 경우에도 마땅히 이와 같이 해야 합니다. 예를 들어 글을 읽는 경우에는 그것을 읽기만 하여서, 기대하거나 공효를 바라는 마음 없이 마음에서 잊지도 말고 빠르게 이루고자 하는 생각도 없어야 합니다. 이를 모든 일에 미루어 보면 그러하지 않은 것이 없습니다. 이것은 도리가 당연히 이와 같은 것입니다. 그러므로 연평이 맹자의 이 말에 대해서 도체(道體)를 말한 듯하다고 한 것입니다.[157]

〔답〕 도체는 일상생활에서 응수(應酬)하는 동안에도 유행하여 잠시도 멈추거나 쉼이 없기 때문에 반드시 일삼음이 있으면서 잊지 말아야 합니다. 그리고 털끝만큼의 안배도 용납하지 않습니다. 그러므로 모름지기 미리 기대하거나 조장해서도 안 됩니다. 그런 뒤에야 마음과 이치가 하나가 되어 나에게 있는 도체가 결함도 없고 막힘도 없게 됩니다. 보내온 글에서 이미 대략 이런 뜻을 보았으므로 연평의 도체에 대한 말도 음미할 수 있을 것입니다. 더 깊이 완미하면서 기르고 몸소 살펴야지 이 정도면 다 되었다고 생각해서는 안 됩니다.

勿助長也.〕"라는 것은 그러한 호연지기를 기름에 있어 가져야 하는 자세를 말한 것이다.

156 이천(伊川)은……하였지만 : 호연지기를 기르는 방법에 대한 정이의 견해는 마음의 주재성 확보를 중시하는 그의 경(敬) 중시 입장과 서로 통한다. 즉 정이에 따르면 호연지기를 기르는 이유는 기운 그 자체를 기르기 위한 것이기도 하지만, 이를 통해 마음을 보존함으로써 마음의 주재성을 강화하기 위한 것이다. 이러한 내용은 《이정유서》 권2하에서 확인된다.

157 그러므로……것입니다 : 《연평답문》의 경진년(1160) 7월 서신에 나온다.

〔문〕 "마땅함을 바르게 하고 이익[158]을 꾀하지 않으며, 도를 밝히고 공(功)을 따지지 않는다."[159]라고 하는 것에서 공과 이익이라는 것은 반드시 세속에서 말하는 공과 이익은 아닙니다. 마땅함을 바르게 하고 도를 밝히면서, 빠르게 이루어 내고자 하거나 공을 바라는 마음을 조금이라도 두면 바로 이것이 사사로운 뜻이며 공이자 이익입니다.

"텅 비고 아득하여 아무런 조짐도 없지만 모든 상이 빽빽이 이미 갖추어져 있는 것〔沖漠無朕而萬象森然〕"[160]이 "무극이면서 태극이다.〔無極而太極〕"[161]라는 것과 같다는 말은 무슨 뜻입니까? 주자가 "'무극이면서 태극이다'는 '텅 비고 아득하여 아무런 조짐도 없는 것'과 같다. 분명히 거기에는 형상(形狀)이 없지만 실제로는 이러한 이치가 있다."[162]라고 하였습니다. 이로 미루어 보면 '텅 비고 아득하

158 이익 : 대본에는 '理'로 되어 있다. 《한서(漢書)》 〈동중서전(董仲舒傳)〉에 근거하여 '利'로 바로잡아 번역하였다.

159 마땅함을……않는다 : 《한서》 〈동중서전〉에 나오는 동중서의 말이다. 마땅함과 의리에 대한 엄격한 분별을 중시하면서도 그로 인한 결과를 미리 계산하는 것에 대한 경계를 읽을 수 있다.

160 텅……것 : 《이정유서》 권15에 나온다. 이 구절은 체용(體用) 사상의 기본적 관점이다. 텅 빈 체(體) 가운데는 모든 작용의 원리와 가능성이 충족하게 항상 갖추어져 있다가 외부의 상황이 자극하면 그것에 응하여 반응하며 드러나게 된다는 것이다.

161 무극이면서 태극이다 : 《태극도설》에 나온다. 주희는 무극과 태극의 관계를 동격 내지는 앞의 무극이 뒤의 태극을 설명하는 관계로 보았으므로 이렇게 번역하였다. 태극이 형체를 가진 어떤 존재라고 봄으로써 생기는 오해를 방지하기 위해 주돈이가 무극이라는 설명을 덧붙였고, 그로써 태극이 무형의 이치라는 의미를 선명하게 하였다는 것이 이 구절에 대한 주희의 견해이다.

162 무극이면서……있다 : 《주자어류》 권94 〈주자지서(周子之書)〉에 나온다. '무극'

다'는 말과 '무극'이라는 말은 다른 뜻이 아니라는 것을 믿을 만한데, 어떠한지 모르겠습니다.

〔답〕 마지막 끝의 두 조목, 공과 이익, 텅 비고 아득하다는 것과 무극에 관한 설명은 모두 좋습니다.

과 '텅 비고 아득하여 아무런 조짐도 없는 것'은 형상이 없다는 의미를 담고 있고, '태극'은 이치가 있다는 의미를 담고 있으므로 "무극이면서 태극이다."라는 말은 형체가 없으면서 지극한 이치가 있다는 의미로 해석할 수 있다.

문봉집

제4권

書서

雜著잡저

祭文제문

서 書

퇴계 선생에게 올린 문목 병인년(1566, 명종21)

上退溪先生問目 丙寅

〔문〕'격물(格物)'과 '물격(物格)'이라고 하는 것에 대하여, 저는 두 가지 모두 '물(物)에'[1]라고 읽는다고 생각하고, 태휘(太輝)[2]는 앞 문구[3]는 '물을'[4]이라고 해야 하고 뒤 문구[5]는 '물이'[6]로 읽어야 한다고

1 물(物)에 : 물 뒤에 모두 '에'라는 토를 단다는 것은 '격물'을 '물에 격하다.'라고 번역하며, '물격'도 '물에 격하다.'라고 번역한다는 의미이다. 문봉을 비롯한 당시의 학자들이 물을 사(事)라고 해석하고 격(格)을 지(至)라고 해석한 주희의 《대학장구(大學章句)》를 따르고 있다는 점을 고려한다면, 여기서 문봉은 격물과 물격의 번역을 모두 "사물의 도리에 이르다."라고 하고 있음을 알 수 있다.

2 태휘(太輝) : 허엽(許曄, 1517~1580)의 자이다. 본관은 양천(陽川), 호는 초당(草堂)이다. 서경덕(徐敬德)의 문인으로 대사성, 경상도 관찰사 등을 역임하였다. 허봉(許篈), 허균(許筠), 허난설헌(許蘭雪軒)의 아버지이다. 저서에 《초당집(草堂集)》, 《전언왕행록(前言往行錄)》 등이 있다.

3 앞 문구 : 격물을 가리킨다.

4 물을 : 격물에서 물 뒤에 '을'이라는 토를 단다는 것은 물을 목적어로 본다는 의미로, '물을 격하다.'라고 번역한다는 뜻이다. 이를 통해 허엽이 격물을 '사물의 도리를 궁구하다.'라고 이해한다는 것을 알 수 있다.

5 뒤 문구 : 물격을 가리킨다.

여깁니다.[7] 오자강(吳子强)[8]의 설도 그러합니다. 또 태휘는, 앞 문장[9]은 '물을 격(格)케호매[10] 재(在)하니라."[11]이니 사물의 도리가 나에게 이르게 함을 말한다고 합니다.[12]

"그 극처(極處)에 이르지 않음이 없고자 한다.",[13] "물리(物理)의 극처가 이르지 않음이 없다.",[14] "사물(事物)의 겉과 속, 정미함과

6 물이 : 물격에서 물 뒤에 '이'라는 토를 단다는 것은 물을 주어로 본다는 의미로, '물이 격하다.'라고 번역한다는 뜻이다. 이를 통해 허엽이 물격을 '사물의 도리가 궁구되다.'라고 이해한다는 것을 알 수 있다.

7 저는……여깁니다 : 여기에서 다루는 격물과 물격에 대한 현토 문제는 문장에서 '물'의 품사를 무엇으로 볼 것인가의 문제이다. 문봉은 모두 처소격 조사 '에'를 주장함으로써 부사어로 보는 것이고, 허엽은 격물에서 물의 토는 '을'이라고 함으로써 물을 목적어로 보는 것이며 물격에서 물의 토는 '이'라고 함으로써 물을 주어로 보는 것이다.

8 오자강(吳子强) : 오건(吳健, 1521~1574)으로, 본관은 함양(咸陽), 자는 자강, 호는 덕계(德溪)이다. 조식(曺植), 이황(李滉), 김인후(金麟厚)의 문인이다. 《명종실록(明宗實錄)》 편찬에 참여하였으며, 사직하고 고향에 내려가 서사(書史)를 섭렵하면서 시작(詩作)과 강론으로 여생을 마쳤다.

9 앞 문장 : "앎을 지극하게 하는 것은 사물의 도리를 궁구하는 데 달려 있다.〔致知在格物.〕"라고 한 것을 가리킨다.

10 케호매 : '케'는 '하게'의 줄임말이고, '호매'는 '함에'이다.

11 재(在)하니라 : '하니라'는 종결형 어미이다. '재'와 결합하면 '있다'로 해석된다.

12 또……합니다 : 허엽은 '재격물(在格物)'에 대한 번역을 '물의 도리를 격하게 함에 있다.'라고 한다는 말이다. 그리고 격물의 의미를 사물의 도리가 그것을 궁구하는 사람인 나에게 이르도록 하는 것이라고 본다는 것이다.

13 그……한다 : 《대학장구》 경(經) 1장의 격물에 대한 주석인 "사물의 도리를 궁구하여 그 극처에 이르지 않음이 없고자 한다.〔窮至事物之理, 欲其極處無不到也.〕"라고 한 것의 뒤 구절이다. 주희의 격물 해석에 입각하여 격물을 번역하기 위해, 격물에 대한 주희의 주석 번역을 함께 검토하고 있는 것이다.

14 물리(物理)의……없다 : 《대학장구》 경 1장의 물격에 대한 주석이다. 주희의 물격

거침이 이르지 않음이 없다."[15]라는 것에 대해, 저는 세 가지 모두 '처(處)에'라고 읽으니[16] 내 마음의 앎이 사물의 도리에 도달함을 말한다고 생각합니다. 허태휘는 세 가지 모두 '처가'라고 읽어야 한다고 하니 사물의 도리가 나에 도달하는 것을 말한다고 여기는 것입니다. 오자강은 앞 구절은 저와 같게 보지만, 다음 두 구절은 '처가'로 읽습니다.

《대학혹문(大學或問)》에서 "물격은 사물의 도리에 각각 그 지극한 곳〔極處〕에 이르러〔詣〕 남음이 없는 것이다."[17]라고 하였습니다. 저는 나의 앎이 사물의 도리에 이름을 말하는 것이라 생각합니다. 태휘는 이르는 것〔詣〕이 이(理)를 가리키니, 사물의 이(理)가 자체로 각기 그 지극한 곳에 이르는 것을 뜻한다고 여깁니다.

해석에 입각하여 물격을 번역하기 위해, 물격에 대한 주희의 주석 번역을 함께 검토하고 있는 것이다.

15 사물(事物)의……없다 : 《대학장구》 전(傳) 5장에 나온다. 보망장(補亡章)이라고도 불리는 이곳에서 주희는 자신의 격물치지(格物致知)에 대한 해석을 간명하게 제시한다. 여기에 인용된 부분은 물격에 대한 설명으로, 주희의 물격 해석에 입각하여 물격을 번역하기 위해, 물격에 대한 주희의 관련 설명을 함께 검토하고 있는 것이다. 다만 《대학장구》에는 "衆物之表裏精粗無不到"라고 되어 있으나 이곳에는 "事物之表裏精粗無不到"라고 되어 있다.

16 세……읽으니 : 세 구절의 원문을 보면 앞의 두 구절에는 '처(處)' 자가 있으나, 마지막 구절에는 '처' 자가 없다. "事物之表裏精粗無不到"에서 '事物之表裏精粗' 다음에 '처' 자가 있는 것으로 보고, 이렇게 표현한 것으로 보인다.

17 물격은……것이다 : 《대학혹문》에서 《대학장구》 경 1장의 "物格而后知至" 구절에 대해 해설하는 부분에 나온다. 문봉은 물격에 대한 주희의 설명들 가운데 공통적으로 '극(極)'이라는 글자가 등장한다는 점에 주목하고 있다. 극처(極處), 즉 지극한 곳에 대한 앎의 차원에서 격물과 물격을 이해하고 있는 것이다.

"궁지사물지리(窮至事物之理)"[18]에 대하여, 저는 '사물의 이를 궁구하여 이르는 것은'[19]이라고 읽고, 태휘는 '사물의 이를 궁구하여 이르게 하여'[20]라고 읽는데, 어떠한지요?

또 지(志)와 의(意)가 선후가 된다는 주장[21]에 대해서 저는 다음과 같이 생각합니다. 염려(念慮)가 처음 싹트는 곳이 곧 의인데 이미

18 궁지사물지리(窮至事物之理) : 《대학장구》 경 1장의 격물에 대한 주희의 주석인 "사물의 도리를 궁구하여 이르러 그 극처에 이르지 않음이 없고자 한다."라는 것의 앞 구절이다.

19 사물의……것은 : 《대학장구》 경 1장의 격물에 대한 주석인 "窮至事物之理, 欲其極處無不到也."에서 앞 구절을 주어로 해석하는 경우, "사물의 도리를 궁구하여 이른다는 것은 그 극처에 이르지 않음이 없고자 하는 것이다."라는 뜻이 된다. 주희의 주석에서, 격물은 사물의 도리를 궁구하는 앎의 공부인데 그 목표는 그 앎이 극처에까지 도달하는 것임을 설명하고 있다고 보는 것이다.

20 사물의……하여 : 《대학장구》 경 1장의 격물에 대한 주석인 "窮至事物之理, 欲其極處無不到也."를 순접으로 연결된 두 문장으로 보는 경우, "사물의 도리에 궁구하여 이르러 그 극처에까지 이르지 않음이 없고자 한다."라는 뜻이 된다. 주희가 해석하고 있는 격물의 의미가 사물의 도리를 궁구함을 통해 그 앎이 극처인 지선에까지 도달하고자 하는 것이라고 보는 것이다.

21 지(志)와……주장 : 《대학장구》 경 1장의 "머물 곳을 안 뒤에 방향이 일정하게 됨이 있다.〔知止而后有定.〕"라는 것에 대하여 주희는 "머물 곳이란 멈추어야 마땅한 곳이니 지선이 있는 곳이다. 그것을 알면 지에 일정한 방향이 있게 될 것이다.〔止者, 所當止之地, 卽至善之所在也. 知之則志有定向.〕"라고 하여 '지에 일정한 방향이 있음'을 지선이 있는 곳을 알게 된 뒤의 결과라고 설명하고 있다. 의(意)는 《대학장구》 경 1장의 "그 마음을 바르게 하려는 사람은 먼저 그 뜻을 진실하게 해야 하며〔欲正其心者, 先誠其意〕"라는 것에 처음 나온다. 주희는 이를 "의는 마음이 발하는 것이다. 마음이 발하는 것을 진실하게 하여 그것이 반드시 마음에 흡족하여 스스로 속임이 없기를 바라는 것이다.〔意者, 心之所發也. 實其心之所發, 欲其必自慊而無自欺也.〕"라고 주석하였다. 지와 의의 관계에 대한 물음은 여기서 출발한다.

싹터서 도모하고 헤아리며 따져 보고 생각하는 것도 의입니다. 지는 마음에 일정한 방향이 있는 것을 이르니, 의보다 뒤에 있어야 합니다. 다만 지가 세워진 후에 또 도모하고 생각하며 따져 보고 비교하는 것 역시 의입니다. 그러나 이것이 의가 지보다 뒤라는 의미라고 하면 안 됩니다.

"의(意)는 마음이 드러난 것"[22]이라는 것은 염두(念頭 생각의 첫머리)가 싹터 움직이는 곳을 가리켜 말한 것입니다. "지(志)는 마음이 가는 바"[23]라는 것은 그 마음에 일정한 방향이 있는 것을 가리켜 말한 것입니다. 이로써 말한다면, 선후가 분명한 것도 같습니다. 오자강의 견해도 이러합니다. 태휘는 다음과 같이 말하였습니다. "'지(志)' 자는 '정(情)' 자와 상대된다. 성(性)이 움직인 곳이 정이고 마음이 드러난 곳이 지이며, 의(意)는 도모하고 생각하며 운영하고 해 나가는 것이고, 정과 지는 모두 의에 끼여 동쪽으로 갔다 서쪽으로 갔다 한다. 생각건대 어떤 일을 하려고 할 때 이 마음이 바로 움직이는데, 하려고 하는 것은 지이고, 여기에서 도모하고 생각하며 운영하고 해 나가는 것이 비로소 의이다." 저는 다음과 같이 말했습니다. "그와 같다면 지는 공적인 것이고 의는 사적인 것인데, 이 말은 쓸 수 없다

22 의(意)는……것 : 《대학장구》 경 1장의 성의(誠意)에 대한 주석에 나온다. 의를 진실하게 하는 공부인 성의는 마음이 겉으로 처음 드러난 곳에서부터 공부하라는 뜻이다.

23 지(志)는……바 : 지에 대해 "마음이 가는 바〔心之所之〕"라고 주희가 풀이하는 것은 사서(四書)에 대한 주석 가운데 여러 곳에서 발견된다. 《논어집주》 〈위정(爲政)〉의 "학문에 뜻을 둔다.〔志于學〕", 〈이인(里人)〉의 "인에 뜻을 둔다.〔志於仁〕", 《맹자집주》 〈진심 상(盡心上)〉의 "뜻을 고상하게 한다.〔尙志〕" 등의 주석에 나온다. 모두 마음의 작용 가운데 의지를 설명하고 있다.

고 봅니다. 만약에 사람이 도둑질을 하고자 하면, 이 마음은 바로 악한 데서 피어나는데, 이곳을 지라고 합니까, 의라고 합니까?" 태휘가 말했습니다. "지라고 할 수도 없고, 의라고 할 수도 없습니다. 다만 나쁜 염(念)이라고 해야 옳을 것입니다." 제가 말했습니다. "어떤 일을 하고자 하는 것은 비록 지라고 할 수 있으나, 하고자 할 때 이 마음은 이미 움직이는데 이곳을 의라고 하지 않으면 어느 곳에 배속해야 합니까?" 태휘가 말했습니다. "염려라고 하면 됩니다." 제가 말하기를 "그렇다면 염려는 의에 속하는 것이 아닙니까?"라고 하자 태휘는 말이 없었습니다.

'비은(費隱)'[24]에 관한 논의는 이전의 주장을 심하게 고집합니다. 그 뜻을 보면 진실로 도(道)와 기(器)[25]가 서로 떨어지는 것을 두려워할 뿐인 것 같습니다. 제가 말했습니다. "이(理)와 기(氣) 두 가지는 본래 서로 떨어지지 않아서, 사람의 힘으로 떨어지게 할 수 있는 것이 아닙니다. 다만 섞어 합하여 말할 때가 있고, 나누어 놓고 말할 때가 있습니다. '비' 자는 원래 기(器)를 그 안에 포함하고 있습니다.

24 비은(費隱) : 《중용장구(中庸章句)》 제12장에서 "군자의 도는 비(費)하고 은(隱)하니라."라고 하였다. 이에 대해 주희는 "비(費)는 용(用)이 넓음이고, 은(隱)은 체(體)가 은미(隱微)함이다."라고 주석하였다. 여기서는 이(理)와 기(氣)가 비은의 의미와 어떻게 정합적으로 설명될 수 있는지 질문하고 있다.

25 도(道)와 기(器) : 《주역》 〈계사전 상(繫辭傳上)〉에서 "형체로 나타나는 그 이상의 상태를 도라 이르고, 형체로 나타나는 그 이하의 상태를 기라 이른다.〔形而上者謂之道, 形而下者謂之器.〕"라고 하였다. 도는 형이상(形而上)의 이(理)이고, 기는 형이하(形而下)의 기(氣)이다. 도는 기를 이루는 원리로서의 무형의 원인이고 기는 그러한 도를 그릇처럼 싣고 있는 유형의 것이다. 형(形) 자를 중심으로 상과 하로 표현함으로써 도와 기의 서로 떨어질 수 없는 관계를 보이고 있다.

그러나 《중용》에서 가리키는 것은 오로지 도를 가리켜 말한 것입니다. 이는 곧 기(氣)에 뒤섞지 않고 말을 한 것입니다. 어찌 이것을 형이하자(形而下者)라고 할 수 있겠습니까." 태휘가 말했습니다. "그렇지 않습니다. 이와 기를 어찌 나누어 말할 수 있습니까. 예부터 성현이 두 가지로 나누어 말한 적이 있습니까. 세상에는 기 없는 이는 없는데, 비라고 한 것은 바로 기를 가리키고 곧 형이하자입니다." 제가 말했습니다. "그렇다면 하늘이 명한 것을 성(性)이라고 하고, 성을 따르는 것을 도라고 한다는 것[26]에서 이 세 글자[27]는 오로지 이(理)를 가리켜 말한 것인데 어찌 이와 기가 서로 떨어지지 않는다고 하여 이 세 글자가 기를 겸한 설명이라고 말할 수 있겠습니까." 태휘가 말했습니다. "이 역시 기를 겸하여 말한 것입니다. 노과회(盧寡悔)[28]도 태휘의 주장을 옳다고 하면서 우리의 논의를 매우 비판하였다고 들었습니다만, 어떤 입장으로 그렇게 한 것인지 모르겠습니다. 대저 태휘의 의론과 주장은 유형이 대부분 이렇습니다. 매우 걱정이 됩니다. 그렇지만 감히 전적으로 태휘만을 비판하면서 한결같이 우리의 견해가 옳다는 것은 아닙니다. 본 바가 명확하지 않아 절충할 줄을 모르겠습니다. 깊이 가르쳐 주시기 바랍니다.

〔답〕[29] '격물'과 '물격'에 대한 해석 및 두 부분에 관한 주석의 '극처'에

26 하늘이……것 : 《중용장구》 제1장에 나온다. 삶의 도리와 인간 본성, 그리고 하늘의 밀접한 관계를 보임으로써 선한 원리의 측면에서 하나로 연결되어 있는 세계를 표현하고 있다.

27 세 글자 : 하늘〔天〕, 성(性), 도(道)이다.

28 노과회(盧寡悔) : 노수신(盧守愼, 1515~1590)으로, 본관은 광주(光州), 자는 과회, 호는 소재(穌齋)이다.

대한 토는 여러 사람의 설이 달라 분분한 지 오래입니다. 예전에 이것에 대해 언급한 선유들의 학설을 널리 상고하여, 초록하고 취합하여 참조하고 정정하며 거칠게 일설을 만들었습니다만, 여전히 흡족하지 못한 곳이 있어서 상자 속에 간직해 두었는데, 이제 보내온 편지를 받고서 다시 손질하여 그 설을 매듭지을까 합니다. 다만 그 가운데 인용된 바에 의하면 "판서 원태초(元太初)[30] 공이 지난날 나에게 '회재(晦齋) 이복고(李復古)[31] 선생이 표도인(瓢道人) 박광우(朴光佑)[32]와 이것을 강론하였는데, 박공이 대사성 김노천(金老泉)[33]의 설을 주장하며 대단히 힘써 논쟁하고 변별하였으나 회재가 수긍하지 않았다.'라고 말하였다." 하였습니다. 원공(元公)이 상세하게 말해 주지 않았던 것은 아닌데, 내가 나이가 많다 보니 기억이 분명하지 않아 혹시라도 오류가 있을까 두려워 다시 물어보려 했지만 그러지 못한 것이 안타깝습니다. 그대가 직접 물어보고 적어 보내 줄 수 없겠습니까? 비록 평소 아는 사이는 아니지만, 직접 가서 물어도 괜찮습니다. 그렇지 않으면 사람을 통해 물어본다면 어찌 인편이야 없겠습니까.

29 답 : 문봉이 1566년(명종21) 4월 28일과 5월 16일에 보낸 편지에 대한 이황의 답서로, 《퇴계집(退溪集)》 권26 제16서 〈답정자중(答鄭子中)〉의 별지에 실려 있다.

30 원태초(元太初) : 원혼(元混, 1496~1588)으로, 본관은 원주(原州), 자는 태초이다.

31 이복고(李復古) : 이언적(李彦迪, 1491~1553)으로, 본관은 여주(驪州), 자는 복고, 호는 회재, 시호는 문원(文元)이다.

32 박광우(朴光佑) : 1495~1545. 본관은 상주(尙州), 자는 국이(國耳), 호는 필재(蓽齋)·잠소당(潛昭堂)이다.

33 김노천(金老泉) : 김식(金湜, 1482~1520)으로, 본관은 청풍(淸風), 자는 노천, 호는 사서(沙西)·동천(東泉)·정우당(淨友堂)이다.

〔답〕[34] 지난해 '격물'과 '물격' 등 및 그 주석에 대한 현토와 해석에 관해 질문받은 것을 최근에 조목별로 풀이한 것을 대단히 자세하게 하여 보내 드리려고 했는데, 마침 놓아둔 곳을 잊어버렸습니다. 뒷날 찾아내면 인편에 부쳐 드리겠습니다. 이 해석에 대해 이중구(李仲久)[35]도 문목을 보내온 것이 있는데, 대부분은 그대의 질문과 같습니다.

34 답 : 《퇴계집》 권26 제21서 〈답정자중별지(答鄭子中別紙)〉에 실려 있다.

35 이중구(李仲久) : 이담(李湛, 1510~1574)으로, 본관은 용인(龍仁), 자는 중구, 호는 정존재(靜存齋)이다.

격물과 물격에 대한 속설의 의문점을 변석하다[36]

格物物格俗說辨疑

〔답〕 '격물(格物)'-물(物)을 격(格)호매-의 주석[37]에서는 "극처(極處)에 도달하지 않음이 없고자 함이다."라고 하였고, '물격(物格)'-물에 격한-의 주석[38]에서는 "물리(物理)의 극처에 도달하지 않음이 없다."라고 하였습니다. 격 자에는 궁구하여〔窮〕 이른다〔至〕는 뜻이 있습니다. 격물은 궁 자에 비중이 있기 때문에 '물을 격호매'라고 하고, 물격은 지 자에 비중이 있기 때문에 '물에 격한'이라고 합니다. 일설에 '물리의 극처가(이)'라고 하는 것도 통합니다.

보망장(補亡章)의 "모든 사물의 겉과 속, 정미함과 거침이 모두 드러날 것이다."에 대하여

다음과 같이 생각합니다.[39] 오늘날 사람들이 '에'라는 토에 대해 의문을

36 격물(格物)과……변석하다 : 이 편지는 《퇴계집(退溪集)》 권26 〈격물물격속설변의답정자중(格物物格俗說辯疑答鄭子中)〉에 실려 있다. 이황(李滉)이 앞의 답장에서 잊어버렸다고 한, 조목별로 풀이한 글이 바로 이 글이라는 것을 알 수 있다.

37 격물(格物)의 주석 : 《대학장구(大學章句)》 경(經) 1장의 격물에 대한 주석인 "窮至事物之理, 欲其極處無不到也."를 가리킨다.

38 물격(物格)의 주석 : 《대학장구》 경 1장의 물격에 대한 주석인 "物格者, 物理之極處無不到也."를 가리킨다.

39 다음과 같이 생각합니다 : 이황의 답서이다. 《퇴계집》 권26 제21서 〈답정자중별지

갖는 이유에는 두 가지가 있습니다. 하나는 이(理)가 본래 나의 마음에 있어서 피차가 있지 않은데, 만약 '에'라고 한다면 이와 내가 둘이 되어 이것과 저것으로 나뉘기 때문에 안 된다는 것입니다. 다른 하나는 공효에 대한 주석인데, 만약 '에'라고 한다면 이는 공부에 힘을 쏟는 것에 관련되기 때문에 안 된다는 것입니다.

그러나 내가 일찍이 앞선 학자들의 여러 가지 학설을 일일이 상고해 보니, 정자(程子)는 "격은 이르는 것이니, 궁구하여 그 극(極)에 이른다."라고 하였고, 주자(朱子)는 "사물에 있는 이(理)에 이미 그 극에까지 나아가서 남음이 없다."[40]라고 하였고, 또 "사물의 이를 궁구하여 지극하게 하여, 끝에까지〔盡處〕 도달해야 한다."[41]라고 하였습니다. 연평(延平 이동(李侗))은 "무릇 하나의 일을 만났을 때, 우선 이 일에 나아가 반복하여 찾아내어 그 이를 궁구하여야 한다."[42]라고 하였고, 서산(西山)은 "천하 사물의 이에 대하여 궁구하여 극처에 도달한다."라고 하였습니다. 이것은 모두 이가 사물에 있기 때문에 사물에 나아가 그 이를 궁구하여 극처에 도달한다는 것입니다.

(答鄭子中別紙)〉에 실려 있다.

40 사물에……없다 : 물격에 대한 《대학혹문(大學或問)》의 설명에 나온다. 격물을 통해 사물의 이(理)를 궁구하는 데 있어 그에 대한 완벽한 앎을 추구한다는 측면이 강조된 설명이다.

41 사물의……한다 : 격물에 대한 《주자어류(朱子語類)》 권15 14조목의 설명에 나온다. 이 역시 격물이 사물의 이에 대한 완벽한 앎을 추구한다는 측면을 강조하는 설명이다.

42 무릇……한다 : 《주자어류》 권18 122조목에 나온다. 공부법에 대한 이동의 설명을 주제로 한 주희와 문인의 대화에서 거론되고 있다. 한 가지 사안에서 옳음을 찾아내는 것이 중요함을 말하고 있다.

어째서일까요. 이(理)를 가지고 말하면 본래 사물과 나 사이의 간격도, 안과 밖, 정미함과 거침의 구분도 없지만, 만약 사물을 가지고 말한다면 천하의 모든 사물이 실은 나의 바깥에 있습니다. 어떻게 이가 하나라는 이유로 천하의 사물이 모두 나의 안이라고까지 말할 수 있겠습니까.-나정암(羅整菴)[43]에게 취할 만한 일설이 있습니다. "요즈음 격물에 대한 학설은 '물(物)' 자를 내면으로 끌고 오려고 한다. 그러나 결국 끌고 오지 못하는데, 분(分)이 정해져 있기 때문이다."[44]-

일과 외물마다의 이가 곧 나의 마음에 갖추어진 이이므로, 사물이 바깥이라 해서 바깥으로 여기지 않고, 또 이 마음이 안이라 해서 안으로 여기지 않습니다. 따라서 선유들이 비록 이가 사물에 있다고 말할지라도 이것을 빠뜨리고 저것을 말한 것이 아니고, 비록 일에 나아가고 외물에 나아간다고 말하더라도 자신을 버리고 저것에 나아간 것이 아닙니다. 비록 극에 나아간다고 하고, 극처에 도달한다고 하며, 끝에까지 도달한다고 하더라도 마음이 육체를 떠나 여기에서 저기로 달려감을 말하는 것이 아닙니다. 그렇다면 '에'라는 토로 읽는 것에 이(理)와 둘이 되는 혐의가 있지 않으니, 어찌 의심할 것이 있겠습니까.

43 나정암(羅整菴) : 명(明)나라 때의 유학자 나흠순(羅欽順, 1465~1547)으로, 자는 윤승(允升), 호는 정암이다. 국자감 사업(國子監司業), 이부 상서(吏部尙書), 예부 상서(禮部尙書) 등을 지냈으나 사직하고 학문에 전념하였다. 처음에 불교의 선학(禪學)을 연구하였으나 후에 주자학(朱子學)으로 돌아섰다. 저서에 《곤지기(困知記)》, 《속기(續記)》, 《나정암집(羅整菴集)》 등이 있다.

44 요즈음……때문이다 : 《곤지기》 속록(續錄) 42장에 나온다. 외부 사물과 나의 구분을 승인하는 나흠순의 철학적 입장이 담겨 있는 서술이다. 그는 당시 왕수인(王守仁)이 외부에 존재하는 사물을 인간 마음의 차원으로 모두 환원시키고 있다고 비판하였다.

어떤 사람은 다음과 같이 말합니다. "격물 공부에 있어서는 이렇게 읽어도 되지만, 물격 공효는 사물의 이(理)의 극처가 이미 다 이르렀으니, 곧 뭇 이가 이미 완전히 이해된 뒤입니다. 만약 '에'로 읽는다면 말에 주객(主客)이 생겨서 마치 건건마다 공부를 하게 되는 듯합니다. 또 힘을 쏟는 듯한 뜻이 있어서는 안 되는 것 같기에 반드시 '극처가(이)'라고 해야만 마침내 완전히 이해되는 묘미가 나타나 힘을 들일 필요가 없는 효과가 나타납니다." 이것 역시 그렇지 않다고 봅니다. 뭇 이치가 완전히 이해되는 것은 앎이 지극해진 것에 관한 일이므로 물격의 효과를 말하는 것은 부당합니다. 하물며 말에 주객이 있는 것은 또한 이(理)와 형세의 자연스러움이니 어떻게 피할 수 있겠습니까.

옛날에 강덕공(江德功)[45]이 치지(致知)를 궁리(窮理)로 해석하려 하자, 주자가 틀렸다고 하였습니다. "지라는 것은 내 마음의 지이고, 이라는 것은 사물의 이이다. 이것으로 저것을 아는 것이니, 주객의 변별이 있는 것이다. 이 글자–지(知)이다.–를 가지고 저 글자–이(理)이다.–라고 풀이하는 것은 옳지 않다."[46] 지금 이 말에서 논의한 바를 자세히 검토해 보면, 치지 공부는 실제로 뭇 이치가 완전히 이해되는 오묘함이어서 마치 사물과 나의 구분이 없는 듯한데도 오히려 피차와 주객으로 말하였습니다. 하물며 이 물격의 설에서는 저 사물의 이의 극처에 도달하지 않음이 없다고만 말하였을 뿐, 이쪽에서 완전히 이해되는 오묘함까지

45 강덕공(江德功) : 주희의 문인 강묵(江默)으로, 자가 덕공이다. 저술에 《국조강집(國朝綱集)》, 《역훈해(易訓解)》, 《사서훈고(四書訓詁)》가 전한다.

46 지라는……않다 : 《회암집(晦庵集)》 권44 〈답강덕공(答江德功)〉에 나온다. 치지는 나의 지식 즉 인식 능력을 지극하게 하는 것이지만, 격물과 궁리는 외부 사물의 이(理)를 궁구한다는 점에서 다름을 인지하여야 한다는 것이다.

는 말하지 않았으니, 무릇 그 장소〔處〕를 가리키며 이미 이르렀다고 말한다면, 주객의 변별이 있는 것이 주자의 설명에 비하여 어찌 더욱 분명하지 않습니까.-이르는 것은 주이고, 극처는 객입니다.- 이렇다면 '에'라는 토로 읽는다고 어찌 안 될 것이 있겠습니까. 비록 공효에 대해 이 토를 사용하더라도 어찌 곧장 힘을 쏟는 것이라는 혐의가 있겠습니까.

비유하자면, 어떤 사람이 여기에서부터 군(郡)과 읍(邑)을 두루 거쳐 서울에 도착하는 것이 격물(格物) 치지(致知) 공부와 같습니다. 이미 군과 읍을 두루 거쳐 서울에 도착한 것은 물격(物格) 지지(知至) 공효와 같습니다. 어찌 막 가고 있고 막 도착한 것에 대해, "군읍(郡邑)에 역행(歷行)하야 경사(京師)에 내지(來至)타하야"[47]라고 말하면서 공부에 관한 설명이라고 여길 수 있겠습니까. 이미 거쳤고 이미 도착한 것에 대해 반드시 말을 바꾸어 "군읍이 이력(已歷)하야 경사가(이) 이지(已至)라사"[48]라고 하여야 공효라고 말할 수 있겠습니까. 만약 이와 같이 말한다면 이미 거친 것은 사람이 아니라 군읍이고, 이미 이른 것은 사람이 아니라 서울입니다. 이것을 미루어서 물격을 풀이한다면 격(格)하는 것은 내가 아니라 물(物)이고, 극처를 풀이한다면 도달한 것은 내가 아니라 극처입니다. 이는 말이 되지 않고 의리에 맞지 않으며 아주 잘못되어 통하지 않는 설이니 따를 수 없습니다.

47 군읍(郡邑)에……내지(來至)타하야 : 이를 번역하면 "군읍을 두루 거쳐 서울에 도착하였다고 하여"이다.

48 군읍이……이지(已至)라사 : 이를 번역하면 "군읍이 이미 거쳐서 서울이 이미 이르러서"이다.

“그렇다면 ‘에’라는 토를 따르는 것으로 충분한데 어째서 ‘이’라는 토도 통한다고 하였습니까?”라고 한다면, 이것과 오늘날 사람들이 말하는 ‘이’ 토가 단어〔辭〕는 같지만 뜻은 다르기 때문입니다. 지금 말한 ‘이’ 토는 사물의 이(理)의 극처가 저절로 나의 마음에 도달하지 않음이 없다고 말하는 것으로, 곧 내면으로 끌고 오는 잘못이니, 틀린 것입니다. 내가 말하는 ‘이’ 토란 뭇 이(理)의 극처가 하나도 도달하지 않는 곳이 없음을 말한 것이니, 이(理)는 그 자체 그대로 사물에 있으면서 내가 궁구하는 것은 하나도 도달하지 않는 곳이 없기 때문에 역시 통한다고 하는 것입니다.-모름지기 ‘이르지 않음이 없다.〔無不到〕’ 아래에 ‘처(處)’ 자의 뜻을 가지고 설명하여야만 말뜻을 알 수 있습니다. 대개 위에 ‘처’ 자가 있음으로 해서 아래에도 ‘이르지 않는 곳이 없다’는 뜻으로 보기 때문에 ‘극처’ 아래에 ‘이’라는 토가 통할 수 있는 것입니다. 만일 ‘무불(無不)’이라 말하지 않고 그저 ‘격(格)’ 자, ‘도(到)’ 자만 말한 곳에서 ‘이’를 토로 단다면, 마찬가지로 윗글에서 말한 토를 바꾼 병폐가 되고 마는 것입니다. 그 때문에 경문(經文)의 물격에는 ‘이’ 토를 쓸 수 없지만 주석의 글에서는 사용하여도 통합니다.-

보망장에 와서는 겉과 속, 정미함과 거침을 합하여 “그 이르지 않음이 없다.”라고 말하였으니 한 덩어리여서 ‘처’라고 말할 수 없으므로 앞서 극처를 가리켜 말한 것과는 뜻이 약간 다릅니다. 이 때문에 ‘에’라는 말을 쓰지 않고 ‘이’라는 토로 읽어야 그 뜻이 바야흐로 이루어져 원활하게 될 수 있는 것입니다. 이 뜻은 낙봉(駱峯) 신 선생(申先生)[49]

49 낙봉(駱峯) 신 선생(申先生) : 신광한(申光漢, 1484~1555)으로, 본관은 고령(高靈), 자는 한지(漢之)·시회(時晦), 호는 낙봉·기재(企齋), 시호는 문간(文簡)이다. 학문에 있어서는 맹자와 한유(韓愈)를 기준으로 했고, 시문에 있어서는 두보(杜甫)를

만이 알았는데 그 설명은 별지에 보입니다.

이상은 모두 예로부터 전해 오는 여러 설 중에서 논한 것입니다. 일찍이 내 생각으로 물격에 대한 해석을 하여 "물(物)마다 격(格)한 후에"라고 하려 하였습니다. 이렇게 한다면 그 속에 '이르지 않음이 없다.'라는 뜻이 포함되어 두 가지로 다툴 꼬투리도 없겠지만 사람들이 처음으로 새로운 설을 듣는다면 필시 믿지 않을 것입니다.

격물(格物)과 물격(物格)에 관한 두 주설(註說)에 대해 일찍이 듣고 본 여러 분들의 주장을 기록함

내가 젊어서 성균관에 들어갔는데[50] 그때 윤탁(尹倬)[51] 선생이 대사성이었습니다. 한번은 '물격' 주석의 '극처(極處)'에 대한 토를 질문하자, 윤공이 "'이'라고 하여야 한다."라고 하였습니다. 묻기를 "이것은 이(理)의 극처가(이) 스스로 내 마음에 도달한다는 말입니까?"라고 하였습니다. 공은 아니라고만 하고 그것이 틀린 이유는 말하지 않았습니다. 항상 자세히 묻지 못한 것을 안타깝게 여겼습니다. 판서 원태초(元太初)가 지난해에 나에게 다음과 같이 말했습니다. "예전에 대사성 김노

본받았다. 문집으로 《기재집(企齋集)》이 있다.

50 내가……들어갔는데 : 이황은 23세이던 1523년(중종18)에 성균관에 유학하였는데 이때 《심경부주(心經附註)》를 구하여 얻었다.

51 윤탁(尹倬) : 1472~1534. 본관은 파평(坡平), 자는 명중(明仲), 호는 평와(平窩)이다. 김굉필(金宏弼)의 문인이면서 이심원(李深源)에게서 수학하였다.

천(金老泉)이 읽을 적에 '욕기극처(欲其極處)'와 '물리(物理)의 극처(極處)'를 모두 '이' 토로 하고자 하였습니다. 후에 표도인(瓢道人) 박광우(朴光佑)는 김의 설을 주장하고 회재(晦齋) 이복고(李復古)는 두 곳을 모두 '에'로 하면서 박의 설이 매우 옳지 않다고 여겼는데, 박도 승복하지 않고 매우 강력히 변론하며 논쟁을 하였습니다. 이공(李公)은 이 일로 요즘 사람들이 다른 사람의 말뜻을 알지 못하므로 함께 학문을 이야기할 수 없다고 탄식하였습니다." 그러나 세 분이 그렇게 주장한 이유에 대해서는 모두 들을 수 없었습니다.

계축년(1553, 명종8)에 내가 성균관 관직에 있었는데, 하루는 지성균관사 낙봉 신 선생이 이에 관해 논하며 '에'로 토를 다는 것이 옳다고 하고, 그 뜻을 대략적으로 설명하였습니다. 또 "이러한 의미를 안다면 공효에 대한 주석을 '극처가(이)'라고 하여도 본래 무방하다."라고 하였습니다. 이어 직접 전(傳) 10장의 마지막을 펴 놓고 가리키며 말하기를 "예를 들어 이 책을 읽으면서 '권 첫머리에서 이곳에 이르는 것이 다하지 않음이 없다.'라고 하는 것이 어찌 안 되겠는가."라고 하였습니다. 내가 가만히 생각해 보니, 신공의 이 말이 실로 그 의미를 얻은 것입니다. 생각건대 '극처가(이)'라고 하더라도 도달한다고 하는 것은 여전히 궁구하여 극처에 이르는 것일 뿐, 극처가(이) 스스로 나에게 이른다는 말은 아닙니다.-다만 신공의 설에도 미진한 부분이 있습니다. '극처무불도(極處無不到)'는 사실 모든 사물의 극처에 하나도 도달하지 않음이 없음을 말하는 것입니다. 예를 들어 전 10장이 《대학》의 극처라고 한다면 〈요왈(堯曰)〉의 끝은 《논어》의 극처가 되고 〈진심(盡心)〉의 끝은 《맹자》의 극처가 되며 《중용》의 끝은 《중용》의 극처가 되어, 이러한 여러 극처에 하나도 이르지 않음이 없음을 말하는 것입니다. 지금 신공은 《대학》 한 책의 극처까지 읽은 것만을 가지고

도달하지 않음이 없다고 여겼습니다. 이것이 미진한 점입니다.-

세상에 전하는 한 석의(釋義)에서 "격물은 나의 앎을 미루어 저 사물에 이르는 것이다. 물격은 사물의 법도가 스스로 법도에 이르는 것이다."라고 합니다. 이것이 누구의 설인지는 모르겠습니다만, 원태초는 김노천의 설이 이것과 비슷하다고 하는데 제 생각에 김공은 경학(經學)에 정통하다고 일컬어지니 아마도 이렇게까지 틀리는 데 이르지는[52] 않았을 것입니다. 생각건대 나의 앎을 미루는 것은 치지(致知)의 일인데 지금 격물에서 말하니 이미 틀린 것이며, 이(理)를 법도라고 하는 것은 더욱 이해하지 못하겠습니다. 그리고 스스로 법도에 이른다는 것이 바로 극처가 스스로 이르지 않음이 없다는 뜻이라고 한 것은 오류가 더욱 심합니다. 만약 김노천의 설이 과연 이러한데 박공이 그 설을 주장하였다면, 이공이 옳다고 여기지 않은 것은 당연합니다. 다만 물격 주석의 토는 신공이 해석한 의미대로 한다면 '에'로 하거나 '이'로 하거나 둘 모두 구애될 바가 없습니다. 이공이 기필코 여기에서도 '이'를 버리고 '에'를 취하려고 했다면 이것은 너무 고집스러운 면이 약간 있는 듯합니다.

신공이 또 다음과 같이 말했습니다. "이복고는 '마음이 극처에 도달한다.'라고 하였는데, 이 말은 틀렸다. 마음이 도달한다고 한다면 이것은 이미 지지(知至)와 관련된 것이지 물격이 아니다." 원공 역시 다음과

52 이르지는 : 대본에는 '知'로 되어 있다. 《퇴계집》 권26 〈격물물격속설변의답정자중(格物物格俗說辯疑答鄭子中)〉에 근거하여 '至'로 바로잡아 번역하였다.

같이 말했습니다. "이공은 '나 자신이 극처에 도달한다.'라고 하였는데, 옳지 않다." 내 생각으로는 궁구하여 극처에 도달하는 것은 진실로 마음이고 나 자신이지만, 마음이 도달하고 내가 도달한다고 말하면 문제가 있게 되니, '궁구하여 극처에 도달한다.'라고만 하는 것이 좋겠습니다.[53]

지(志)와 의(意)에 대한 논의는 지난해 주고받은 편지에서 다 말하였습니다. 지금 보내온 논의를 자세히 보니 대개 공이 맞습니다. 다만 두 글자의 도리는 원래 서로 통합되지도 않고, 서로 수미(首尾)로 연관된 것도 아닌데, 어찌 선후로 나눌 수 있겠습니까. 본래 나누면 안 되는 것을 억지로 나누었기 때문에 이따금 다소 억지로 설명하는 곳이 있음을 면치 못하였습니다. 선(先)이 되기도 하고 후(後)가 되기도 하니 일에 따라 각기 하나의 도리로 보면 될 것입니다.

비(費)와 은(隱)을 도(道)로 말하니 곧 형이상(形而上)의 이(理)입니다. 드러난 것으로 말하면 비라고 하고 은미한 것으로 말하면 은이라 하는 것이지 두 가지가 있는 것은 아닙니다.[54] 그러므로 "체(體)와 용(用)은 하나의 근원이고 드러남과 은미함은 간격이 없다."[55]라고 한

53 내가 젊어서……좋겠습니다 : 여기까지가 격물과 물격에 대한 속설의 의문점을 풀이한 글이다. 이하의 글은 이황이 보낸 또 한 장의 답서로, 《퇴계집》 권26 제18서 〈답정자중(答鄭子中)〉에 실려 있다.

54 비(費)와……아닙니다 : 《중용장구》 제12장에서 "군자의 도는 비하고 은하니라.〔君子之道, 費而隱.〕"라고 하였고, 이에 대해 주희는 "비는 용이 넓음이고, 은은 체가 은미함이다.〔費, 用之廣也; 隱, 體之微也.〕"라고 주석하였다.

것입니다. 만일 형이하(形而下)의 것을 비라 한다면 어찌 하나의 근원이며 간격이 없다고 하겠습니까. 우경선(禹景善)[56] 역시 태휘(太輝)의 설을 옳다고 하면서 이 구절 소주(小註)에 있는 주자의 설명을 인용하여 근거로 삼았는데, 이것은 이 단락의 설을 잘못 보고 그렇게 말한 것입니다. 주자의 뜻을 자세히 살펴보면, 형이하를 비라고 여긴 것이 아니라 어떤 사람이 형이상과 형이하 두 가지를 거론한 것을 인하여 말했기 때문에 형이하의 광대함을 먼저 말하고서 "형이상은 사실 그 사이에 행해져 어떤 사물도 갖추지 않은 것이 없고 어디든 없는 곳이 없기 때문에 비라고 한다."라고 한 것입니다. 여기서 형이하를 말한 것은 형이상을 설명하기 위하여 설정한 것일 뿐, 실제로 '비' 자를 형이하의 사물에 해당시킨 것은 아닙니다.[57] 또한 《중용장구(中庸章句)》의 "하늘이 명령하여 부여한 것을 성(性)이라 한다."라는 것을 해석한 부분에서도 먼저 음양오행을 말한 후에 "이(理)도 부여되었다."라고 하였으니, 지금 어찌 이것으로 인하여 "하늘이 명령하여 부여한 것을 성이라 한다."라는 것 역시 기(氣)라고 할 수 있겠습니까.

55 체(體)와……없다 : 정이(程頤)의 《역전(易傳)》 서문에 "지극히 은미한 것은 이(理)이고 지극히 현저한 것은 상(象)이니, 체와 용은 하나의 근원이고 드러남과 은미함은 간격이 없다."라고 하였다. 도의 용이 넓음을 비라 하고, 도의 체가 은미함을 은이라 표현한 《중용》의 사유와 정이의 《역전》 서문에 나오는 본체와 작용이 하나의 근원을 가지며 동시에 둘로 나뉜 것이 아니라는 설명을 연결시켜 함께 거론하고 있다.

56 우경선(禹景善) : 우성전(禹性傳, 1542~1593)으로, 본관은 단양(丹陽), 자는 경선, 호는 추연(秋淵)이다.

57 우경선(禹景善)……아닙니다 : 여기서 언급하고 있는 주희와 제자의 문답은 《주자어류》 권63에 보인다.

최근에 조사경(趙士敬)[58]이 초본 한 장을 가져와서 보여 주었는데, 바로 내가 지난해 함부로 '격물' 등의 설을 논한 답서였습니다. 그중 '비은'을 논한 곳에서 "체와 용이 하나의 근원이고, 드러남과 은미함에는 틈이 없다."라는 말을 인용한 단락을 지금 다시 자세히 보니 온당하지 않은 점이 있었습니다. 그래서 고쳐서 다음과 같이 하였습니다. "비은에 대해 자사(子思)와 주자는 이미 도를 가지고 말하였으니, 모두 형이상의 이(理)입니다. 흩어져 있음의 넓고 많음을 가지고 비라고 하고, 볼 수 있는 형상이 없음을 가지고 은이라고 하니, 이것은 두 가지가 아닙니다. 만일 형이하자를 비라고 여긴다면 이는 도를 둘로 나누어서 그 가운데 하나가 기(器)에 해당한다고 보는 것이니, 옳겠습니까." 우경선 이하는 예전과 같아 고치지 않습니다.

또 살피건대 도불가리장(道不可離章)[59]의 《중용혹문(中庸或問)》에서 논한 구산 양씨(龜山楊氏)[60]의 "가는 곳마다 도가 아닌 것이 없다."라는

58 조사경(趙士敬) : 조목(趙穆, 1524~1606)으로, 본관은 횡성(橫城), 자는 사경, 호는 월천(月川)이다. 15세에 이황의 문하에 들어가 학문에 정진하였고, 특히 심학(心學)에 심취하여 《심경(心經)》에 관한 논설이 많다.

59 도불가리장(道不可離章) : 《중용장구》 제1장의 "도라는 것은 잠시도 떠날 수 없으니, 떠날 수 있으면 도가 아니다.〔道也者, 不可須臾離也, 可離非道也.〕"라는 구절을 가리킨다.

60 구산 양씨(龜山楊氏) : 북송(北宋)의 학자로 구산에 은거해 살았던 양시(楊時, 1053~1135)를 가리킨다. 양시는 관직에 있다가 사직하고서 정자(程子)의 제자가 되었으며, 뒤에 도남학(道南學)을 창시하였다. 정자의 학문은 양시를 거쳐서 나종언(羅從彦)에게 전해지고, 다시 이동(李侗)을 거쳐서 주희에게 전해졌다. 문집으로 《구산집(龜山集)》이 있다. 《宋史 楊時列傳》

설에 대해 운운한 것에 대해, 지금 오로지 형이하를 도의 용이라 한다면 이것은 곧 옷 입고 밥 먹고 일하고 쉬며, 보고 듣고 손발을 움직이는 것을 도라고 여기면서 의리와 준칙이 도인 줄 모르는 것입니다. 어찌 이것이 자사와 주자의 뜻이겠습니까. 이 때문에 《어류(語類)》의 비은에 대한 주자의 여러 설은 모두 도(道) 자와 이(理) 자로 말하였습니다.[61] 그중 한 단락에서 비록 "비는 형이하이고, 은은 형이상이다."라고 했지만, 그 아래 어떤 이의 말에 답하면서 다음과 같이 말했습니다. "이것은 억지로 꾸며서 말할 수는 없고 그 의미로 이해해야 한다. 사물과 이(理)로 상대하여 말하면 이와 같지만, 이(理)를 가지고 말하면 이와 같을 뿐이다. 보건대, 비라는 것은 도의 용이고, 은이라는 것은 도의 소이연(所以然)으로 볼 수 없는 곳이다."[62] 이 단락에서 처음에 말한 것은 대략 태휘의 설과 비슷하지만 끝에 가서는 결국 이 자와 도 자로 끝맺었습니다. 태휘는 굳이 중요하지 않은 뜻 가운데 하나만을 고집하며 바꿀 수 없는 원래의 본뜻을 사용하지 않았으니 참으로 이해할 수 없습니다.

61 어류(語類)의……말하였습니다 : 《주자어류》 권63의 53조목부터 92조목까지를 가리키는 것으로 보인다. 해당 부분에는 이른바 비은장인 《중용장구》 제12장의 내용에 대한 주희와 제자의 문답이 수록되어 있다. 대부분 형이상인 도와 이를 가지고 비와 은의 의미를 설명하고 있지, 형이하인 기(器) 혹은 기(氣)를 언급하고 있지 않다는 말이다.

62 그중……곳이다 : 《주자어류》 권63 55조목에 나온다. 비록 첫 질문은 형이하와 형이상을 모두 거론하며 시작되었지만, 결국에는 비와 은이 모두 형이상의 두 측면을 설명하는 것으로 마무리되고 있다는 말이다.

노과회(盧寡悔 노수신)의 주장이 저[63]와 같으니, 그가 본 바에 잘못된 것이 있지 않을까 대단히 염려스럽습니다.

63 저 : 《중용장구》 제12장의 비와 은에 대하여 비는 형이하이고 은은 형이상이라는 허엽(許曄)의 설을 가리킨다.

퇴계 선생에게 올림 정묘년(1567, 명종22)

上退溪先生 丁卯

가을 더위가 아직 심한데, 가시는 길에 선생님의 안부가 어떠하신지 몰라 걱정되는 마음 놓이지 않습니다.[64] 생각건대 지금은 집에 계시며 신의 도움으로 청아한 복을 누리실 것이니, 멀리서 위로가 됩니다.

저는 요사이 줄곧 안으로 위축되어 바깥사람들과 만나지 않으니 의논이 어떠한지 모르겠습니다. 대개 떠도는 소문에는 수상(首相)[65]이 대단히 화가 나, 그날 빈청의 모임에서 공공연히 방자하게 꾸짖으며 비난하고, 또 이것이 무슨 학문이냐고 하면서 왕수인(王守仁)[66]에게 비교하기도 하였으며, 우참정(右參政) 역시 마땅히 추고(推考)하고 그

64 가을……않습니다 : 1567년 6월 이황(李滉)은 명종으로부터 중국 사신 접대의 요청을 받고 상경하였으나 인사도 드리기 전에 명종이 세상을 떠나 버렸다. 이황은 사신을 맞이하고 난 뒤 선조가 등극하자 명종의 행장을 지어 올린 다음 명종의 장례가 끝나기도 전에 낙향하였다. 조정의 안팎에서는 이황의 처신에 대한 비판 여론이 비등하였으며 이로 말미암아 제자들의 처신도 조심스러운 상황이었다. 이러한 상황에서 보낸 편지이다.

65 수상(首相) : 당시 영의정이던 이준경(李浚慶, 1499~1572)을 가리킨다. 자는 원길(原吉), 호는 동고(東皐), 시호는 충정(忠正)이다.

66 왕수인(王守仁) : 1472~1529. 명(明)나라의 유학자로, 자는 백안(伯安), 호는 양명(陽明), 시호는 문성(文成)이다. 양명학의 주창자이다. 심성론(心性論)으로 동아시아 여러 나라의 철학 사상에 깊은 영향을 미쳤다. 관리로서 굴곡이 많은 세월을 보내기는 했지만 반란 진압에 큰 공을 세워, 그가 다스리던 지역은 100여 년에 걸쳐 평화를 누렸다. 주자학을 비판하며 심즉리설(心卽理說), 지행합일설(知行合一說), 치양지설(致良知說) 등을 주장하였다.

관직을 다 빼앗아야 한다고 하였다고 합니다. 이야기를 들으니 놀라움과 두려움을 이기지 못하겠습니다. 여러 가지 의론이 분분하여 지금도 다 끝나지 않았습니다. 이는 형세상 반드시 이를 일로서 천천히 저절로 멈출 것입니다. 염려스러운 것은 수상의 노여움이 그치지 않아서, 마구 다른 의론을 만들어 낼까 하는 것입니다. 도덕을 사랑하고 추앙하는 사람들의 경우에도 선생님이 떠나가신 것에 대해 의심이 없을 수 없어, 모두 기가 죽어 물러나는 뜻이 있으니, 이 또한 염려스럽습니다. 나머지 소식은 이전과 같습니다. 서울에 계실 때는 몇 번 찾아뵐 수 있었지만, 매번 많은 손님들 때문에 한 번도 질의하지 못했습니다. 갑자기 작별을 하게 되니, 아득한 남쪽을 바라보며 달려가고 싶은 한을 이기지 못하겠습니다. 명언(明彦)[67]은 요사이 오지 않습니다.

붙임

퇴계 선생의 편지

그대의 학문은 참으로 얻기 쉽지 않습니다.

○ 편지에서 학문하는 뜻을 보여 주시니, 이를 통해 일상생활에서 점검하고 삼가는 것을 알 수 있습니다. 참으로 이와 같다면 매우 좋습니다. 대저 그대는 학문의 방법을 이미 알고 있으며, 병통이

67 명언(明彦) : 기대승(奇大升, 1527~1572)의 자이다. 본관은 행주(幸州), 호는 고봉(高峯)・존재(存齋), 시호는 문헌(文憲)이다. 1558년 문과에 급제한 뒤 벼슬이 대사간, 공조 참의에 이르렀다. 성리학에 밝아 이황과 12년에 걸쳐 서한을 교환하였는데, 그 가운데 1559년에서 1566년까지 8년 동안에 이루어진 이른바 '사칠논변(四七論辨)'은 유학사상 지대한 영향을 끼친 글로 평가되고 있다. 광주(光州)의 월봉서원(月峯書院)에 제향되었다. 문집으로 《고봉집(高峯集)》이 있다.

있는 곳도 알고 있습니다. "나아감이 날래면 물러남이 빠르다."라는 경계를 잘 지켜 노력을 그치지 않고 오랜 시간 습관을 이루어 나가 기질이 변화되고 어진 마음이 무르익어 간다면 인생의 큰 기쁜 일을 얻을 수 있을 것입니다.

○ 공은 이 학문에서 이미 큰길로 들어가는 곳을 보았습니다.

○ 벗들 가운데 그대와 같은 사람을 어디에서 얻겠습니까. 이 때문에 항상 마음이 쏠립니다.

○ 두 통의 편지는 자세하고도 잘 갖추어졌습니다. 이를 통해 요사이 노력하는 내용을 알았으니 마음에 깊이 깨우쳐 주는 점이 있었습니다. 확실하고 명백한 곳을 보았군요. 저 역시 때때로 이러한 경계에 도달하지만, 이것을 믿고 얻었다고 여기기에 부족한 이유는 조금이라도 단절이 있게 되면 예전처럼 잃어버리게 되어 붙잡을 것이 없기 때문입니다. 보내온 편지에서 "이해한 것과는 완전히 서로 반대가 된다."라고 한 것이 이것입니다. "마땅함을 바르게 하고 도를 밝힌다."[68]라는 것이나 "잊지도 않고 조장하지도 않는다."[69]라는 등의 말에서 몸에 절실한 공부를 실제로 볼 수 있으니, 정말 노력할 좋은 터전입니다.

68 마땅함을……밝힌다 : 《한서(漢書)》 〈동중서전(董仲舒傳)〉에 실린 동중서의 "그 의를 바르게 하여 이익은 도모하지 않고, 그 도를 밝히고 그 공은 생각지 않는다.〔正其義, 不謀其利, 明其道, 不計其功.〕"라는 말을 줄여 표현한 것이다.

69 잊지도……않는다 : 《맹자》 〈공손추 상(公孫丑上)〉에 "잊지도 말고 조장하지도 말라.〔勿忘勿助長.〕"라고 한 것을 바꾸어 표현한 것이다. 호연지기(浩然之氣)를 기르기 위해 늘 여기에 힘을 쓰면서도 효과를 기대하지 말아서 마음에 잊지도 말고 억지로 조장하지도 말아야 한다는 뜻이다.

○ 송, 윤[70] 두 분은 모두 만나 보기를 바랐던 사람들입니다. 만나야 한다는 것에 무슨 의심을 하겠습니까. 다만 그대의 지금 상황은 마치 혼례를 치르고 아직 신행(新行)을 가지 않은 처자(處子)와 같습니다. 어찌 경솔하게 스스로 가서 사람들을 만날 수 있겠습니까. 그대가 전에 서울에 있을 때 이미 소문과 명성이 있어 정 대제학(鄭大提學)[71]이 직접 집에 찾아와서 뜻을 전했습니다. 이것은 기뻐할 만한 일이 아닙니다. 그대는 그것을 알고 있습니까?

○ 의욕이 꺾이고 진도가 늦어진다는 등의 말은 점검하는 것이 여기에 이르기 쉽지 않습니다. 보내온 편지의 말에 따라 두려워할 따름입니다.

○ 《언행록(言行錄)》[72]은 대단히 정밀하고 풍부하여 매우 사람들에게 도움이 있을 것입니다. 소중히 여길 만하고 후대에 전할 만합니다.

70 송, 윤 : 송기수(宋麒壽, 1507~1581)와 윤근수(尹根壽, 1537~1616)이다. 송기수의 본관은 은진(恩津), 자는 태수(台叟), 호는 추파(秋坡)이다. 1534년(중종29) 문과에 급제하여 벼슬이 이조 판서에 이르렀다. 문집으로 《추파집(秋坡集)》이 있다. 윤근수의 본관은 해평(海平), 자는 자고(子固), 호는 월정(月汀), 시호는 문정(文貞)이다. 문과에 급제하여 벼슬이 판의금부사에 이르렀다. 문집으로 《월정집(月汀集)》이 있다.

71 정 대제학(鄭大提學) : 정사룡(鄭士龍, 1491~1570)이다. 본관은 동래(東萊), 자는 운경(雲卿), 호는 호음(湖陰)이다. 1509년에 별시 문과에 합격하였다. 1534년과 1544년에 동지사가 되어 명나라에 다녀왔다. 1554년(명종9) 대제학이 되었다. 그의 시재는 중국에서까지 격찬을 받았으며, 특히 칠언 율시에 능하였다. 문집으로 《호음잡고(湖陰雜稿)》가 있다.

72 언행록(言行錄) : 문봉이 편찬한 《송조속명신언행록(宋朝續名臣言行錄)》으로 보인다.

○ 보내온 편지에서 세상을 살아가는 정취와 학문을 향한 정성스러운 마음에 대해 말한 것은, 읽노라니 감탄이 그치지 않습니다. 그대는 나이가 젊고 기운이 왕성한데, 소견이 뛰어나고 조예가 깊으며 뜻한 바가 두텁고 알차기는 이와 같으니, 도달할 곳을 어찌 헤아릴 수 있겠습니까. 그대와 기명언(奇明彦)이 모두 세상 경험을 쌓는 제일 첫머리에서 뜻을 독려하는 것이 이와 같으니 참으로 귀하게 여길 만합니다. 바라는 것은 충분히 노력하여 끝을 맺는 것입니다.[73]

○ 기명언은 "당연(當然)은 일이고, 소이연(所以然)은 이(理)이다."라고 여겼는데, 바로 주자와 보한경(輔漢卿)[74]이 문답한 의미[75]입니다. 그러나 주자의 다음 두 항목[76] 및 신안(新安),[77] 서산(西山),[78]

73 보내온……것입니다 : 《퇴계집》 권25 제2서 〈답정자중〉에 나온다.

74 보한경(輔漢卿) : 남송(南宋)의 성리학자 보광(輔廣)을 가리킨다. 한경은 그의 자이다. 호는 잠암(潛庵)·전이(傳貽)이고, 하남성 경원(慶源) 출신으로 경원 보씨(慶源輔氏)로 일컬어졌다. 처음에 여조겸(呂祖謙)에게 배우고, 후에 주희(朱熹)에게서 배웠다. 저서에 《시동자문(詩童子問)》이 있다.

75 주자와……의미 : 《주자어류(朱子語類)》 권18에 해당 내용이 보인다. 《대학혹문(大學或問)》의 보망장(補亡章) 부분에도 인용되어 있다. 보광은 '소이연(所以然)이어서 바꿀 수 없는 것은 이(理)를 가리켜 말한 것이고, 소당연(所當然)이어서 그만둘 수 없는 것은 인심(人心)을 가리켜 말한 것인가'를 주희에게 물었다. 주희는 모든 일은 원래 소당연이 있어 그만둘 수 없는 것이지만, 또 그 소이연인 이(理)를 찾아야 하는 것이라고 답변하였다. 주희와 보광의 문답은 소이연과 소당연을 일과 이와의 관계 속에서 이해하고자 한 것이라고 할 수 있다.

76 주자의……항목 : 《대학혹문》 경(經)의 격물(格物)에 대한 설명에 나오는 주희의 두 언급을 가리킨다. 하나는 "천하의 만물에는 반드시 각각 그렇게 되는 까닭〔所以然之故〕과 당연한 법칙〔所當然之則〕이 있으니, 이른바 이(理)이다."이다. 다른 하나는 "당연한 법칙이란 임금의 인(仁)과 신하의 경(敬) 같은 것이고, 그렇게 되는 까닭이란

북계(北溪)[79] 등의 여러 학설을 가지고 고찰하여 보면, 당연이라는 것도 역시 이입니다. 그대와 명언의 두 설이 통하는 것으로 보아도 서로 장애가 되지 않는데, 궁극적으로 논한다면 당연을 이라고 하는 주장이 더 좋을 듯합니다.[80]

임금은 어째서 인을 해야 하며 신하는 어째서 경을 해야 하는가와 같은 것이다. …… 모두 천리(天理)가 그렇게 하도록 한 것이다."이다.

77 신안(新安) : 신안 진씨(新安陳氏), 곧 진력(陳櫟, 1252~1334)을 말한다. 자는 수옹(壽翁), 호는 정우(定宇)·동부노인(東阜老人)이다. 저서로 《사서발명(四書發明)》, 《서전찬소(書傳纂疏)》, 《예기집의(禮記集義)》 등이 있다. 진력의 언급은 다음과 같다. "당연한 법칙은 이(理)가 실현되는 곳이고, 그렇게 되는 까닭은 한층 깊은 이(理)의 근원이다."

78 서산(西山) : 서산 진씨(西山眞氏), 곧 진덕수(眞德秀, 1178~1235)를 말한다. 자는 경원(景元)·희원(希元), 호는 서산, 시호는 문충(文忠)이다. 주희의 문인 첨체인(詹體仁)에게 수학하였다. 저서로 《대학연의(大學衍義)》, 《문장정종(文章正宗)》, 《진문충공집(眞文忠公集)》 등이 있다. 진덕수의 언급은 다음과 같다. "임금이 되어서는 어질어야 하고 신하는 공경해야 되는 것 같은 유형은 도리가 이러해야 하고 이렇게 하지 않으면 안 되는 것이기 때문에 소당연이라고 하는 것이다. 그러나 인(仁), 경(敬) 등은 사람의 힘으로 억지로 하는 것이 아니라 태어날 때 이 이(理)를 타고나는 것이다. 이것은 곧 하늘이 주신 것이므로 소이연이라고 한다. 소당연을 아는 것은 성(性)을 아는 것이고 소이연을 아는 것은 하늘을 아는 것이다."

79 북계(北溪) : 북계 진씨(北溪陳氏), 곧 진순(陳淳, 1159~1223)을 말한다. 자는 안경(安卿)이다. 주희에게 잠시 배웠으며, 주희의 어록(語錄)을 기록하고, 《성리자의(性理字義)》를 저술하였다. 진순의 언급은 다음과 같다. "이(理)에는 능연(能然)이 있고 필연(必然)이 있고 당연(當然)이 있으며 자연(自然)이 있는데, 모두 겸하여야만 이(理) 자의 뜻풀이에 구비된 것입니까. …… 모든 일이 다 그렇다면 능연과 필연은 이가 일에 앞서 있고 당연은 바로 그 일에 나아가 직접 그 이를 말한 것이고 자연은 일과 이를 관통하여 바로 말한 것입니까."

80 기명언은……듯합니다 : 이 부분의 논의는 《퇴계집》 권25 제4서 〈정자중여기명언

○ 채절재(蔡節齋)[81]가 "음양(陰陽)이 아직 생기지 않았을 때로 말하면, 태극(太極)이라는 것은 바로 음양 속에 있다."라고 한 것을 자중(子中)이 의심한 데 대해,-설명이 《성리대전(性理大全)》〈논도문(論道門)〉에 있다.- 내가 살펴보건대 채씨의 이 말은 《태극도설(太極圖說)》 주석에도 보입니다. 이 글을 상세히 살펴보면 '소위태극자(所謂太極者)' 아래에 "기리이구(其理已具), 자음양기생지시이언(自陰陽旣生之時而言), 즉소위태극자(則所謂太極者)"[82]라는 열아홉 글자가 있으니, 이 말의 뜻이 원만하고 흡족하여 결함이 없습니다. 〈논도문〉을 보면 이 열아홉 글자가 빠져 있습니다. 그래서 글의 뜻이 이처럼 어긋나게 된 것입니다. 자중 그대가 보아 낸 것은 매우 쉽지 않습니다.

○ 보내온 편지에서 어버이를 위해 녹을 받고자 벼슬하는 것은 옛사람도 면하지 못한 것이라고 하였지만, 오히려 봉록으로 봉양하는 것을 효(孝)라고 여기지 않는 경우도 있습니다. 하물며 그 때문에 관직에 빨리 나아가려는 마음을 둔 경우이겠습니까. 이것이 요즈음

논학……이답여좌(鄭子中與奇明彦論學……以答如左)〉를 참조할 수 있다.

81 채절재(蔡節齋) : 주희의 문인인 채연(蔡淵, 1156~1236)을 가리킨다. 자는 백정(伯靜), 호는 절재이다. 채원정(蔡元定)의 장자로 가학을 계승하였으며 주희에게도 배웠다. 저서로 《역상의언(易象意言)》, 《주역훈해(周易訓解)》 등이 있다.

82 기리이구(其理已具)……즉소위태극자(則所謂太極者) : 이 열아홉 글자가 《성리대전》〈논도문〉에는 누락되어 있는데, 《태극도설》 주석에는 포함되어 있다는 말이다. 이 열아홉 글자를 포함한 전체 문장의 번역은 다음과 같다. "음양이 아직 생기지 않았을 때로 말하면 태극이라는 것은 그 이(理)가 이미 갖추어져 있고, 음양이 이미 생긴 때로 말한다면 태극이라는 것은 바로 음양 속에 있다."

사람들의 가장 큰 병통입니다. 그대가 이를 점차 가벼이 여길 수 있다면 어떠한 선함이 이만하겠습니까.

○ 그대와 같이 학문에 견해가 있는 사람은 참으로 얻기 쉽지 않습니다.

○ 보내온 편지에서 벼슬살이가 사람을 해친다고 하였는데, 과연 헛된 말이 아닙니다. 이 일이 해가 된다는 점을 알 수 있는 그대와 같은 사람은 적습니다.

○ 오늘에 있어 도(道)로 향하는 절실함과 학문을 즐기는 정성이 그대 같은 사람을 어디에서 얻겠습니까. 그러나 마지못해 벼슬길에 나아갔으니 요즈음의 발걸음을 멈추고 머무는 일과 같은 것은 꼭 이와 같아야 하니 천만번 경계하여야 할 것입니다.

○ 내가 궁벽한 산속에서 홀로 살아가다 보니 함께 절차탁마할 친구도 없습니다. 이전에는 서울의 몇몇 벗들과 편지를 주고받으면서 서로 계발할 수 있었습니다만, 지금은 서로 경계하여 끊었습니다. 황중거(黃仲擧)[83]는 소견이 비록 아주 치밀하지는 못하지만, 그래도 대단히 부지런하고 정성스러워 적잖이 도움이 되는데, 이제는 그도 이미 죽었습니다. 지금 바라는 것은 오직 자중에게 있습니다.

○ 보내온 편지에서 속무(俗務)와 함께 변한다는 걱정과 강학이 엉성하다는 근심은 날마다 수양과 성찰의 공부를 하지 않았으면 역

83 황중거(黃仲擧) : 황준량(黃俊良, 1517~1563)으로, 본관은 평해(平海), 자는 중거, 호는 금계(錦溪)이다. 이황의 문인이다. 문과에 급제하여 내외의 관직을 두루 거쳐 1560년 성주 목사를 지내다가 1563년 병으로 사직하고 돌아오는 도중 예천(醴泉)에서 죽었다. 문집으로 《금계집(錦溪集)》이 있다.

시 이에 미치기 어려웠을 것입니다. 대단히 좋습니다.

○ 보내온 편지에서 학문하는 과정과 일을 따라 경계하고 삼간다는 뜻을 두 번 세 번 되새기니 대단히 두렵습니다.

○ 벽립(壁立)[84]에 대한 논의는 진실로 적확한 의론입니다. 바람이 불면 풀이 흔들리듯 다급하여 몸 둘 바를 모르고, 모두 간사한 얼굴을 하고 더러운 행동을 하며 어려움을 피하려는 뜻을 가지는 것을 볼 적마다 사람으로 하여금 지극히 경계하고 두려워하여 깊이 반성하게 합니다.

○ 종이 가득 쏟아 놓은 앞뒤의 말을 통하여 요즘 자신을 검속하고 성찰하면서 느끼고 두려워하는 뜻이 자못 있음을 보게 되어 감탄하고 또 감탄하지 않을 수 없습니다. 내가 일찍이 슬퍼하며 크게 탄식한 것은 그대의 명민한 자질과 정당한 추향(趨向)과 부지런한 학문으로 성현을 직접 만나 그들의 가르침을 받았다면 마침내 실제로 힘을 얻어 크게 성취함이 있었을 것이라는 점입니다. 지금은 저와 같이 그렇게 되지 못하였으니, 하물며 저와 같이 노둔하여 한평생 그럭저럭 지내다가 늙어서야 비로소 깨달은 사람이겠습니까. 이때에 그대를 위하여 간절하게 경계하고 충고하고 책망하는 일은 진실로 벗에게 달려 있습니다만, 저는 스스로 힘이 모자라 다른 사람들을 구원하고 감동시킬 만큼 이룩하여 세우고 평소에 쌓은 것도 없습니다. 이 때문에 혹 충고하는 경우에도, 대체로 정수리 위에 한 방의

84 벽립(壁立) : 벽립만인(壁立萬仞)의 준말이다. 만 길의 절벽이 온갖 풍상에도 변하지 않고 의연하게 서 있다는 뜻으로, 험난한 세파에도 조금도 흔들리지 않는 의연한 기상을 이른다.

침을 놓지 못하였는데, 보내온 편지에서 어찌 통렬히 꾸짖고 엄하게 자르지 않습니까. 비록 내가 책임을 감당하기는 어렵지만, 실제로 그에 대한 죄가 있습니다. 모르겠습니다만, 그대가 이곳을 떠나 서울로 간 지 몇 달 사이에 어떤 중대한 일로 이 일단의 큰 전환을 일으켜 스스로 머리를 써서, 실수로 떨어진 구덩이에서 빠져나와 곧바로 성현의 문정으로 향하는 계획을 세웠습니까?

《주역》에 이르기를 "바람이 위에 있고 우레가 아래 있는 것이 익괘(益卦)이니, 군자는 이것을 본받아 선(善)을 보거든 옮겨 가고, 허물이 있거든 고친다."라고 하였습니다. 주 부자(朱夫子)가 찬(贊)하여 "선을 따르기를 바람처럼 빠르게 하고, 허물 고치기를 우레처럼 맹렬하게 한다."[85]라고 하였습니다. 이전에 그 말을 들었는데 지금 그 일을 보니 참으로 기특하여 두려워하고 감복할 만합니다.

또 지금 두 통의 편지에서 언급한 말을 반복해서 보니, 지난날의 잘못된 점을 두루 꼽는 것이 과녁에 하나하나 명중하는 것 같습니다. 그 가운데 활쏘기와 사냥, 술과 여색 등과 같은 일이 해가 됨은 진실로 사람마다 다 아는 바입니다. 역사서를 탐독하고 고서 베끼기를 좋아하는 일의 경우 그대가 7, 8년 동안 가장 중요한 일로 여겼습니다. 그러나 하루아침에 문득 그것이 잘못임을 깨닫고 곧바로 끊어 버리면서 말하기를 "이런 공부가 몸과 마음에 무슨 관련이 있는가."라고 하였습니다. 밝은 견해와 용감한 결단이 아니면 어떻게 여기에 미치겠습니까. 무릇 역사서를 읽고 고서를 베끼는 것은 옛날 몸소

85 선을……한다 : 《주자어류》 권72에 나온다. 선의 실천과 허물을 고치는 것의 중요성을 강조하고 있다.

실천하는 군자들도 이런 일을 하지 않았던 것은 아닙니다. 다만 지금은 본원의 마음자리 위에 함양과 성찰, 직내(直內)와 방외(方外)의 공부[86]를 세밀히 하지 않으면서, 오직 바쁜 마음으로 날마다 해묵은 종이 더미를 향하여 이미 진술한 거친 자취를 좇아 찾아내 엮는 것을 잘하는 일이라 여기고 만다면, 덕을 쌓고 본성을 높이는 공은 전혀 없고 도리어 거친 마음과 경박한 기운을 더욱 자라게 할 것입니다.

지난해 그대가 《언행록(言行錄)》을 공부할 때, 내가 '수로가 완성됨의 이익'[87]을 모르지 않지만[88] 여러 차례 경계하며 서서히 공부하기를 바랐던 것은 다름이 아닙니다. '그대는 나이가 어리고 기질이 날카로우며 가슴속은 또 본래 열기로 시끄러운데, 여기에 다시 사학(史學)의 열기와 시끄러움을 더하게 되면 결국에는 어찌 불을 가지고 불을 꺼서 불길이 더욱 성하게 되는 것과 같지 않겠는가.'라고

86 직내(直內)와 방외(方外)의 공부 : 마음으로는 경(敬)하고 일을 처리할 때에는 의롭게 하는 것을 말한다. 《주역》 〈곤괘(坤卦) 문언(文言)〉에 "군자는 경하여 안을 곧게 하고, 의로써 바깥을 바르게 하니, 경과 의가 확립되어 덕이 외롭지 않다.〔君子敬以直內, 義以方外, 敬義立而德不孤.〕"라고 하였다.

87 수로가 완성됨의 이익 : 전국 시대 한(韓)나라는 진(秦)나라의 공격이 두려워 정(鄭)나라를 꾀어 진나라로 하여금 중산(中山)에서 호구(瓠口)까지 수로를 파서 경수(涇水)의 물을 끌어들이게 하였다. 진나라가 공사가 반쯤 진행되었을 때 속은 것을 알고 정나라를 공격하려 하였는데, 정나라가 "수로의 완성은 또한 진나라의 이익이다."라고 하자 진나라는 정나라를 공격하지 않고 수로를 끝까지 완성하였다. 수로의 완성으로 진나라는 농업이 발전하여 천하를 통일하는 기초가 이루어지게 되었고 사천 지역은 지금도 물산이 풍부한 지역으로 되었다. 《史記 河渠書》

88 모르지 않지만 : 대본에는 '不知'로 되어 있다. 《퇴계집》 권26 〈답정자중(答鄭子中)〉에 근거하여 앞에 '非'를 보충하여 번역하였다.

생각했기 때문입니다. 보내온 편지에서 자책하기를 "일상생활의 말과 행동이 전혀 학자의 모습과 같지 않습니다."라고 하고, 또 "어떤 것이 빌미가 되어 이 지경에 이르렀는지 모르겠습니다."라고 하였습니다. 참으로 반드시 가리키는 바가 있을 것입니다. 그러나 내 생각에는 이러한 일[89]도 빌미를 만드는 것 가운데 하나라고 봅니다. 대저 사람들은 스스로를 알지 못하는 것이 고통인데, 그대는 스스로를 잘 알고 있는 것이 이와 같고, 또 이 병을 치료할 약도 잘 알고 있어서, 하나하나가 모두 증상에 들어맞습니다. 이것이 다른 사람들이 미칠 수 없는 점입니다. 지금 이후로 참으로 오래된 습관을 통렬히 씻어 버리면서, 무릇 책을 읽고 이치를 궁구하며, 말을 하고 행동을 다스리는 것에서부터 하루의 많은 행위에서 가장 먼저 거칠고 들뜬 기상을 없애 버리십시오. 그리고 한결같이 엄숙하고 공경스러운 태도로 함양하는 것을 근본으로 삼고, 침잠하여 연구하며 사색하는 것을 학문으로 여긴다면, 이 도리가 참으로 잠시도 떠날 수 없다는 것을 알게 될 것입니다. 이 몸과 마음을 가지고 진실되고 절실하게 체득하고 인식하여 그 사이에서 편안히 푹 잠길 수 있게 되면, 점점 쌓이고 오래도록 노력하는 나머지 홀연히 하나로 융합되며 시원하게 벗어나는 곳이 있을 것이니, 이것이 곧 참소식입니다. 그제야 도에 나아가고 덕을 쌓는 기반으로 삼아 근거할 만한 것이 있을 것입니다. 그렇지만 앞으로 끝없이[90] 나아가야 하는 길과 층계가 더 있으

89 이러한 일 : 주희가 지은 《송명신언행록》을 읽으며 초록한 일을 가리킨다.

90 끝없이 : 대본에는 '無恨'으로 되어 있다. 《퇴계집》 권26 〈답정자중〉에 근거하여 '恨'을 '限'으로 바로잡아 번역하였다.

니, 죽을 때까지 해야 하는 공부입니다. 다만 이와 같이 하는 것만이 궁극적인 방법이 된다고[91] 생각하지는 않습니다. 보내온 편지를 보니, 요즘《근사록(近思錄)》과 주자서(朱子書)를 읽고 있는데 그 기쁜 맛이 옛날과 같다고 하니 대단히 좋습니다.

○ 보내온 편지에서 후회와 부끄러움을 구제하고 다스리는 것과 공부를 쉽게 빼앗긴다는 것은 모두 익숙히 경험을 한 나머지 지극한 정성에서 나온 말입니다. 이것으로 스스로 격려하고 오랜 세월을 더하게 되면, 횡거(橫渠 장재(張載))가 말한 "마음을 노닐게 하여 점점 젖어들고 익숙해지면 확 벗어나 큰 잠에서 깨어난 것과 거의 같게 된다."[92]라는 경지를 체험할 그날이 어찌 있지 않겠습니까.

91 궁극적인 방법이 된다고 : 대본에는 '無究竟法'으로 되어 있다.《퇴계집》 권26 〈답정자중〉에 근거하여 '無'를 '爲'로 바로잡아 번역하였다.

92 마음을……된다 :《장재집(張載集)》〈근사록습유(近思錄拾遺)〉에 나오는 말이다.

별록

別錄

《퇴계집》의 긴 편지에서 묻고 답한 말을 추려 낸 것이다.

〔문〕 격물치지(格物致知)는 몇 해나 몇 달 공부로 이를 수 있는 것이 아닙니다.

〔답〕 "격물치지는 역시 몇 해나 몇 달 공부로 이를 수 있는 것이 아니니, 이를 통해 빨리 성취하려는 것이 학문의 진보에 방해가 되는 것을 알 수 있다."라고 하였으니, 스스로 삼가고 독려하는 뜻을 볼 수 있습니다. 근본 요령이 이와 같으니 거기에 "하지 못하면 그만두지 않는다."[93]라는 공부를 더하여 찬찬히 수십 년 동안 해 나간다면, 기질의 변화하기 어려운 것도 어찌 바꾸지 못하겠으며, 이 도의 듣기 어려운 것도 어찌 마침내 들을 수 없겠습니까.

〔문〕 학문은 단번에 도달할 수 없습니다.

〔답〕 학문은 단번에 도달할 수 없다는 것은 참으로 그러합니다. 지난번에는 한두 해 만에 그 효과를 기대하였다고 하였으니, 만약 그렇게 생각한다면 참으로 경솔한 것입니다. 이 일은 평생 해 나가는 일입니다. 비록 안자(顔子)나 증자(曾子)의 지위에 도달하였더라도 여전히 끝났다고 말해서는 안 되는데, 하물며 그들보다 못한 사람들이겠습니까.

93 하지……않는다 : 《중용장구(中庸章句)》 제20장에 "배우지 않을지언정 배울진댄 하지 못하면 그만두지 않는다.〔有不學, 學之, 不能, 不措也.〕"라고 하였다.

〔문〕 마음이 흩어진 것을 깨닫자마자 지나치게 힘들여 그 마음을 거두어들일 필요는 없습니다. 다만 깨닫기만 하면 그 마음이 바로 있습니다.

〔답〕 후회되는 일이라고 한 것은 무엇을 말하는지 모르겠습니다. 앞선 성현들의 격언에서, 가슴속에 오래도록 후회를 남겨 두어서는 안 되지만, 또 후회를 하지 않아서도 안 된다고 하였습니다. 무릇 이는 모두 그대가 스스로 알고 있는 것이지만 바로 이 지점이 어렵습니다. 버리고자 하여도 그렇게 하지 못하면 곧 마음의 병이 됩니다. 지금 이 병을 고치고자 하더라도 다른 데서 구할 것이 아닙니다. 그대가 보낸 편지의 마음을 보존하는 방법에 나아가, 평안하게 있으면서, 그 일을 조금씩 수습하여, 계속해서 노력하여, 순일하고 익숙하게 될 수 있으면, 자연스럽게 마음 바탕이 텅 비어 밝아지고 사물에 얽매이지 않을 것이니, 의식적으로 놓지 않아도 저절로 사라지게 될 것입니다.

나는 마음의 병을 아주 일찍 얻었으나 그것을 다스리는 방법을 깨닫는 것은 너무 늦었습니다. 요즘에서야 노력하는 것에 비로소 의거할 만한 실지가 있는 듯하여, 움직이고 정지하는 일상생활 가운데 가끔씩 도에 딱 들어맞고 녹아서 하나가 되는 느낌이 있는 것 같습니다. 그러나 마음이 평온하고 기운이 화순하며 일이 순조롭고 이치가 합당할 때는 이렇게 느끼지만 끊어져 연속되지 못하여 완성을 이루지 못하고 잠깐 사이에 다시 잃어버리고 마는 것이 괴롭습니다. 간혹 역경을 만나 급박한 처지에 이르면, 예전처럼 얽매이고 둘러싸여 놓아둘 수 없습니다. 생각건대 옛사람이 말한 “낮에는 아내와 자식들을 통해 판단하고, 밤에는 꿈자리를 통해 판단한다.”[94]라는 말에 항상 부끄럽습니다. 거백옥(蘧伯玉)의 심부름꾼이 한 말[95]은 참으로 나의 마음을 먼저 파악한 것입니다.

마음이 흩어진 것을 깨닫자마자 지나치게 힘들여 그 마음을 거두어들일 필요는 없으니, 다만 깨닫기만 하면 그 마음이 바로 있다는 등의 말은 좋습니다. 그런데 그 아래에서 다시 더는 이 일에 대해서 생각하지 말 뿐이라고 하였습니다. 이 말을 하나의 일을 두고두고 후회하지 말라는 데에 적용한다면 괜찮을 것입니다. 그러나 다른 일에 적용한다면, 고자(告子)가 마음에서 구하지 말라고 한 잘못[96]이 있어 보입니다. 어떠합니까.

〔문〕 학문을 좋아한다는 명성만 있고 학문하는 실질은 없다면, 내 한 몸에 부끄러움이 있으면서 여러 사람들에게서 기롱을 받을 것입니다. 예전에 경계로 삼았던 것을 지금 먼저 범하게 되었습니다.

94 낮에는……판단한다 : 《사기(史記)》 〈심환열전(沈煥列傳)〉에 나온다. 심환은 인품이 고명하여 마음이 편안하지 않으면 구차하게 스스로 용서하지 않았는데, 항상 말하기를 "낮에는 처자를 통하여 살피고, 밤에는 꿈을 통하여 판단한다. 두 가지에 부끄러움이 없어야 비로소 학문을 말할 수 있다."라고 하였다.

95 거백옥(蘧伯玉)의……말 : 《논어》 〈헌문(憲問)〉에 나온다. 위(衛)나라 대부 거백옥이 공자에게 사람을 보내 문안하였는데, 공자가 그와 더불어 앉아서 "선생님은 무엇을 하고 지내시냐?"라고 묻자, 그 사람이 답하기를 "선생님께서는 허물을 줄이고자 하시는데, 아직 잘 하시지는 못합니다."라고 하였다. 공자가 참으로 훌륭한 심부름꾼이라고 칭찬하였다.

96 마음에서……잘못 : 공손추(公孫丑)가 맹자의 부동심(不動心)과 고자의 부동심에 대해 묻자, 맹자가 "말이 이해가 되지 않거든 마음에서 구하지 말고, 마음에서 이해가 되지 않거든 기(氣)에서 도움을 구하지 말라."라고 한 고자의 말을 인용하여, 말이 이해가 되지 않거든 기에서 도움을 구하지 않는 것은 괜찮으나 말을 이해하지 못했는데 마음에서 알려고 구하지 않는 것은 안 된다고 답한 내용을 인용한 것이다. 《孟子 公孫丑上》

〔답〕 학문을 좋아한다는 명성만 있고 학문하는 실질은 없다면 내 한 몸에 부끄러움이 있으면서 여러 사람들에게서 기롱을 받는다는 말과 예전에 경계로 삼았던 것을 지금 먼저 범하게 되었다는 등의 말, 이것은 모두 우리들의 큰 걱정거리입니다. 이 말을 읽으니 두려워 땀이 납니다. 참으로 서로 함께 충분하도록 책려하여 무너짐을 알지 못하게 된다면 정말 다행이겠습니다.

〔문〕 학문을 실천에 옮기지 못하면, 비록 아는 것이 있더라도 어찌 귀하겠습니까.

〔답〕 학문을 실천에 옮기지 못하면 비록 아는 것이 있더라도 무엇이 귀하겠느냐는 것은 참으로 절실하고 지극한 말입니다. 《주역》을 읽을 때에 만약 이 뜻을 소홀히 한다면 점점 의리와 서로 관계가 없어져 날로 멀어질 것입니다.

〔문〕 의리는 정밀(精密)하고 심오하며 은미하니, 어찌 산만한 정신을 가지고 침잠하여 연구하는 공효를 이룰 수 있겠습니까.

〔답〕 의리는 정밀하고 심오하며 은미하니 어찌 산만한 정신을 가지고 침잠하여 연구하는 공효를 이룰 수 있겠느냐는 말은 매우 합당합니다. 요즘 한가로이 지내면서 실제 체(體)에 대해서 깊이 생각하니, 이 이(理)가 그러하지 않은 때가 없고, 있지 않은 것이 없다는 측면을 알게 되었습니다. 참으로 이와 같다면 백, 천, 만, 억도 많음이 되지 못하며, 소리가 없고 냄새가 없는 것이 적음이 되지 못합니다. 주 선생(朱先生)은 참으로 저를 속이지 않았습니다. 편안하고 한가하며 고요하고 전일한 가운데 스스로 명쾌하고 개운하게 깨달아 마치 보존할 수 있을 듯하

다가도, 갑자기 어떤 대수롭지 않은 일이 눈앞에 이르러 응접할 때에 조금이라도 점검하는 데에서 잘못되면, 어느 순간 즉시 사라져 없어집니다. 이는 다른 까닭이 아니라, 무르익지 않았기 때문입니다. 곁에서 보기만 하였지 참으로 그 속에 들어가 자기 것으로 삼지 못했기 때문입니다. 몸이 항상 조용한 곳에 있어도 이와 같습니다. 만일 소란하고 어지러운 환경에서 형체에 부림을 받으면서 또 그에 더해 태만하고 미루기만 한다면, 비록 뜻이 있으나 끝내 이루지는 못한 사람과 그 귀추를 함께하지 않으려고 하더라도 그럴 수 없을 것입니다.

오늘날 도(道)로 향하는 절실함과 학문을 좋아하는 정성이 그대와 같은 사람을 어디에서 얻겠습니까. 그러나 평소 마음에 보존한 것을 삼가 살피니, 자랑하며 드러내어 스스로 기뻐함은 많고 조용히 차분하게 거두어들이며 물러남은 적은 듯합니다. 이런 식으로 세상에서 행세하면 세상맛이 점점 깊어져 흔들고 빼앗는 것이 더욱 많아지게 될 것입니다. 나는 또 좋아하던 것을 끝내 입에 넣지 아니하고, 향하던 곳이 끝내 옛 발길을 잃게 되는 것이 걱정입니다.

〔문〕《주역》을 읽는 방법은 먼저 그 마음을 바르게 하는 것입니다.
〔답〕《주역》을 읽는 방법은 먼저 그 마음을 바르게 하는 것이라는 이것은 또한 쉽게 말하지 못하는 큰일입니다. 보내온 편지에서 이미 먼저 그것을 얻었으니, 오직 힘쓰는 데 달려 있을 뿐입니다.

〔문〕다잡고 보존하지[97] 않은 적이 없으나 전일(專一)하지 못할까

97 다잡고 보존하지 : 마음을 보존하기 위해 노력함을 말한다. 《맹자》〈고자 상(告子

염려스럽고, 궁리하고 격물하지 않은 적이 없으나 정밀하지 못할까 근심스럽습니다. 때때로 다시 그것을 생각하니 나도 모르게 두렵기만 합니다.

〔답〕 다잡고 보존하지 않은 적이 없으나 전일하지 못할까 염려스럽고, 궁리하고 격물하지 않은 적이 없으나 정밀하지 못할까 근심스러우며, 때때로 다시 그것을 생각하니 나도 모르게 두렵기만 하다는 말은 바로 이 늙고 쓸모없는 나의 마음속 일을 표현해 낸 것입니다. 또한 병통을 다스리고 쇠한 것을 강하게 하는 데 더욱더 힘써 노력해야 하니, 그렇게 하면 만년(晩年)의 공효를 조금이나마 거둘 수 있을 것입니다.

上)〉에 "마음이라는 것은 잡아 두면 있고 놓아 버리면 없어지는 것으로, 나가고 들어오는 것이 일정한 때가 없으며 어디로 향할지 종잡을 수가 없는 것이다."라고 한 공자의 말이 인용되어 있다.

잡저 雜著

퇴계 선생 언행에 대한 통술

退溪先生言行通述

선생은 총명하고 지혜롭기가 다른 사람들보다 뛰어나고 타고난 자질이 도(道)에 가까워 어린 시절부터 어른처럼 단정하고 진중하였다. 일찍 과거 공부를 익혔는데, 힘들이지 않고도 잘하여 문명(文名)이 날로 높아졌지만 선생께서는 스스로 모자란 듯이 여기시며, 이 일은 사람답게 되는 도를 다하기에 충분한 것이 아니라고 생각하여, 되돌려 성현의 학문에서 구하기 시작하였다. 비록 이름 있는 스승을 만나지는 못하였지만, 도는 육경(六經)에 있고 그 근본은 나의 몸에 갖추어져 있으며, 도에 들어가는 길은 앞선 학자들이 논설한 것이 해가 중천에 뜬 듯 밝다고 여겼다. 이에 분연히 격물(格物), 치지(致知), 성의(誠意), 정심(正心)의 터전에 힘을 다하면서, 분발하여 끼니마저 잊고 괴로움을 꾹 참으며 열심히 노력하였다.

도중에 힘을 쓴 것이 지나치고 고통스러워 마음의 병을 가져오게 되었지만, 보호하며 기르는 것이 오래되자 공부에 더욱 힘이 붙어, 경(敬)과 의(義)를 함께 지니고 지(知)와 행(行)을 함께 진전시켜 안과 밖을 하나에 이르게 하고 근본과 말단을 함께 드러냈다. 오래 지나자, 큰 근원을 환히 보게 되어 마음으로 혼융하게 알고 정신으로 이해하여 큰 근본을 세우니, 도가 높아지고 덕이 존귀해져 사도(斯道)의 정통(正統)이 선생에게 있게 되었다.

선생이 노력을 기울인 순서는 앞선 학자들의 설명을 통하여 성현의 뜻을 궁구하고 성현의 말을 통하여 하늘과 땅의 이치를 궁구하는 것이었다. 신중하게 생각하고 밝게 변별하며 터득하지 못하면 놓아두지 않아,[98] 하나의 일과 하나의 외물의 세미함에서부터 천지 만물의 변화에 이르기까지 궁구함에 그 깊음을 지극하게 하고, 분석함에 그 정미함을 지극하게 하지 않음이 없어서, 기필코 활연관통하는 경지에 이르고자 하였다. 또한 반드시 평이하고 비근하며 명백하고 절실한 것을 준칙으로 삼아, 일찍이 현묘하고 요원한 사색이나 공허하고 방탕한 의론을 하지 않았다. 생각하여 얻은 것을 함부로 헛말에 부쳐 버리지 않고 반드시 스스로 실천하는 데 돌이켜, 자기 자신의 심(心), 성(性), 정(情)에 나아가 체험하고 실천하는 노력을 더욱 행하였다. 한 치를 얻으면 한 치를 지키고 한 자를 얻으면 한 자를 지키니, 고요한 때에 존양(存養)하는 것이 날로 엄밀해지고 움직이는 때에 성찰하는 것이 날로 자세해졌다.[99] 그러므로 내면에 보존되는 것은 순수하고 견고하면서도 깊

98 신중하게……않아 : 《중용장구(中庸章句)》 제20장에서는 군자가 성(誠)을 실천하는 구체적 방법으로 박학(博學), 심문(審問), 신사(愼思), 명변(明辨), 독행(篤行)의 다섯 가지를 들었다. 박학은 널리 배우는 것이고, 심문은 살펴서 자세히 묻는 것이고, 신사는 신중히 사려하는 것이고, 명변은 밝게 분변하는 것이고, 독행은 독실히 실행하는 것이다. 그 가운데 둘을 거론한 것이다. 터득하지 못하면 놓아두지 않는다는 것은 성실한 군자의 학문 자세를 말하는 것이다.

99 고요한……자세해졌다 : '존양'은 마음을 보존하여 성을 기르는 것〔存心養性〕을 이

고 두터웠으며, 밖으로 드러나는 것은 따뜻하고 여유가 있으면서도 빛나고 환했다. 대체로 눈앞의 결과에 급급하지 않고 작은 효과를 헤아리지 않으면서, 오직 원대한 것으로 스스로 기약하여 쌓고 쌓아 가는 것을 공효로 삼았다. 이 때문에 "어려운 것을 먼저 하고 얻음은 나중에 한다.",[100] "잊지도 말고 조장하지도 말라.",[101] "마땅함을 바르게 하고 도를 밝힌다."[102]라는 등의 말을 학문하는 사람들에게 항상 정성스럽게 말하였다. 겉으로 드러난 행실은 자신을 지키는 데 매우 엄격하여 예(禮)가 아니면 행하지 않았다.

르며, '성찰'은 자신의 사욕을 살펴 이를 막는 것을 이른다. 《중용장구》 제1장에 "군자는 보지 못하는 곳에서도 삼가며, 듣지 못하는 곳에서도 두려워한다.〔君子, 戒愼乎其所不睹, 恐懼乎其所不聞.〕"라고 하였는데, 이것은 정(靜)할 때의 존양 공부를 말한다. 다음으로 "숨겨진 것보다 드러나는 것은 없으며, 작은 일보다 나타나는 것은 없다. 그러므로 군자는 홀로 있을 때를 삼간다.〔莫見乎隱, 莫顯乎微, 故君子愼其獨也.〕"라고 하였는데, 이것은 동(動)할 때의 성찰 공부를 말한다. 주희는 이 부분을 '존양과 성찰의 요점'이라고 설명한다.

100 어려운……한다 : 《논어》 〈옹야(雍也)〉에 나온다. 제자 번지(樊遲)가 인(仁)을 물은 것에 대한 공자의 대답이다. 주희는 《논어집주(論語集註)》에서 먼저 일을 하고 후에 그에 대한 효과를 얻는다는 뜻으로 해석하여 "일의 어려운 것을 먼저 하고 그 효과의 얻음을 뒤에 함은 인자(仁者)의 마음이다."라고 하였다.

101 잊지도……말라 : 《맹자》 〈공손추 상(公孫丑上)〉에 나오는 말로, 호연지기(浩然之氣)를 기르기 위해 늘 여기에 힘을 쓰면서도 효과를 기대하지 말아서 마음에 잊지도 말고 억지로 조장하지도 말아야 한다는 뜻이다. 평소에 항상 존심(存心)을 염두에 두면서도 인위적으로 하지 말고 자연스럽게 내면에서 우러나오도록 해야 한다는 뜻이다.

102 마땅함을……밝힌다 : 《한서(漢書)》 〈동중서전(董仲舒傳)〉에 실린 동중서의 "그 마땅함을 바르게 하여 이익은 도모하지 않고, 그 도를 밝히고 그 공은 생각지 않는다.〔正其誼, 不謀其利, 明其道, 不計其功.〕"라는 말을 줄여 표현한 것이다. 이는 《맹자집주(孟子集註)》, 《근사록(近思錄)》 등에도 인용되어 있다.

어릴 때 여러 벗들과 모여서 시문(時文)을 익혔는데, 모여 생활하는 동안 매우 공경스러웠고 하루 종일 단정히 앉아 있었다. 함께 머물던 선비들이 그를 두려워하고 존경하여, 비록 사사로이 서로 실없는 농지거리를 하고 있다가도 선생이 나타나면 모두 용모를 가다듬고 고쳐 앉았다.

뒤에 옥당(玉堂)에 있을 때에는 동료들이 혹 옆에서 떠들고 웃고 있어도 선생께서 글 보기를 거두지 않으며 묵묵히 한마디 말도 없자, 동료들이 매우 부끄러워하며 장난을 멈추었다. 평상시 생활에서는 닭이 울면 일어나 세수하고 머리 빗고 의관을 갖추고는 서실로 나와 좌우의 책들을 고개 숙여 읽고 우러러 생각을 하다가, 정신이 피곤하고 기운이 지치면 팔짱을 끼고 말없이 앉아 있거나 눈을 감고 잠시 쉬었지, 한 번도 자리에 드러눕지 않았다.

타고난 품성이 간결하고 말수가 적어 손님을 대하면서도 종일토록 쓸데없는 이야기나 잡담이 조금도 없었으며 남들과 말을 할 때에는 생각한 뒤에 드러냈다. 갑작스럽고 위급한 상황을 만나더라도 황급히 말하거나 허둥지둥하는 모습이 있지 않았다. 마음은 시원하게 트였고 운치(韻致)는 맑고 원대하여, 바라보면 마치 세상일에 관심이 없는 듯하였지만, 조리(條理)의 정밀함과 절목(節目)의 상세함은 아주 작은 것도 빠트리지 않았다. 비록 번화하고 소란한 속에서도 스스로 지키는 것이 더욱 엄격하고 더욱 요약되었으며, 비록 어두운 방이나 남이 보지 못하는 구석의 숨겨진 곳에서도 스스로 처신하는 것이 더욱 공경하고 더욱 삼갔다. 사려를 드러낼 때는 비록 작은 일이더라도 반드시 자세히 살폈고, 사물에 응할 때는 비록 세세한 일일지라도 반드시 그 마땅함을 추구하였다. 한번 수작하는 사이에도 마음은 흩어진 적이 없었고 한번 음식을 먹을 때에도 몸을 함부로 한 적이 없었다. 앉으면 반드시 단정하고 곧아서 조금도 기울이거나 기대지 않았고 걸으면 언제나 편안하고 천천히 하여 조금도 황망해하거나 황급해하지 않았다. 손을 함부로 들어 올리지 않았고 눈을 거만하게 치켜뜨지 않았다. 무덥거나 피로해도 나태하고 게으른 모습을 보이지 않았고, 응수할 것이 많이 있더라도 싫증 내고 권태로운 기색을 드러내지 않았다.

비록 존귀한 대신이 되었어도 의복은 거칠고 조악한 것을 편안히 여겼고 음식은 소략하고 담백함을 지극히 하였다. 그러나 의로움을 위해서는 마치 좋아하고 바라는 음식을 좇듯 하여 얻지 못할 것만을 걱정하였고, 이익을 위해서는 끓는 물이나 불을 밟듯 하여 멀리하지 못할 것만을 걱정하였다. 사람들의 비방을 들으면 일찍이 조금도 변명하지 않으며 불선한 것이 자기에게 가해지더라도 바로 받아들였다. 서적 외에는 무심하여 달리 좋아하는 것이 없었으며, 외물을 보고는 마음에 담아 놓는 것이 없었다. 주량은 원래 넉넉하였으나 중년 이후로는 단호히 끊어 평생 크게 취한 적이 없었다. 선생의 확고한 노력의 견고함이 상황에 따라 드러난 것이 이와 같은 것들이었다. 장중하고 바르며 정성스럽고 진실하며 텅 비고 밝으며 환히 꿰뚫어 경계를 짓지 않았으며, 언덕과 같은 벽을 치지 않았다. 너그러우면서도 제재함이 있고, 조화로우면서도 휩쓸리지는 않았으며, 엄격한 것이 사나운 데 이르지 않았으며, 간이한 것이 오만한 데 이르지 않았다. 옛것을 좋아하면서도 너무 얽매이지 않았고, 세속을 따르면서도 구차히 같아지려 하지 않았다. 순수하며 따뜻하고 윤택하기가 마치 좋은 금이나 아름다운 옥과 같았으며, 빛나며 바르고 성대하기가 푸른 하늘의 밝은 해와 같았다. 그런데도 스스로 보기를 평범한 사람처럼 하고 스스로 처신하기를 가난한 선비처럼 하여, 겸허히 자신의 부족함만을 알고 남음이 있음을 보지 않았다. 이것이 날로 끝없이 진보하여 결국 무거운 책임을 지고 지극한 경지에 나아갈 수 있었던 까닭이다.

사람을 상대할 때에는 귀하거나 천함, 어질거나 어리석음을 따지지 않고 그 예(禮)를 다하지 않음이 없었다. 객이 이르면 비록 미천하더라도 언제나 계단을 내려가 맞이하고, 한 번도 덕이나 지위를 가지고 스스로 높인 적이 없었다. 다른 사람과 교제하는 경우 처음에는 덤덤한 듯하지만 오래될수록 미더웠기에 사람들이 진심으로 감복하고 마음으로 좋아하지 않는 경우가 없었다. 그러나 어려서부터 함부로 벗을 사귀지 않았고 서울에 있을 때는 공적인 벼슬살이 외에는 항상 두문불출하여, 비록 뜻을 같이하는 사람이라고 하더라도 좇고 따르는 경우는 드물었다. 세상에서 명예와 이익, 호화로움을 좇는 것을 보기를 마치 도적 피하듯이, 장차 더럽혀질 듯이 하였다.

집에 머물 적에는 집안일에 관심을 많이 두지는 않았으니, 오직 아껴 쓸 것을 집안사람들에게 경계시키고 농사에 힘쓸 것을 노복(奴僕)들에게 명할 뿐이었다. 가법(家法)은 매우 엄격하여 규문(閨門) 안팎은 엄숙하고 공경스러우면서도 화목하고 즐거웠으며, 노복을 대할 때는 엄하면서도 은혜로웠다. 중형(仲兄) 찰방공(察訪公)[103]은 선생보다 몇 해 위였지만, 선생은 그를 친아버지처럼 모시면서 늙을 때까지 바꾸지 않았다. 자제들에게 잘못이 있어도 심하게 꾸짖으며 혼낸 적이 없었고

103 중형(仲兄) 찰방공(察訪公) : 이황의 바로 위의 형 이징(李澄, 1498～1582)을 말한다. 자는 경청(景淸), 호는 이옹(伊翁)·신야(莘野)이다. 이황의 아버지 이식(李埴)은 6남 1녀를 두었다. 이황은 막내아들이고, 찰방공은 다섯째이다.

다만 편치 않다는 뜻을 넌지시 보이면서 대략 경계시키고 타이르는 말을 덧붙였을 뿐이다. 집안사람들은 선생에게 기뻐하거나 화내는 모습이 있는 것을 보지 못하였고, 성내고 욕하는 소리가 있는 것을 듣지 못하였다. 대개 타고난 성품이 그러한 것이다. 친척들과 도탑고 화목하게 지내며 곤궁한 사람을 돕고 환란을 당한 사람을 보살피는 데 힘이 미치지 못할까 걱정하였다. 친가와 외가의 대공(大功), 소공(小功), 시마(緦麻)에 해당하는 상(喪)에도 반드시 소담(素淡)[104]으로 개월 수를 채웠다. 대부인(大夫人)이 살아 계실 적에는 얼굴빛을 받들고 뜻을 따르며 사랑과 공경을 극진히 하였으면서도, 스스로 부모 모시는 도리를 미처 다하지 못한 것을 평생의 한으로 여겼다. 조상을 받드는 제사에 대해 두터이 하였다. 집안의 조카가 전원(田園)에 나아가 오랫동안 종가(宗家)를 비워 가옥이 무너지게 되자, 선생이 고쳐 짓도록 하면서 자신의 자금을 내어 도왔다. 또한 종족들과 상의해서 경영하고 계획하여 오래갈 수 있도록 도모하였다. 가옥이 완성이 되자 조카와 손자가 거주하면서 제사를 받들도록 하였다. 무릇 제사에는 질병이 아니면 참여하지 않은 적이 없었고, 재계는 반드시 정성을 다하였으며, 제사에는 반드시 공경함을 지극하게 하였다. 독(櫝)을 받들고 제물(祭物)을 올리는 등의 일은 대부분 몸소 스스로 하였다. 고조와 증조의 산소는 영가(永嘉)[105] 지역에 있어 때마다 직접 가서 제물을 올리고 절하였다.

104 소담(素淡) : 수수하고 단아한 색채를 소담이라고 한다. 소담색 옷으로 조문할 때 입는다는 기록이 《가례의절(家禮儀節)》에서 확인된다. "주인이 아직 성복하지 않았는데도 와서 곡하는 사람은 소담색의 옷을 입으면 된다.〔主人未成服, 來哭者, 素淡色衣可也.〕"

105 영가(永嘉) : 경상북도 안동(安東)의 옛 이름이다.

관직에 있을 때는 혁혁하게 이름을 드러낼 행동은 하지 않았지만, 도리로 해야 하는 일이면 용감하게 앞으로 나아가 꺾이거나 흔들리지 않았다. 주(州)와 군(郡)에 있을 때는 백성을 사랑하는 것을 핵심으로 하여 진실한 마음을 가지고 이를 시행했다. 군주에게 충성하고 나라를 걱정하는 마음은 늙어 가며 더욱 돈독해져, 비록 물러나 한가하게 지낸 기간이 오래되었지만 뜻은 일찍이 조정에 있지 않은 적이 없었다. 조정의 조처가 이치에 맞았다는 소식을 들으면 기쁨이 말에 드러났고, 시책(施策)이 마땅함을 잃었다고 하면 근심이 얼굴에 나타났다. 언제나 근본을 배양하고 사림(士林)을 길러 내는 것을 지금의 급선무라 여겼다. 무진년(1568, 선조1)에 조정에 들어가 성상께서 선정을 베풀려는 의지가 있다는 것을 알게 되자 의욕적으로 군주의 마음 바로잡는 것을 자신의 임무라고 여기며, 여섯 조목의 소(疏)[106]를 올리고, 이어서 〈서명(西銘)〉에 대해 진강할 것을 청하고,[107] 또 《성학십도(聖學十圖)》를

106 여섯 조목의 소(疏) : 이황이 1568년에 선조에게 올린 〈무진육조소(戊辰六條疏)〉를 말한다. 계통을 중시하여 인효(仁孝)를 온전히 할 것, 참소를 막아 양궁(兩宮)을 친하게 할 것, 성학(聖學)을 돈독히 하여 정치의 근본을 세울 것, 도술(道術)을 밝혀 인심(人心)을 바로잡을 것, 복심(腹心)을 미루어 생각하고 이목(耳目)을 통달하게 할 것, 수성(修省)을 정성스럽게 하여 하늘의 사랑을 받들 것 등 여섯 가지 조항을 건의한 상소이다. 《퇴계집》 권6에 보인다.

107 서명(西銘)에……청하고 : 〈서명〉은 송(宋)나라 장재(張載)가 지어서 서재의 서쪽 창에 걸어 두고 보던 명(銘)으로, 인의(仁義)에 입각한 유가(儒家)의 윤리설을 요약 서술한 것이다. 주희가 별도로 주(注)를 달아 해설하면서부터 세상에 크게 유행하였다. 이황이 〈서명〉에 대해 진강한 내용은 현재 《퇴계집》 권7 〈서명고증강의(西銘考證講義)〉에 보인다. 글의 제목에서부터 주요 구절들에 대한 이황의 상세한 고증과 설명이 실려 있다.

올려, 간절히 근원을 맑게 하고 뿌리를 바르게 하는 일을 우선으로 삼으니, 임금 역시 스스로를 비우고서 들었다. 선생의 평소의 학문이 곧 시행되려 하였는데, 얼마 지나지 않아 사직하고 귀향했다.

선생은 본래 벼슬할 마음이 별로 없었는데 또 당시의 일을 보니, 큰 책략을 꾸미는 마음들이 있는 까닭에 계묘년(1543, 중종38)부터 물러나 쉴 뜻을 갖게 되었다. 이때 선생의 나이 43세였다. 이후로 한결같이 물러나 돌아가고자 하여, 여러 번 돌아오라는 임금의 부름을 받았지만 언제나 조정에 오래 머물지 않았다. 만년에 명소(命召)가 더욱 잦아졌지만 사양을 구함도 더욱 힘써 하였다. 위로 조정으로부터 아래로 초야에 이르기까지 모두 부임하기를 권하였지만 선생의 뜻을 돌릴 수는 없었다. 선생의 출처는 안으로 마음에서 결단하였으니, 나아감도 권면에 의한 것이 아니었으며 떠나가면 만류할 수 없었다. 의로움의 당연함에 한번 비추어 보아서 나의 마음에 편안함을 찾을 뿐이었다.

평소 아름다운 산과 물을 좋아하여 중년에 퇴계(退溪) 가로 옮겨 거처하였는데, 골짜기의 깊음과 수풀의 우거짐, 물의 맑음과 돌의 깨끗함을 사랑하였다. 만년에 도산(陶山) 아래 낙수(洛水) 가에 땅을 정해, 건물을 짓고 책을 보관하며 꽃나무를 심고 못을 파고는 마침내 도옹(陶翁)이라 호를 고쳤으니, 장차 노년을 보낼 곳으로 삼고자 함이었다. 도산은 산수가 빼어나서 꽃 피는 아침과 달이 뜬 저녁처럼 경치가 좋은 때에 홀로 작은 배를 타고 위아래로 물길을 오르내려 흥이 다하면 돌아오거나, 혹은 배우는 사람들과 언덕과 산에 오르고 모래톱과 계곡을 거닐며 시를 읊고 술을 마시면서 날이 저무는 줄도 알지 못하였다. 도산에서 청량산(淸凉山) 아래까지 물이 모두 아홉 굽이인데,[108] 층진 봉우리와 겹쳐진 산, 푸른 절벽과 붉은 비탈이 가면 갈수록 더욱 기묘하여, 항상 봄가을마다 친구와 벗을 불러 조용한 곳과 승지를 찾아 들어가 읊조리고 구경하며 유람하였다. 마음으로 경전을 완미하고 계곡과 산에 흥취를 의탁하니 편안하여 세상에 대한 생각이 없는 듯하였다. 명종(明宗)이 듣고 여성위(礪城尉) 송인(宋寅)[109]에게 밀령을 내려, 도산서원을 방문하여 그림을 그려 올리라고 하였다.[110]

사양하고 받는 것, 취하고 주는 것은 한결같이 의(義)에 의해서 결정하였지만, 풍속을 놀라게 하거나 대인 관계를 끊어 버리는 일은 또한 하지 않았다. 남들이 예로 보내온 음식은 반드시 받았는데, 받으면 반드시 인근 마을 사람과 종족 가운데 가난한 사람들에게 나누어 주었다. 조정에서 여러 차례 쌀과 콩을 내렸으나 바로 다 나누어 주고 한

108 도산에서……굽이인데 : 아홉 굽이, 즉 구곡(九曲)으로 산수의 절경을 예찬하는 것은 주희의 〈무이구곡도가(武夷九曲櫂歌)〉에서부터 유래한다. 주희는 무이산(武夷山)에 은거하며 〈무이구곡가(武夷九曲歌)〉와 〈무이정사잡영(武夷精舍雜詠)〉을 지었는데, 이 시는 조선 학자들에게 단순한 서경시(敍景詩)가 아니라 주희의 도학적 사유가 담긴 시로 인식되었다. 참고로 이러한 유풍을 이어서 〈도산구곡(陶山九曲)〉 이외에도 전국에 걸쳐 구곡을 소재로 한 많은 시문이 작성되었다.

109 여성위(礪城尉) 송인(宋寅) : 1517~1584. 본관은 여산(礪山), 자는 명중(明仲), 호는 이암(頤庵)이다. 10세에 중종의 셋째 서녀인 정순옹주(貞順翁主)와 혼인하여 여성위가 되고, 명종 때 여성군(礪城君)에 봉해졌다. 시문, 글, 글씨 등에 능하여 산릉(山陵)의 지(誌)와 궁전의 액(額)으로부터 사대부의 비갈(碑碣)에 이르기까지 많은 글과 글씨를 남겼다. 그는 특히 오흥(吳興)의 필법을 받아 해서(楷書)를 잘 썼다고 한다. 만년에는 선조의 자문 역할을 하였으며, 문집으로 《이암유고(頤庵遺稿)》가 전한다.

110 명종(明宗)이……하였다 : 1566년(명종21) 6월에 명종은 송인에게 〈도산도(陶山圖)〉를 그리고 〈도산기(陶山記)〉와 〈도산잡영(陶山雜詠)〉을 써서 올리게 하였다. 그 전에 명종은 이황이 소명(召命)에 응하지 않으니, 독서당에 술을 내리고 〈현자를 불러도 이르지 않음을 탄식하다〔招賢不至歎〕〉라는 제목으로 시를 지어 올리게 하였다.

번도 집 안에 쌓아 두지 않았다. 집에서 쓸 것이 여러 차례 떨어졌을 때 집안사람이 가끔 빌려서 충당하니 선생은 알지 못하기도 하였다. 빈객(賓客)이 오면 귀천을 따지지 않고 정성스러운 마음을 다하였다.

사람을 가르칠 때는 먼저 그 사람의 뜻이 향하는 바를 살폈다. "아래로 일상생활에서 배워서 위로 통달하는 것[111]은 참으로 정상적 순서이다. 그러나 배우는 사람들이 익히기를 오래 하여도 소득이 없으면 쉽게 중도에 포기하게 되니 본원(本原)을 가리켜 보여 주는 것만 못하다."라고 항상 말씀하셨다. 이 때문에 배우는 사람들을 만나면 자주 원두처(源頭處)를 가리켜 보여 주었으니, 대개 채서산(蔡西山)[112]의 뜻이었다. 와서 배우는 사람들이 매우 많았지만 재주에 따라 배움을 주지 않음이 없었는데, 뜻 세우는 것을 우선으로 하여 위기지학(爲己之學)[113]과 근독(謹獨),[114] 기질(氣質)을 변화시키는 것을 공부로 삼았다.

111 아래로……것 : 《논어》 〈헌문(憲問)〉에 나오는 "하학하여 상달한다.〔下學而上達〕"라는 말을 가리킨다. 하학은 일상의 구체적인 일들에서부터 배워 가는 것을 말하고, 상달은 인식의 수준이 높아져 추상적인 형이상자(形而上者)에까지 도달하게 되는 것을 말한다

112 채서산(蔡西山) : 남송(南宋)의 유학자 채원정(蔡元定, 1135~1198)으로, 서산은 그의 호이다. 주희에게 수학하여 이학(理學) 사상을 계승 발전시켰다. 채침(蔡沈)이 그의 아들이다. 저서로 《홍범해(洪範解)》, 《팔진도설(八陣圖說)》, 《율려신서(律呂新書)》 등이 있다.

113 위기지학(爲己之學) : 오직 자신의 덕성을 닦기 위해 공부하는 것으로, 남이 알아주는 것을 목적으로 공부하는 위인지학(爲人之學)과 상대되는 말이다. 《논어》 〈헌문〉에 "옛날에 배우고자 하는 사람은 자기 자신을 위해서 하였는데, 오늘날 학문하는 사람은 남을 위해 한다."라고 한 것에서 유래한다.

114 근독(謹獨) : 신독(愼獨)과 같다. 《대학장구(大學章句)》 전(傳) 6장에서는 성의(誠意) 공부를 설명하면서, 《중용장구》 제1장에서는 성찰 공부를 설명하면서 신독을

배우는 사람의 뜻과 도가 성실하고 독실한 것을 보면 기뻐서 힘써 나아가도록 하였고, 학문을 향하는 것이 나태하고 해이한 것을 보면 걱정하며 격려하였다. 부지런하고 정성스럽게 이끌고 가르쳐 도와주는 것이 한결같이 정성에서 나와, 듣는 사람 역시 감동하여 분발할 생각을 하지 않음이 없었다.

선생은 도가 이루어지고 덕이 확립되어 남에게 의지할 필요가 없을 듯하지만 겸허하여 묻기를 좋아하고, 선입견을 주장하지 않았으며, 스스로를 버리는 데 용감했고 남을 따르는 것을 즐거워했다. 다른 사람의 한 가지 선함을 들으면 마치 자신에게서 나온 듯이 여겼으며, 스스로에게 조그만 잘못이 있으면 비록 하찮은 사람이 말해 주더라도 즉시 고쳤다. 의문점을 질문하면 비록 중요한 것이 아니더라도 한 번도 하찮다고 내치지 않았고, 반드시 털끝을 쪼개듯 아주 자세하게 거듭거듭 일러 주며 오직 알아듣지 못할까 걱정하였다. 혹 자기의 의견을 고집하며 가르쳐 준 것을 따르지 않는 사람이 있으면 마음을 안정시키고 다시 생각하여 그것의 옳고 그름을 천천히 확정하였다. 의논을 할 때에는 정신은 여유롭고 기운은 안정되어 그것의 지극히 올바른 것을 찾았으니, 상대와 나 사이에 틈이 없었다. 한 번도 스스로의 장점으로 남의 단점을 가볍게 보지 않았고, 반드시 자신의 옳음으로 다른 사람의 그름을 재단하지 않았다.

물격(物格)과 무극(無極)의 해석에 대해 기명언(奇明彦 기대승(奇大升)) 등 여러 사람과 논변한 것이 몇 년이었다. 돌아가시기 몇 달 전에 명언의 편지[115]를 통해 비로소 자신의 잘못을 깨우치고는 여러 사람의

언급하였다.

설을 좇아 분명하게 정론으로 삼았으니, 자신의 견해를 치우치게 주장하지 않는 것이 또한 이와 같았다. 경전(經傳), 제자서(諸子書), 역사서를 두루 살펴보지 않음이 없었지만, 어려서부터 사서오경(四書五經)에 힘을 쏟았는데, 사서(四書)와 《역경(易經)》에 대해 더욱 깊이 힘써 가끔 배송(背誦)할 때가 많았는데 틀리지 않았다. 혹 한밤중에 일어나 앉아 《중용》, 《대학》, 《심경(心經)》 등의 책을 읊는 것이 일상이었는데, 경서의 글 풀이에 천착하거나 잘못된 것들이 많아서 경전의 뜻을 잃고 후학을 그르치는 것이 너무 많다고 여겼다. 이에 그것들을 가져다 수정하여, 천착한 것을 바로잡고 잘못된 것을 정정하여 경전의 옛 뜻으로 돌려놓고 성현의 본의를 되살리니, 배우는 사람도 속유(俗儒)들의 왜곡된 학설에 현혹되지 않게 되었다.

또한 수학(數學)[116]도 이(理)를 벗어난 글이 아니라고 생각하면서, 계축년(1553, 명종8) 이후부터는 수학을 겸하여 다스렸다. 주자(朱子)의 《역학계몽(易學啓蒙)》[117]이 바로 수학의 근본인데, 이해되지 않는 곳이 많아서 여러 해 동안 완미하고 탐색하여 그것의 근원을 환히 연구

115 명언의 편지 : 《고봉집(高峯集)》 권3의 〈답퇴계선생문목(答退溪先生問目)〉을 가리킨다.

116 수학(數學) : 역학(易學)의 일종으로 수(數)를 중시한다. 송대의 역학자 소옹(邵雍)의 《황극경세서(皇極經世書)》는 수학의 책이다.

117 역학계몽(易學啓蒙) : 1186년 주희가 초학자를 위해 지은 《주역》 해설서이다. 내용은 총 네 부분으로 나눌 수 있는데, 〈본도서(本圖書)〉는 하도(河圖)와 낙서(洛書)에 대한 수리적인 설명, 〈원괘획(原卦畫)〉은 태극·양의(兩儀)·사상(四象)·팔괘(八卦)에 대한 설명, 〈명시책(明蓍策)〉은 서법(筮法), 〈고변점(考變占)〉은 각 괘에 관한 설명이다.

하고는 《계몽전의(啓蒙傳疑)》를 지어 뜻을 드러내고 분석하고 해석하니, 더 남은 뜻이 거의 없었다. 만년에는 《역학계몽》을 수업하는 일이 많았다. 평소에 주자의 편지에 대해 공부가 가장 깊었다. 주자가 학문을 논한 절실하고 중요한 말들이 대부분 지구(知舊)와 문답한 편지에 있었지만, 배우는 사람들은 대부분 그 분량이 너무나 많은 것을 걱정하였다. 이에 그 가운데 더욱 친절하고 요긴한 것들을 취하여, 줄이고 요약해 책을 만들고 간략하게 주해(註解)를 덧붙이니, 이로부터 사람들이 주자의 편지를 받아들여 활용할 줄 알게 되었다.[118] 또한 "주자의 《이락연원록(伊洛淵源錄)》[119]은 정자(程子) 문하 사람들에게서 멈춰 있는데, 주자 문하 이하로 송말(宋末), 원(元), 명(明) 시대에 이르기까지 도학(道學)을 한 선비들이 많지 않다고 할 수 없는데도 이어서 그들을 수록하여 놓은 것이 없으며 사전(史傳)에 실린 것도 빠지거나 소략한 것이 대부분이니 참으로 후학의 불행이다."라고 하고는, 여러 책에 흩어져 있는 언행들을 모아 놓고 《이학통록(理學通錄)》이라고 하였다. 탈고하기 전, 명의 유학자 사탁(謝鐸)이 쓴 《이락속록(伊洛續錄)》을 보고 그것은 너무 빠진 것이 많아 미완성이라 여기고 마침내

118 평소에……되었다 : 《주자서절요(朱子書節要)》 편찬에 대한 서술이다. 이황은 1553년 주희의 문집인 《회암집(晦庵集)》에 실린 서간문 1700여 편 가운데 1008편을 뽑아 책으로 완성하였다. 1561년 성주 목사로 있던 제자 황준량(黃俊良)이 처음 인출한 이후로 도산서원에서 간행하기 전까지 여섯 차례에 걸쳐 활자와 판각으로 인쇄되었다. 1611년(광해군3) 금산(錦山)에서 간행한 이후, 목우당(牧牛堂) 이세관(李世觀)의 주도로 1743년(영조19) 도산서원에서 다시 간행하였다. 이 책이 조선 시대 학자들에게 지속적으로 읽혀졌음을 확인할 수 있다.

119 이락연원록(伊洛淵源錄) : 주희가 송대 성리학자 주돈이(周敦頤), 정호(程顥), 정이(程頤) 및 그들의 제자 46인의 언행을 수록하여 편찬한 책이다.

그 책을 마무리하여 완성하니, 주자 이후 여러 학자들의 학술에 대해서 살펴볼 것이 있게 되었다.

선생은 시 짓기를 좋아하였는데 도연명(陶淵明)과 두보(杜甫)의 시를 즐겨 보았다. 만년에는 주자의 시를 보는 것을 더욱 좋아하였다. 선생의 시는 처음에는 매우 맑고 고왔는데, 이윽고 화려하고 흐드러짐을 베어 내 버리고 한결같이 전아(典雅)하고 소박하며 장엄하고 진중하며 간결하고 담박한 데로 돌아가 스스로 일가를 이루었다. 문장을 지음에는 육경(六經)에 근본을 두고 제자(諸子)의 글을 참고하여, 화려함과 충실함을 겸비하면서도 문채와 실질이 딱 들어맞았으니, 웅장하면서 막힘이 없고 전거(典據)가 있으면서 고아하며, 맑으면서 강건하며 조화롭고 평안하였다. 귀착한 바를 요약하면 역시 순수하게 모두 바름에서 나왔다. 필법은 처음에 진법(晉法)[120]을 따랐으나 뒤에는 다시 여러 글씨체를 섞어서 취하였는데, 대체로 굳세고 강건하며 방정하고 엄격함을 위주로 하였다. 사람들이 한 글자를 얻으면 백금(百金)보다 귀중하게 여겼다. 시와 글의 아름다움과 서법의 묘함을 온 세상이 스승으로 삼아 본받지 않음이 없었다. 역시 덕이 있으면 반드시 그것이 표현된 말이 있고, 통달한 재능을 가진 사람은 능하지 않은 것이 없음을 알 수 있으나, 이는 선생이 여가에 한 일일 뿐이다. 어찌 선생을 평가하기에 충분하겠는가.

처음에 선생은 스스로 재주와 덕을 깊이 감추어 학문을 가지고 사람들과 가벼이 이야기하지 않았다. 그래서 당시에 사람들이 잘 알지 못하였는데, 선생을 아는 사람의 경우 시인으로 보기도 하고 혹 세속과는

120 진법(晉法) : 진(晉)나라 왕희지(王羲之)의 서법을 말한다.

떨어져 있는 사람이라고 생각하면서 학문한 것의 바름과 얻은 것의 참됨에 은은히 날로 드러나는 실질[121]이 있음을 알지 못하였다. 물러나 한가로워진 뒤로 연세가 날로 많아지고 덕이 더욱 높아지며, 마음가짐이 더욱 고명해지고 도를 행하는 것은 더욱 친절해지며, 스스로 얻은 것은 날로 더욱 깊어지고 종유하는 사람들은 날로 점차 많아졌다. 이러한 후에야 비로소 사람들이 동방에 참된 선비가 나왔음을 알게 되어, 아는 이나 모르는 이나 모두 '퇴계 선생'이라 일컬었다.

선생이 향당(鄕黨)에 계실 적에는 신실하여 남과 다르지 않았는데, 마을 사람 가운데 선한 사람은 그 도를 좋아했고 선하지 않은 사람은 그 의로움을 두려워했다. 무릇 할 일이 있으면 반드시 "선생은 어떻게 생각하실까?"라고 하였고, 의심나는 것이 있으면 여쭈어 보아 결정을 받지 않음이 없어, 존경하기를 신명(神明)과 같이 하고 신뢰하기를 시귀(蓍龜)와 같이 하였다. 조정의 관직에 있는 현인들이건 초야의 남루한 옷을 입은 선비들이건 편지를 주고받으며 의심나는 것을 질의하고 어려운 것을 묻는 사람들이 끊이지 않았고, 참된 마음으로 존경하고 심복하기를 시종 게을리하지 않는 사람 역시 적지 않았다. 무릇 논의가 있어도 선생에게서 나온 것이라고 하면 사람들이 모두 믿고 다른 말이 없었다.

선생이 돌아가셨다는 소식을 듣게 되자 멀거나 가깝거나 가슴 아프

121 은은히……실질 : 《중용장구》 제33장에 나온다. "군자의 도는 어두운 듯하지만 날로 빛이 드러나고, 소인의 도는 확실한 듯하지만 날로 없어진다.〔君子之道, 闇然而日章, 小人之道, 的然而日亡.〕" 군자는 자신의 학문과 덕을 드러내려고 하지 않지만, 결국에는 끊어지지 않고 지속적으로 알려지고 영향을 끼친다는 뜻이다.

게 애도하지 않는 사람이 없었고, 비록 선생의 얼굴을 보지 못한 사람일지라도 며칠 동안 고기를 먹지 않았다. 태학(太學)의 학생들과 사방의 선비들이 많이들 와서 조문하고 제물을 올렸으니 선생의 덕이 감화시킨 깊이를 또한 볼 수 있다.

선생은 동쪽 나라에서 학문이 끊어진 뒤에 태어나서 사승(師承)을 거치지 않은 채 초연히 홀로 터득하였다. 그 순정하고 깨끗한 자질과 정미하고 조예 깊은 견해, 넓고 굳은 지조와 높고 밝은 학문이여! 도는 한 몸에 쌓였고 가르침은 백대(百代)에 드리웠으며, 공(功)은 앞선 성인을 빛나게 하였고 은택은 후학에게 흘러내렸으니, 동방에서 찾으면 한 사람뿐이리라.

제문 祭文

퇴계 선생 제문
祭退溪先生文

아, 우리 동방이 기자(箕子) 이후로는 학문이 끊어지고 도(道)가 없어져, 우리의 도가 기탁한 곳은 언어와 문자 사이를 넘지 못하게 되어 지금까지 사라진 듯하였습니다. 선생께서는 수천 년 뒤에 태어나서 사승(師承)을 거치지 않은 채 초연히 홀로 터득하였습니다. 그 학문의 넓음은 고금의 변화를 관찰하고 하늘과 땅의 이치를 궁구하여 정미한 부분과 거친 부분을 모두 구비하고 거대한 것과 미세한 것을 하나도 빠뜨리지 않았습니다. 그 몸에 돌이켜 요약함은 몸으로 체득하고 마음으로 징험하며 실천하고 힘써 행하며 굳게 잡고[122] 깊이 나아갔습니다.[123] 그 도의 웅대함[124]은 비루한 속학(俗學)이 마음을 얽매지 못하게

122 굳게 잡고 : 《중용장구》 제20장에 나오는 말로, 선(善)을 택하여 굳게 잡아 실천으로 옮기는 것을 뜻한다.

123 깊이 나아갔습니다 : 《맹자》 〈이루 하(離婁下)〉에 나온다. 자득(自得)을 목표로 학문을 하는 것을 의미한다.

124 웅대함 : 대본에는 없다. 《퇴계전서(退溪全書)》 권29 〈퇴계선생문집부록(退溪先生文集附錄)〉에 근거하여 '大'를 보충하여 번역하였다.

하고 이단(異端)의 잡설이 귀에 들어오지 못하게 하였습니다. 그 행실의 바름은 그림쇠처럼 둥글고 곱자처럼 방정하며, 먹줄로 튕긴 듯이 곧고 대패로 민 듯이 평탄하여, 겉과 속이 여일하고 처음과 끝이 다르지 않았습니다. 당장의 효과에 급급하지 않고 작은 성취에 만족하지 않은 채 책임이 무겁고 길이 먼[125] 성인의 경지를 목표로 삼았으니 그 지향하는 바가 크지 않습니까. 멀리서 바라보면 태산(泰山)과 같고 다가가면 봄볕과 같으며, 화순(和順)이 안에 축적되고 영화(榮華)가 밖으로 드러났으니[126] 기른 바가 두텁지 않습니까. 의(義)와 이(理), 공(公)과 사(私)를 추호(秋毫)와 같이 세밀하게 분석하고, 화복(禍福)과 득실(得失)은 마음에 두지 않았으니 그 믿음 역시 독실하지 않습니까. 한 번 나아가고 한 번 물러나는 것은 오로지 의리에 비추어 하고, 혹은 빨리 하고 혹은 늦추어서 함은 마음이 편안한 바를 따라서 하였으니 그 출처 역시 바르지 않습니까. 사문(斯文)의 맹약을 주재하고 오도(吾道)의 전수를 보전하는 일은 선생이 아니고 누가 할 수 있겠습니까. 그런데도 하늘이 남겨 두지 않으시고 겨우 중수(中壽)[127]에 머물게 하고 말았으니, 천명(天命)이란 참으로 헤아리기 어렵습니다.

선생의 도가 비록 당시에는 크게 행해지지 못했을지라도, 선생의

125 책임이……먼 : 《논어》 〈태백(泰伯)〉에 나온다. 선비가 넓고 굳세야 하는 이유로 제시되는 것들이다.

126 화순(和順)이……드러났으니 : 《예기》 〈악기(樂記)〉에 나오는 말이다. 마음은 도를 따르면 즐거우니, 마음이 즐거우면 마음에 화락하고 순한 기운이 쌓이고, 화락하고 순한 기운이 마음에 쌓이면 겉으로 빛나고 화려한 기상이 나타난다고 한다.

127 중수(中壽) : 중간 등급의 연령을 말하는데, 경우에 따라 가리키는 연령대가 다르다. 여기서는 이황(李滉)의 나이를 고려하였을 때, 70대를 의미하는 것으로 볼 수 있다.

말씀은 만세(萬世)에 길이 가르침을 드리운다고 하겠습니다. 한 시대에 행해지는 것은 한계가 있어서 지속되기 어렵지만, 만세에 길이 가르침을 드리운 것은 끝없이 점점 영원해집니다. 그러니 선생께서 편안히 산림에 머물면서 마침내 대업을 궁구하여 사도(斯道)를 밝히고 후학들에게 은혜를 베풀도록 한 것은 이 또한 하늘의 뜻일 것입니다.

저 유일(惟一)이 선생께 공경히 나아가 배운 것이 이제 20년이 되었습니다. 그런데도 거칠고 멸렬하여 사문(師門)의 가르침만 크게 더럽힌 채 끝내 소인의 수준을 벗어나지 못하고 말았습니다. 또 지금은 부친상을 당하여 복중에 있어서 선생의 병환에는 마지막 유계(遺誡)를 듣지도 못하고, 선생이 돌아가신 뒤에는 반함(飯含)의 대열에도 참여하지 못하였으며, 선생의 장례에는 상엿줄을 잡고 곡송(哭送)도 하지 못할 상황이니, 끝내 선생을 저버린 죄가 여기에 이르러 더욱 깊어졌습니다. 본받을 분 영원토록 멀어져, 만고에 영원한 이별입니다. 하늘과 땅 아득하고, 눈물과 콧물 마구 쏟아집니다. 아, 애통합니다.

문봉집

제5권

한중필록
閑中筆錄

한중필록
閑中筆錄

영묘(英廟)[1]는 유학과 유학의 도를 진작시키고 권면하고 장려하는 모든 일을 극진하게 하지 않음이 없었다. 일찍이 집현전(集賢殿)을 세워 문학의 선비들을 선택하여 취하였으니, 선발된 자 가운데 박팽년(朴彭年), 성삼문(成三問), 유성원(柳誠源), 하위지(河緯地), 이개(李塏), 신숙주(申叔舟), 이석형(李石亨), 노사신(盧思愼), 최항(崔恒) 같은 이들은 비록 모두 새로 진출한 선비였지만 문장과 풍절(風節)이 당대의 최고 수준으로, 임금을 모시면서 고문(顧問)의 역할을 하고 강독하는 반열에 충원되어 은총이 날로 융성해졌다. 영묘가 일찍이 노산군(魯山君 단종(端宗))을 품으며 박팽년 등에게 이르기를 "내가 세상을 떠난 후에는 경들이 반드시 이 아이를 돌보아야 한다." 하였다. 당시에는 여덟 대군[2]이 한창 성하였는데, 임금은 아마도 이미 속으로는 훗날 반드시 변고가 있으리라는 것을 안 것이다. 광묘(光廟)[3]가 선양을 받게

1 영묘(英廟) : 세종(世宗)을 말한다. 이름은 도(祹), 자는 원정(元正), 시호는 장헌영문예무인성명효 대왕(莊憲英文睿武仁聖明孝大王)이다. 능은 현재 경기도 여주시 능서면(陵西面) 왕대리(旺垈里)에 있는 영릉(英陵)인데, 처음에는 광주(廣州)에 있었으나 1469년(예종1)에 이곳으로 옮겼다.

2 여덟 대군 : 세종과 왕후 심씨(沈氏) 사이의 8남 2녀 가운데 여덟 대군, 즉 문종(文宗), 수양대군(首陽大君), 안평대군(安平大君), 임영대군(臨瀛大君), 광평대군(廣平大君), 금성대군(錦城大君), 평원대군(平原大君), 영흥대군(永興大君)을 가리킨다.

3 광묘(光廟) : 세조(世祖)를 말한다. 세종의 둘째 아들이고 문종의 아우이다. 이름

되자, 박팽년, 성삼문, 유성원, 하위지, 이개, 그리고 무신 유응부(兪應孚)가 몰래 결탁하여 노산군 복위를 도모하였지만 일이 미리 누설되었다. 광묘가 친히 그들을 국문하였는데, 모두 굽히지 않고 죽었다.[4] 광묘가 명을 내려 집현전을 해체하였다. 신숙주, 이석형, 노사신, 최항은 모두 원훈(元勳)에 참여되어 매우 남다른 총애를 입었다. 훗날 추강(秋江) 남효온(南孝溫)이 〈육신전(六臣傳)〉[5]을 지어 세상에 전한다.

성묘(成廟)[6]가 유학의 도를 숭상함은 영묘와 다르지 않았다. 일찍이 몸이 편치 않았는데, 점치는 사람이 공자(孔子)를 따르라고 하였다. 정희왕후(貞熹王后)가 무격(巫覡)에게 서반수(西泮水)[7]에 가서 기도를 하도록 명하였다. 태학(太學)의 유생들이 이를 알고 여럿이 나가

은 유(瑈), 자는 수지(粹之), 시호는 혜장 승천체도열문영무지덕융공성신명예흠숙인효 대왕(惠莊承天體道烈文英武至德隆功聖神明睿欽肅仁孝大王)이다. 능호는 광릉(光陵)으로 경기도 남양주시 진접읍 부평리에 있다.

4 광묘(光廟)가……죽었다 : 1456년(세조2)에 단종의 복위를 꾀하다가 처형된 이개, 하위지, 유성원, 성삼문, 유응부, 박팽년 등을 사육신(死六臣)이라 칭한다.

5 육신전(六臣傳) : 세조 때 생육신(生六臣)의 한 사람인 남효온이 지은 사육신의 전기이다. 박팽년, 성삼문, 이개, 하위지, 유성원, 유응부 순으로 한 사람씩 전을 기록한 뒤에 마지막에 찬(贊)을 붙였다. 현재 《추강집(秋江集)》 권8에 전한다.

6 성묘(成廟) : 성종(成宗)을 말한다. 세조의 손자이고 덕종(德宗)의 둘째 아들이다. 이름은 혈(娎), 시호는 강정 인문헌무흠성공효 대왕(康靖仁文憲武欽聖恭孝大王)이다. 능호는 선릉(宣陵)으로 광주(廣州)에 있었는데, 현재는 서울 강남구 삼성동에 계비 정현왕후(貞顯王后) 윤씨(尹氏)의 능과 함께 있다.

7 서반수(西泮水) : 반수의 서쪽 부분을 지칭한다. 동쪽 부분은 동반수이다. 반수는 태학 전반(前半)에 빙 둘러 흐르는 내이다. 반수가 있는 곳이라는 뜻으로 태학을 반궁(泮宮)이라고도 하며, 반수가 바로 태학을 지칭하기도 한다.

그들을 때리며 내쫓았다. 무격 등은 겨우 몸만 빠져나갔다. 왕후가 크게 노하여 바로 중관(中官)을 보내 임금께 아뢰게 하였다. 임금은 당시 병환이 깊은 지 오래였는데 갑자기 일어나서 이르기를 "이 말을 듣게 되니 내 병이 낫는구나."라고 하고는 다시 중사(中使)를 보내 제생(諸生)을 위로하게 하였다.-정희는 세조의 비(妣)이다.-

성묘는 검소한 덕으로 아랫사람들을 이끌었다. 항상 세탁한 옷을 입고 궁중에서 사치스러운 일을 하지 않도록 경계하였다. 어떤 후궁이 딸을 시집보내고자 하였는데 침구가 없었다. 마침 임금이 왕림하셔서 그 사실을 아뢰자 임금이 주기로 허락하였다. 돌아와서는 중관에게 보낼 것을 명하였는데, 바로 오래된 도롱이〔簑衣〕였다. 그 검소함이 이와 같았다.

성묘가 만년에 한번은 새끼 사슴을 궁중에서 기르며 그것이 잘 길들여지는 것을 어여삐 여기면서 녹동(鹿同)이라고 이름을 붙였다. 임금께서 돌아가시자, 연산(燕山)[8]이 즉위한 초기에 사슴이 그가 새로운 주인이라는 것을 모르고 예전처럼 따르며 친하게 굴었다. 연산이 활을 집어 화살 한 발로 죽였다. 알 만한 사람들은 그것이 상서롭지 않은 조짐임을 알았다. 얼마 지나지 않아 선조(先朝)의 옛 신하들을 풀을 베듯 죽였다. 관리들이 입은 화는 차마 말로 표현할 수 없다.

인묘(仁廟)[9]는 성리(性理)에 관한 학문을 좋아하였다. 동궁(東宮)에

8 연산(燕山) : 연산군을 말한다.

머물 때 아름다운 명성이 일찍부터 드러났다. 즉위하자, 명을 한 번도 내리지 않았는데도 사림(士林)들이 다 함께 의로움을 행하기에 스스로 힘썼다. 사람들은 모두《소학(小學)》등의 글을 구하여 보았다. 성인의 교화는 과연 이처럼 빠르다. 태학의 제생이 조광조(趙光祖)의 관직을 회복시킬 것을 청하자, 임금은 3년 동안은 고치지 않는다는 것[10]을 이유로 어렵게 여겼다. 제생이 세 번 소(疏)를 올리며 청하자, 임금은 손수 다음과 같이 비답하였다. "너희가 선의 모범이 되는 태학에 머물며 옛것을 좋아하여 지금을 논하며, 소장(疏章)을 세 번 올린 것이 말은 간절하고 뜻은 곧아 기르는 바가 올바르니 무슨 말을 여기에 더하겠는가만, 우리 선왕께서 교화하고 길러 주신 은택 역시 생각해 보아야 한다. 태학이 비록 공론(公論)이 있는 곳이라고는 하지만, 옳고 그름을 확정하는 것은 본디 조정에 있다. 시비(是非)를 말하는 것은 가능하지만, 시비를 확정함을 기약하는 것은 제생의 일이 아니다. 잠시 물러나 다시 생각해 보라." 제생이 모두 감읍하며 물러났다. 후에 임금이 병이 심해지자 비로소 복직을 명하였고, 당시 함께 죽은 사람들에게 모두 직첩(職牒)을 내려 주었다. 또 현량과(賢良科)를 부활시켜[11] 옛 관직을

9 인묘(仁廟) : 인종(仁宗)을 말한다. 중종의 맏아들이다. 이름은 호(峼), 자는 천윤(天胤), 시호는 영정 헌문의무장숙흠효 대왕(榮靖獻文懿武章肅欽孝大王)이다. 능호는 효릉(孝陵)으로 경기도 고양시 덕양구 원당동에 있다.

10 3년……것 : 공자가 이르기를 "아버지가 생존했을 때는 그의 뜻을 보고, 아버지가 죽은 뒤에는 그의 행실을 보나니, 3년 동안 아버지의 도를 바꾸지 않아야만 효(孝)라 할 수 있는 것이다."라고 한 데서 온 말이다.《論語 學而》

11 현량과(賢良科)를 부활시켜 : 현량과는 조광조의 건의에 따라 1519년(중종14)에 실시된 관리 등용 제도로 사림파가 조정에 등용되는 데 큰 역할을 했으나, 기묘사화(己

제수하였다. 금상(今上 명종) 초년에 대신(大臣)들이 다시 없앨 것을 계청(啓請)하였다.

성묘가 세상을 뜨면서 유제(遺制)[12]가 하달되자, 가난하고 외진 마을에서 목 놓아 울지 않는 자가 없었다. 인묘가 세상을 뜰 때도 그러했는데, 그보다 더욱 심했다. 박광우(朴光佑)[13]가 찬(撰)한 효릉지(孝陵誌)[14]에서 이르기를 "하늘이 이미 그분에게 큰 덕을 주셨지만 명은 안씨(顔氏)보다 더욱 짧았다.[15] 백성들은 바야흐로 그 지극한 다스림을 바랐지만 심한 병은 주왕(周王)처럼 낫지 않았네.[16] 만백성이 모두 슬피 부르짖으며 백세(百世)가 다 가도록 영원토록 사모할 분이다."라고 하였으니, 아마도 실상에 대한 기록이다.

卯士禍)로 폐지되고 급제자의 자격마저 박탈되었다. 그 뒤 인종 말년에 급제자의 자격은 잠시 복구되었다. 여기서 말하는 현량과의 부활은 이를 말한다. 그러나 후에 명종이 즉위하자 다시 박탈되었고, 1568년(선조1) 10월에 이르러 완전히 회복되었다.

12 유제(遺制) : 임금이 세상을 뜨면서 남긴 명령을 말한다.

13 박광우(朴光佑) : 1495~1545. 본관은 상주(尙州), 자는 국이(國耳), 호는 필재(蓽齋)·잠소당(潛昭堂)이다. 1536년(중종31) 재령 군수로서 문장에 능하여 원접사(遠接使)를 수행하였고, 1545년(인종1) 사간이 되었으나 을사사화(乙巳士禍)로 하옥되었고, 이어 동선역(洞仙驛)에 유배되어 죽었다.

14 효릉지(孝陵誌) : 인종(仁宗)의 능에 대한 지(誌)를 말한다.

15 명은……짧았다 : 안회(顔回)는 공자의 제자 중에서 생활이 가장 곤궁하였음에도 불구하고 가장 어질고 학문을 좋아하였으며 공자의 가르침을 가장 성실하게 실천한 인물로 평가되고 있다. 하지만 32세의 나이로 요절하였다. 인종은 31세에 죽었다.

16 심한……않았네 : 주(周)나라 무왕(武王)이 심한 병에 걸려 위험하게 되었을 때 주공(周公)이 제단을 쌓고 무왕의 병을 낫게 해 달라고 조상에게 빌어 낫게 한 기록이 《서경》〈금등(金縢)〉에 나온다.

문충공(文忠公) 정포은(鄭圃隱 정몽주(鄭夢周))의 높고 충성스러운 큰 절개는 사람들의 귀와 눈에 남아 일월과 찬란한 빛을 다투고 천지와 처음과 끝을 함께할 만하니, 저술로 드러낸 뒤에야 세상에 전해질 수 있는 것이 아니다. 우리 성조(聖祖)에서 포상한 은전(恩典)이 지극하여, 이미 시호를 내리라고 명하였고, 또 성묘(聖廟)에 종사(從祀)하도록 하였다. 공이 평소 지은 시와 산문이 매우 많았지만, 난을 거친 뒤로 산실되어 거의 없어졌다.[17] 지금 남은 시는 겨우 십분의 일이고 산문은 하나도 없어 후세에 그 전집(全集)을 볼 수 없게 되었으니 참으로 애석하다. 목은(牧隱 이색(李穡))이 "공이 태학에 있을 때 자유자재로 설명한 것이 이치에 맞지 않음이 없다."라고 칭찬하였고, 점필재(佔畢齋 김종직(金宗直)) 역시 공을 동방 이학(理學)의 시조(始祖)라고 높였으며, 국사(國史)에서도 "그가 논한 말들이 운봉 호씨(雲峯胡氏)의 사서(四書)에 대한 주석[18]과 딱 들어맞지 않음이 없다."[19]라고 칭찬하였다. 지금은 그가 한 말과 주장 가운데 남은 것이 하나도 없다. 아, 어찌 후학들의 불행이 아니겠는가. 이것이 뜻있는 선비들이 거듭 오도

17 난을……없어졌다 : 《포은선생시집(圃隱先生詩集)》은 1584년(선조17)에 유성룡(柳成龍)이 왕명을 받아 편찬하였는데, 임진왜란 중에 판본이 불타 버렸다. 이에 1607년에 영천 군수(永川郡守) 황여일(黃汝一)이 임고서원(臨皐書院)의 협조를 받아 다시 간행하고, 조호익(曺好益)이 발문을 썼다. 《지산집(芝山集)》 권5 〈포은선생시집중간발(圃隱先生詩集重刊跋)〉에 자세한 내용이 있다.

18 운봉……주석 : 운봉은 원(元)나라 학자 호병문(胡炳文)의 호이다. 주희(朱熹)의 사서 장구(章句)와 집주(集註) 연구에 주력하여 《사서통(四書通)》을 지었으며, 미진한 뜻을 상당히 드러내 밝혔다는 평가를 받고 있다.

19 그가……없다 : 《고려사(高麗史)》 〈정몽주열전(鄭夢周列傳)〉에 나온다.

(吾道)의 애석함이라고 여기는 까닭이다. 공은 일찍이 오천(烏川)과 영양(永陽)[20] 사이에 살았다.-공은 일찍이 다음과 같은 시를 남겼다. "영양 들판 논에는 벼가 적당하고, 오천에는 먹을 만한 고기가 있네.〔永野田宜稻, 烏川食有魚.〕"[21]-

성화(成化) 병오년(1486, 성종17)에 칠휴(七休) 손순효(孫舜孝)가 영남 지역의 관찰사였는데, 영양을 순수(巡狩)하다가 꿈에서 공을 보았다. 잠이 깨자 바로 행차를 명하여 공의 옛집을 방문하였는데, 찾아볼 수 있는 집터가 없었고, 오직 쓰러질 듯 풀숲 사이에 있는 비석 하나를 보았다. 공은 말에서 내려 재배하고는 바로 건물 한 칸을 지어 비바람으로부터 보호하도록 명하였다. 그리고 건물 기둥에 다음과 같이 적었다. "문 승상(文承相)[22]과 충의백(忠義伯)[23] 두 선생은 속마음이 서로 비치는구나. 일신(一身)을 잊어버리고 사람됨의 표준을 세웠으니, 천만세 동안 우러러보기를 그치지 않도다. 이익이 있는 곳을 찾아 예나 지금이나 분주하건만, 서리와 같이 맑고 눈같이 희며 소나무와

20 영양(永陽) : 경상북도 영천(永川)의 옛 이름이다.

21 영양……있네 : 《포은집》 권1 〈제성역야우(諸城驛野雨)〉 시에 나온다.

22 문 승상(文承相) : 남송(南宋)의 마지막 재상 문천상(文天祥, 1236~1282)을 가리킨다. 자는 이선(履善)·송서(宋瑞), 호는 문산(文山), 시호는 충렬(忠烈)이다. 원나라 군대가 침입하여 수도가 함락되자 단종(端宗)을 받들고 근왕군(勤王軍)을 일으켜 대항하다가 사로잡혀 연옥(燕獄)에 3년 동안 구금되어 있었으나 끝내 굴복하지 않고 절의를 지키다가 처형되었다. 옥중에서 지은 〈정기가(正氣歌)〉가 고금에 회자된다. 《宋史 文天祥列傳》

23 충의백(忠義伯) : 정몽주의 봉호이다. 정몽주는 1389년 이성계(李成桂)와 함께 공양왕을 옹립하고, 다음 해에 수문하시중(守門下侍中) 익양군 충의백(益陽君忠義伯)에 봉해졌다.

잣나무처럼 푸르고 푸르구나. 한 칸 집을 얽어 바람을 막게 하였으니, 공의 신령이 편안하시면 내 마음도 편안하리라." 이로부터 영양의 사람들은 비로소 정 문충(鄭文忠)의 비석이 있다는 것을 알게 되었다. 가정(嘉靖) 계축년(1553, 명종8)에 군의 사람 노수(盧遂), 김응생(金應生), 정윤량(鄭允良)이 서로 더불어 도모하여 공의 옛집 부근에서 형세가 자못 뛰어난 곳의 땅을 얻었다. 마침내 자신들의 재산을 출연하여 태학의 제도를 본받아 서원을 건립하였다. 감사(監司) 정언각(鄭彦慤)이 이읏고 조정에 아뢰자, 조명(詔命)으로 서책을 내리고 임고서원(臨皐書院)이라 부르도록 하였다. 사방의 유사(儒士) 가운데 책상을 지고 유학하러 오는 사람이 많았다. 서원의 학규(學規)는 모두 소수서원(紹修書院)을 본받아 취하였다고 한다.

송당(松堂) 박영(朴英)은 자가 자실(子實)이다. 무예가 남들보다 뛰어났지만 글은 이해하지 못하였다. 홍치(弘治) 신유년(1501, 연산군7)[24]에 왕사(王師)를 따라 북쪽으로 정벌을 나갔다가 돌아와서는 무과(武科)에 올라 부장(部將)이 되었지만, 동료들에게 경시받아 마침내 관직을 버리고 집으로 돌아와서는 몸을 낮추며 책을 읽었다. 당시 고을의 선생 정붕(鄭鵬)[25] 공이 이학(理學)에 조예가 깊어 공이 스승으로 섬기

24 홍치(弘治) 신유년 : 《국역 국조인물고》에 의하면 "말타기와 활쏘기를 익혀 16, 7세에 이미 용맹으로 소문이 났고 21세에 원수(元帥) 이극균(李克均)을 따라 건주위(建州衛)의 여진족(女眞族) 정벌에 참여하고 그 이듬해 임자년(1492, 성종23)에 무과에 선발된" 것으로 나온다. 그러면 신유년은 신축년(1491)이어야 한다.

25 정붕(鄭鵬) : 1467~1512. 본관은 해주, 자는 운정(雲程), 호는 신당(新堂)이다. 선산(善山) 출신으로 김굉필(金宏弼)의 문하에서 수학하였으며, 벼슬길에 나온 뒤 무

며 선유들의 격언을 들을 수 있었다. 마침내 학문에 크게 힘을 기울여 성현의 글을 가져다 밤낮으로 강론하고 궁구하면서 무릇 의문이 나거나 어려운 부분이 있으면 편지를 주고받으며 문변(問辨)하여 반드시 지극히 옳은 데로 귀결된 이후에야 그쳤다. 정공이 자주 칭찬하며 인정하였다. 조정에서 불러 선전관(宣傳官)에 임명하였다.

하루는 동료가 공에게 당직을 대신해 줄 것을 부탁하였지만 공은 임금을 속이는 것이라 여기고 들어주지 않았다. 동료가 화를 내자 공은 바로 관직을 버리고 고향으로 돌아왔다. 이로부터 더욱 학문을 깊이 생각하여 다시는 당세(當世)에 대한 생각이 없었다. 정덕(正德) 연간에 조정에서 공을 불러 황간 현감(黃澗縣監)으로 삼았는데, 공은 나아가고 싶지 않았다. 사람들 가운데 권하는 자가 있어 공이 억지로 나아가 부임하였다. 얼마 지나지 않아 강계 부사(江界府使)로 등급을 건너뛰어 임명되었다. 관직을 맡은 지 1년이 지나 특별히 통정대부(通政大夫)로 품계가 올랐고 의주 목사(義州牧使)에 제수되었는데, 도(道)에 도착하기 전에 승지로 제수되었다. 얼마 후 가선대부(嘉善大夫)에 올랐으며 병조 참판이 되었다. 연경(燕京)에 성절사(聖節使)로 갔는데 돌아오기 전에 기묘년(1519, 중종14)의 화[26]가 일어났다. 간관이 공을

오사화(戊午士禍)와 갑자사화(甲子士禍)가 일어나 많은 사림파 선비들이 죽음을 당하였을 때 현명하게 처신하여 몸을 보전하였다. 김숙자(金淑滋)의 학통을 잇고 김굉필의 가르침을 받아 성리학을 깊이 연구하였다. 선산의 금오서원(金烏書院)과 개령(開寧)의 덕림서원(德林書院)에 봉향되었다.

26 기묘년의 화 : 1519년 11월에 남곤(南袞), 심정, 홍경주(洪景舟) 등의 훈구 대신들에 의해 조광조(趙光祖), 김정(金淨), 김식(金湜) 등 사림들이 화를 입고 귀양 가거나 처형된 사건을 이른다.

같은 무리라고 지목하여 강을 건너자마자 한 등급의 품계를 빼앗기고 외직인 김해 부사(金海府使)에 제수되었다. 얼마 지나지 않아 그만두고 떠나 고향에 머문 것이 거의 20년이었다.

당시에 심정(沈貞)과 김안로(金安老)가 연이어 권력을 잡았다. 공이 나라를 걱정하고 세상을 염려하여 자못 술로 마음을 풀었는데, 알지 못하는 사람들은 공이 술을 좋아한다고 가끔 말하곤 하였다. 김안로가 실각하자 비로소 공을 기용하여 경상 절도사(慶尙節度使)로 삼았는데, 당시 공의 나이는 거의 칠십이었다. 사림에서 공이 다시 등용되는 것을 기뻐하였는데, 얼마 되지 않아 세상을 떴다. 부고를 들은 사람들은 안타까워했다. 공은 의리에 대해 발명하는 바가 많았고, 그가 한 말과 주장은 배우는 사람들이 많이 전하였다. 항상 자신을 살피고 사사로움을 극복하는 공부를 말하였는데, 마치 끝이 없는 고리와 같아서 살피자마자 바로 극복하고 극복했으면 다시 살펴서 끊어짐이 없도록 하였으니, 인욕은 매일 사라지고 천리는 날로 자라났다. 일찍이 〈백록동규해(白鹿洞規解)〉를 지어 세상에 유포되었다. 지은 시는 청아하고 절묘했으며, 의술(醫術) 역시 정밀했다. 그러나 집안이 본래 재물에 여유가 있어서 음성(淫聲)과 여색(女色)에 구애됨을 면치 못하였다. 만년에는 뜻과 기백이 모두 쇠해서 절도사였을 때 그의 아들이 아버지의 권세에 기대어 재물을 마구 거두었는데, 공이 금하지 못하였다. 이 때문에 마침내 청백한 덕을 다소 잃었다는 비판을 받게 되었다. 청의(淸議)가 안타까워하였다.

화담(花潭) 서 선생(徐先生)은 이름이 경덕(敬德)이고 자가 경여(景輿)로, 송경(松京) 사람이다. 어렸을 때 호방하고 의협심이 있어 얽매이지 않았으며 기개와 절개를 자부하였다. 열여덟 살에 비로소 몸을 낮추고 책을 읽었다. 처음에 《대학》을 읽었는데, "앎을 지극하게 하는 것은 사물에 나아가 궁구함에 달려 있다.〔致知在格物〕"라는 구절에 이르러 문득 깨달아 "학문함은 이와 같아야 한다."라고 하고는, 마침내 책을 물리쳐 버리고 홀로 서실에 앉아 사물의 이름을 벽에 적어 놓고 하나하나 이해하였다. 예를 들어 '천(天)' 자를 이해하고서 비로소 '지(地)' 자를 이해하고, '지' 자를 이해하고서 비로소 '인(人)' 자를 이해하였다. 이처럼 노력을 하여 털끝처럼 나누고 실처럼 쪼개며 밤낮으로 게을리하지 않았다. 모두 3년 동안 이와 같이 하고서 비로소 정자(程子)와 주자(朱子)의 글을 가져다 질정하니, 맞는 것이 많았다. 이에 더욱 스스로 기운을 내 힘써서 탐구하고 완색하여 어긋난 견해를 바로잡았다. 그렇지만 사색이 너무 지나쳐 드디어 마음의 병을 얻었다. 그래서 놓아두고 사색하지 않은 지 몇 년이 지나 병이 낫자 처음처럼 노력하였다. 또한 수학에 정통하여 일찍이 황극수(皇極數)[27]를 묵묵히 셈하였는데, 소자(邵子 소옹(邵雍))의 설을 얻게 되자 딱 들어맞지 않음이 없었다. 만년에 본 바가 높고 밝았다. 박희정(朴希正)[28]이 일찍이 선생에게 도에 들어가는 순서를 물었다. 선생은 자신의 생애를 일일이 거론하며 알려 주었다. 또 "배우는 사람의 공부는 아래에서 배워 위에

27 황극수(皇極數) : 고대의 천문(天文), 역산(曆算), 오행(五行) 방면의 전문적인 방술(方術)에서 사용하는 수를 말한다.

28 박희정(朴希正) : 박민헌(朴民獻, 1516~1586)으로, 본관은 함양(咸陽), 자는 희정·이정(頤正), 호는 정암(正菴)·슬한재(瑟僩齋)이다. 서경덕의 문하에서 성리학을 전공하였고 역학에도 조예가 깊었으며 문장에 뛰어났다. 문집으로 《슬한재집(瑟僩齋集)》이 있다.

이르는 것이어서 차근차근 순서가 있으니 단계를 뛰어넘어서는 안 되지만, 나의 공부는 성현이 가리키는 바와 같지 않아 별도로 하나의 공부이니 배울 수 없다."라고 하였다. 또 배우는 사람들에게 "나는 실천이 앎에 미치지 못하지만, 스스로 느끼기에는 깨달은 바가 선유들에게 부끄러움이 없다. 다만 실천하는 곳에서 소루할 뿐이다. 그렇지만 최근에 이 마음이 고요히 보존되어 일찍이 달아나지 않음을 느꼈다. 만약 나에게 몇 년이 더 주어진다면 아마도 나아감이 있을 것이다."라고 말하였다.

예전에 선생에게 사방을 유람하려는 뜻이 있었는데, 드디어 걸어서 출행하였다. 무릇 사방의 명산(名山)과 대천(大川) 가운데 두루 살펴보지 않음이 없었다. 1년이 지난 후에 돌아왔다. 이로부터 과거 공부를 포기하고 화담 가에 건물을 짓고서 경적(經籍)을 강론하고 의리를 탐구하는 것을 일로 삼았다. 거문고 타는 것을 좋아하였는데, 음조가 맑고 빼어났다. 집안이 매우 가난하여 아침과 저녁 끼니를 잇지 못하고 관복을 갖추지 못하였지만 거처함에 태연하여 개의치 않았다. 먹을 것을 도와주는 사람이 있으면 반드시 의에 합당한지 헤아려 사양하거나 받았다. 송경을 지나간 선비들 가운데는 그의 거처에 나아가지 않은 사람이 없었다. 선생은 야인의 복장으로 만나 보았는데, 모두들 감탄하며 떠나갔다. 따르며 배우는 사람들이 항상 수십 명이었다. 선생은 그들의 자질에 따라 가르치되 자상하게 하고 게을리하지 않았다. 칭찬하며 인정한 사람은 박민헌(朴民獻), 허엽(許曄),[29] 박순(朴淳)[30]뿐이

29 허엽(許曄) : 1517~1580. 본관은 양천(陽川), 자는 태휘(太輝), 호는 초당(草堂)이다. 허균(許筠)과 허난설헌(許蘭雪軒)의 아버지이다. 서경덕의 문인이다. 1568년

었다. 훗날 세 사람은 모두 이름이 널리 알려졌다. 중묘(中廟 중종)가 세상을 뜨자, 선생은 서민(庶民)으로 자처하며 자최 삼월복(齊衰三月服)을 입고 상을 마쳤다. 당시 조정의 의론은 조야(朝野)가 모두 삼년상을 치르는 것이었다. 선생은 예제(禮制)를 준수할 것을 소청(疏請)하려 하였지만 결국 올리지는 못하였다.

예전에 인묘(仁廟 인종)가 동궁(東宮) 시절에 그의 이름을 듣고 평소 그 사람됨을 존중하였다. 이때에 이르러 크게 등용할 뜻이 있었는데, 그렇게 하지 못하고 인묘가 세상을 떴다. 그리고 그달에 선생도 세상을 떴다. 선생이 죽은 후 간악한 비방을 하는 사람들이 있어, 선생이 행실을 꾸며 명성을 훔쳤다고 하였다. 생각건대 선생이 평소 윤원로(尹元老)[31]와 잘 지냈기 때문에 이러한 의론이 있었던 것이다. 윤원로는 바로 선생의 어릴 적 벗이다.

내가 일찍이 선생의 학문에 대해서 퇴계(退溪) 선생에게 들었다. 퇴계 선생이 말하기를 "그 의론을 살펴보면, 기(氣)를 논한 것은 빈틈없이 정밀하지만 이(理)에 대해서는 그다지 투철하지 못하다. 기를

(선조1) 진하사(進賀使)로 명(明)나라에 다녀와서 향약의 설치와 시행을 건의하였다. 김효원(金孝元)과 함께 동인(東人)의 영수가 되어 당시 사류의 지도급 인물이 되었다. 문집으로 《초당집(草堂集)》이 있다.

30 박순(朴淳) : 1523~1589. 본관은 충주(忠州), 자는 화숙(和叔), 호는 사암(思菴)이다. 서경덕의 문인이다. 1565년(명종20) 대사간이 되어 대사헌 이탁(李鐸)과 함께 윤원형(尹元衡)을 탄핵하였다. 1572년 영의정에 올라 약 15년간 재직하였다. 이이(李珥)가 탄핵되었을 때 그를 옹호하다가 도리어 양사(兩司)의 탄핵을 받고 관직에서 물러나 은거하였다. 문집으로 《사암집(思菴集)》이 있다.

31 윤원로(尹元老) : 중종의 계비 문정왕후(文定王后)의 오빠이자 윤원형의 형이다.

위주로 함이 너무 지나쳐 기를 이(理)라고 알기도 하였다. 그렇지만 우리 동방에 이전에는 이렇게까지 논저(論著)한 자가 있지 않았다. 이(理)와 기를 드러내서 밝힌 것은 이 사람이 처음이었다. 다만 말하는 사이에 자부함이 크게 지나치니, 아마도 얻은 바가 깊지 않았을 것이다."라고 하였다.

선생이 일찍이 〈귀신사생론(鬼神死生論)〉[32]을 지어 박희정과 허태휘(許太輝) 등 여러 사람에게 주며 다음과 같이 말하였다. "이 논의가 비록 문장은 서툴지만 많은 성인이 미처 다 전하지 않은 부분까지 보았으니, 중간에 잃지 말고 후학들에게 전하도록 하라. 중화와 이적, 먼 곳과 가까운 곳에까지 두루 전하여, 동방에 학문을 갖춘 이가 나왔음을 알아 〈귀신사생론〉을 성리에 관한 권의 끝 지면에 붙이게 하는 것이 좋을 것이다." 퇴계는 이 말을 매우 만족스럽지 않게 여겨 지나치게 위대하게 여기는 병통이 있다고 하였지만 그 사람됨은 매우 존중하였다. 송도(松都)에 가서 공부하려는 사람이 퇴계에게 작별 인사를 하니, 퇴계가 그에게 다음과 같은 시를 지어 주었다.

서씨 노인이 이제 학을 타고 떠났으니	徐老今爲鶴背身
학문에 전념하던 자취 모두 티끌이 돼버렸네	藏修遺跡總成塵
그 누가 화담에 서원을 지을 것이며	何人爲築花潭院
심법을 전수할 이 몇이나 있겠는가[33]	心緖相傳有幾人

32 귀신사생론(鬼神死生論) : 《화담집(花潭集)》 권2에 수록되어 있다. 일반적으로 이 글은 서경덕의 기일원론(氣一元論)을 설명한 것으로 여겨진다. 우주 만물의 근원을 기(氣)인 태허(太虛)로 보면서 이 태허로서의 일기(一氣)가 음양(陰陽)의 이기(二氣)로 분화함과 동시에 음과 양이 상호 작용을 하여 우주 만물을 생성시키는 것으로 보았다.

33 서씨……있겠는가 : 《화담집》 권4 부록에 실린 시 〈서처사화담구거(徐處士花潭舊

퇴계의 정성이 이와 같았다.

김모재(金慕齋 김안국(金安國))가 부채를 선생(서경덕)에게 보내니, 선생이 시 두 수로 사례하였다.

띳집과 묘당 가리지 않고　不擇茅茨與廟堂
맑은 바람 곳곳마다 길게 일으키네　清風隨處解吹長
덕의 온화함이 만물을 구제함에 흑백을 아우르고　德和濟物兼玄白
도의 광대함이 사람을 좇아 펴지고 접히는구나　道大從人聽翕張
다만 나는 덥고 습함을 쫓아내지 못하니　顧我無能驅暑濕
그대에게 의지하여 가을의 서늘함 끌어올 수 있다네　賴渠還得引秋凉
장부는 여러 생명의 열기를 씻어 내야 하니　丈夫要濯群生熱
찬 바람 잡아 임금님 계신 곳에 뿌려야 하리　當把泠飆播帝鄉

한 자 부채로 맑은 바람을 초당에 부쳐 오니　一尺清飆寄草堂
오동나무에 의지하여 휘두르면 맛이 유독 좋다네　據梧揮處味偏長
누가 알겠는가, 하나의 뿌리에서 머리끝까지 관통함을　誰知一本當頭貫
천 개의 가지가 줄기로부터 뻗음을 보게 된다네　便見千枝自幹張
형체가 있는 것으로 기를 움직여 두드릴 수 있으니　形軋氣來能鼓吹
텅 빈 곳에 간직된 기가 홀연히 서늘함을 통하게 하네　有藏虛底忽通凉
먼지를 털어 깨끗하게 할 필요도 없으니　不須拂灑風埃撲

居)〉이다. 《퇴계집(退溪集)》 권1에도 실려 있다.

산속 마을에서 대지팡이와 서로 벗이 되리라　　竹杖相將雲水鄉
또 시 뒤에 짧은 글을 적으며 다음과 같이 말하였다. "부채가 바람을 내는 것은 부채가 바람을 만들어 내는 것이 아니다. 기는 본래 공허한 곳에 가득 차 있으니, 부채는 다만 두드릴 수 있을 뿐이다."[34]

동지중추부사 주세붕(周世鵬)은 자가 경유(景遊)이고 호는 신재(愼齋)로, 칠원(漆原) 사람이다. 문장에 능하고 효제(孝悌)를 돈독히 행하였다. 다른 사람의 선행을 들으면 칭찬하기를 그치지 않았다. 학문하는 사람을 보면 바로 부지런히 배울 것을 권하였다. 나이가 든 사람에게는 귀천에 상관없이 매우 공손하게 대하였다. 배우는 사람들이 질문을 해 오면 마음을 열고 일러 주면서 오직 믿지 않을까 걱정하였다. 어진 사람을 좋아하고 선비를 좋아하는 것이 나이가 들수록 더욱 두터웠다. 생각건대 타고난 성품이 그러하였다. 그가 풍기(豐基)의 군수였을 때 다스린 공적이 많이 있었다. 그가 떠나고 나자, 백성들이 그를 생각하며 비석을 세워 기록하였다. 공은 평소에 맑은 절개로 스스로를 지켰다. 비록 높은 자리에 있으면서 세상에 유명했지만 청렴하고 검소함은 가난한 선비와도 같았다. 경연(經筵)에서는 사안에 따라 넌지시 간하였는데, 도움이 되는 바가 많았다. 뜻을 진실하게 하는 것에 대한 잠(箴)을 올리자, 임금께서 칭찬하며 좋게 여겼다. 그러나 강직함이 부족하고 여러 번 권세를 가진 간신들을 겪으면서 모두 실절(失節)했

34 띳집과……뿐이다 : 《화담집》 권1에 실린 시 〈사김상국혜선(謝金相國惠扇)〉 2수이다. 《화담집》에는 시의 순서가 바뀌어 있으며, 주고받은 편지가 시의 앞에 실려 있다. 내용도 상당한 차이가 있다.

다는 비판을 면치 못하였다. 만년에는 병이 많았는데도 물러날 수 없었다. 퇴계 선생이 매번 떠날 것을 권하였지만 공은 따르지 못하였다. 결국 서울에서 죽었다. 청의가 안타까워했다.

공이 풍기에 있을 때, 고려의 대유(大儒) 문성공(文成公) 안유(安裕)[35]가 군(郡)의 순흥현(順興縣)에 살았으므로 그 유지(遺趾)가 백운동(白雲洞) 죽계(竹溪) 가에 있었기에 그 거처에 나아가 서원을 건립하였다. 마침내 자신의 재산을 출연하고 군의 선비들에게도 힘을 보태 도울 것을 권하였다. 처음에는 자못 속으로 비웃는 사람들이 있었지만, 공이 개의치 않고 그 일을 더욱 급히 하자 다른 의견들은 차츰 사라졌다. 공이 손수 판자와 삽을 쥐고 몸소 독려하니, 몇 개월이 지나 일이 마무리되었다. 문성공의 화상(畫像)을 얻어 묘(廟)에 안치하여 제사를 지냈다. 처음에 땅을 파다가 놋쇠로 된 종을 얻어 그것으로 서책을 사서 서원에 보관하였다. 무릇 서원전(書院田)과 원노(院奴)와 제생을 기르는 물품을 모두 능력에 맞춰 조치하고, 군의 선비를 서원의 장(長)으로 임명하여 관리하게 하였다. 서원의 제도는 모두 백록동서원(白鹿洞書院)의 옛 규약에서 취했다. 이로부터 사람들이 비로소 문성공이 있음을 알게 되었고 선비들 역시 도학(道學)의 귀함을 알았다. 기유년

35 안유(安裕) : 1243~1306. 본관은 순흥, 자는 사온(士蘊), 호는 회헌(晦軒)이다. 초명이 유(裕)였으나 뒤에 향(珦)으로 고쳤는데, 조선 시대에 문종(文宗)의 이름과 같으므로 후세 사람들이 이를 휘하여 초명으로 불렀다. 충렬왕 때 원나라를 왕래하며 직접 주희의 책을 베껴 오고, 섬학전(贍學錢)을 설치하는 등 성리학의 도입과 보급에 힘썼으며, 태학에 공자와 그의 제자들을 모셔 처음으로 문묘(文廟)를 도입하였다. 문묘에 종사되었다.

(1549, 명종4)에 퇴계 선생이 단산(丹山 단양(丹陽))으로부터 옮겨 와 이곳의 군수가 되어, 감사(監司)에게 서간(書簡)으로 조정에 보고하기를 청하였다. 감사가 드디어 선생의 글을 올리자, 조정에서 서책을 주게 하고 소수서원(紹修書院)이라는 이름을 내렸다. 공은 이후 황해도 관찰사로 나가 다스리며, 문헌공(文憲公)[36] 최충(崔沖)[37]이 해주(海州)에 살았으므로 또 그의 옛 거처에 나아가 서원을 건립하여 조정에 청하니, 또 편액과 서책을 내리도록 명하였다. 지금까지 두 서원에 학도가 끊이지 않고 많이 모이니, 동방에 서원이 있는 것은 공으로부터 시작하였다.

찬성(贊成) 이언적(李彦迪)은 자가 복고(復古)이고 호는 회재(晦齋)로, 경주(慶州) 사람이다. 판서 손소(孫昭)[38]의 외손이다. 어려서 큰 뜻을 두어, 선생과 어른들이 그의 글을 보고 "이 아이는 반드시 일찍 과거에 급제할 것이다."라고 하면 언제나 성을 내며 부끄러움을 얼굴에 드러냈다. 장성해서는 학문에 크게 힘을 다하였다. 평소 거처하면서는

36 문헌공(文憲公) : 대본에는 '文忠公'으로 되어 있다. 《고려사》 〈최충열전(崔沖列傳)〉에 근거하여 '忠'을 '憲'으로 바로잡아 번역하였다.

37 최충(崔沖) : 984~1068. 본관은 해주, 자는 호연(浩然), 호는 성재(惺齋)·월포(月圃)·방회재(放晦齋)이다. 고려 목종(穆宗) 8년(1005)에 문과에 장원한 뒤 현종(顯宗) 2년(1011)에 우습유(右拾遺)를 시작으로, 덕종(德宗), 정종(靖宗), 문종(文宗) 등 4대에 걸쳐 벼슬하였다. 문종 9년(1055) 치사하고 물러나 구재학당(九齋學堂)을 열어 많은 인재를 배출하였다. 당시에 해동공자(海東孔子)로 불렸다. 《高麗史 崔沖列傳》

38 손소(孫昭) : 1433~1484. 본관은 경주, 자는 일장(日章), 시호는 양민(襄敏)이다. 병조 좌랑, 안동 부사(安東府使), 진주 목사(晉州牧使) 등을 역임했다.

단정히 앉아 몸을 단속하여 잠시도 비뚤게 서거나 기대지 않았으며, 말을 빨리 하거나 서두르는 모습을 보이는 경우가 없었다. 의리에 침잠하며 밤낮으로 게을리하지 않고 항상 서실에서 잠을 자고 거처하면서 연유가 없으면 안채에 들어가지 않았고, 집안일은 일절 묻지 않았다. 거절하거나 받는 것, 취하거나 주는 것은 한결같이 도리의 마땅함에 따랐다. 너무도 가난하였지만 편안한 마음으로 개의치 않았다. 효성스럽고 우애로움은 천성으로 지극하였다. 집의 법도는 매우 엄격하여 집안이 화목하면서 엄숙하였다. 일찍이 전주 부윤(全州府尹)이 되자 대부인(大夫人)을 모시고 갔는데, 매일 반드시 세 번 말에서 내려 안부를 여쭈었다. 평상시에 찬성이 밖에서 돌아오면 부인은 섬돌 아래에서 맞이하고, 첩은 문밖에서 맞이하는 것을 익혀 당연한 일로 여겼다. 다른 사람과 만날 때에는 종일토록 위좌(危坐)하면서 한 번도 삐딱하게 하거나 기대지 않았다. 비록 뜻을 같이하는 사람이더라도 불과 몇 마디 말을 할 뿐이고 한가로운 말이나 잡담을 하나도 하지 않았다. 찬성 권벌(權橃)[39]과 서로 잘 지내서 매번 그의 집에 가곤 하였다. 권공의 자제가 일찍이 벽 틈으로 몰래 지켜보니, 어깨를 펴고 엄중하고 단정하게 위좌하여 손과 발까지도 가벼이 움직이지 않았지만 전혀 피곤한 기색이 없고 한가로이 여담을 나누지도 않았다고 한다. 집에 있을 때는 승사(僧舍)에 있는 것을 좋아하였다. 낮에는 단좌(端坐)하여 책

39 권벌(權橃) : 1478~1548. 본관은 안동(安東), 자는 중허(仲虛), 호는 충재(冲齋)·훤정(萱亭)·송정(松亭), 시호는 충정(忠定)이다. 1507년(중종2) 문과에 급제하였다. 1545년(인종1) 5월 의정부 우찬성이 되었고, 1547년(명종2) 양재역 벽서 사건에 연루되어 유배지에서 죽었다. 1567년 신원(伸寃)되었고, 이듬해 좌의정에 추증되었다. 1591년(선조24)에는 영의정에 추증되었다. 문집으로 《충재집(冲齋集)》이 있다.

을 보았는데, 종일토록 한 번도 게으른 모습이 있지 않았다. 기운이 달리면 공수(供手)하고 일어나 걸었다. 밤에는 촛불을 켜고 지새우면서 관디 차림으로 정좌(靜坐)하여 책을 보기도 하고 묵묵히 앉아 있기도 하였다. 그러다가 피곤하면 책상에 기대어 잠깐 눈을 붙이기는 하였지만, 한 번도 옷을 벗고 베개에 눕지 않았다. 어려서부터 만년에 이르기까지 일찍이 조금도 변하지 않았다. 귀양을 가게 되었을 때[40] 대부인의 나이가 팔십이 넘었는데, 선생은 그 마음을 다치게 할까 걱정하여, 조정에서 부름을 받아 떠나는 것이라고 둘러댔다. 길을 떠나 조령(鳥嶺)에 이르러 다음과 같은 시를 지었다.

동쪽 고개의 소나무 끝에 백일은 뉘엿뉘엿	東嶺松梢白日遲
아득한 이 마음 누가 알아주랴	悠悠心事有誰知
조주[41]까지 천리인들 내가 어찌 한탄하겠는가	潮州千里吾何恨
다만 어머니의 하얗게 센 머리 때문에 슬프구나	秖爲萱堂鶴髮悲

파주(坡州)에 이르러 도중에 권 찬성(權贊成)의 아들을 만나 그의 손을 잡고 다음과 같이 말하였다. "나의 죄는 큰데 그 문책은 작으니, 임금의 은혜가 망극하다. 다만 팔십 노모와 영원히 이별하고 온 것을 생각하면, 가슴에 잊을 수 없을 뿐이다." 그러고 나서 눈물을 흘렸다. 강계(江界)의 적소(謫所)에서 부음을 듣고 슬픔으로 몸이 상하여 병이 되었다. 상복을 벗고, 몇 년 지나 세상을 떴다.

그의 서자인 전인(全仁)이 관〔柩〕을 모시고 남쪽으로 돌아왔다. 집

40 귀양을……때 : 1547년 양재역 벽서 사건으로 강계로 귀양 간 일을 말한다.

41 조주(潮州) : 중국 광동성의 지명이다. 한유(韓愈)가 이곳에 유배를 가서 유배지의 대명사처럼 사용된다.

안에 남은 재산이 없어 매장하지 못할 뻔하였지만, 친척들이 함께 도와주어서 장례를 치를 수 있었다. 그의 부인이 곤궁하여 스스로 생활해 나갈 수 없어서 빌려다가 충당하였다. 처음에 선생이 전주에 있었을 적에 마침 별의 변이(變異)가 있어 조정에서 하교하여 직언을 구하였다. 선생이 임금의 말을 받들어 봉사(封事) 수천 마디의 말을 올렸다.[42] 중종이 가상히 여기며 받아들이고는 특별히 가선대부(嘉善大夫)로 승진시켰다. 선생이 전(箋)을 올려 사직하고자 하였으나 받아들여지지 않았다.[43] 후에 적소에서 다시 〈진수팔규(進修八規)〉[44]를 지어 성학(聖學)에 도움이 되기를 바라며, 옮겨 적는 것을 이미 마쳤다. 당시에 이조 정랑이었던 이원록(李元祿)[45] 역시 같은 주(州)에 유배를 와 있었

42 선생이……올렸다 : 《회재집(晦齋集)》 권7에 보이는 〈일강십목소(一綱十目疏)〉를 말한다. 이언적이 49세이던 1539년(중종34) 10월 전주 부윤으로 있으면서 올린 응지상소(應旨上疏)로, 원문 글자 수가 총 1만 1302자에 달하는 장문의 상소이다.

43 선생이 전(箋)을……않았다 : 1539년 11월에 올린 〈사사전(辭謝箋)〉이라는 제목의 글이 《회재집》 권9에 보인다.

44 진수팔규(進修八規) : 이언적이 60세이던 1550년(명종5) 강계부(江界府) 귀양지에서 지은 글이다. 이언적이 죽은 뒤 1566년에 아들 이전인(李全仁)이 명종에게 올렸으며, 이를 계기로 명종은 이언적의 복작(復爵)을 명하였다. 1550년에 이 상소를 지었지만 올리지 못한 채 지니고 있던 중 1551년 순회세자(順懷世子)가 태어났다는 소식을 듣고 '양국본(養國本)'이라는 한 조목을 뒤에 덧붙였기 때문에 제목과 달리 조목이 9개가 되었다. 《회재집》 권8에 보인다.

45 이원록(李元祿) : 1514~1574. 본관은 덕수(德水), 자는 정서(廷瑞), 호는 송담(松潭)이다. 1545년 이조 정랑으로 있을 때 을사사화가 일어나 선비들이 화를 입자, 권신인 숙부 이기(李芑)의 횡포를 적극 말려 이황(李滉) 등 많은 선비들을 구해 주고 유림으로부터 신망을 얻었다. 1549년 병조 정랑으로서 이기의 전횡을 비난한 것이 알려져 강계에 안치되었다가 풀려 나왔다.

는데, 적당한 때가 아니라며 멈출 것을 권하였다. 선생은 멈추고 올리지 않았다. 또 《중용구경연의(中庸九經衍義)》[46]를 지었는데, 미처 글을 다 완성하기 전에 선생이 세상을 떴다. 지금 가택에 보관되어 있다. 선생은 성리(性理)에 관한 학문에 조예가 깊었으며, 궁리(窮理) 격물(格物)의 앎 공부와 실천 공부 양쪽에 지극함을 다하였다. 만년에 이르러 학문은 더욱 높아지고 덕은 더욱 아름다워져 사람들이 더욱 신망하였다. 퇴계 선생이 일찍이 선생의 학문에 대해 우리나라 제일이라고 평하였다.

선생은 계사년(1533, 중종28)에 밀양 부사(密陽府使)일 때 부름을 받아 사간(司諫)에 제수되었다. 당시 김안로(金安老)가 권력을 휘두르면서 화를 사류(士流)에 전가하였는데 한번 그 노여움에 저촉되면 가문이 바로 풍비박산되었기에 사람들은 감히 지목하여 말하지 못하였다. 당시 채무택(蔡無擇)[47]이 좌정언(左正言)으로 김안로의 사당(死黨)이

46 중용구경연의(中庸九經衍義) : 이언적이 만년에 강계 유배지에서 《대학연의(大學衍義)》와 《대학연의보(大學衍義補)》의 체재를 모방하여 저술하다가 별세하여 미완성으로 남은 책이다. 《중용장구》 제20장에 나오는 구경(九經)의 뜻을 연역한 것인데, 9개 조목 중에서 수신(修身), 존현(尊賢), 친친(親親) 세 조목만 완성하였다. 조목별로 주희 등 여러 학자의 학설을 들어 부연 설명하고 마지막에 '신은 살피건대〔臣按〕'라는 별도의 항목을 붙여 자신의 의견을 첨부하였다. 1583년(선조16)에 손자 이준(李浚)이 수신, 존현, 친친 세 조목에 관한 글을 본집 17권으로, 체천도(體天道), 외천명(畏天命), 계만영(戒滿盈)을 별집 12권으로 간행하였다.

47 채무택(蔡無擇) : ?~1537. 초명은 무역(無斁), 자는 언성(彦誠)이다. 1524년 별시 문과에 급제하여 1535년 대사간, 이듬해 부제학이 되었다. 권신 김안로의 무리로서 많은 사람들을 무고하여 화를 입히고 조정 신하들을 이간하는 등 분규를 일으킴이 심하

었다. 선생과 우정언(右正言) 나익(羅瀷)[48]이 먼저 채무택을 공격하고, 그를 제거한 이후에 김안로에게까지 미칠 것을 약속하였다. 하지만 채무택이 이를 알고 김안로에게 달려가 고하였다. 선생이 조정에 들어가 아뢰려고 하니, 김안로가 이미 먼저 아뢰었다. 드디어 비답을 내려 두 공을 파직하고 채무택은 특별히 한 품계를 올렸다. 이로부터 김안로는 더욱 거리끼는 바가 없었다. 김안로가 실권하자 비로소 다시 부름을 받아 돌아왔다.

참판 유운(柳雲)은 자가 종룡(從龍)이고, 기묘인(己卯人)[49]이다. 기개가 있고 큰 절개가 있어 세세한 행동에 얽매이지 않았으며, 술과 여색을 즐기며 검속하지 않았다. 청류(淸流)들이 광사(狂士)로 대하며 항상 절실하게 책망하였으나 공은 바꾸지 않았다. 문익공(文翼公) 정광필(鄭光弼)[50]이 그의 사람됨을 중히 여겨 위급한 상황에서 의지할 만하

여 김안로, 허항(許沆)과 함께 삼흉(三兇)으로 일컬어졌다.

48 나익(羅瀷) : 1507～1537. 본관은 안정(安定), 자는 명원(明源)이다. 1533년 설서로서 하절사(賀節使)의 질정관(質正官)으로 명나라에 다녀온 뒤 적성 현감으로 부임하였다. 당시 김안로가 권세를 휘둘러 국사를 그르친 것을 비방하는 방서(榜書)가 종루에 붙었는데, 이것을 사초(史草)에 써 두었다가 김안로의 미움을 받아 파직되었다.

49 기묘인(己卯人) : 1519년 기묘사화에 피해를 입은 사람들을 말한다. 517쪽 주26 참조.

50 정광필(鄭光弼) : 1462～1538. 본관은 동래(東萊), 자는 사훈(士勛), 호는 수천(守天), 시호는 문익이다. 1492년(성종23) 문과에 급제하고, 1504년(연산군10) 갑자사화 때 왕에게 극간(極諫)하다가 유배되었다. 중종반정(中宗反正)으로 복직되어 여러 관직을 거쳐 1516년에 영의정이 되었다. 기묘사화가 일어나자 조광조를 구하려다가 파직되었고, 다시 영의정이 되었으나 세자를 저주하는 사건이 일어나 면직되었다.

다고 여겼다. 기묘년의 화가 일어났을 때 공은 당시 충청 감사였는데, 문익공이 데려다가 대사헌으로 삼았다. 여러 소인(小人)이 공을 청류들이 부족하게 여긴다고 하였지만 개의치 않았다. 공이 사은숙배한 후 경연(經筵)에 들어가려 할 때, 남곤(南袞) 등에게 다음과 같이 말하였다. "공들은 무슨 이유로 이와 같은 일을 하는가. 이 사람들에게 과연 무슨 죄가 있는가." 소리와 표정이 모두 매서워 남곤 등은 대답하지 못하였다.

들어가 강(講)을 마치고 나서 있는 힘을 다하여 그들을 구제하며 그들에게 죄가 없다는 것을 밝혔다. 또 말하기를 "필시 이들을 모두 죽이고 난 뒤에야 간흉(奸兇)들의 마음을 후련하게 할 수 있을 것입니다."라고 하였다. 나오자 대간의 탄핵으로 파직되었다. 공은 파직되니 돌아갈 곳이 없어서 동호(東湖)에 잠시 머물렀다. 공은 평소 이항(李沆)[51]과 잘 지냈다. 이항이 하루는 공을 만나러 왔다. 공이 술에 취해 이항에게 말했다. "호숙(浩叔) 그대도 선비를 대하는 것이 여기에까지 이르렀는가." 이항이 화를 내고는 바로 옷을 털며 일어났다. 공은 두려워 바로 그날 혼자 말을 타고 안성(安城)의 촌사(村舍)에 이르렀다. 남곤이 더욱 공을 해치고자 하였다. 항상 가동(家童)을 공의 집에 몰래 보내 하는 바를 엿보게 하여 해를 입히고자 하였지만 하나의 일도 얻을 수 없었다. 마침 공에게는 서울에 계모가 있었는데, 남곤이 공공연히 유 아무개가 계모에게 불효하여 서울 집에 버려두고 맞이하여 모시지

51 이항(李沆) : 1474~1533. 본관은 성산(星山), 자는 호숙, 호는 낙서(洛西)이다. 1496년 문과에 급제하여 찬성(贊成)의 벼슬에 이르렀다. 김안로를 탄핵하다가 귀양가서 사사되었다.

않는다고 말하면서, 이것으로 공을 제거할 기화(奇貨)로 삼고자 하였다. 공이 이를 듣고 다른 사람들에게 말하기를 "사람으로서 불효하다는 이름을 얻었으니 무슨 면목으로 살겠는가."라고 하였다. 결국 소주를 진탕 마시고는 장이 문드러져 세상을 떴다. 사림에서 지금까지 안타까워한다. 처음에 공이 권벌 공에게 이르기를 "김정(金淨)은 반드시 패망할 것입니다."라고 하였다. 이윽고 과연 그러하였으니, 권공이 매번 그의 선견지명에 탄복하였다.

참찬 이자(李耔)는 자가 차야(次野)이고, 호는 음애(陰崖)이다. 청백(淸白)하고 충후(忠厚)하여 앞선 사람들보다 우뚝했다. 기묘년(1519)의 청류들은 공을 영남의 영수(領袖)로 추대하였는데, 당화(黨禍)가 일어나자 논척을 당하여 음성(陰城)의 촌사로 물러나 머무르며 경서(經書)와 사서(史書)로 스스로 즐겼다. 공과 김안로는 모두 채수(蔡壽)[52] 공의 사위였지만, 지향하는 바는 얼음과 숯처럼 달랐다. 평소 서로 맞지 않았고 김안로가 공을 원수처럼 싫어하였는데, 부인과 형제들도 매우 반목하였다. 공이 벼슬에 나가지 않고 한가로이 지낸 것이

52 채수(蔡壽) : 1449~1515. 본관은 인천(仁川), 자는 기지(耆之), 호는 나재(懶齋)이다. 1469년(예종1) 삼장(三場) 문과에 장원으로 급제하여 이석형(李石亨)과 함께 조선 개국 이래 삼장에서 연이어 장원한 두 사람 중의 하나가 되었다. 연산군 때 도승지 임사홍(任士洪)의 비행을 탄핵하다 좌천되었으며, 성종 때는 연산군의 생모 윤씨를 폐위하는 데 반대하였다가 파직되었다. 이후 다시 서용되어 성균관 대사성과 호조 참판 등을 지냈으며, 1506년 중종반정에 가담하여 분의정국 공신(奮義靖國功臣) 4등에 녹훈되고 인천군(仁川君)에 봉해졌다. 그 후에는 함창(咸昌)에 은거하며 독서와 풍류로 여생을 보냈다. 문집으로 《나재집(懶齋集)》과 고전 소설 《설공찬전(薛公贊傳)》이 있다.

모두 15년이었다. 나라를 염려하고 시국을 걱정하며 술로 자신을 달랬다. 권벌 공이 평소에 공과 잘 지냈다. 이때에 권벌 또한 폐출(廢黜)되어 머물고 있었는데, 공이 음주가 지나치다는 것을 듣고 서간(書簡)으로 경계시켰지만, 공은 그치질 못하였다. 계사년(1533)에 권공이 여러 공들보다 먼저 서용(敍用)되어 부름을 받아 조정으로 돌아가게 되었다. 개인적으로 음성 지역에서 공을 방문하니, 공 또한 마중 나와 시냇가에서 기다렸다. 차분히 이야기를 나누고 헤어졌는데, 얼마 지나지 않아 공의 부음이 이르렀다. 권공은 통곡하며 "내 일찍이 과음하는 것을 경계시켰거늘 결국 이제 이 지경에 이르렀구나."라고 하였다. 공이 저술한 시문 10여 권이 남아 있는데, 현재 형의 손자 집에 보관되어 있다고 한다.

찬성 권벌(權橃)은 자가 중허(仲虛)이고 호는 충재(沖齋)로, 안동(安東) 사람이다. 충직하고 듬직하며 즐겁고 편안하여 다른 사람과 다툼이 없었다. 평소 올곧은 도리로 자임하며 선을 좋아하고 악을 싫어하였으니, 타고난 성품에서 나온 것이었다. 이락(伊洛)의 글을 보기를 좋아하여 평소에 손에서 놓지 않았다. 어렸을 때에는 성품이 많이 조급하였지만, 만년에는 여유롭고 부드러운 기상을 길러 이루었다. 비록 긴급하고 갑작스러운 상황이더라도 소리와 기운을 요동치게 하지 않았다. 하루는 시비(侍婢)가 소반을 들고 나가다가 잘못하여 땅에 엎어 국으로 공의 옷을 더럽혔는데, 공은 보지 못한 것처럼 하였다. 또 하루는 계정(溪亭)에 앉아 있는데, 말을 타고 정자를 지나가는 사람이 있자 공은 기둥에 의지하여 피했다. 평소 자제들에게 과거 급제나 영예와 이익에 관한 일을 언급하지 않았다. 또 시문(時文)으로 가르치지 않았다. 옛사람들의 아름다운 말이나 선한 행동을 보면 반드시 자제들을 불러 보여 주었다. 처음에는 이조 낭관이었는데 부모 봉양을 위해 고을의 수령 자리를 구하여 영천 군수(永川郡守)가 되었다.

얼마 지나지 않아 장령(掌令)으로 부름이 있어 조정으로 돌아왔다. 기묘년(1519)의 청류들이 모두 추앙하며 존중하였다. 공은 당시의 상황이 매우 급격한 것을 보고 심히 우려하여 공들을 만나면 언제나 이야기를 하였지만, 공들이 따르질 못하였다. 공은 바로 삼척 부사(三陟府使)를 구하여 떠났다. 전별하는 자리에서 김정 공에게 이르기를 "최근의 일은 과격한 듯합니다. 이러한 상태가 그치지 않는다면 반드시 변고가 생길 것입니다. 제군들이 조금 바뀌어야 할 것입니다."라고 하였으나 김공은 엎드린 채 답하지 않았다. 얼마 지나지 않아 화는 일어났고, 공 역시 연루되어 파직되었다. 벼슬을 하지 않고 한가로이 지낸 것이 모두 14년이었다.

계사년(1533)에 부름을 받아 조정으로 돌아왔는데, 김안로가 싫어하여 나가서 밀양 부사(密陽府使)가 되었다. 김안로가 실권하자 다시 부름을 받아 돌아와 점차 임금의 총애를 입었다. 조정에서 곧은 말을 많이 하였고 경연 자리에서 매번 바른 의론을 올리자 임금이 자못 싫어하였다. 당시에 내족(內族)[53]이 연경으로 사신을 갔다가 돌아오는 경우에는 반드시 사사로이 화려한 물건을 바쳤다. 공 역시 내족이었지만[54] 하나도 바치는 것이 없었으니 당시의 의론이 칭찬하였다.

53 내족(內族) : 왕가의 종실을 가리킨다.

54 공 역시 내족이었지만 : 권벌의 외조부 윤당(尹塘)이 파평 윤씨로 성종의 세 번째 계비인 정현왕후(貞顯王后)와 가까운 친족이다.

을사년(1545, 명종 즉위년)의 변고에서 공이 명을 받아 충순당(忠順堂)[55]에 들어가 발〔簾〕 앞에서 다음과 같이 아뢰었다. "세 사람은 비록 애석할 만하지 않지만, 신은 사림의 화가 이로부터 시작될까 염려됩니다." 대비가 말했다. "다만 주모자 몇 사람을 없애는 것일 뿐이니 어찌 화가 사림에 미칠 리가 있겠소." 공이 물러나 소(疏)를 올려 극력 간하고자 하여 밤새도록 소의 초를 잡았는데, 자제들이 적당한 때가 아니라는 이유로 조금 늦출 것을 청하였다. 공이 화난 목소리로 꾸짖으며 말하였다. "나라의 일이 이보다 큰 것이 없다. 내가 나라의 두터운 은전(恩典)을 받았는데, 어찌 앉아 지켜보면서 말하지 않고 있겠는가."

바로 윤원형(尹元衡)에게 글을 보내 다음과 같이 말했다. "나라에 큰일이 있습니다. 이 어찌 공이 편안하게 누워 있을 때이겠습니까. 원컨대 공은 병을 무릅쓰고 억지로 일어나 엎어지는 것을 붙들고, 위태로운 것을 지탱하십시오. 예부터 나라가 깨어지는데 집안이 망하지 않은 경우는 없었습니다." 당시에 윤원형이 말미를 받아 집에 있었으므로 공이 말한 것이다. 다음 날 아침 승정원에 나아가 아뢰었다. "유관(柳灌), 유인숙(柳仁淑)에게는 필시 이러한 계책이 없을 것입니다. 윤임(尹任)이 죽는 것은 안타까울 것이 없지만, 어리석어 사리를 분간하지 못하였다는 이유로 사람에게 죄를 내려서는 안 됩니다." 말이 매우 절실하고 곧았다. 대비가 윤허하지 않았다.

55 충순당(忠順堂) : 경복궁의 부속 건물이다. 1545년 인종이 즉위한 지 8개월 만에 승하하고 명종이 12세에 왕위에 오르자 중종의 계비 문정왕후(文定王后)가 8년간 충순당에서 수렴청정을 하였다. 이때 을사사화가 일어났는데, 권벌은 윤임을 배척하는 윤원형을 반대하다가 삭주로 귀양 가서 죽었다.

다음 날 정순붕(鄭順朋)이 소를 올려 공을 논핵하였다. 공은 병조판서로 강등되었다. 얼마 지나지 않아 파직되어 집에 머물렀다. 정미년(1547)에 삭주(朔州)로 유배를 갔다.[56] 즐거워하며 길을 떠나 말과 얼굴에 조금도 드러나는 것이 없었다. 당시에 공의 아들이 서울에서 관직을 하였다. 공이 글을 보내 다음과 같이 경계하였다. "옛날에 범충선(范忠宣)[57]이 칠십의 나이에 만 리의 길을 떠났다. 너의 아비는 큰 죄를 지었다. 이것도 관대한 은전이다. 너는 나 때문에 위축되지 말거라." 유배지에서도 항상 나랏일을 염려하여 비통해하고 탄식하며 잠시도 잊지 않았다. 삭주에서 일 년이 지나 세상을 떴다.

이연경(李延慶)은 둔촌(遁村) 이집(李集)의 7세손이다. 일찍이 기묘년(1519) 현량과(賢良科)에 합격하여 홍문관 교리가 되었다. 현량과가 없어지자 물러나 중원(中原 충주(忠州))에 머무르며 다시는 과거에 응하지 않았고, 벼슬길에 나갈 생각도 없었다. 오직 노래를 읊조리고 물고기를 낚는 것을 일삼았다. 항상 성현을 존모하였고 예(禮)로써 스스로를 단속하였다. 마을 사람들이 그 덕을 높이 여겨 이 교리(李校理)라고 불렀다. 정미년(1547)에 찬성 권벌이 유배를 가면서 중원의

56 정미년에……갔다 : 1547년 양재역 벽서 사건에 연루되어 삭주로 귀양 갔고, 그곳에서 병사하였다.

57 범충선(范忠宣) : 송(宋)나라 범순인(范純仁, 1027~1101)을 가리킨다. 자는 요부(堯夫), 시호는 충선이다. 명재상 범중엄(范仲淹)의 아들이다. 1049년에 진사시에 급제하고 벼슬이 상서복야(尙書僕射)에 이르렀다. 왕안석(王安石)과 대립하였으며, 철종 때에 사마광(司馬光)과 함께 신법을 폐지하고 옛 정사를 회복하는 데 앞장섰으나, 뒤에 신법당(新法黨)의 장돈(章惇) 등에게 배척을 받아 영주(永州)로 좌천되었다.

금탄강(金灘江)-공의 집에서 겨우 5리 떨어져 있다.-까지 갔다. 마침 회재(晦齋) 이언적(李彦迪)이 월성(月城)으로부터 유배를 가는데 역시 이곳에 이르렀다. 공이 두 공이 온다는 소식을 듣고 급히 와서 방문하였다. 당시 여론이 흉흉하여 두 공이 감히 서로 만나려고 하지 않았다. 공이 먼저 회재를 만나고, 다음으로 권공을 만났다. 안석에 기대어 서로 마주하다 이야기가 시사(時事)에 이르자, 괴로워하고 한탄하며 눈물을 흘렸다. 또 말하였다. "주상께서는 유충(幼沖)한데,[58] 간신들이 나라를 맡아 살육함으로써 인도하고 있습니다. 나랏일이 끝내 어떻게 될지 모르겠습니다." 또 말하였다. "공에게는 자제들과 수행하는 종들이 있지만, 복고(復古 이언적)는 행장이 초라하고 자제와 종행(從行)도 없습니다. 천 리나 되는 먼 길을 어떻게 감당하겠습니까." 이야기하다가 함께 눈물을 떨구었다. 다음 해 권공이 적소(謫所)에서 세상을 떴다. 객지에서 돌아오는 상여가 다시 금탄강을 지났다. 공은 견여(肩輿)를 타고 술병을 쥐고서 공의 관 앞에 전(奠)을 올렸는데, 통곡하며 슬픔을 다하고 멈추었다. 장례를 치를 때에는 사람을 보내 부물(賻物)과 만시(挽詩)를 전하였다. 후에 회재의 상여가 돌아왔을 때에는 공이 이미 세상을 떠난 뒤였다.

응교(應敎) 기준(奇遵)은 기묘인(己卯人)이다. 비분강개하며 지조와 절개가 있었다. 싫어하고 미워함이 매우 심하였다. 의론하기를 좋아하고 탄핵하는 것을 즐겼다. 죄를 얻었을 때 나이가 스물여덟이었다. 문장에 능하고 시를 잘 지었다. 《덕양집(德陽集)》이 있어 세상에 전한

58 주상께서는 유충(幼沖)한데 : 1547년 당시 명종은 14세였다.

다. 조정에 있을 때, 한번은 꿈에 어떤 곳에 이르러 다음과 같은 시를 지었다.

낯선 땅의 강과 산이 고국과 같으니 異域江山故國同
하늘가에서 눈물 흘리며 높은 봉우리에 기대었네 天涯垂淚倚孤峯
조수(潮水) 소리 처량한데 강의 관문 닫히었고 潮聲寂寞河關閉
나뭇잎은 쓸쓸한데 성곽은 텅 비었네 木葉蕭條城郭空
들길은 가을 풀 밖으로 가늘게 나뉘고 野路細分秋草外
인가는 석양 속에 많이도 있구나 人家多住夕陽中
떠나는 배 한번 가면 돌아올 돛대 없으니 征帆一去無回棹
푸른 바다 아득하여 소식 통하지 못하네[59] 碧海蒼蒼信不通

얼마 지나지 않아 죄를 얻어 멀리 유배를 갔다가, 비명에 죽었다. 이것이 아마 그 조짐이었을 것이다.

참판 송인수(宋麟壽)는 자가 미수(眉叟)이고, 호는 규암(圭菴)이다. 타고난 성품이 효성스럽고 우애로웠다. 절개 있는 행실에, 청아하고 고매하며 마음이 넓고 명백하여 겉과 속이 한결같았다. 성리(性理)의 학문을 몹시 좋아했다. 항상 한 방에서 잠을 자고 거처하면서 종일토록 위좌(危坐)하였으며, 좌우에는 책들을 두어 고개를 숙이고 읽기도 하며 고개를 들어 생각하기도 하여 결국 얻는 바가 있었다. 선을 좋아하는 데 독실하여 다른 사람이 한마디라도 선한 말을 하면 반드시 마음을 기울여 허여하였다. 그의 종제(從弟) 송기수(宋麒壽)가 항상 경계시키

59 낯선……못하네 : 이 시는 기준의 문집 《덕양유고(德陽遺稿)》 권1에 〈기몽(記夢)〉이라는 제목으로 수록되어 있다.

자 공이 다음과 같이 말하였다. “선을 좋아한 것 때문에 화를 입게 된다면 나는 한스럽지 않을 것이다.” 종신토록 변하지 않고 규범에 매우 엄격하여 말하는 것이나 걸어 다니는 것이 언제나 법도에 들어맞았다. 일찍이 조정에서 임금을 뵐 때 단정히 홀(笏)을 쥐고 바르게 서서 엄숙하여 나태한 모습이 없었다. 손과 발까지도 움직이지 않으니 반열에 있던 사람들이 이로 인해 숙연해졌다. 그가 대사성이었을 때는 예법으로 제생을 이끌었다. 제생이 공경하며 본받는 바가 있어 학풍이 크게 변하였다. 처음에 김안로(金安老)에게 미움을 받아 외직으로 나가 제주 목사(濟州牧使)가 되었다. 임소에 도착하고서 모친이 나이가 들었다는 이유로 사직하고 돌아왔다. 김안로가 공이 멋대로 임소를 버렸다고 무함하여 붙잡아다 추문(推問)하였다. 공이 죄를 자복하여, 결국 외지로 유배를 갔다. 김안로가 실각하자 풀려나 돌아왔다. 훗날 이기(李芑)에게 무함을 받아 비명에 죽었다. 사림에서는 지금까지 원통해 한다.

정렴(鄭磏)은 자가 사결(士潔)이고, 정순붕(鄭順朋)의 아들이다. 마음이 맑고 텅 비어 고상하고 깨끗하였으며, 담연히 욕심이 없었다. 경서(經書), 제자(諸子), 사서(史書)에서 의약(醫藥), 복서(卜筮), 천문(天文), 지리(地理), 병제(兵制), 산수(算數)에 이르기까지 두루 꿰뚫지 않음이 없었다. 특히 역(易)에 조예가 깊었다. 세속의 영화와 이익에 대해 무관심하여 뜬구름처럼 보았다. 천거로 관직에 보임(補任)되었다가 누차 임명되어 찬의(贊儀)에까지 이르렀다. 그러나 그의 뜻이 아니었다. 을사년(1545)의 변고 때, 힘써 자신의 아버지에게 간언하여 눈물을 흘리기까지 하였다. 정순붕은 훈적(勳籍)에 정렴이 기록되기를 바랐지만, 정렴은 공이 없다는 이유로 극력 거절하였다. 그의 아우 정현(鄭礥)[60]은 음험하여 아버지를 도와 녹훈되었다. 정렴을 질시하여 힘을 다해 간언하면서 대의(大義)를 위해서는 친족을 멸할 수 있다는 이유를 들어 죽이고자 하였지만, 정순붕이 말려서 그렇게 하지는 못하였다.

정렴은 한가로이 병을 치료하며 지내고 싶다는 이유로 바로 관직을 버리고 장단(長湍)으로 돌아가 깊은 산중에 작은 집을 짓고 홀로 그곳에 머물렀다. 오직 거문고와 서책만을 가지고 스스로 즐기며 당세(當世)에 대한 생각이 없었다. 정순붕이 정렴의 가속(家屬)이 서울에서 스스로 살아갈 수 없을 것이라고 여겨서, 정렴을 녹관(祿官)에 붙이려고 하였다. 정렴이 말했다. "벼슬하지 않고서 녹을 받는 것은 마음이 편치 않은 바입니다. 이 때문에 병이 더욱 심해지니 청컨대 속히 해임하여 주십시오." 정순붕은 어쩔 수 없이 따랐다. 정순붕이 죽자, 거상(居喪)에 슬픔이 지나쳐 병에 걸리게 되었다. 스스로 말하기를 "내 병은 필시 낫지 않을 것이다. 아무 날에 죽을 것이다."라고 하였다. 그날이 되자 목욕하고 옷을 갈아입었는데, 차분하게 화락하고 느긋한 것이 평상시와 다르지 않았다. 붓을 가져다 다음과 같은 시를 지었다.

일생 동안 만 권의 책을 모두 읽고　　一生讀盡萬卷書
하루 동안 천 잔의 술을 다 마셨네　　一日飮盡千鍾酒

60 정현(鄭礥) : 1526~?. 자는 경서(景舒), 호는 만죽헌(萬竹軒)·세한당(歲寒堂) 등이다. 1545년 아버지 정순붕이 이기, 임백령(林百齡) 등과 을사사화를 일으켰을 때, 15세로 윤임, 유관 등 대윤 일파를 제거하는 데 동참하여 위사 공신(衛社功臣) 3등에 책록되고 사재감 직장(司宰監直長)이 되었다.

높이 복희 이상의 일을 말하고	高談伏羲以上事
세속의 이야기는 지금껏 입에 올리지 않았네	俗說從來不掛口
안회는 서른에 죽고도 아성이라 불렸는데	顏回三十稱亞聖
선생[61]의 수명은 어찌 그리도 길었는가	先生之壽何其久

슬퍼하고 걱정하는 기색이 전혀 없이 환한 모습으로 세상을 떴다. 43세였다.

홍인우(洪仁祐)는 자가 응길(應吉)이다. 정유년(1537, 중종32)에 생원이 되었는데, 여러 번 과거를 보았지만 합격하지 못하였다. 어려서부터 학문함에 곧장 성현(聖賢)을 스승으로 삼았다. 몸을 닦고 행실을 삼가서 규범에 매우 엄격하였다. 다른 사람을 대할 때에는 공손하였고 함부로 우스운 소리를 하지 않았다. 항상 홀로 서실에 있으면서 종일토록 위좌(危坐)하고 경적(經籍)을 탐구하여 의리에 침잠하였다. 매우 열심히 힘쓰고 노력하며 먹고 자는 것을 잊는 데까지 이르렀다. 그의 학문은 성(誠)과 경(敬)을 위주로 하여, 마음을 보존하고 뜻을 다잡음에 어두운 방에서도 스스로를 속이지 않았다. 비록 긴급하고 갑작스러운 상황을 맞닥뜨리더라도 빨리 말하거나 서두르는 모습이 없었다. 다른 사람들과 지내면서는 오래될수록 더욱 신망을 받았다. 평소에 희롱하고 업신여기는 말은 입 밖에 내지 않았고, 태만한 기운은 몸에 두지 않았다. 부인과 있을 때는 서로 손님처럼 대했다. 하인들을 대함에는 은혜로웠다. 죄가 있으면 벌을 줄 뿐 한 번도 성내고 원망하는 기색이나 욕하고 꾸짖는 말이 있지 않았다. 어진 것을 좋아하고 선한

61 선생 : 스스로에 대한 만시(挽詩)이므로 정렴 자신을 가리킨다.

것을 즐거워하는 것은 타고난 성품에서 나왔다. 다른 사람에게 선한 점이 있다는 말을 들으면 그 사람을 만나 보기를 원했다.

갑진년(1544)에 허충길(許忠吉),[62] 김희년(金希年),[63] 강유선(康惟善)[64]과 함께 태학에 있었는데, 마침내 바른 학문을 숭상하고 잘못된 학설을 물리칠 것을 태학에서 주장하였다. 소(疏)를 올려 조광조(趙光祖)의 관직을 회복시킬 것을 청하였다. 얼마 지나지 않아 당시 상황이 크게 변하여 허충길과 김희년이 모두 멀리 유배를 갔고 홍응길 혼자 면하였다. 이때부터 깊숙이 스스로를 감추고 자취를 숨긴 채 함부로 교유하지 않았고, 두문불출하며 책을 읽으면서 이를 스스로 즐겁게 여겼다.

계축년(1553, 명종8)에 비로소 퇴계와 서로 알게 되었다. 선생은 늘 수레를 타고 찾아가서 의리를 강론하다가 저녁에야 돌아오곤 하였다. 퇴계 선생은 마음으로 그 사람에게 감복하여, 스스로 한 명의 도움이 되는 벗을 얻었다고 생각하였다. 얼마 지나지 않아 부친상을 당하였는데, 슬픔이 지나쳐 병을 얻었다. 나이 겨우 사십에 세상을 떴다. 집이

62 허충길(許忠吉) : 1516~1574. 본관은 양천(楊川), 자는 국선(國善), 호는 남계(南溪)이다. 경자년(1540)에 진사에 합격하고 문과에 급제하였다. 대간과 영천 군수(榮川郡守)를 지냈다. 영천 군수로서 이황의 위패를 봉안한 이산서원(伊山書院)을 영천에 세웠다.

63 김희년(金希年) : 이중열(李中悅)의 《을사전문록(乙巳傳聞錄)》에는 김희년(金禧年)으로 되어 있다.

64 강유선(康惟善) : 1520~1549. 본관은 신천(信川), 자는 원숙(元叔), 호는 주천(舟川)이다. 1545년(인종1)에 조광조, 기준(奇遵) 등을 신원하는 소를 세 차례 올렸으며, 1549년(명종4) 역모에 참여했다는 무고를 입고 옥중에서 죽었다. 문집으로 《주천유고(舟川遺稿)》가 있다.

매우 가난하여 선생이 뜻을 같이하는 선비들과 함께 힘을 보태 상(喪)을 도왔다.

홍응길과 허충길은 도의(道義)로 사귀었다. 죽는 날, 허충길을 불러 다음과 같은 이별의 말을 주었다. "죽고 사는 데는 명(命)이 있으니 한스러워할 것 없네. 다만 이 학문을 다 끝마치지 못하였을 뿐이네." 또 집의 일을 맡기며 고아로 남은 자식을 가르치고 길러서 성취가 있도록 해 주기를 부탁하였다. 또 허충길에게 노력하는 것을 그치지 말 것을 독려하였다. 집안사람들이 울부짖으며 곡을 하자 극구 금하며 멈추게 하였다. 처(妻)를 불러 다음과 같이 말하였다. "사람이 태어나 한 번은 죽기 마련인데, 어찌하여 가벼이 울부짖는 것이오. 내가 죽은 뒤로 가법(家法)을 삼가 지키고 연로한 모친을 봉양하며 아이들을 교육하는 데 태만하지 마시오." 또 부녀자의 도리로 딸을 면려하고, 학문으로 아들을 권면하고는 더 이상 집안일에 대해 한마디도 언급하지 않았다. 차분하고 편안한 것이 평상시와 다르지 않았다. 온화한 모습으로 세상을 떴다.

본 바가 높지 않고 기른 바가 깊지 않으면 어떻게 여기에 이르렀겠는가. 퇴계가 일찍이 나에게 "홍응길은 독실하게 학문하고 힘써 실천하는 선비이다."라고 하였다. 또 "그의 마음은 항상 선(善)에 있다. 바깥 사물이 침입하여 어지럽히지 않게 하니, 지금 이러한 사람은 얻기 어렵다."라고 하였다. 또 "그의 학문은 어긋남이 없을 수는 없다. 생각건대 수학(數學)에는 조예가 깊지만, 이(理)에는 정밀하지 못하다. 또 기를 이라고 여기는 잘못이 많다. 그렇지만 돈독하게 믿고 힘써 학문하며 어려운 가운데 굳은 절개를 맑게 닦았으니, 어디서 이러한 사람을 다시 얻을 수 있겠는가. 한탄하며 애석해한 것이 오래되었다." 남시보(南時

甫)[65]도 일찍이 나에게 다음과 같이 말하였다. "홍응길의 행동은 매우 높지만, 그의 학문은 끝내 불분명하였다."

신잠(申潛)은 자가 원량(元亮)이다. 참판 신종호(申從濩)[66]의 아들이다. 학문과 덕행이 있었다. 계유년(1513, 중종8) 진사시에서 장원을 하였다. 일찍이 기묘년(1519) 현량과에 급제하여 예문관 검열이 되었다. 현량과가 없어지자 더는 과거에 응하지 않았다. 얼마 지나지 않아 안처겸(安處謙)의 난[67]이 일어났다. 공은 같은 무리로 연루되어 남쪽으로 유배를 갔다. 오래 지난 후에 풀려나 돌아왔다. 마침내 아차산(峨嵯山) 아래에 거처를 잡고 거문고와 서책으로 스스로 즐기며 장차 생을 마칠 듯이 하였다. 금상(명종) 초기에 대신(大臣)의 천거로 서용(敍用)되어 태인 현감(泰仁縣監)이 되었다. 세 번 자리를 바꾸어 상주 목사(尙州牧使)까지 올랐다가 세상을 떴다. 임용되어 간 곳마다 모두 은혜로운 정사(政事)가 있었다. 일찍이 다음과 같은 시를 지었다.

홍지[68]는 거둬 갔는데 백지[69]를 잃어버렸으니　　紅紙已收白紙失

65 남시보(南時甫) : 남언경(南彦經, 1528~1594)으로, 본관은 의령(宜寧), 자는 시보, 호는 정재(靜齋)·동강(東岡)이다. 서경덕의 문인이며 양명학자이다.

66 신종호(申從濩) : 1456~1497. 본관은 고령(高靈), 자는 차소(次韶), 호는 삼괴당(三魁堂)이다. 신숙주(申叔舟)의 손자이다.

67 안처겸(安處謙)의 난 : 신사무옥(辛巳誣獄)을 가리킨다. 1521년에 좌의정 안당(安瑭)의 아들 안처겸이 이정숙(李正叔), 권전(權碩) 등과 더불어 심정, 남곤 등의 제거를 모의하였다고 송사련(宋祀連)이 고변하였다. 이로 인해 안당, 안처겸, 안처근(安處謹) 삼부자를 비롯하여 권전, 이정숙, 이충건(李忠楗) 등 많은 사림이 연루되어 처형되었다. 신잠 역시 이 일에 연루되어 귀양을 갔다. 후에 무고로 밝혀지고, 안당의 손자 안윤(安玧)의 상소로 관련자의 신원이 이루어졌다.

한림과 진사가 모두 헛된 이름이네　　　　　　翰林進士總虛名
이제부터는 아차산 아래서 늙어 갈 것이니　　　從此峨嵯山下老
산인이란 두 글자야 누가 다투겠는가　　　　　山人二字孰能爭

아마도 진사(進士)의 백패(白牌)를 집안사람들이 예전에 잃어버렸기 때문에 이렇게 읊은 듯하다. 공은 그림을 잘 그렸는데, 특히 매화와 대나무에 능했다. 사대부 집안에서 많이들 귀중히 여기며 보관했다고 한다.

퇴계 선생은 문장과 학문이 당대의 으뜸이어서 사림에서 우러르는 데 다른 의견이 없었다. 처음에 사마시(司馬試)에 합격하였는데 더는 과거 시험에 응할 뜻이 없었다. 그의 형 참판공 이해(李瀣)[70]는 집안이 가난하고 부모가 늙어 과거에 열심히 노력하였다. 선생도 열심히 노력하며 따랐다. 마침내 갑오년(1534) 과거에 합격하였다. 그러나 이때부터 물러나 조용히 머물 뜻을 가지고 있었다. 경사(京師)에서 집을 빌려 살았는데, 두문불출하며 자취를 감추고 함부로 교유하지 않았으며 재상(宰相)의 집 문 앞에 한 번도 간 적이 없었다. 계묘년(1543) 선생의 나이 43세에 말미를 받아 남쪽으로 돌아왔는데, 그대로 조정에 돌아가

68 홍지(紅紙) : 홍패(紅牌)를 달리 이르는 말이다. 홍패는 과거에 급제한 사람에게 그의 성적 등급과 성명을 붉은 종이에 적어서 내주는 합격증이다.

69 백지(白紙) : 백패, 즉 소과(小科) 합격자에게 주는 흰 종이 증서를 말한다.

70 이해(李瀣) : 1496~1550. 본관은 진보(眞寶), 자는 경명(景明), 호는 온계(溫溪)이다. 1528년 문과에 급제하였다. 대사헌으로 있을 때 이기를 우의정에 탁용(擢用)하려는 것을 반대하고 탄핵하였다가 후에 이기의 심복인 사간 이무강(李無彊)의 탄핵을 받아 갑산(甲山)으로 유배 도중 병사하였다.

지 않았다. 얼마 뒤 부름이 있어 돌아왔다.

을사년(1545, 명종 즉위년)의 변고에 이담(李湛)[71] 등 네 사람과 함께 파직되었다. 여론이 시끄러웠는데, 모두 선생이 파직되는 것은 온당하지 않다고 하였다. 또 이기(李芑)에게 구원을 요구하는 사람이 있었다. 이기가 대죄(待罪)하면서 '이황(李滉)에게 죄가 없는데 실은 자신이 잘못 보고하였다'고 말하니, 드디어 복직을 명하였다. 이로부터 벼슬하려는 뜻이 더욱 옅어졌는데, 힘써 외직에 보임되기를 구하여 단양군수(丹陽郡守)가 될 수 있었고, 풍기(豐基)로 옮겨 가서는 해가 지나자 관직을 버리고 돌아왔다. 처음에 선생의 처가가 영천(榮川)에 있었다. 선생은 이를 인연으로 그곳에 머물렀었다. 이때에 이르러 예안(禮安)의 옛집으로 다시 옮겨 가 깊은 계곡에 집을 지어서 독서와 궁리(窮理)를 일삼으며 조금도 벼슬에 나아갈 뜻이 없었다.

임자년(1552) 봄에 홍문관 교리로 부름을 받았다. 간절히 사양하였지만 허락받지 못하고 결국 명을 받들어 부임하였다. 하지만 관직이 바뀔 때마다 반드시 병으로 사양하고, 사직이 받아들여지지 않은 후에야 관직에 나아갔다. 비록 관직에 나아가더라도 휴가를 받은 날이 언제나 절반 정도 되었다. 그해 가을에 당상(堂上)에 올라 성균관 대사성이 되었다. 선생은 사습(士習)이 점점 천박해져서 교화하기 어려움을 보았다. 얼마 지나지 않아 사직하고 물러났다. 을묘년(1555) 봄에 병으로

71 이담(李湛) : 1510~1574. 본관은 용인(龍仁), 자는 중구(仲久), 호는 정존재(靜存齋)이다. 1545년 공조 정랑으로 을사사화 때 삭직되고, 1547년 양재역 벽서 사건에 연루되어 양산(梁山)으로 유배 갔다. 1561년 복관되어 《명종실록(明宗實錄)》 편수에 참가하였다.

사직하고 곧장 도성 문을 나왔다. 평소 왕래하던 조정의 사우(士友)들도 모두 알지 못했다. 병진년(1556) 여름 부제학에 제수되었는데, 본도(本道)의 감사(監司)로 하여금 배편으로 선생을 올려보내도록 하라는 명이 있었지만, 선생은 사양하고 부임하지 않았다. 달을 넘기고 다시 첨지(僉知)로 부름이 있었다. 또 어찰(御札)로 다음과 같이 유시(諭示)하였다. "그대는 탁월하게 청아하고 간결하며 세상에 드문 화려한 문장가로 공적과 명예를 탐하지 않고, 시골에 한가로이 머물고 있으니 물러나 조용히 지내려는 뜻을 가상히 여기노라. 항상 서울로 돌아오는 날을 기다리지만 현인을 구하는 성심이 부족하여 조정에서 벼슬을 하지 않으니, 내 마음이 섭섭하오. 내 비록 글을 헤아리는 덕은 없지만, 그대는 어찌 부춘산(富春山)에 숨어듦[72]을 좋아하는가. 얼른 올라와 벼슬을 하여 간절히 구하는 나의 뜻에 부응하라." 선생이 소(疏)를 올려 간절히 사양하고, 또한 치사(致仕)를 청하였다. 마음을 편안히 하고 조리하면서 시간에 구애받지 말고 올라오라는 유지가 있었지만 치사는 허락하지 않고, 첨지의 직명은 그대로 갖고 있도록 하였다. 선생은 소를 올려 직명을 사양하였지만, 허락하지 않았다.

무오년(1558)에 영의정 심연원(沈連源)과 대제학 정사룡(鄭士龍)이 경연에서 합사(合辭)하여 다음과 같이 아뢰었다. "이황의 경술(經術)과 문장을 능가할 사람이 없습니다. 다시 불러 등용할 것을 청합니다. 그렇지만 너무나 빈궁하여 서울에서 스스로 생활할 수가 없을 것입니다. 담당 관청에서 공급하여 줄 것을 바랍니다." 임금이 두 공이 아뢴

72 부춘산(富春山)에 숨어듦 : 엄광(嚴光)은 후한 광무제(後漢光武帝) 유수(劉秀)의 친구로 유수가 황제가 되자 부춘산에 은거하였다. 《後漢書 逸民列傳 嚴光》

바대로 승정원에 하교하였다. 선생이 이를 듣고 그동안 아뢰었던 물러나겠다는 뜻을 갖추어 소를 올렸다. 또한 자신이 벼슬을 함에 온당하지 않은 이유 다섯 가지를 말씀드리고는 이어서 치사를 청하였다.[73] 임금이 이를 보고 손수 다음과 같은 비답을 내렸다. "지금 소의 글을 보니, 그동안 구했던 물러나겠다는 뜻이 잘 갖추어져 기술되어 있고, 벼슬에 나오는 것이 온당하지 않은 이유 다섯 가지를 말하는 데 이르러서는 굳이 오지 않겠다고 고집하니, 비록 인재를 얻어 나라를 잘 다스리고는 싶지만, 어찌 그 뜻을 빼앗을 수 있겠소. 내가 참으로 덕이 적고 어리석어 함께 일을 도모하기 부족하기 때문에 도의(道義)를 지키는 사람들이 와서 도와주려는 뜻이 전혀 없는 것이오. 내 심히 부끄럽소." 참찬 조사수(趙士秀)[74]가 평소 선생을 존경하고 존중하였다. 공의 마을 사람들에게 다음과 같이 말하였다. "경호(景浩 이황)가 지금 오지 않는다면 임금께서 필시 매우 노할 것이다. 오지 않으면 안 된다." 선생이 이를 듣고 사람들에게 말했다. "하늘의 뜻이 엄준하기가 이와 같구나." 또 여론이 있어 형세상 가지 않을 수 없었다. 9월에 경사에 도착했다. 애초에 다른 뜻을 갖고 있던 사람들은 상소문 가운데 "신을 아끼는 사람은 적고 신을 미워하는 사람은 많습니다."[75]라는 말을 가리켜 지나

73 선생이……청하였다 : 1558년에 올린 상소를 가리킨다. 《퇴계집》 권6에 〈무오사직소(戊午辭職疏)〉라는 제목으로 수록되어 있다.

74 조사수(趙士秀) : 1502~1558. 본관은 양주(楊州), 자는 계임(季任), 호는 송강(松岡), 시호는 문정(文貞)이다. 1531년 식년 문과에 급제하였다. 제주 목사, 이조 참판 등을 거쳐 대사성, 대사간, 대사헌, 경상도 관찰사 등의 직책을 두루 역임하였으며, 다시 이조・호조・형조・공조의 판서를 거쳐 지중추부사, 좌참찬에 이르렀다.

75 신을 아끼는……많습니다 : 1558년에 올린 〈무오사직소〉에 나오는 말이다.

치다고 여겼다. 이때에 이르러 다시 선생이 오는 것은 마땅하지 않다는 의론이 분분하였다. 선생 역시 소를 올렸던 것을 스스로 후회하였다. 얼마 지나지 않아 대사성에 임명되어 입조(入朝)하여 사은(謝恩)하였다. 임금이 수찰(手札)로 다음과 같이 유시하였다. "학교는 풍속을 교화하는 근원인데, 요사이 무너져 쓰러진 것이 너무 심하오. 사습은 바름을 길러야 하는 것인데, 들뜨고 경박하여 불미스러운 것이 이미 극에 달했소. 이는 비록 내가 불민하여 고무시켜 교화되는 데 이르도록 할 수 없었던 탓이라고 하더라도 어찌 스승과 어른들에게 달린 일이 아니겠소. 오직 그대는 글에 뛰어나고 청렴하며 조심성이 있으니, 가르치고 일깨우는 임무에 적합하오. 그러므로 내가 그대에게 맡기는 것이오. 나의 지극한 생각을 확실히 이해하여 마음을 다해 부지런히 가르쳐서, 학교를 진흥시키고 사습을 바르게 하시오." 선생이 말씀을 듣고 살금살금 종종걸음으로 물러 나와 다른 사람들에게 다음과 같이 말하였다. "임금의 뜻이 비록 이와 같이 깊고 간절하지만, 박덕하고 졸렬한 내가 어찌 감당할 수 있겠는가. 또 나는 일찍이 이 관직에 두 번 임명되었는데 모두 성과가 없었다. 지금이라고 어찌 사습을 바르게 할 수 있겠는가." 얼마 지나지 않아 벼슬을 내놓고 물러났다. 달이 지나 특별히 가선대부(嘉善大夫)에 오르고 공조 참판에 제수되었다. 선생은 간절히 사양하였지만 허락받지 못하였고, 결국 관직에 나아갔다.

다음 해 봄, 분황(焚黃)을 이유로 돌아가기를 청한 것이 받아들여졌다. 결국 다시 돌아오지 않았다. 거듭 소명(召命)을 받았지만 끝내 나오지 않았다. 이에 체차하여 동지중추부사에 임명하라는 명이 있었다. 이로부터 갑자년(1564)까지 모두 6년 동안 오래도록 동지중추부사의 직명을 띠고 있었다. 선생이 누차 소를 올려 사양하였지만, 임금은 끝내 윤허하지 않았다. 어떤 사람이 선생에게 다음과 같이 말하였다. "어찌하여 거듭 사양하여 요청이 받아들여지기를 기다리지 않는가?" 선생이 말하였다. "사양하였다가 임금의 윤허를 받지 못하였는데, 도리어 사실과는 다른 칭찬과 찬미의 말을 들었기 때문에 그렇게 하지 못하였을 뿐이다." 을축년(1565) 봄, 비로소 청이 받아들여졌다. 선생은 기뻐하며 다른 사람에게 말하였다. "내가 이제야 비로소 산인(山人)이 되었다. 편안히 베개를 베고 누울 수 있겠다." 이해 가을, 윤원형(尹元衡)이 죽었다. 조정의 의론이 크게 바뀌어 모두 선생이 나서야 한다고 하였다. 선생이 이를 듣고 심히 우려하였다. 하루는 임금이 손수 작성한 서찰로 선생을 불렀고, 이어서 다시 동지중추부사에 임명하였다. 선생은 특별한 명에서 나왔다고 여겨 병을 무릅쓰고 억지로 나아갔는데, 가는 도중에 병이 다시 도졌다. 영천에 이르렀을 때 물러나겠다는 소를 올렸다. 임금이 오는 길에 조리하며 천천히 올라오라고 하였고, 지나는 각 도의 감사와 수령에게 특별히 잘 대우하고 보호하며 전송할 것을 명하였다. 또 내의(內醫)를 보내 임금의 약을 주고 병을 살펴보고 오게 하였다. 선생은 소를 올려 재차 사양하였지만, 임금은 윤허하지 않았다. 그리고 조섭하고 보양하면서 천천히 올라오라고 하였다. 선생이 세 번째 사양하였지만, 임금은 윤허하지 않았다. 또 사양하고는 마침내 집으로 돌아가 명을 기다렸다.

선생의 학문은 한결같이 정자(程子)와 주자(朱子)를 표준으로 하여, 경(敬)과 의(義)가 서로 지탱하고 앎과 실천이 함께 나아가며 겉과 속이 하나인 듯하고 근본과 말단이 아울러 행해져, 큰 근원을 환히 보았고 큰 뿌리를 바로 세웠다. 그 지극한 바로 말한다면 우리 동방의 유일한 사람일 것이다. 일찍이 배우는 사람들에게 다음과 같이 말하였다. "내가 어렸을 적에 이 학문에 뜻을 두고 노력하기를 매우 열심히 하였더니, 도중에 그로 인해 마음의 병이 들어 거의 허물어져 버리는 데까지 이르렀다. 만년에 다시 깨닫고 이 중요한 일을 이해하고자 하였지만, 혈기는 이미 쇠잔하고 의지와 생각은 억지로 하기 어려워 매우 한탄하였다." 또 말하였다. "요사이 비로소 하나의 근본이 유행하는 곳을 알게 되었는데 환히 의심이 없다." 또 말하였다. "아래에서 배워 위에 이르는 것은 참으로 정해진 순서이지만, 학자가 익히는 것이 오래되었는데 얻음이 없다면 중도에 포기하기 쉬우니, 본원(本原)을 가리켜 보여 주는 것만 못하다." 이러한 이유로 선생이 배우는 사람들을 맞이하여 인도하는 경우에 자못 원두처(源頭處)를 가리켜 보여 주었는데, 그 의리를 논하고 설명한 것이 선명하고 확실하며 적합하고 합당하여 일찍이 아득히 요원하여 흐리멍덩하게 불명확한 말은 하지 않았다.

선생은 타고난 성품이 매우 고매하였고, 확충하고 기르는 데 방법을 가지고 있었다. 가슴에 품은 생각은 시원하게 트였고 운치는 맑고 깊었다. 장중하고 바르며 진실하고 성실하여 어두운 방에서도 자신을 속이지 않았다. 평소 거처하면서는 단정하고 엄숙하였으며, 의연한 기색은 범접할 수 없는 듯하였다. 다른 사람을 대하는 경우에는 온화하고 공손하며 겸손하여, 온통 조화로운 기운으로 가슴을 열어 말을 하고 속마음을 훤히 보였다. 만년에 이르러, 도가 완성되고 덕이 세워져 겸손히 자신을 비워 묻기를 좋아하며 자신을 버리고 다른 사람을 따랐다. 다른 사람의 한 가지 선함을 들으면 마치 자신에게서 나온 듯이 하였으나, 스스로에게 조그만 잘못이 있으면 비록 하찮은 사람이 말해 주더라도 고치면서 불쾌한 얼굴이 없었다. 가법(家法)은 매우 엄격하여 규문(閨門)이 엄숙하고 화목하였다. 자신의 형[76] 섬기기를 엄한 아버지 모시듯

하였다. 어려움에 처한 친족들을 돕는 데는 있는 힘을 다하였다. 비록 물러나 한가로이 지낸 시간이 오래였지만 나라를 걱정하는 마음은 늙어 갈수록 더욱 돈독해져, 이따금 학문하는 사람들과 나랏일을 이야기하는 데 이르면 곧장 깊이 한탄하며 분해하였다.

평상시 거처할 때에는 동이 트기 전에 일어나 관디를 하고 서실에 나아갔다. 겉모습을 가다듬고 단정히 앉아 잠시도 비뚤거나 기대지 않았다. 하루 종일 책을 보다가 묵묵히 앉아서 사색을 하거나 붓을 잡고 글쓰기를 연습하거나 시구를 읊조리기도 하였다. 세속에서 좋아하는 것은 한 번도 마음에 둔 적이 없었다. 집안일은 일절 묻지 않았다. 설령 자주 집안이 가난하게 되어도 깨닫지 못하였다. 청백(淸白)하고 검소하며 질박하여 작은 물건 하나라도 함부로 다른 사람에게서 취하지 않았지만, 그러나 그에게는 대수로운 일이 아니었다. 시를 짓는 것은 청아하고도 엄격하며 간이하면서 담박하여 그의 사람됨과 비슷하였다. 어려서 일찍이 두보(杜甫)의 시를 익혔고 늘그막에는 회암(晦庵)의 시를 좋아하여, 풍격이 왕왕 마치 같은 손에서 나온 듯하였다. 필법 역시 단정하고 장중하였는데, 사람들이 다투어 구하러 오더라도 강하게 사양하지는 않았다.

만년에는 도산(陶山)에 터를 잡아 집을 지어 책을 보관하며 이름 붙이기를, 농운정사(隴雲精舍)[77]라고 하였다. 언덕 위에 흰 구름이 많

76 자신의 형 : 《문봉집》 권4의 〈퇴계 선생 언행에 대한 통술〔退溪先生言行通述〕〉을 보면, 특히 이황의 바로 위의 형 이징(李澄, 1498~1582)을 말함을 알 수 있다. 이징의 자는 경청(景淸), 호는 이옹(伊翁)・신야(莘野)이다. 이황은 6남 1녀 가운데 막내이고, 이징은 다섯째이다.

77 농운정사(隴雲精舍) : 안동시 도산면 토계리 도산서원 경내에 있는 건물로, 이황

다는 의미를 취한 것이었다. 강가에 있는 곳이라 겨울철에는 매우 추워 머물 수가 없었지만, 봄과 여름에는 언제나 그곳에 거처하면서 매번 꽃이 핀 아침과 달이 뜬 저녁에 홀로 작은 배를 띄워 위아래로 물을 따라 오르락내리락하다가 흥이 다하면 돌아왔다. 마음으로 경전을 완미하고 계곡과 산에 흥취를 의탁하며 당세에 대한 생각이 없었다. 나라 안의 사람들 가운데 식견이 있는 사람이건 없는 사람이건 높이며 우러러보지 않는 이가 없었으니, 모두들 '퇴계 선생'이라고 불렀다.

조식(曹植)은 자가 건중(楗仲)이고 자호는 남명거사(南冥居士)로, 삼가(三嘉) 사람이다. 어려서 얽매이지 않고 사내다웠다. 장년이 되어 비로소 몸을 낮추고 책을 읽었다. 여러 번 과거를 보았지만 급제하지는 못하였다. 마흔이 되기 전에 과거 공부를 그만두고 마침내 학문에 힘을 쏟았다. 청빈한 가운데 수양하고 가난을 극복한 절개는 견줄 사람이 적었다. 강직한 가슴으로 악을 미워하였는데, 면전에서 다른 사람의 잘못을 꺾는 것을 좋아했다. 뜻과 생각이 조용하고 한가하여 항상 풍진(風塵) 밖에 있었다. 세속의 영예와 이익 보기를 마치 장차 자신을 더럽힐 듯 보았다. 그렇지만 세상을 걱정하는 마음은 늙어 갈수록 더욱 깊어졌다. 비록 초야에 있었지만 당시 정사(政事)의 득실을 듣고 번번이 개탄해 마지않았다. 일찍이 세 번 부름의 명을 받았지만 모두 가지 않았다.

의 제자들이 기거하며 공부하던 기숙사이다. 모두 8칸으로 되어 있으며, 시습재(時習齋), 지숙료(止宿寮), 관란헌(觀瀾軒)으로 이루어져 있다. 건물의 구조가 공(工) 자 형으로 되어 있는데, 이황이 제자들에게 공부에 열중하라는 의미를 담아 지었다고 한다.

을묘년(1555, 명종10), 단성 현감(丹城縣監)에 임명되었지만 사양하고 부임하지 않았다. 글을 올려 시사(時事)를 말하였는데,[78] 다음과 같이 말하는 데까지 이르렀다. "대왕대비는 궁중의 부인 한 명에 불과합니다." 임금이 크게 노하여 승정원에 다음과 같이 전하였다. "조식이 올린 소(疏)의 글을 보니 공손치 못한 점이 많다. 무겁게 죄를 묻고자 하지만, 은사(隱士)라고 불리므로 우선은 놓아두고 묻지 않겠다." 진신(搢紳)들은 모두 그가 죄를 받지 않은 것을 다행으로 여겼다. 퇴계가 일찍이 사람들에게 다음과 같이 말하였다. "남명이 비록 이학(理學)으로 자부하지만 그저 기사(奇士)이니, 이학으로 가리킬 수는 없다. 그의 의론과 식견은 언제나 새로움과 기이함을 높게 쳐서 세상을 놀라게 하는 논의에 힘쓴다. 이 어찌 진정으로 도리를 안다고 하겠는가."

퇴계가 남명의 소를 보고 다른 사람들에게 다음과 같이 말하였다. "무릇 장소(章疏)는 본래 직언을 숨기지 않는 것을 귀하게 여긴다. 그렇지만 자세하고도 완곡하게 돌려서 표현하여 뜻은 곧으면서 말에는 과격하고 불손한 문제가 없도록 해야만 한다. 그러한 후에 아래에서는 신하의 예를 잃지 않고 위에서는 임금의 뜻을 거스르지 않는다. 남명의 소는 참으로 지금 세상에서 얻기 어려운 바이지만, 말하는 것이 정도를 지나쳐 헐뜯고 비난하는 데 가깝다. 임금이 보고 화를 낸 것은 당연하다."

78 글을……말하였는데 : 조식이 단성 현감으로 재직하던 1555년 10월 11일에 올린 〈을묘사직소(乙卯辭職疏)〉를 말한다. 조식은 이 상소에서 명종의 실정과 문정왕후(文定王后)의 월권을 비판하였다. 《남명집(南冥集)》 권2에 수록되어 있다.

정지운(鄭之雲)은 자가 정이(靜而)이고, 자호는 추만거사(秋巒居士)이다. 동생 지림(之霖)과 일찍부터 사재(思齋) 김 선생[79]에게 배우면서 성리(性理)에 관한 학문을 들을 수 있었다. 매우 열심히 힘쓰고 노력하였다. 선생은 그가 뜻을 세움에 독실하고 학문을 진전시킴에 민첩한 것을 자주 칭찬하였다. 선생이 돌아가시자 심상(心喪) 3년을 하였다. 상을 마치고는 결국 과거 공부를 버리고 이 학문에 한결같이 뜻을 두었다. 정밀하게 생각하고 힘써 탐구하였는데, 특히 역학(易學)에 정통하였다. 그러나 그의 학문은 자못 궁리(窮理)와 격물(格物)에 전념하였다. 퇴계를 뵙게 되고서 비로소 자신의 어긋남을 알게 되었다. 처음에 공은 일찍이 《천명도설(天命圖說)》을 지었다. 사우(士友)들에게 조금씩 보여 주는 경우가 있었다. 그러나 자못 잘못된 곳이 있었다. 퇴계가 얻어 보고는 공에게 이르기를 "이 그림에는 잘못된 곳이 있네. 함께 다시 정정하여 보지 않겠는가?"라고 하자 공은 기쁘게 따랐다. 퇴계가 결국 가져다가 바로잡았고, 〈후서(後序)〉[80]를 지어 그 의의를 드러내 밝혀, 마침내 완전한 그림을 완성하였다.

공은 곤궁하여 지낼 곳이 없어 경성(京城)에 집을 빌려 살았다. 한 그릇의 밥과 한 표주박의 물뿐일 만큼 가난하였고 자주 끼니를 굶었지

79 사재(思齋) 김 선생 : 김정국(金正國, 1485~1541)으로, 본관은 의성(義城), 자는 국필(國弼), 호는 사재, 시호는 문목(文穆)이다. 1509년(중종4)에 문과에 장원으로 급제하였다. 이조 정랑, 사간, 승지 등을 역임하고, 1518년 황해도 관찰사가 되었다. 기묘사화 때 삭탈관직되었다가 그 후 복직되어 경상도 관찰사와 형조 참판을 역임하였다. 저서로 《사재집(思齋集)》과 《성리대전절요(性理大全節要)》 등이 있다.

80 후서(後序) : 《퇴계집(退溪集)》 권41에 수록되어 있는 〈천명도설후서(天命圖說後敍)〉를 말한다.

만, 지냄에 편안하였다. 항상 궁벽한 곳에 살지 못하는 것을 안타깝게 여겼다. 일찍이 가설(稼說 농사에 관한 글)을 지어 자신의 뜻을 보이고자 하였지만 끝내 해내지는 못하였다. 퇴계가 일찍이 다른 사람들에게 다음과 같이 말하였다. "정이의 타고난 성품이 매우 뛰어나고 식견이 조예가 깊다. 다만 본원(本原)상에 소루(疎漏)한 점이 있을 뿐이다." 그의 죽음을 듣게 되자 통곡하여 몹시 슬퍼하며 글로 다른 사람들에게 다음과 같이 말하였다. "정이는 소루한 부분은 매우 소루하여 세속에서 비웃으며 손가락질하는 바이지만, 좋은 곳은 너무 좋아 우리들이 따라가지 못할 점이다." 세상에서 명언이라 여겼다. 박화숙(朴和叔)[81]이 지문(誌文)을 쓰고 퇴계가 갈문(碣文)을 지어 세상에 전해진다.

성수침(成守琛)은 자가 중옥(仲玉)이고, 호는 청송당(聽松堂)이다. 성품이 고매하고 깨끗하며 간결하고 고요하여 담담히 얽매임이 없었다. 일찍이 부모를 위해 과거에 응시하여 임오년(1522, 중종17) 사마시(司馬試)에 합격하였다. 이윽고 과거 공부를 그만두고서 경서(經書)와 사서(史書)로 스스로 즐겼다. 누차 관직에 제수되어 임명을 받았지만 나아가지 않았다. 임자년(1552, 명종7)에 조식(曹植), 이희안(李希顔)[82]과 함께 천거를 받아 토산 현감(兎山縣監)에 제수되었다. 공은 삼가 명에 숙배하고 떠나려 하였지만 끝내는 가지 않았다. 나라 안에서

81 박화숙(朴和叔) : 박순(朴淳, 1523~1589)으로, 본관은 충주(忠州), 자는 화숙, 호는 사암(思菴)이다. 서경덕의 문인이다. 문집으로 《사암집(思菴集)》이 있다.

82 이희안(李希顔) : 1504~1559. 본관은 합천(陜川), 자는 우옹(愚翁), 호는 황강(黃江)이다. 김안국(金安國)의 문인이다.

우러러보았다. 공의 학문은 순수하고 올발랐으며 지조와 행실은 단정하고 조심스러웠다. 언제나 위기지학(爲己之學)으로 열심히 학문을 하였다. 글씨를 잘 썼는데 필법이 고상하고 예스러웠다. 그의 묵적(墨蹟)은 당대에 많이 퍼졌으니, 사람들이 매우 귀하게 여겼다. 찬성 권중허(權仲虛 권벌)가 평소 그의 절개를 높게 보았다. 하루는 그가 도성에 들어왔다는 소식을 듣고 정부(政府)로부터 곧장 와서 만나 보았다. 공은 포의(布衣)로서 장읍(長揖)을 하고 맞이하여 방으로 들였다. 그 방 안을 보니 짚자리가 몇 개 있었다. 서로 마주하고 조용히 있었다. 권공은 더욱 마음으로 감복하였다. 돌아가 자제들에게 다음과 같이 말하였다. "오늘 처사(處士)를 만나 보았는데, 존경할 만하고 감복할 만한 점이 많았다. 우리들이 부끄러워할 부분이 있더구나." 공의 가법(家法)은 매우 올발랐다. 공이 세상을 뜨고, 그의 아들 성혼(成渾)이 그 가법을 잘 지키는데, 역시 과거에 응시하지 않는다고 한다.

교리(校理) 김인후(金麟厚)는 자가 후지(厚之)로, 순창(淳昌) 사람이다. 성품이 맑고 소탈하여 꾸미고 수식하는 것을 일삼지 않았다. 급제하기 전부터 이미 당시에 명성이 있어 사람들이 모두 추앙하고 존중하였다. 그렇지만 성향이 술을 좋아하여 하루도 취하지 않는 날이 없었다. 진신(搢紳)들 사이에서는 호방하며 얽매임이 없다고 여겨졌다. 시 짓는 것을 좋아하여, 사람들이 부탁을 해 오면 서로 마주하고 붓을 놀려 시를 지음에 조금도 어려워하는 기색이 없었다. 그렇지만 한가로이 지내며 편안히 있을 때에는 성리(性理)에 관한 글을 내려놓은 적이 없었다. 어떤 사람들은 방종하며 얽매임이 없는 데 의탁하여 스스로를 숨긴 것이라고 하였다. 갑진년(1544, 중종39)에 부모를 위해 걸군(乞

郡)하여 옥과 현감(玉果縣監)으로 나갔다. 을사년(1545, 명종 즉위년), 관직을 버리고 돌아가 어버이를 모시며 집에 머물렀다. 부모상을 당하고 상을 마치자 부름을 받았지만 나아가지 않았다. 이로부터 배움을 깊이 생각하여 낮밤으로 게을리하지 않았다. 집에 두 사당을 두었는데 그 가운데 하나는 선성(先聖)과 선사(先師)에게 제사를 드리는 곳이었다. 평상시에 지낼 때는 동이 트기 전에 일어나 가묘(家廟)에 배알하고, 다음으로 선성과 선사에게 이르렀다. 물러나 서실에 앉아 좌우에 서책을 놓고 마음을 가라앉혀 푹 무젖어 곰곰이 생각하며 깊이 새겨보았다. 집안일은 일절 묻지 않았다. 사람들이 와서 학문을 물으면, 깨우치고 알려 주는 데 게으르지 않았다. 혹 집으로까지 모시더라도 힘써 거절하지 않고 지팡이를 짚고 걸어서 따라가 술을 마시고 시를 읊다가 돌아왔다. 일찍이 세 번 부름의 명을 받았지만 전(箋)을 올려 간절히 거절하였다. 임금이 그가 곤궁하여 스스로 살아갈 수 없을 것이라고 여겨 본도(本道)의 감사에게 명하여 의복과 양식을 공급하면서 예를 갖추어 보내도록 하였지만 역시 나아가지 않았다. 만년에 본 바가 매우 정밀하여 의리를 논설하였는데 평이하고 명백하였다. 퇴계가 매우 칭찬하였다. 나이 겨우 쉰하나에 세상을 떴다.

처사 이항(李恒)은 호가 일재(一齋)이다. 어려서 때로 무예를 익혔다. 성품이 방종하고 들떠 있으며 얽매이지 않았다. 일찍이 격구(擊毬)를 하다가 말에서 떨어져 팔이 부러졌다. 결국 무업(武業)을 버리고 몸을 낮추어 책을 읽었다. 성리에 관한 학문에 종사하여 자득한 실질이 있어, 호남의 학자들이 종사(宗師)로 삼았다. 송규암(宋圭庵)[83]이 호남 관찰사였는데, 이 사람을 매우 존중하여, 이 처사라고 부르면서 여러 번 그의 거처로 찾아갔다. 후에 다른 사람들에게 말하기를 "이 처사를 만나고서 비로소 학문하는 길을 알았다."라고 하였다. 공은 매번 배우는 사람들에게 먼저 《대학》을 읽도록 권하며, "이 글을 숙독하면 이제 다른 글을 읽을 수 있을 것이다."라고 하였다. 또 말하였다. "학자들의 공부가 어찌 끊어지지 않을 수 있겠는가만, 끊어졌다는 것을 알았다면 이를 계기로 더욱 공부를 하여야 한다. 이처럼 하기를 오래 하여 완숙함에 이른다면 자연히 끊어짐이 없을 것이다."-살펴보니, 선생의 〈우서(偶書)〉[84]에 다음과 같은 말이 있다. "한마디로 말해서, 학문함을 쉬지 않는다면 모든 이치가 절로 통할 것이다."-

문강공(文剛公) 이사균(李思鈞)은 자가 중경(重卿)이다. 성품이 강직하고 꿋꿋하여 굽히지 않았으며 시에도 뛰어났다. 기묘년(1519, 중종 14) 청류(淸流)에 받아들여지지 않아 외직으로 나가 전주 부윤(全州府尹)이 되었는데, 올바른 무리가 무너졌다. 나랏일을 맡은 사람이 '공은 반드시 선한 무리를 원망할 것이다.'라고 생각하고는 끌어다가 부제학으로 삼고 선한 무리를 공격하게 하고자 하였다. 공은 그때 관직을 버리고 돌아가다가 길에서 유배 가는 사람들을 만났다. 기준(奇遵) 공에게 이르기를 "공 등은 나이가 어리니, 귀양을 가 축출되는 것에 개의치 말고 더욱 학문에 힘을 쓰시오."라고 하였다. 가다가 용인(龍仁)에 이르렀는데, 조정암(趙靜庵 조광조(趙光祖))이 막 주점(酒店)에

83 송규암(宋圭庵) : 송인수(宋麟壽, 1499~1547)로, 본관은 은진(恩津), 자는 미수(眉叟)·태수(台叟), 호는 규암, 시호는 문충(文忠)이다.

84 우서(偶書) : 《일재집(一齋集)》 〈잡저(雜著)〉에 수록되어 있다.

들어가니, 공이 가서 만났다. 정암이 그 뜻을 헤아리지 못하여 매우 두려워했다. 공이 말했다. "군 등은 《중용》을 읽지 않았습니까. 《중용》에서 말하기를 '지금 세상에 태어나서 옛 방식으로 돌아가려 한다면 재앙이 반드시 몸에까지 미칠 것이다.'라고 하지 않았습니까. 지금이 어찌 옛 방식을 시행할 때입니까." 정암이 웃으며 답하지 않았다. 사림이 흉흉하여 '공이 반드시 보복의 화를 일으킬 것이다.'라고 생각하였다.

삼가 명을 받은 지 4일이 되어 조강(朝講)이 있었다. 공은 교리 이미(李薇)-이기(李芑)의 동생이다. 생각건대 심정(沈貞)과 남곤(南袞)의 당으로, 선한 무리를 공격한 자이다.-와 함께 경연에 나아가려고 은대(銀臺)에서 입조(入朝) 시간을 기다렸다. 당시 김희수(金希壽)[85]가 도승지였다. 공은 이미와 함께 김희수의 방에 들었다. 공이 "호숙(浩叔)-이항(李沆)의 자이다.-을 내치지 않으면 나랏일이 안정될 기약이 없습니다."라고 크게 말하였다. 김희수가 매우 두려워하여 얼굴색이 먹과 같아졌다. 이미가 공의 말을 듣고는 낯빛이 바뀌어 벌떡 일어나 나가서 바로 양사(兩司)에 통지하였다. 당시 이항이 사헌부의 장이었고 이빈(李蘋)[86]이 사간원의 장이었는데, 모두 심정의 무리였다.

85 김희수(金希壽) : 1475~1527. 본관은 안동(安東), 자는 몽정(夢禎), 호는 유연재(悠然齋)이다. 1508년 권벌(權橃) 등과 함께 무오사화(戊午史禍)로 희생된 김종직(金宗直)의 억울함을 풀어 주기를 청하였으나, 묵살되었다. 도승지, 대사헌, 경상도 관찰사 등을 역임하였다.

86 이빈(李蘋) : 본관은 덕수(德水), 자는 세형(世亨)이다. 1502년(연산군8) 별시 문과에 급제하였고, 1504년 갑자사화(甲子士禍) 때 유배되었다가 중종반정(中宗反正)으로 풀려났다. 1519년에는 대사간이 되어 조광조 등 사림파의 축출과 현량과(賢良科) 혁파에 앞장섰다. 1521년 이조 참판이 되었으나, 송사련(宋祀連) 등에 의해 일어난 신사무옥(辛巳誣獄) 때 안처겸(安處謙)의 일파로 몰려 유배되었다.

경연에 들어서 《맹자》의 좌우개왈가살장(左右皆曰可殺章)[87]을 강론하였다. 강론이 끝나고 공이 나아가 아뢰었다. "임금이 상을 내리고 벌을 주는 것은 모름지기 사람의 마음에 맞아야 합니다. 요즘의 인재들은 송조(宋朝)의 여러 현인들과 다르지 않습니다. 다만 기개와 절개는 남음이 있지만 경력은 미숙합니다. 오직 전하께서 임용을 어떻게 하느냐에 달려 있습니다. 만약 등용함에 그 도리를 다한다면 삼대의 다스림을 다시 실현할 수 있을 것입니다. 지금 아무런 이유 없이 파면하여 내쫓았으니, 신은 그들이 무슨 죄에 해당하는지 알지 못하겠습니다." 정 문익공(鄭文翼公 정광필) 역시 자리에 있다가 나아가 아뢰었다. "이 아무개의 말이 정확히 맞습니다. 신의 뜻도 그와 같습니다." 임금이 노하여 나가자 양사에서 합동으로 공격하며 "공은 가운데 서 있는 소인(小人)이다. 조정에 있는 것이 마땅하지 않다."라고 말하였다. 바로 파직하여 동지중추부사로 삼았다. 문익공 역시 파직하여 영사(領事)로 삼았다. 얼마 지나지 않아 외직으로 보내어 공을 영안 감사(永安監司)로 삼았다.

공은 평소 기개와 절개로 자임하여, 조정에서 직언하기를 좋아하였으며 권세에 붙지 않았다. 훗날 김안로에 의해 쫓겨나 외직으로 보내져 경상도 관찰사로 있다가 세상을 떴다. 공은 개령(開寧)의 죽헌(竹軒)에 다음과 같은 시를 적었다.

87 좌우개왈가살장(左右皆曰可殺章) : '좌우개왈가살'은 《맹자》 〈양혜왕 하(梁惠王下)〉 7장에 나오는 말을 축약한 것으로, 그 내용은 다음과 같다. "좌우의 신하들이 모두 죽일 만하다고 말하더라도 듣지 말며, 여러 대부들이 모두 죽일 만하다고 말하더라도 듣지 말며, 나라 사람들이 모두 죽일 만하다고 말한 뒤에 살펴보아서 죽일 만한 점을 발견한 뒤에 죽여야 합니다. 그러므로 나라 사람들이 죽였다고 말하는 것입니다."

바람이 거세게 불어 허리가 혹 부러질까　　風饕腰或折
눈이 세차게 내려도 목은 도리어 강하구나　　雪虐項還强
서리 속에 핀 국화와 짝하기를 즐기며　　好伴凌霜菊
함께 고운 향기 다투는 것을 부끄러워하네　　羞同鬪艶香

여기서 공의 마음을 알 수 있다.

판교(判校) 장옥(張玉)은 문장에 능했으나 사람됨이 경솔하고 조급하였다. 심정(沈貞)이 나라의 권세를 잡고 있을 때 소요당(逍遙堂)을 서호(西湖)[88]에 지었다. 일찍이 당대의 문사(文士)들을 불러 그곳에 술상을 차려 놓고 자리에 종이와 붓을 준비하여 기문(記文)을 구하였다. 장옥은 왕발(王勃)의 〈등왕각서(滕王閣序)〉[89]를 본떠 붓을 잡자마자 바로 완성하였는데, 아첨하는 말을 극진히 하였다. 심정이 이를 보고 매우 기뻐하였고, 바로 명을 내려 판(板)에 새겨 벽에 걸도록 하였다. 하지만 장옥의 평판은 이로부터 급격히 떨어졌다. 심정이 실권하자, 김안로가 심정의 무리라고 여기고 섬으로 유배를 보냈다. 김안로가 실각하자 다시 조정으로 돌아왔다. 하지만 벼슬이 오르지 않고 일이

88 서호(西湖) : 양화 나루 일대를 이르는 말이다. 한강의 흐름을 나누어 마포 이서(以西)로부터 양화 나루 너머까지를 서강이라고 하는데 이곳은 강폭이 넓고 강물의 흐름이 잔잔하여 흔히 서호라고도 부른다.

89 왕발(王勃)의 등왕각서(滕王閣序) : 왕발은 당(唐)나라 초기의 시인으로, 양형(楊炯), 노조린(盧照隣), 낙빈왕(駱賓王)과 함께 초당사걸(初唐四傑)로 일컬어진다. 〈등왕각서〉는 왕발이 소년 시절에 홍주 목사(洪州牧使) 염백서(閻伯嶼)가 등왕각에서 빈객들을 초청하여 연회를 베풀 때에 우연히 연회에 참석하여 지은 것으로, 고금에 회자되는 명작으로 꼽힌다. 《新唐書 王勃列傳》《古文眞寶 後集 卷2》

잘 풀리지 않아 끝내 술로 세상을 떴다.

기묘년(1519, 중종14)의 화란은 소인(小人)들만의 죄가 아니다. 당시의 군자(君子)들이 비록 조정암(趙靜菴)과 같은 이들이었다고 하더라도 의론할 만한 것이 없을 수 없다. 나머지 공들은 싫어하고 증오하는 것이 너무 심하였고 격분하여 드날리는 것이 매우 지나쳤다. 바르지 못한 사람이 있으면 원수처럼 미워하였다. 그 사이에는 또한 행실을 꾸미고 이름을 도둑질하는 자들도 섞여 있었기 때문에 당시 명예를 좇고 나아가기를 좋아하는 선비들은 모두 꾸미는 데 힘써서 나아가 등용되기를 희망하였다. 무릇 실시하고 개혁한 바가 모두 급박하여 점차적으로 함이 없었다. 스스로는 '이와 같은 임금을 얻었으니 옛 다스림을 회복할 수 있다.'라고 생각하였지만, 임금의 염증이 이미 극에 이른 것을 알지 못하였다. 소인 가운데 곁에서 지켜보면서 틈을 엿보는 자들 역시 이미 많았다.

애초에 남곤(南袞)이 자신의 무리를 들이려고 구하였을 때, 여러 공들은 재주가 덕보다 넘친다고 여기며 불허하였다. 남곤이 노하여 심정(沈貞), 홍경주(洪景舟),[90] 김근사(金謹思)[91]와 함께 도모하여 그

90 홍경주(洪景舟) : ?~1521. 본관은 남양(南陽), 자는 제옹(濟翁)이다. 중종반정에 가담하여 정국 공신(靖國功臣)으로 봉해져 도승지, 좌찬성, 대사헌을 지내고 좌참찬이 되었으나, 사림파 출신 언관들의 탄핵으로 물러났다. 1519년 훈구파(勳舊派)의 일원으로 심정, 남곤 등과 함께 기묘사화를 일으켰다.

91 김근사(金謹思) : 1466~1539. 본관은 연안(延安), 자는 명통(明通)이다. 사헌부 장령, 홍문관 부제학, 승지 등을 지냈다. 정조사로서 명나라에 다녀왔으며, 김안로 일파로 들어가 관운이 순탄하였다. 1537년에 대간으로부터 김안로의 일파로 탄핵을 받고

무리를 제거하였다. 당시 홍경주의 여식이 후궁으로 들어와 있었다. 남곤 등이 약을 나뭇잎에 발라 '주초위왕(走肖爲王)'이라는 글자를 만들었다. '주초(走肖)'는 곧 조(趙) 자이다. 벌레가 먹기 좋아하는 이 약을 구하여 잎 위에 놓았고, 벌레가 이를 먹으니 마치 자연스럽게 완성된 듯하였다. 이윽고 홍씨를 통해 임금에게 진달하니, 임금이 이를 보고 크게 놀라며 점점 조공(趙公)을 의심하였다. 계책이 확정되자 남곤은 밤을 타 백의(白衣)로 걸어가 정 문익공(鄭文翼公)을 찾아뵙고 자신들의 계책을 알렸다. 공이 말했다. "이 사람들이 하는 바는 참으로 지나친 점이 있습니다. 그러나 모두 선한 부류라 죄를 주어서는 안 됩니다. 또 그대는 2품 재상인데 어찌 자중하지 않고 밤 시간을 타서 걸어왔습니까." 남곤이 옷을 털며 일어났다. 때는 밤으로 이미 이고(二鼓)[92]였다. 남곤 등은 신무문(神武門)[93]을 통해 들어가 변고를 아뢰었다. 임금이 사정전(思政殿)에 나아가 인견하고는 바로 의금부에 명을 내려 공들을 대궐 뜰에 잡아오도록 하였는데, 외정(外庭)에서는 여전히 알지 못하였다.

하동(河東)으로 유배되었다.

92 이고(二鼓) : 밤의 시간을 다섯으로 나눈 두 번째 시각이다. 이때에 두 번째 북을 울려서 알린다. 계절에 따라 밤의 길이가 다르므로 이 시각에도 변동이 있다. 오경(五更)의 2경, 오야(五夜)의 을야(乙夜)와 같은데, 대략 오후 10시 전후이다.

93 신무문(神武門) : 경복궁(景福宮)의 북문(北門)이다. 신무문은 평소에는 출입하지 않는 문이다. 조광조 등 신진 사류의 강력한 개혁으로 궁지에 몰린 훈구파의 홍경주, 남곤, 심정 등이 밤에 신무문으로 들어가 중종과 의논한 뒤 도로 나와서 연추문(延秋門)으로 들어가 대신들을 왕명으로 불러 '요직을 차지하여 국론과 조정을 그르쳤다'는 죄목으로 조광조 등에게 죄를 내렸다. 1519년 11월 15일 벌어진 이 기묘사화를 일컬어 신무문의 변란이라고도 한다.

당시 승지와 사관이 모두 청류였다. 성운(成雲)이 병조 참의로 입직이었는데, 결국 성운을 가승지(假承旨)로 삼고 내전(內殿)으로 들라고 불렀다. 남곤 등은 사관이 그들이 도모한 것을 사실대로 적을까 두려워, 임금에게 사관은 부르지 말 것을 아뢰었다. 사관은 이구(李構), 채세영(蔡世英) 등이었는데, 성운의 뒤를 따라 들어가려 하였지만 수문 내관(守門內官)이 들어가지 못하게 막아서 성운 혼자 들어갔다. 죄를 정하고 나서 임금이 환차(轘車)[94] 16대를 마련하여 영추문(迎秋門) 밖에 대령하라고 명하였는데, 이는 장차 극형에 처하기 위해서였다. 이때 와서야 비로소 임금이 사관을 불러서 입시하게 하였다. 문익공이 당시 수상이었다. 변고를 듣고 궐로 빠르게 갔더니, 병관(兵官)이 영추문을 지키고서 공이 들어가지 못하게 막았다. 공은 호상(胡牀)에 기대서 병관을 불러 다음과 같이 말하였다. "나라에 큰일이 있는데 수상이 몰라서야 되겠는가. 내가 군법으로 너를 참수할 것이다." 잠시 후 풀어 주어서 비로소 들어갈 수 있었다. 홀로 빈청에 앉아 눈물을 비 오듯 흘렸다.

채세영이 일어나 말하였다. "이것은 국가의 큰일이니, 재집(宰執)이 알게 하지 않으면 안 됩니다. 대신(大臣) 등이 모두 궐 아래 모여 있는데 부르시는 말씀이 없어 들어오지 못하고 있다고 들은 듯합니다. 청컨대 불러들여 의론하여 처리하게 하십시오." 임금이 말하였다. "그렇다. 바로 중사(中使)에게 명하여 대신들을 불러들이도록 하라." 문익공이 들어가 뵈니, 임금이 심정과 남곤이 모의했다고 말하고 또 어떻게 할지 물었다. 공이 촛불을 들고 머리를 찧고 통곡하며 말하였다. "나이가

94 환차(轘車) : 두 대로 양쪽에서 끌어 찢어 죽이는 형벌을 행하는 수레이다.

적은 신진의 무리들이 한 바일 뿐입니다. 어찌 대죄입니까. 신이 수상으로 금지시키지 못한 채 여기에까지 이르렀습니다. 신은 만번 죽어 마땅합니다." 임금이 노하여 일어나 들어갔다. 공이 임금의 소매를 붙잡으며 숙여 엎드리고는 통곡하였다. 임금의 분노가 조금 풀어져 의금부에 사람들을 가두라고 명하였으니, 정암 및 김정(金淨), 김식(金湜), 윤자임(尹自任), 기준(奇遵), 박세희(朴世熹), 김구(金絿), 한충(韓忠) 등 여덟 사람이었다. 공들은 옥 안에서 밤새 술을 마셨다. 다음날이 되어도 아직 깨지 않았다. 추관(推官)은 그들이 술에서 깨기를 기다려 문초하였으니, 모두 옛것을 사모하고 학문을 좋아하는 것으로 공초(供招)를 잘 다스리도록 하고자 한 것이다. 사형을 감하고 멀리 유배 보내라는 명이 있었다. 당시에 함께 파직당한 자들은 이루 다 셀 수 없었으니, 조정에 올바른 사람이 없어졌다. 후에 단지 4, 5명을 죽였을 뿐이고, 죽음을 면한 사람들은 매우 많았다. 모두 문익공의 공이었다. 애초에 공들은 모두 대궐 뜰에서 형틀에 묶여 있었는데, 문익공이 들어온다는 것을 듣고는 "우리들은 살았다."라고 하였다.

문익공이 물러 나와 심정 등에게 다음과 같이 말하였다. "공 등은 국가의 대신인데, 어찌하여 이와 같은 상서롭지 못한 일을 하였는가. 이 사람들이 과연 어떤 죄가 있는가." 눈을 크게 뜨고 남곤을 응시하였는데 노기(怒氣)가 강렬하여 심정 등은 부끄럽고 두려워 응대할 수 없었다. 남곤이 나와 다른 사람에게 말하였다. "두렵도다, 정광필의 눈이여." 문익공은 관대하고 도량이 넓으며 두텁고 무거워 대신의 풍모가 있었는데, 위기에 직면하여 변고를 처리함에 굳건히 움직이지 않는 것이 이와 같았다.

채세영은 소신(小臣)으로 청류를 변론하여 구제하였다. 그 일은 매우 위대했고 그 공은 매우 커서, 채세영의 한마디 말이 없었다면 문익공은 들어가지 못했을 것이고 청류는 모두 도끼 아래서 죽었을 것이다. 채세영 역시 이 일로 파직되었다. 얼마 지나지 않아 소인들과의 인연으로 다시 등용되었지만 낮은 관료로 머물러 있어 떨쳐 일어나지는 못하였다. 후에 김안로에게 딱 붙어서 청관과 현직에 발탁되었다. 김안로가 실각하자 청의(淸議)에 받아들여지지 않았다. 그렇지만 권세에 붙는 것을 잘하여 출세하기도 하고 쫓겨나기도 하며 종신토록 봉록을 받았다. 이것은 사대부가 거울로 삼아야 할 일이라고 하겠다.

김시좌(金時佐)는 안동(安東) 사람이다. 성품이 매우 효성스러웠다. 어려서 아버지를 여의고 어머니를 모시는 데 효도를 극진히 하였다. 어머니가 돌아가시자 여묘살이를 하며 삼년상을 치렀는데 한 번도 집에 돌아가지 않았다. 삼년상을 마쳤는데도 삭망전(朔望奠)을 그만두지 않았다. 평상시에 지낼 때는 동이 트기 전에 일어나 관디를 하고 가묘(家廟)에 배알하였다. 부사(府使) 김광철(金光轍)이 그의 효성을 가상히 여기고 조정에 보고하여 조서를 내려 그의 집 문에 정표(旌表)하게 하였다. 중종과 인종 두 임금의 상(喪)에 모두 백립(白笠)과 마구(麻屨)[95]를 하고 3년 동안 심상(心喪)을 하였다. 사람됨이 충후하고 소박하며 실질적이고 겸손하였다. 다른 사람과 서로 마주하였을 때에는

95 백립(白笠)과 마구(麻屨) : 백립은 흰 베로 만든 갓이다. 국상(國喪) 때 일반 백성이나 또는 대상(大祥)을 지낸 뒤부터 담제(禫祭)를 지내기 전까지 상인(喪人)이 쓴다. 마구는 삼으로 만든 짚신으로, 이 역시 상을 치를 때 착용하는 것이다.

종일토록 나태한 모습이 없었고 한가한 이야기도 없었다. 자신보다 어린 사람을 만나더라도 그 예를 다하였다. 집이 몹시 가난하였지만 매우 편안히 거처하였다. 형제 세 사람이 우애가 매우 돈독하여 재물이 있건 없건 함께하였다. 마을 사람들이 김 효자라고 칭찬하였다.

이기(李芑)가 일찍이 스스로 이학(理學)에 조예가 깊다고 말했다. 정승 홍언필(洪彦弼)이 좌중에서 조롱하고 힐난하며 말하기를 "무릇 사람이 스스로 잘하지 못한다고 말하지만 다른 사람이 잘한다고 여긴다면 이는 참으로 잘하는 것이다. 지금 공이 스스로 이학을 잘 안다고 스스로 말했지만 다른 사람들은 공이 이학을 안다고 여기지 않으니 이는 잘하지 못하는 것이다."라고 하니, 이기가 조용했다.

내의(內醫) 오한민(吳漢民)은 중원(中原)-충주(忠州)의 별호이다.- 사람이다. 하루는 내의원에서 김안로가 내의원 제조에 제수되었다는 것을 듣고 얼굴을 찡그리고 탄식하며 말했다. "소인이 제조가 되는구나." 동관(同官) 중에 김안로에게 붙은 사람이 있었는데 자리에서 그 말을 듣고는 얼굴이 먹빛이 되었다. 오한민은 필시 자기를 해할 것임을 알았다. 바로 동렬(同列)들에게 하직하고 일어나 나와 버렸다. 또 "소인이 나랏일을 맡아 내가 벼슬을 할 수 없구나."라고 하고는 돌아보며 그 사람에게 다음과 같이 말했다. "돌아가서 제조에게 말하시오. 오한민은 늙어서 물러나 돌아갔다고." 동렬이 모두 화가 생기는 것을 헤아릴 수 없다고 하였다. 그 사람을 끝내 감히 해하지는 못하였다. 오한민은 드디어 중원으로 바로 돌아갔다. 김안로가 실각하자 어떤 이는 그에게 다시 벼슬할 것을 권하였다. 오한민이 말하기를 "나는 늙었습니다. 어찌 적은 봉록 때문에 나의 마음을 바꾸겠습니까."라고 하고는 끝내 벼슬하지 않았다. 아, 누가 세상에 뛰어난 남자가 없다고 하는가. 사대부들도 듣고 조금 부끄러워했다. 후에 그의 아들이 이어받아 무과에 급제하여 군수가 되었다.

기묘년(1519)에 사재(思齋) 김정국(金正國)이 외직으로 나가 황해도 관찰사로 있었다. 당시 남곤이 연경(燕京)에 사신으로 갔다가 돌아오는데, 사재가 길에서 자리를 마련하여 맞이하며 남곤에게 다음과 같이 말하였다. "사림이 장차 위험에 처할 것입니다. 공이 돕고 지탱해 주기를 바랍니다." 남곤이 황급히 말하였다. "공은 어째서 이런 말을 합니까. 나는 사림이 아닙니까." 처음에 남곤이 홍문관 대제학이 되자 청의가 허여하지 않았다. 옥당(玉堂)의 여러 관원들이 장돈(章惇)[96]이라 지목하는 데 이르렀다. 남곤의 쌓인 원한은 오래되었다. 이때에 이르러 사재의 말을 듣고 더욱 사림이 자신을 받아들이지 않고 있다는 것을 의심하여 조금 화난 기색이 있었다. 그러나 사재는 깊이 염려하지는 않았다. 남곤이 경성(京城)에 들어가자 바로 사재에게 서간을 써서 자신의 뜻을 드러냈는데, 말이 매우 황당했다. 사재가 이에 비로소 남곤이 정말로 화가 났음을 알았다. 얼마 지나지 않아 화란이 발생했다. 그 후로 사림은 모두 사재의 말이 그의 화를 점점 격발시킨 것이라고 여겼다. 사재가 이를 듣고 다른 사람에게 다음과 같이 말하였다.

96 장돈(章惇) : 1035~1105. 송대(宋代)의 간신(奸臣)이다. 철종(哲宗)이 즉위하자 정권을 잡고서 왕안석의 신법을 복구하고, 사마광(司馬光), 유지(劉摯), 정이(程頤), 소식(蘇軾) 등을 모함하여 축출했다.

"내가 당시에 한 말은 아무 의도 없이 나온 것이어서 그것이 도리어 그를 화나게 할 줄은 예상치 못했었다."

이숙번(李叔蕃)[97]은 태종(太宗)을 보좌하여 정란(靖亂)의 공신으로 참여해서 비할 데 없이 총애를 받았다. 결국에는 돈의문(敦義門) 안에 아주 큰 집을 지었는데 지극히 사치스럽고 화려하였다. 그 집이 길가에 있어서 수레와 말, 사람들이 지나다니며 내는 소리가 꽤나 거슬린다는 이유로 마침내 돈의문을 막아 버리고 새로운 문을 만들어 출입할 것을 아뢰어 청하였다. 조정에서는 그 위세를 두려워하여 감히 그것이 잘못임을 말하지 못하였다. 얼마 지나지 않아 죄를 얻어 남쪽으로 옮겨 갔다. 어떤 사람이 그 문에 대해 다음과 같은 시를 지었다.

만금을 써서 구름에 닿을 듯한 아주 큰 집을	甲第連雲費萬金
경영함에 모두 백년을 기약하였네	經營渾是百年心
하루아침에 멀리 남쪽 변방으로 유배를 가니	一朝遠謫南荒去
정원에는 사람 없이 풀만 절로 우거졌네	庭院無人草自深

97 이숙번(李叔蕃) : 1373~1440. 1393년(태조2) 문과에 급제한 뒤 1398년에 이방원(李芳遠)을 도와 세자 이방석(李芳碩), 정도전(鄭道傳), 남은(南誾), 심효생(沈孝生) 등을 제거하는 데 공을 세웠다. 태종이 즉위하자 좌명 공신(佐命功臣) 1등이 되었다. 그러나 자신의 공과 태종의 총애를 믿고 오만방자하여 국왕에게 불충하고 동료들에게 무례하였기 때문에 여러 차례 대간의 탄핵을 받아 결국은 관작을 삭탈당하고, 1417년(태종17) 경상도 함양(咸陽)에 유배되었다. 세종 때 〈용비어천가(龍飛御天歌)〉를 짓게 되자 선왕 때의 일을 상세히 알고 있다 하여 서울에 불려 와서 편찬을 도왔으나 편찬이 끝난 뒤 다시 유배지에 보내져 그곳에서 죽었다.

사노(私奴) 연(年)이라는 자는 정랑(正郞) 박전(朴全)[98] 집안의 종이다. 박전이 사람을 죽인 일에 연루되어 도망치며 숨었는데, 연이 따라왔다. 조정에서는 사람을 보내 잡아오는 것을 매우 긴급하게 하였다. 당시는 바야흐로 한겨울이어서 얼음과 눈이 길을 막아 박전이 갈 수 없었다. 무릇 가파르고 험하며 위험하고 막다른 곳을 만나면 연이 항상 짊어지고 갔다. 박전이 잡히게 되어 영천군(榮川郡)에 수감되었다. 연은 언제나 곁에 있으면서 잠시도 떨어지지 않고, 매번 통곡하며 다른 사람에게 다음과 같이 말하였다. "우리 주인은 사실 사람을 죽인 적이 없는데 무함을 받아 이렇게 되었습니다. 조정의 국문(鞫問)을 종인 제가 감당하기를 청합니다." 매번 밥을 떠서 박전에게 권하며, "한 숟가락 뜨십시오. 살인죄는 제가 스스로 짊어져서 우리 주인께서 얽히지 않도록 하겠습니다."라고 하였다. 영천 군수가 의롭다고 여기고 관에서 필요한 물품을 제공하였다.

박전이 잡힌 채로 경성(京城)에 이르자 연에게 말하기를 "나는 죽게 될 것이다. 너는 죄가 없으니 나를 따라올 필요가 없다."라고 하였다. 의금부 낭청도 따라오지 말아야 한다고 말했다. 연이 울며 말했다. "우리 주인께서 예전에 벼슬에 올랐을 때부터 제가 항상 따르며 모셨는데, 받은 은혜가 적지 않습니다. 지금 이렇게 되었다고 어찌 차마 버리고 갈 수 있겠습니까. 편안할 때에는 복종하여 섬기다가 어려울 때에는 배반하여 떠나가는 것을 저는 참으로 차마 할 수 없습니다. 또 심문받는 상황에서 저는 진술을 하여야 합니다. 이것은 제가 스스로 하는

98 박전(朴全) : 1514~1558. 본관은 무안(務安), 자는 면부(勉夫), 호는 송파(松坡)이다. 문집으로 《송파일고(松坡逸稿)》가 있다.

것일 뿐 주인께서 미리 알고 계신 바가 아닙니다. 만에 하나 제가 혼자 형벌을 받아 주인께서 특별히 용서를 받는다면 비록 거열형(車裂刑)과 요참형(腰斬刑)이라도 기꺼이 받을 것입니다." 언사와 기색이 강개(慷慨)하고 말과 눈물이 함께 나와 보는 사람들이 매우 감동했다. 이전에 박전의 노비 몇 사람이 붙잡혀 와서 모두 장형(杖刑)을 내리지 않아도 자복하며 박전에게 죄를 돌렸다. 연이 말하기를 "이것은 실로 어리석은 종들이 고문을 이기지 못하고 거짓으로 자복한 데 이른 것이니, 실제로는 이러한 일이 없었습니다."라고 하였다.

조정에서 연에게 죄가 없음을 알았고, 또 그 충심을 살펴 경연에서 그 사정을 아뢰는 대신이 있어 드디어 명을 내려 방면하였다. 박전이 장형을 받다가 사망하자 연은 부모를 잃은 듯 슬퍼하며 울부짖었다. 박전의 동생과 만나 상여를 보살피며 남쪽으로 돌아왔는데, 당시 나이가 스물하나였다. 지금까지 박전의 처(妻)를 모시면서 충심을 다하고 있다고 한다. 아, 충성스럽고 의로운 마음이야 사람이라면 누구인들 없으랴만 이익과 욕심에 어두워지고 화와 복에 가려져서 그 본연을 잃는 것일 따름이다. 저이는 본래 일개 하인일 뿐이지만 평상시에 길러주고 보살펴 준 은혜에 감동하여 자신의 죽음을 고향에 돌아가는 것과 같이 여기는 마음이 시종 변치 않았으니, 하늘의 이치가 사람 마음에 있음을 어찌 속일 수 있겠는가.

아, 남에게서 작위를 받고 남에게서 녹봉을 먹으며 초선관(貂蟬冠)[99]을 쓰고 금자(金紫)[100]를 하는 것은 부귀함의 극치인데, 하루아침에 환

99 초선관(貂蟬冠) : 담비 꼬리와 매미 날개로 장식한, 귀관(貴官)이 쓰는 모자이다.

난을 만나 나라가 망하고 군신이 피난하게 되면 자신의 이익만을 도모하고 군주의 어려움을 급히 여기지 않으면서, 적을 맞이하여 투항하는 자도 있고 군주를 버리고 도망쳐 숨는 자도 있다. 이들은 모두 연에게 죄인이다. 임금을 섬기는 신하로서 연을 거울로 삼아야 할 것이다.

장경왕후(章敬王后)가 홍서(薨逝)하였다. 임금이 박빈(朴嬪)[101]을 총애하여 후(后)로 세우고자 하자, 조정의 많은 신하들이 불가하다고 간언을 하였다. 당시 정 문익공(鄭文翼公)이 수상이었다. 조정에서는 그에게 의지하여 중히 여겼지만 공은 아직 찬성할지 반대할지 의견이 있지 않았다. 하루는 임금이 손수 쓴 서찰을 외정(外廷)에 보내 재신(宰臣)들이 다음 날 사정전(思政殿)에 모여 의론할 것을 명하였다. 이 날 아침, 박빈이 무늬가 있는 비단 일곱 필을 중사(中使)에게 주면서 공에게 뇌물로 주도록 하였다. 또 다음과 같이 말하였다. "상공(相公)의 조의(朝衣)를 보니 많이 해졌습니다. 감히 보잘것없는 선물을 보내드리니 물리치지 않는다면 다행이겠습니다. 또 첩(妾)의 일은 조정의 의론이 이미 통일되었습니다. 오직 상공의 한마디 말이면 일이 확정될

100 금자(金紫) : 금어대(金魚袋)와 자의(紫衣)이다. 당(唐)나라와 송(宋)나라 때의 관복(官服)과 패식(佩飾)인데, 이를 귀관의 대명사로 사용하기도 하였다.

101 박빈(朴嬪) : ?~1533. 중종의 후궁 경빈(敬嬪) 박씨(朴氏)이다. 연산군 때 궁녀로 궁궐에 들어갔다가 중종의 후궁이 되었다. 1509년 복성군 이미(李嵋)를 낳아 왕의 총애를 받았다. 복성군 이외에 혜순옹주, 혜정옹주 1남 2녀를 낳았다. 1527년 연성위(延城尉) 김희(金禧)가 부친 김안로의 사주를 받아 왕세자를 저주하는 작서(灼鼠)의 변(變)을 조작하자, 이에 연루되어 1528년 복성군과 함께 폐출(廢黜)되었으며, 이어 사사되었다. 후에 억울함이 밝혀져 신원되었다.

수 있습니다. 이제 모여서 의론함에 원컨대 상공께서는 절대로 이견을 두지 마십시오." 공이 말하기를 "오늘의 의론은 오직 명에 따를 것입니다. 다만 보내 주신 것은 모름지기 일이 확정된 후에야 감히 받을 수 있습니다. 지금은 감히 명을 받들지 못합니다."라고 하며 굳게 거절하고 받지 않았다. 중사가 돌아가 보고하니, 박빈이 크게 기뻐했다.

임금이 사정전에 나오자 재신들이 모두 들어갔다. 임금이 말하였다. "본래 후궁이 중곤(中壼 중전)으로 오르는 일은 예전에도 많이 있었다." 다시 공에게 말하였다. "이 일에 대해서 조정의 의론은 모두 옳다고 하는데 경은 홀로 말이 없으니, 경의 뜻은 어떠한가?" 공이 나아가 말하였다. "신의 생각도 마찬가지로 마땅하다고 여깁니다. 이것은 전하의 집안일입니다. 어찌하여 외정의 신하들에게 꼭 물으려고 하십니까. 다만 이와 같이 한다면 원자(元子)를 어디에 두어야 하는 것입니까. 신은 모름지기 우선적으로 원자를 처치한 후에 사안이 확정될 수 있다고 생각할 뿐입니다. 생각건대 복성군(福城君)은 박빈이 낳아 나이가 제일 많습니다. 그러므로 공은……" 임금이 다급히 말하기를 "경의 말은 매우 온당하다. 나 역시 이에 대해서는 생각하지 못하였다. 이 일은 결코 해서는 안 된다."라고 하고는 바로 왕후를 간택하라는 명을 내렸다. 조정에서는 서로 기뻐하며 공이 큰일을 결단할 수 있다는 것을 더욱 알게 되었다. 비빈(妃嬪)들이 본분을 잃지 않았고, 동궁(東宮)에서 동요하지 않았다. 군주가 잘못에 빠지지 않도록 하여 종사(宗社)[102]가 무사히 보전될 수 있었던 것은 공의 능력이었다.

102 종사(宗社) : 대본에는 '宗祀'로 되어 있다. 문맥에 근거하여 '祀'를 '社'로 바로잡아 번역하였다.

김안로(金安老)가 심정(沈貞)에 의해 실각하여 이조 판서로 있다가 유배를 가게 되었다. 밤낮으로 다시 들어갈 방법을 찾았다. 당시 문익공이 수상이었고 이행(李荇)이 아상(亞相)이었다. 김안로의 아들인 부마(駙馬) 연성위(延城尉) 김희(金禧)가 날마다 이행의 집에 가서 아버지의 죄를 벗겨 주기를 빌었다. 이행이 공들 사이에서 김안로에게 죄가 없다고 자주 말하였다. 문익공이 말하였다. "공은 천천히 생각하십시오. 어찌 후회가 없겠습니까." 이행이 말하였다. "김안로가 개과천선했습니다. 예전의 김안로가 아닙니다. 설령 다시 오게 하더라도 필시 후환은 없을 것입니다." 공이 말하였다. "속담에 '사람이 개를 길렀는데 도리어 다리를 문다.'라고 합니다. 공은 자세히 생각하여야 할 것입니다." 이행은 끝내 그렇게 여기지 않았다.

이 시기 이행이 자못 마음대로 일을 처리하였지만, 사람들은 다른 말을 못 하였다. 김희가 결국 소(疏)를 올려 아버지의 무죄를 아뢰었다. 김안로가 마침내 석방되었다. 얼마 지나지 않아 한성 판윤(漢城判尹)에 임명되었다. 김안로는 바로 명을 받았다. 이행이 김안로에게 다음과 같이 말하였다. "공은 지난번에 은혜를 입고 풀려났으니, 바로 두문불출하며 자신의 허물을 살펴야 합니다. 그런데 제수하라는 명이 내리자 사양하여 피하지 않고 얼른 스스로 출사하였으니 전혀 스스로 책임을 묻고 잘못을 뉘우치는 뜻이 없는 것입니다. 어찌 좋지 않은 여론이 없겠습니까." 김안로는 듣지 않았다. 이행이 화가 나서 임금에게 글을 올려 김안로가 명을 받은 것의 잘못을 아뢰었다. 김안로가 마음에 품고 뼈에 새겼지만, 이행은 예상치 못하였다. 얼마 지나지 않아 김안로가 나랏일을 도맡게 되었다. 심정과 이항(李沆)을 주륙(誅戮)하였다. 이행과 문익공은 모두 죄를 입고 멀리 유배를 갔다. 이행이 떠나려고 하면서 다른 사람에게 다음과 같이 말하였다. "내가 정공(鄭公)의 말을 수용하지 않은 것이 후회가 된다. 그의 선견지명은 내가 따라가지 못하는 바이다. 내가 살아서는 다시 정공을 볼 수 없겠구나. 훗날 무슨 면목으로 지하에서 뵙겠는가." 김안로가 글을 써서 두 공에게 자살할 것을 권했다. 문익공이 "임금의 명이 죽으라는 것이라면 죽겠지만 자살은 어째서인가?"라고 말하고는 조금도 동요하지 않았다. 이행은 서간을 보고 크게 두려워하여 소주(燒酒)를 진탕 마시고는 결국 죽음에 이르렀다.

어변갑(魚變甲)은 세종조(世宗朝)에 장원으로 급제하였다. 전시(殿試) 날, 고관(考官)이 동렬(同列)에게 말하였다. "이번 시험에서 장원은 반드시 어변갑일 것입니다." 동렬이 이상하게 여겨 물었다. 그러자 "내 꿈에 어떤 사람이 절구(絶句)를 지었습니다."라고 하였는데, 그 시는 다음과 같다.

세 번의 바람과 천둥으로 물고기는 갑 있는 것으로 변하고 三級風雷魚變甲
한 봄의 아지랑이 자욱한 풍경에 말은 울음소리 드물구나 一春煙景馬希聲
비록 짝이 되는 문구는 원래 서로 걸맞다고 하지만 雖云對偶元相敵
어찌 용문의 맨 윗자리에 이름이 미치는가 那及龍門第一名

사람들이 모두 괴이하게 여겼다. 과거 합격자가 발표되니 어변갑이 과연 수석이고 무과의 장원은 마희성(馬希聲)이었다. 어변갑은 부모가 함양(咸陽)에 살았는데, 모두 연로하였다. 그래서 어변갑은 조정에서 벼슬하는 것을 좋아하지 않아, 관직을 버리고 고향으로 돌아가 부모를 봉양할 계획이 있었다. 하지만 부모가 벼슬할 것을 권하여 어변갑은 부득이하게 부모의 뜻을 열심히 따랐다. 몇 년 사이에 등급을 뛰어넘어 직제학(直提學)에 이르렀다. 어느 날 사직하고 돌아가면서 시를 지었는데, "나 같은 것이 어찌 공명을 피하는 자이겠는가, 그저 자애로운 어버이 위하여 멀리 가지 못하는 것이네.〔若余豈避功名者? 祗爲慈親不遠遊.〕"라고 하였다. 조정에서 그의 부모가 나이 들었다는 것을 알고 김해 부사(金海府使)에 임명했지만, 얼마 지나지 않아 관직을 버리고 고향으로 돌아갔다. 이때부터 집에 머물면서 부모를 봉양하며 더는 벼슬길에 나갈 마음이 없었다. 부모가 돌아가셨지만 끝내 다시 출사하지 않았다고 한다.

유호인(兪好仁)은 자가 극기(克己)이고 호는 뇌계(㵢溪)로, 함양 사람이다. 성묘조(成廟朝)에서 문장으로 임금의 은혜로운 대우를 최고로 받았으며, 경연(經筵)에 들어 고문(顧問)으로 참여하였다. 임금이 수시로 인견하고는 스스로 뛰어난 선비를 얻었다고 생각하였다. 공은 모친이 나이가 들었다는 이유로 간절히 외지로 보임해 줄 것을 요청하였다. 마침내 옥당(玉堂)으로 있다가 거창(居昌)의 군수로 나갔다. 공은 유자(儒者)였지만 관직에 있으면서 자못 성글고 어설펐다. 고적(考績)하자 최하위를 차지했다. 임금이 그것을 보고 글을 내려 감사(監司)에게 다음과 같이 물었다. "유호인은 나의 유신(儒臣)이다. 그의 모친이 나이가 들었기 때문에 외직으로 보임해 달라는 것을 들어주었는데, 지금 최하위로 평가를 받았다 하니 연유를 알지 못하겠다. 모두 갖추어 아뢰라." 감사가 다음과 같이 회계(回啓)하였다. "백성들의 일을 돌아보지 않고 시 읊는 것을 그치지 않았습니다." 임금이 이를 보고 웃으며 말했다. "포폄 제목이 자못 속되지 않다."

얼마 지나지 않아 다시 옥당으로 불렀다. 공은 다시 외직을 청했다. 임금이 말했다. "그대의 모친이 비록 나이가 많이 들었지만 어찌 경사(京師)에 올 수 없겠는가. 내가 마땅히 그대의 녹봉을 늘려서 모친을 봉양할 밑천을 넉넉히 해 줄 터이니, 그대는 모친을 모시고 경성으로 들어오라. 나는 그대를 경연에 참석하게 하여 아침저녁으로 인견하고자 하니, 그대는 나를 버리고 멀리 가지 말라." 공은 임금의 지우(知遇)에 감격하여 차마 더는 외직을 구하지 못하고 결국 말미를 받아 모친을 살폈다. 임금의 뜻을 어머니께 말씀드리고 어머니를 모시고 서쪽으로 돌아갈 계획을 세웠다. 모친이 말하였다. "내가 병이 있는 것도 아니고 네 형이 가난하여 생활하기 어려운 것도 아니니 나는 여기를 버리고 떠날 수 없다." 공은 어머니의 뜻이 경사로 돌아가고 싶지 않은 것임을 알았다. 마침내 임금에게 갖추어 아뢰자 임금이 손수 적은 서찰로 다음과 같이 전조(銓曹)에 분부하였다. "유호인은 모친을 위해 걸군(乞郡)하니, 함양에서 하룻길 이내가 되는 곳 중에 수령이 빈 지역이 있으면 단수로 추천하여 올리라." 이에 마침내 합천 군수(陜川郡守)로 임명되었다. 관직에 있다가 해를 넘겨 세상을 떴다. 나이가 겨우 오십이었다. 임금이 소식을 듣고 몹시 슬퍼하였다. 부의(賻儀)를 일반적인 규례보다 넉넉히 보냈다.

이전에 공이 어머니의 병환으로 사직의 글을 올리고 어머니가 계신 곳으로 돌아가 보살펴 드렸다. 임금이 중사(中使)를 보내 병문안을 하며, 또 중사에게 다음과 같이 일렀다. "유호인에게는 분명 시가 있을 것이다. 네가 그의 집에 도착해서 무릇 담이나 벽, 궤(几)나 책상에 그가 지은 시가 있으면, 네가 몰래 적어 오면 좋겠다." 중사가 집에 도착하니 책상 위에 오언 율시 한 연(聯)이 있었는데, "북으로 바라보니 군신이 막히었고, 남으로 오니 어미 자식이 함께 하네.〔北望君臣隔, 南來母子同.〕"[103]라고 하였다. 돌아와서 이윽고 임금에게 아뢰자, 임금이 다음과 같이 말하였다. "충과 효 둘 다 온전하구나." 공은 뛰어난 문재(文才)와 청아한 덕으로 성스러운 임금을 만났지만, 행복과 장수를 오랫동안 누리지 못하여 사림들이 안타까워하였다. 공에게는 《뇌계집(灆溪集)》이 있어 세상에 유포되었다.

공의 아들 유막(兪漠)은 시에 조금 능하였고, 사마시에 합격했다. 만년에 뇌계정(灆溪亭)에 대한 다음과 같은 시를 지었다.

평소에 그저 숲과 샘의 정취만을 깨달을 뿐이니 平生只解林泉趣
홍진 속에서 분주한 것은 천성으로 할 수 없네 奔走紅塵性未能
늘그막에 품은 마음 오히려 담박하니 老境情懷猶澹泊
작은 창의 매화와 대나무, 바로 좋은 친구라네 一窓梅竹是良朋

나이 팔십을 넘어 세상을 떴다.

눌재(訥齋) 박상(朴祥)은 자가 창세(昌世)이다. 강직함으로 이름을 얻었고, 성품은 강직하고 꼿꼿하여 구차히 부합하지 않았다. 문장에 재능이 있었고 특히 시에 뛰어났다. 《눌재집(訥齋集)》이 있어 세상에 유포되었다. 상산(商山 상주(尙州))의 목사(牧使)일 때, 한 수령이 지나가고 있었는데 성품이 탐욕스러워 부정한 방법으로 축재한 자였다. 공이 마주하고 앉았다가, 떠난 후에 바로 그가 앉았던 자리를 불태우라고 명하며 다음과 같이 말했다. "도적이 앉았던 곳이니 태워 버리지 않을

103 북으로……하네 : 《뇌계집》 권5에 수록된 오언 율시 〈등조점(登鳥岾)〉에 나온다.

수 없다."

임희재(任熙載)는 임사홍(任士洪)[104]의 아들이다. 열네 살에 진사시에서 장원으로 뽑혔다. 후에 과거에 급제하여 홍문관 교리가 되었다. 임사홍이 하는 바에 불만이 있어 항상 간하며 멈추게 하였으나 임사홍은 그의 간언을 따르지 못하였다. 일찍이 "진 시황은 무슨 일로 백성들을 고통에 빠트렸는가.〔秦皇何事苦蒼生〕"라는 구절을 벽에 써 놓았다. 임사홍이 보고서 싫어하여 속으로 없애고 싶었다. 하루는 폐주(廢主 연산군)가 임사홍의 집에 행차하였는데, 그 시를 보고 자기를 기롱하는 것이라고 여겼다. 임사홍에게 물으니 대답하기를 "신의 불초한 자식 희재가 한 것입니다."라고 하였다. 폐주가 노하여 말했다. "그렇다면 어찌해야겠는가?" 임사홍이 대답하였다. "전하의 처분에 달려 있습니다." 결국 죽였다. 임사홍은 그 죽음을 들었지만, 술을 마시고 고기를 먹으며 조금도 슬퍼하는 기색이 없었다. 임희재는 글씨를 잘 썼으며, 그의 필적(筆跡)이 세상에 많이 퍼져 있다. 중묘(中廟)가 들어서자 증직(贈職)을 명하였다.

송당(松堂) 박영(朴英)이 김해 부사(金海府使)였는데, 한 토호(土豪)가 전임 수령에게 뇌물을 주고 수로왕(首露王)의 어로(御路)를 막아

104 임사홍(任士洪) : 1445~1506. 본관은 풍천(豐川), 자는 이의(而毅)이다. 효령대군의 아들 보성군(寶城君)의 사위이다. 아버지는 서하군(西河君) 임원준(任元濬)이다. 1504년에는 연산군의 처남인 신수근(愼守勤)과 함께 모의, 연산군의 생모인 윤비(尹妃)가 폐위되어 사사된 내막을 연산군에게 밀고하여 갑자사화를 일으켰다. 1506년 중종반정 때 아버지와 함께 처형당했다.

밭으로 만들었다. 공이 그 죄를 다스리고 옛길을 복원하도록 명하였다. 얼마 지나지 않아 공은 기묘(己卯)의 당(黨)이라는 이유로 파직되어 떠나갔다. 그 사람은 공에게 원한을 가져, 이 틈을 타서 피해를 입히고자 하였다. 궐에 나아가 공과 경주 부윤(慶州府尹) 유인숙(柳仁淑)이 모반(謀叛)하였다고 무고(誣告)하였다. 중종이 크게 노하여 당장 잡아오라고 명하였다. 이르자, 임금은 사정전(思政殿)으로 나와 직접 국문(鞫問)하였다. 하늘의 위엄이 진동하니 좌우에서 몹시 두려워하였고, 각각 10여 차례 장형(杖刑)을 받았다. 공이 소리 지르며 말했다. "신등은 죄상을 알지 못합니다. 원컨대 죄목을 들은 연후에 죽음에 나아가겠습니다." 임금이 다음과 같이 물었다. "네가 전에 김해 부사였을 때 무슨 이유로 모반을 하였는가?" 공이 말했다. "실제로 그런 일이 없습니다. 다만 어떤 사람이 마음대로 관로(官路)를 막았기에 신이 법에 맞추어 처리하였습니다. 이 사람은 항상 원한을 품었습니다. 신은 오직 이러함이 있었을 뿐입니다." 임금이 명하여 고한 사람을 데려다 물어보았다. 과연 죄를 자복하였다. 바로 명하여 참수하였고, 드디어 공 등을 풀어 주었다.

독서당(讀書堂)의 관원은 비록 차례를 돌아가며 서로 대신하는 것이지만, 관례로 다른 관직에서 충원하여 선발하였다. 해당 업무가 매우 바쁘고 번거로워 정신없이 출입하였기에 오랫동안 거처하면서 책을 읽는 사람은 없었다. 퇴계 선생 역시 여기에 선발되어 참여하였는데, 비록 항상 금종(禁從)[105]에 있었지만 성품이 한가롭고 차분한 것을 좋

105 금종(禁從) : 임금의 시종(侍從)이다. 특히 한림학사(翰林學士)와 같은 문학에

아하여, 자신의 순번이 되면 항상 독서당에 있으면서 성안에 들어가지 않았다. 간혹 다른 사람의 순번을 대신하면서 그대로 거기에 머무르기도 하였다. 그러므로 요사이 독서당의 관원 가운데 오래도록 잘 참으며 거처한 사람으로 반드시 선생을 지목한다.

정랑 이원록(李元祿)은 이행(李荇)의 아들이다. 항상 숙부 이기(李芑)가 벌인 일에 괴로워하면서 일마다 간하여 저지하는 경우가 많았다. 이기가 퇴계를 해하고자 하자, 이원록이 힘써 구제하여 면케 하였다. 후에 이기가 더욱 기세가 올랐다. 이원록이 다른 사람들에게 말하기를 "우리 집안에 적족(赤族)의 화가 있을까 걱정이다."라고 하였다. 이기가 이를 듣고 매우 화를 냈고, 강계(江界)로 유배를 보냈다.

점필재(佔畢齋) 김종직(金宗直)의 고제(高弟)로 모두들 김굉필(金宏弼)과 정여창(鄭汝昌)을 으뜸으로 추앙하였다. 무오년(1498, 연산군 4) 당화(黨禍)가 일어나자 두 공은 모두 장형(杖刑)을 판결받고 멀리 유배를 갔다. 정공은 남여(藍輿)를 타고 성을 나갔는데, 위좌(危坐)를 하고 공수(拱手)를 하고 있었다. 동료 벗들이 교외에서 자리를 마련하여 전별하자, 의복을 바르게 하고 단정히 앉아 마치 재각(齋閣)에 있을 때처럼 하였다. 이를 본 사람들은 그의 지조에 감복하였다. 후에 두 공은 모두 죽음을 당하였다. 반정(反正) 후에 어명으로 김공을 좌의정에, 정공을 우의정에 추증하였다.

뛰어난 시종관(侍從官)을 가리킨다.

퇴계 선생은 시 짓는 것을 즐겼다. 평소 공을 매우 많이 들였다. 그의 시는 힘차고 굳세며 전아(典雅)하고 진실하여 화려한 수식을 뽐내지 않았다. 처음 보면 무미(無味)한 듯하지만 자꾸 보면 점점 좋아진다. 일찍이 나에게 다음과 같이 말씀하셨다. "나의 시는 메마른 듯 담박하여 사람들이 그다지 좋게 여기지 않지만, 시에 노력한 것이 자못 깊다. 그러므로 처음 보면 비록 냉담(冷淡)하지만, 오래 보면 맛이 없지 않다." 또 말씀하셨다. "학문하는 사람들에게 시가 가장 우선적으로 노력해야 하는 것은 아니지만, 경치를 만나면 흥이 있게 되니 시가 없을 수는 없다."

승상 이준경(李浚慶)[106]은 청렴하고 엄격하며 예를 좋아하였다. 그의 형 이윤경(李潤慶)[107]과 우애가 매우 돈독하였다. 이윤경이 세상을 뜨자, 예제(禮制)대로 상복을 입었다. 발인하는 날에는 최질(衰絰)을 입고 따라갔고, 평소에 거처할 때는 상복을 입었으며, 손님이 오면 흑립(黑笠)과 백의(白衣)를 입고 응대하였다. 1년을 지내고 상을 마쳤다.

106 이준경(李浚慶) : 1499~1572. 본관은 광주(廣州), 자는 원길(原吉), 호는 동고(東皐)·남당(南堂) 등이고, 시호는 충정(忠正)이다. 1531년(중종26) 문과에 급제하여 영의정을 지냈다. 기묘사화로 죄를 받은 조광조의 억울함을 풀어 주고 을사사화로 죄를 받은 사람들을 신원하였으나, 기대승(奇大升), 이이(李珥) 등 신진 사류들과 뜻이 맞지 않았으며, 임종 때 붕당(朋黨)이 있을 것이니 이를 타파해야 한다는 유차(遺箚)를 올려 신진 사류들의 비난을 받기도 하였다. 문집으로 《동고유고(東皐遺稿)》가 있다.

107 이윤경(李潤慶) : 1498~1562. 본관은 광주, 자는 중호(重浩), 호는 숭덕재(崇德齋), 시호는 정헌(正獻)이다. 현량과(賢良科)의 복설(復設)을 실행하게 하고, 을묘왜변(乙卯倭變)에 공을 세웠다.

권 찬성(權贊成 권벌)이 세상을 뜨자 만시(挽詩)가 매우 많았다. 교리 이연경(李延慶)의 시에는 완곡하면서 깊은 뜻이 담겨 있다. 시는 다음과 같다.

넓디넓고 아름답고 아름다운 단 한 사람 蕩蕩休休第一人
조정에서의 기개와 절개 역시 견줄 사람 없네 當朝氣節亦無倫
임금께 충언 올려도 뜻 되돌리기 어려웠지만 致君忠諫難回志
일을 만나면 곧은 말 올리며 자신을 돌보지 않았네 遇事危言不顧身
죄는 컸어도 다행히 은혜 입어 죽음은 면하였지만 罪極幸蒙湯闢網
유배 가 죽게 하였으니 나라가 인을 어겼네 謫終猶使漢愆仁
글이 반고와 사마천만 못함을 혼자 탄식하였지만 自嗟文字非班馬
그들이 붓 잡고 어찌 직신이라 전해질 수 있었던가 執管何能傳直臣

공의 집안의 자제들은 시의(時議)를 두려워하여 감히 상례를 치르지도 못하고 바로 광중(壙中)에 모셨다.

상채(上蔡) 사양좌(謝良佐)[108] 선생이 말하기를 "학문하는 사람은 모름지기 가슴에 품은 생각이 옛것으로부터 벗어나 개방적이어야 한다."[109]라고 하였다. 내가 일찍이 서화담(徐花潭)에게 다음과 같은 시가 있는

108 사양좌(謝良佐) : 1050~1103. 송대의 학자로, 자는 현도(顯道), 시호는 문숙(文肅)이다. 채주(蔡州) 상채(上蔡) 사람이다. 정호(程顥)가 지부구사(知扶溝事)로 있을 때 수학하였다. 유초(游酢), 여대림(呂大臨), 양시(楊時)와 함께 정문사선생(程門四先生)으로 불린다. 상채학파의 비조이며 상채 선생으로 불렸다. 그의 사상은 다분히 선불교의 내용을 포함하고 있어 주희로부터 비판을 받기도 하였다. 저서로 《논어해(論語解)》, 《상채어록(上蔡語錄)》이 있다.

109 학문하는……한다 : 이 구절은 《상채어록》 권1에 보인다.

것을 보았다.

차갑게 쌓여 있는 수많은 산의 눈 冷積千山雪
높고 밝은 저 하늘의 달 高明一天月
뜰 앞에 홀로 걸어가는 사람 庭前獨步人
뜻과 생각이 얼마나 맑고 깨끗한가[110] 意思何淸潔

명도(明道) 선생의 '꽃 찾아 버들 따라〔傍花隨柳〕' 구절[111]과 담긴 뜻이 같았다.

또 다음과 같은 시가 있다.

구름 덮인 산에서 내가 살 곳 정하니 雲山我卜居
게으르고 거친 성품에 제격이구나 端合性慵疎
숲에 앉아 숲에 깃든 새와 벗하고 林坐朋幽鳥
시내를 거닐며 물속 노니는 물고기와 짝하네 溪行伴戲魚
한가롭게 꽃동산에서 비질을 하고 閑揮花塢帚
때로는 약초밭에 호미를 메고 가네 時荷藥畦鋤
이것들 말고는 아무런 일도 없어서 此外都無事
차 마시다가 옛 책 읽어 보네[112] 茶餘閱舊書

110 차갑게……깨끗한가 : 《화담집(花潭集)》 권1에 실린 〈설월음(雪月吟)〉 시이다.

111 꽃……구절 : 송나라 성리학자 정호가 호현(鄠縣)의 주부(主簿)로 있을 때 시 〈춘일우성(春日偶成)〉을 지으면서 "엷은 구름 상큼한 바람 정오가 다 되는 때, 꽃 찾아 버들 따라 앞 시내를 건너도다. 사람들은 나의 마음 즐거운 것을 모르고서, 틈만 나면 소년처럼 나돌아 다닌다 말하리라.〔雲淡風輕近午天, 傍花隨柳過前川. 時人不識予心樂, 將謂偸閑學少年.〕"라고 하였는데, 이 시를 두고 성리학자들은 《논어》 〈선진(先進)〉에 나오는 증점(曾點)의 기상과 비슷하다고 평가해 왔다.

112 구름……보네 : 《화담집》 권1에 실린 〈산거(山居)〉 시의 첫째 수이다.

이 시는 한가하고 편안한 정취를 능히 다하였다.

모재(慕齋) 김안국(金安國) 선생은 평소에 선생을 높이 여겼다. 그가 이조 판서일 때 서간으로 선생에게 출사할 것을 권하자, 선생은 다음과 같은 시를 지어 사양하였다.

독서하던 당시에는 경륜에 뜻을 두었는데 讀書當日志經綸
나이가 드니 오히려 안씨의 가난함[113]이 달콤하구나 歲晩還甘顔氏貧
부귀에는 다툼이 있어 손대기 어렵고 富貴有爭難下手
숲과 샘은 금함이 없어 몸을 편히 할 수 있네 林泉無禁可安身
산에서 나물 캐고 물에서 낚시하니 배 채울만 하고 採山釣水堪充腹
달을 노래하고 바람을 읊조리니 정신이 충분히 상쾌하네 咏月吟風足暢神
배움에 의혹이 없게 되면 시원하고 활발함을 알게 되니 學到不疑知快活
헛됨으로 백년의 인생을 짓지 않게 되겠구나[114] 免敎虛作百年人

이 시에서는 이 늙은이가 가슴에 품은 생각이 얼마나 크고 시원하고 활발한지 알 수 있다.

정언각(鄭彦慤)의 사람됨은 조급하고 거짓되며 사악하고 표독스럽다.

113 안씨(顔氏)의 가난함 : 안씨는 공자의 제자 안연(顔淵)을 가리킨다. 공자가 안연을 두고 "어질다, 안회(顔回)여. 한 그릇의 밥과 한 표주박의 음료로 누항(陋巷)에 있는 것을 다른 사람들은 그 근심을 견뎌 내지 못하는데 안회는 그 즐거움을 변치 않으니, 어질다, 안회여."라고 하였다. 《論語 雍也》

114 독서하던……되겠구나 : 《화담집》 권1에 실린 〈술회(述懷)〉 시이다.

정미년(1547, 명종2) 9월, 부제학일 때 양재역(良才驛)에서 다른 사람을 전별하다가 벽에 다음과 같은 글이 있는 것을 발견하였다. "여후(女后 문정왕후(文定王后))가 조정의 일을 맡아보고 있고, 밖에서는 간신(姦臣) 이기(李芑)가 농간을 부리며 권력을 쥐고 있으니, 나라가 위태롭고 망해 가는 것은 서서 기다릴 수 있겠다." 경사로 돌아와서는 승정원에 나아가 다음과 같이 아뢰었다. "신이 이러한 벽서를 보았습니다. 매우 마음이 편치 않습니다. 감히 와서 아룁니다." 바로 재집(宰執)을 부르라는 명이 있었고, 빈청(賓廳)에 모여 의론하였다. 이기 등이 아뢰었다. "요사이 사림이 안정되지 못하고 자못 이론이 있다는 것을 신등이 삼가 들은 지 오래입니다. 아뢰려고 하였지만 그렇게 하지 못하였습니다. 이제 이러한 변고가 있으니, 이는 반드시 죄를 얻은 사람이 한 짓입니다. 남은 무리들을 모두 유배 보낸다면 근거 없는 의론이 절로 사라질 것입니다." 대비가 윤허하였다. 마침내 송인수(宋麟壽), 이약빙(李若氷)을 죽이고, 이언적(李彦迪) 등 28명을 차등을 두어 유배 보냈다. 한 시대의 올바른 사람들 가운데 화를 면한 사람이 한 명도 없었다. 정언각은 이때부터 이기에게 딱 달라붙었다. 경연(經筵)에서 심령(沈苓)에게 원망하는 말이 있다고 거짓으로 아뢰어 결국 죽게 하였다.

정막개(鄭莫介)라는 자는 장흥(長興)의 창고지기이다. 신윤무(辛允武)[115]에게 내린 구사(丘史)였는데 신윤무와 박영문(朴永文)[116]이 모반

115 신윤무(辛允武) : ?~1513. 본관은 영월(寧越)이다. 1506년 박원종, 성희안, 유순정 등과 함께 중종반정을 일으켜 연산군의 간신배 임사홍과 신수근 등을 살해하고 반정을 성공시켜 정국 공신(靖國功臣) 1등으로 영천군(寧川君)에 봉해졌다. 그 뒤 공조

을 하려 한다고 무고(誣告)하였다. 두 사람은 고신(拷訊)을 이겨 내지 못하고 결국 거짓으로 자복하고 죽음을 당하였다. 정막개는 공으로 봉군(封君)되어 작위를 받았고, 조열(朝列)에 나란히 참여하였다. 공로만 믿고 교만하고 방자하였다. 길에서 사람들은 눈치만 보았다. 당시에 권 찬성(權贊成 권벌)은 지평이었다. 동렬(同列)들과 함께 그의 문제점을 탄핵하며 아뢰어, 그 공훈을 빼앗을 것을 청하였다. 중종이 받아들이지 않았다. 얼마 지나지 않아 공은 말미를 받아 부모를 모시러 갔지만, 동렬들은 여전히 의론하며 아뢰기를 멈추지 않았다. 결국 그의 공훈은 삭탈되었다.

얼마 후 다시 발탁되어 당상(堂上)에 올랐다. 공이 조정에 돌아와 보니, 동렬들이 이미 아뢰기를 멈추었다. 공은 매우 분해하며 숙배하는 날 다음과 같이 아뢰었다. "공훈으로 봉군한 것을 삭탈하자마자 급히 당상에 오르게 하는 것은 국정(國政)의 체통을 뒤엎는 일일 뿐만이 아닙니다. 사람들 가운데 무고하는 것을 좋게 보고 본받으려는 자들이

판서를 거쳐 좌우 참찬을 지내고 병조 판서가 되었으나 대간들의 탄핵으로 다시 파직되었다. 1513년 공조 판서로 있다가 대간의 탄핵으로 파직된 박영문이 그의 집을 드나들며 조정을 비방하고 난언을 일삼자 이를 엿들은 의정부의 관노(官奴) 정막개의 밀고로 대역죄로 몰려 주살(誅殺)되었다.

116 박영문(朴永文) : ?~1513. 본관은 함양(咸陽)이다. 생원으로서 무과에 급제하고, 연산군 때 군기시 첨정(軍器寺僉正)을 지냈다. 1506년 중종반정에 참여하여 정국공신 1등에 책록, 함양군(咸陽君)에 봉해졌다. 1510년 경상도 도순찰사로 있다가 공조판서에 임명되었다. 그러나 간관(諫官)의 탄핵으로 파직되자, 신윤무의 집에 드나들면서 조정을 비난하고 문신들을 비방하였다. 마침내 신윤무 등과 함께 영산군(寧山君) 이전(李佺)을 추대하고 난을 모의하자, 의정부의 관노 정막개가 이를 밀고하여 대역죄로 몰려 주살되었다.

필시 많을 것입니다. 사대부들이 모두 편치 않은 마음을 품고 있습니다. 청컨대 속히 관직을 빼앗으소서. 또 진계(陳啓)를 그만둔 대간을 탄핵하소서." 정막개의 관직을 삭탈하고 대간을 체차하라는 명이 있었다. 이로부터 공의 이름은 더욱 중해졌다.

나식(羅湜)[117]이라는 사람은 승지 나숙(羅淑)[118]의 형이다. 학문과 덕행이 있었다. 기묘년(1519)에 세상에 널리 이름이 났는데, 공들이 다투어 천거하고 임금이 불렀는데도 오지 않았다. 다음과 같은 시를 지어 조정의 지인에게 주었다.

해 저문 푸른 강가에	日暮滄江上
날은 차고 물은 절로 일렁이네	天寒水自波
외로운 배는 일찍 매어야만 하니	孤舟宜早泊
풍랑은 밤이 되면 으레 높아지리[119]	風浪夜應多

중묘(中廟) 말에 참봉으로 천거되었다. 그러나 자못 의론을 좋아하여 여러 사람에게 원망과 비방을 들었다. 을사년(1545)의 변란에 나숙과

117 나식(羅湜) : 1498~1546. 본관은 안정(安定), 자는 정원(正源), 호는 장음정(長吟亭)이다. 김굉필(金宏弼), 조광조의 문인이다. 1545년 을사사화 때 윤임(尹任) 일파와 관련되어 파직, 흥양(興陽)에 유배되고, 이듬해 강계(江界)에 위리안치(圍籬安置)된 뒤 사사되었다. 1568년(선조1) 영의정 이준경(李逡慶)의 상소로 신원되었다. 문집으로 《장음정유고(長吟亭遺稿)》가 있다.

118 나숙(羅淑) : ?~1546. 본관은 안정, 자는 선원(善源)이다. 1545년 외척 윤원로(尹元老)의 전횡을 탄핵하였고 을사사화로 철원(鐵原)에 유배되었다. 1546년 경원(慶源)에 안치되었다가 사사되었다. 선조 때 신원되었다.

119 해……높아지리 : 《장음정유고》에 실린 〈한중우음(閑中偶吟)〉 시이다.

함께 사사되었다. 사람들은 기롱하기를, 다른 사람을 경계시키는 데에는 밝았지만 스스로 처신하는 데는 어두웠다고 하였다.

김안로가 과거 준비를 하던 때에 주계군(朱溪君)[120]이 그의 글을 보고 다음과 같이 말하였다. "소인(小人)의 글이다. 이 사람이 뜻을 이룬다면 반드시 조정(朝政)을 어지럽힐 것이다." 당시 김안로는 글로 이름이 났었다. 군을 뵙고자 하였지만 군은 만나지 않았다. 김안로가 권력을 쥐게 되자 사람들은 그의 선견지명에 탄복하였다.

기묘년(1519)의 화가 일어나자 남곤(南袞)이 이항(李沆)을 끌어다 경상 감사에서 대사헌에 임명하였다. 이항을 청류(淸流)에서 용납하지 않자 그를 매나 개처럼 삼고자 함이었다. 이항이 조정으로 돌아가려고 하자 교활하고 간사하며 비뚤어지고 음험한 풍기 군수(豐基郡守) 문계창(文繼昌)이 언덕 위에서 전별을 하며 이항의 마음을 미루어 알아보고 다음과 같은 시를 지어 주었다.

명공의 이번 걸음 바라봄에 신선 같네 明公此去望若仙

서린 뿌리와 얽힌 마디는 날카로운 칼로 끊어야만 한다네 盤錯要須利器剸

사냥이 끝났다고 어찌 세 개의 굴을 가진 토끼가 없겠는가

120 주계군(朱溪君) : 이심원(李深遠, 1454~1504)으로, 자는 백연(伯淵), 호는 성광(醒狂)·묵재(默齋)이다. 태종의 현손이며, 효령대군(孝寧大君)의 증손이다. 성품이 단정하고 학식이 매우 높아 당대의 선비들이 그에게 배운 이가 많았다. 25세에 행 주계부정(行朱溪副正)을 지내서 주계군으로 불렸다. 갑자사화 때 멸문지화를 당하였다.

獵後豈無三窟兎

우두커니 수컷 매가 푸른 하늘로 날아오르는 것 바라보네

佇看雄鶻上青天

생각건대 이항에게 남은 무리들을 쳐서 제거할 것을 권하는 것이었다.

또 다음과 같은 〈역정(驛亭)〉이라는 제목의 시 한 수를 지었다.

관작과 봉록은 천하에 공적인 것인데 爵祿公天下
한 무리의 아이들이 마음대로 스스로를 높이네 群童妄自尊
임금을 속이고 자신들과 다른 이들 제거하니 欺君除異己
백성을 해치는 정치로 사사로운 은혜를 사는구나 蠹政市私恩
처음에는 수레에 탄 학과 같았지만[121] 初似乘軒鶴
결국에는 마치 우리에 갇힌 원숭이라네 終如繫檻猿
훗날 사람들은 이를 본보기로 삼아야 하니 後人須鑑此
이루어진 법은 가벼이 뒤집지 말게나 成憲莫輕翻

역시 청류를 가리키는 것이었다. 이항은 조정으로 돌아와 선한 무리들을 공격하여 해하는 데 모든 힘을 기울였다. 훗날 결국 김안로의 손에 죽음을 당하였다. 문계창 역시 청의(淸議)에서 버림을 받았고 끝내 뜻을 이루지 못하고 죽었다.

이몽필(李夢弼) 공이 경주 부윤(慶州府尹)이었을 때 다른 사람에게 다음과 같이 말하였다. "인종 초에 내가 이경호(李景浩 이황(李滉))와 함

121 처음에는……같았지만 : 윗사람의 총애를 받는 것을 비유한 말이다. 춘추 시대 위(衛)나라 의공(懿公)이 학(鶴)을 좋아하여 대부가 타는 수레에 태우고 다녔다는 '승헌학(乘軒鶴)'의 고사가 있다. 《春秋左氏傳 閔公2年》

께 옥당에 있었다. 관중(館中)의 사람들이 이복고(李復古 이언적(李彦迪))가 재상을 감당할 만하다고 큰 소리로 말하였는데, 경호 홀로 말하기를 '이공은 국량이 좁아 재상 지위에 있기에는 적당하지 않다.'라고 하였다. 사람들이 놀랐다. 나 역시 심히 그 말을 의심하였다. 얼마 지나지 않아 시사(時事)가 크게 변하여 이공이 죄를 얻었다. 이때에 이르러서야 경호의 말이 이공을 깊이 구제한 것임을 알았다. 경호는 이때에 아마도 오래지 않아 반드시 변고가 있으리라는 것을 속으로 이미 알았을 것이다. 이공이 재상이 되어 화를 입는 게 더욱 커질까 봐 걱정하였기 때문에 이러한 말을 하여 사람들의 의론을 바로잡았던 것이다. 그의 선견지명은 다른 사람이 미칠 바가 아니었다."

상국(相國) 신광한(申光漢)의 집안에는 양촌(陽村) 권근(權近)의 화상(畫像)이 있었다. 모재(慕齋) 김안국(金安國)은 보고서 절을 하며 "이공은 우리 도(道)에 공이 있으십니다."라고 하였고, 규암(圭庵) 송인수(宋麟壽)는 보고서 절을 하지 않으며 "이 사람은 절개를 잃은 사람이다."라고 하였다.

남맹하(南孟夏)[122]라는 사람은 판사(判事) 남경춘(南慶春)의 아들이다. 겉으로 행실을 꾸며 이름을 훔쳤다. 더불어 교유하는 사람들은 모두 당대의 이름난 선비였다. 김홍도(金弘度), 김규(金虯), 이귀수(李龜壽), 윤주(尹澍) 같은 이들이 특히 돈독하게 잘 지내던 사람이었

122 남맹하(南孟夏) : 1523~1556. 자는 시백(施伯), 호는 동교처사(東郊處士)로, 의령인(宜寧人)이다.

다. 남맹하는 사람들에게 아첨하며 사귀었다. 매번 맞이하여 집에 데리고 가서 음악을 연주하고 술상을 차려 그들의 환심을 사려고 하였다. 이 사람들도 검속하지 않는 성품이라 분 바른 여인들 사이에서 마음껏 놀았다. 기뻐할 일이 있으면 남맹하는 반드시 있는 힘을 다해 초청하여 그 마음에 맞추었다. 이 때문에 사람들이 더욱 그를 소중히 여겼다. 남맹하의 거처는 이귀수의 집과 서로 이웃이었다. 이귀수에게 기생 출신의 첩이 있었는데, 남맹하에게 맡겨 두었다. 이귀수가 퇴근을 할 때마다 남맹하는 술과 고기를 갖추어 가지고 가 대접하였다. 비록 한밤중이더라도 그치지 않았다. 남경춘이 언제나 멈추라고 경계시켰지만 따르지 않았다. 이 때문에 아버지 보기를 원수처럼 하여 서로 반목하기에 이르렀다. 사망하자, 여러 사람들이 '동교처사(東郊處士)의 묘(墓)'라고 적고자 하였는데, 남경춘이 힘써 말렸다. 김홍도가 만시(挽詩)를 지어 그의 어짊을 성대히 칭송하자 사람들이 모두 전해 가며 비웃었다.

김홍도(金弘度)라는 사람은 첨지 김로(金魯)의 아들이다. 어려서 문장으로 이름이 났다. 사마시에서 발탁되고 문과에서 장원으로 급제하여 명망이 당시에 두터웠다. 갑작스럽게 영화로운 요직을 거쳤지만 경박하고 좋은 행실이 없었다. 함께 교유하던 사람들은 모두 신진이면서 이익을 좋아하는 무리였다. 중요한 자리를 나누어 차지하여 조정의 의론을 오로지 잡고, 좋고 나쁨을 평가하면서 반박하고 비판하는 것을 일삼았다. 그리고 또 행실을 검속함이 없어 마음대로 술과 여색을 즐기니 식자들이 천히 여겼다. 당시 모재(慕齋) 김안국(金安國)의 아들 김여부(金汝孚)라는 사람 역시 세상에 이름이 있었는데, 단정한 사람이 아니었다. 이조 정랑이 되어 동렬(同列)에게 다음과 같이 말하였다.

"김홍도는 거상(居喪) 중에 근신하지 않았으니, 이조에 천거해서는 안 된다." 김홍도가 이를 듣고는 크게 유감을 품었다. 또 김여부와 한 창기(娼妓)를 놓고 다투어 각기 미워하는 마음과 원한을 품었다. 결국 당여(黨與)를 나누었다. 무릇 시류를 좇아 일 만들기를 좋아하는 조정의 선비들은 김홍도에게 들어가지 않으면 김여부에게 들어갔다. 김여부의 당이 적었지만, 모두 음험하고 비뚤어진 사악한 사람이었다. 권세가 서로 부딪혀 상호간에 배척하자 조정에서 걱정하여 둘 다 없애고자 하였지만, 그들 무리가 중요한 자리를 나누어 차지하고 있었기 때문에 성공할 수 없었다. 김홍도 등은 자신들이 필시 화를 면하지 못하리라는 것을 알고 거짓으로 미친 척을 하고서 면하고자 하였다.

정사년(1557) 봄에 김여부가 상을 마치고 사간(司諫)으로 조정에 들어갔다. 마침내 최우(崔堣) 등과 함께 윤원형(尹元衡)에게 붙어 도움을 구하자, 여론이 흉흉하여 모두들 일이 조만간 터진다고 하였다. 김홍도는 더욱 스스로 편안하지 못하여 힘써 외지로 보임되어 나가기를 구하였다. 결국 청주 목사(淸州牧使)를 얻었는데, 떠나지 못하였다. 최우 등이 김규(金虯)가 법을 어긴 십여 가지 일을 논하였다. 또 말하기를 "김홍도는 경박하고 행실을 검속함이 없으며, 그 나머지 사람들은 모두 이 두 사람에게 붕당을 지어 붙은 것이다."라고 하면서, 김규를 유배 보내고 김홍도 등을 파직할 것을 청하였다. 당시 김규는 영남(嶺南)에서 사명(使命)을 받들고 있었는데, 잡아와서 국문하라는 명이 내렸다. 그가 도착하자 임금이 직접 조정(朝庭)에서 국문을 하여 두 차례 형벌을 받았다. 임금의 뜻은 기필코 죽이고자 하는 것이었는데, 집정(執政)이 힘써 구제한 덕분에 죽음을 면할 수 있었다. 결국 경흥(慶興)으로 유배를 갔다. 김홍도는 단지 성문 밖으로 쫓겨났는데, 대간이 다시 김홍도와 김규가 죄는 같은데 벌은 다름을 논하여, 다시 갑산(甲山)으로 유배를 갔다. 동시에 파직된 사람들은 고경허(高景虛), 양응정(梁應鼎), 김계휘(金繼輝), 윤주, 이귀수, 안자유(安自裕)로 모두 여섯 사람이었다. 대성(臺省)이 이 때문에 텅 비었다.

애초에 대간 박민헌(朴民獻)이 두 사람의 분당을 걱정하여 둘 다 온전하게 할 것을 바라며 매번 화해토록 하였다. 이때에 이르러 사람들에게 말하기를 "김홍도 등이 홀로 죄를 받아서는 안 된다. 모름지기 양쪽에 죄를 나누어야 한다."라고 하였다. 최우 등이 이를 듣고는 김홍도의 무리라고 지목하여 관직을 빼앗아 외지로 축출했다. 김홍도는 이미 무너졌고 김여부의 당은 더욱 제멋대로였다. 최우는 특히 음험하고 흉포하여 사람들이 모두 두려워했다. 얼마 지나지 않아 영상 심연원(沈連源)이 경연에서 김여부 등 네 사람의 죄를 아뢰었다. 결국 모두 파직되었으니, 바로 최우, 김여부, 이명(李銘), 김진(金鎭)이다. 공론에서 김홍도의 무리가 바르다고 하였으며, 김여부의 당이 그르다고 하였다. 김홍도는 갑산에서 해를 넘기지 않고 세상을 떴다. 김홍도가 처음 태어날 적에 첨지공(僉知公)의 꿈에서 한 사람이 와서 일러 주기를 "그대의 아이는 귀갑(歸甲)이라고 이름을 지어야 합니다."라고 하였다. 일어나 생각해도 의미가 없었다. 결국 귀(歸)를 귀(龜)로 고쳤다. 이때에 이르러 사람들은 '갑산으로 돌아갈 것〔歸甲山〕'이라는 예언이었다고 여겼다.

좌랑 노수신(盧守愼)은 자가 과회(寡悔)이고, 자호는 이재(伊齋)이다. 어려서 기개가 있고 뛰어나 얽매이지 않았다. 이연경(李延慶) 공이 그의 문장을 뛰어나게 여겨 딸을 시집보냈다. 또한 학문으로 권면하여 이로부터 비로소 이 학문에 뜻을 두고, 비로소 성현의 글을 읽으며 침잠하여 완미하고 자신을 다잡는 것이 더욱 엄격하여 조금도 법도를 잃지 않았다. 태학에 머물면서 예로써 스스로를 지키니, 제생이 경탄하였다. 문장에 능하여 매번 한 편을 작성해 낼 때마다 장옥(場屋)에서 스승으로 삼았다. 회재(晦齋) 이 선생(李先生)을 스승으로 섬겼는데, 선생이 매우 칭찬하였다. 공이 비록 제생이었지만, 한 시대의 이름 있는 공들이 다 같이 귀하게 여기며 인정하였다. 송인수(宋麟壽) 공, 구수담(具壽聃) 공이 특히 그 사람을 중시하여 매번 정사를 가지고 내방하였다. 계묘년(1543, 중종38)에 장원 급제하여 사람들이 모두 국가를 위해 올바른 사람을 얻은 것을 축하하였다. 얼마 지나지 않아 선발되어 시종신으로 들어갔다. 경연에서 임금에게 아뢴 것이 상세하고 명확하며 의론이 곧고 올발랐다. 권 찬성(權贊成 권벌)이 물러나며 감탄하기를 "진정한 강관(講官)입니다."라고 하였다. 을사년(1545)에 화가 일어나 진도(珍島)로 유배를 갔는데, 더욱 학문에 힘을 쏟아 소견이 더욱 진전하였다. 일찍이 〈숙흥야매잠(夙興夜寐箴)〉[123]에 주석을 하여 퇴계 선생이 그것을 보고 기뻐하였는데, 온당하지 않은 부분을 적어 보여 주자 공은 기꺼이 고쳤다. 진도에 19년 동안 있었는데, 윤원형이 죽자 드디어 괴산(槐山)으로 양이(量移)되었다.

123 숙흥야매잠(夙興夜寐箴) : 남송(南宋) 때의 학자 진백(陳柏)이 지은 글인데, 아침 일찍 일어나고 밤늦게 자며 부지런히 학문을 닦고 몸과 마음을 수양할 것을 권면하는 내용이다. 이 〈숙흥야매잠〉은 1568년(선조1) 이황이 임금에게 올리는 《성학십도(聖學十圖)》에서 〈숙흥야매잠도(夙興夜寐箴圖)〉를 열 번째에 배치하고, 노수신이 진도에서 귀양살이할 때 〈숙흥야매잠〉에 주해를 한 이후 선비들의 공부와 수양에 필요한 지침으로 중시되었다.

문봉집

제6권

부록 附錄

도망편 悼亡篇

부록 附錄

행장

行狀

선공감 감역(繕工監監役) 임기(任奇)가 짓다.

공은 봉원(蓬原) 사람으로 성은 정씨(鄭氏)이고 휘는 유일(惟一)이며 자는 자중(子中)이고 자호는 문봉(文峯)이다. 증조부의 휘는 난원(蘭元)으로 군수를 지냈고, 조부의 휘는 광우(光祐)로 생원을 지냈으며, 부친의 휘는 목번(穆蕃)이다. 모친 이씨(李氏)는 월성(月城)의 명망 있는 가문 출신으로, 대사헌 이승직(李繩直)의 증손녀이자 생원 이시민(李時敏)의 손녀이며 진사 이홍준(李弘準)의 딸이다. 가정(嘉靖) 계사년(1533, 중종28)에 공을 낳았다.

어려서부터 남다른 자질이 있었고 영특함이 남보다 뛰어났다. 두세 살 때에 바로 글을 알았고 보기만 하면 곧바로 외웠으니 사람들은 이미 보통 아이가 아님을 알았다.

겨우 15세에 충정공(忠定公) 권벌(權橃)에게 수업을 받을 때에 나아가고 물러나며 답하고 응대함이 어른처럼 의젓하였다. 온종일 열심히 책을 읽으면서 조금도 장난치거나 게으름을 피우지 않으니, 충정공이 매우 기특하게 여겨 늘 사람들에게 "정씨 집안을 크게 할 사람은 틀림없이 이 아이일 것이다."라고 말하였다.

자라서는 퇴계 선생을 찾아가 스승으로 모시고, 성실하고 독실함으로 스스로를 다스리는 학문에 종사하면서 의심을 깨치고 의혹을 분별하여 스스로 터득한 바가 많았다. 물러나 집에서 열심히 공부할 때에는 더욱더 확충하여 움직일 때나 고요할 때, 말하거나 침묵할 때에 힘써 학문과 함께 하였다. 가난하여 책이 없었고 살 형편이 못 되어 남에게 책을 빌려다 직접 베껴 적었지만, 오경(五經)과 제자서(諸子書)로부터 아래로 항간에 떠도는 잡다한 이야기들까지 참고하고 조사하여 능통하지 않음이 없었다. 이를 발휘하여 사부(詞賦)를 지으면 동류들보다 훨씬 뛰어나서 문장의 명성이 성대하게 알려졌다.

임자년(1552, 명종7)에 사마시(司馬試)에 합격하였다.

무오년(1558)에 문과에 급제하여 승문원 권지(承文院權知)에 선보(選補)되었다.

기미년(1559)에 승문원 부정자(承文院副正字)에 올랐다가 곧바로 예문관 검열(藝文館檢閱)로 옮겨 춘추관 기사관(春秋館記事官)을 겸직하였다.

임술년(1562)에 예문관 대교(藝文館待敎)에 올라 그대로 겸직하다가 승정원 주서(承政院注書)로 옮겨졌다.

계해년(1563)에 시강원 설서(侍講院說書), 사간원 정언(司諫院正言), 성균관 전적(成均館典籍)을 맡다가 부모님을 편히 모시기 위해 외직을 요청하여 진보 현감(眞寶縣監)으로 나가 청렴하게 은혜로운 정사를 펼쳤다.

을축년(1565)에 강원 도사(江原都事)에 제수되고 춘추관을 겸직하였다. 그해 가을에 조정으로 들어와 성균관직강 겸 지제교(成均館直講

兼知製敎)를 지냈고, 겨울에 사헌부지평 겸 춘추(司憲府持平兼春秋)를 맡았다가 예조 정랑(禮曹正郞)에 제수되었다.

병인년(1566)에 성균관 직강, 사간원 헌납(司諫院獻納)을 지냈다.

정묘년(1567)에 사헌부 지평, 이조 좌랑(吏曹佐郞), 성균관 전적을 지냈다.

무진년(1568, 선조1)에 외직으로 나가 예안 현감(禮安縣監)이 되어 진보 현감을 맡았을 때와 똑같이 정사를 펼쳤다. 그해 겨울에 홍문관 교리(弘文館校理)로 부름을 받았고 지제교 겸 경연시강관 춘추관기주관(知製敎兼經筵侍講官春秋館記注官)을 지냈다.

기사년(1569)에 의정부 검상(議政府檢詳), 의정부 사인(議政府舍人), 지제교 겸 춘추관편수관(知製敎兼春秋館編修官), 홍문관부응교 겸 경연시강관(弘文館副應敎兼經筵侍講官), 사간원 사간(司諫院司諫), 성균관 사성(成均館司成)을 지냈다. 여름에 영천 군수(榮川郡守)가 되었는데, 얼마 지나지 않아 부친상을 당해 관직에서 물러났다.

신미년(1571)에 삼년상을 마치고 홍문관 응교(弘文館應敎)에 제수되었다. 그해 가을에 사국 낭청(史局郎廳)을 겸임하였고 사헌부 집의(司憲府執義), 홍문관부응교 겸 지제교 경연시강관 춘추관편수관(弘文館副應敎兼知製敎經筵侍講官春秋館編修官), 승문원 판교(承文院判校), 사간원 사간을 지냈다.

임신년(1572)에 홍문관 부응교에 두 번, 전한(典翰)에 두 번, 의정부 사인에 두 번 제수되었고, 상의원 정(尙衣院正), 내자시 정(內資寺正), 사헌부 집의를 거쳤다. 사신 진삼모(陳三謨), 한세능(韓世能)이 왔을 때[1] 원접사 종사관(遠接使從事官)이 되어 의주(義州)에 갔다가 돌아와서 홍문관 직제학(弘文館直提學)에 초배(超拜)되었고 겸직은 이전과 같았다. 그해 겨울에 통정대부에 오르고 승정원동부승지 겸 경연참찬관 춘추관수찬관(承政院同副承旨兼經筵參贊官春秋館修撰官)을 지냈다.

계유년(1573)에 우부승지(右副承旨), 사간원 대사간(司諫院大司諫)을 거쳐 우승지(右承旨), 좌승지(左承旨)에 올랐다.

갑술년(1574)에 형조 참의(刑曹參議)와 예조 참의(禮曹參議)를 맡았다.

을해년(1575)에 대사간이 되었는데 여름에 호군(護軍)에 임명되었다.

병자년(1576) 12월 1일 경성(京城)의 집에서 병으로 생을 마쳤으니 향년 44세였다.

정축년(1577) 3월 9일에 안동(安東) 내성현(乃城縣) 의동(蟻洞) 선영(先塋)의 왼편 간좌곤향(艮坐坤向)의 언덕에 반장(返葬)하였다.

공의 부인 청풍 김씨(淸風金氏)는 현감 응복(應福)의 따님으로, 현명하여 집안 살림을 잘 꾸려 나갔다. 공보다 33년 뒤에 세상을 떠났고, 공과 같은 언덕에 무덤을 달리하여 장사 지냈다.

딸 둘을 낳았으니 첫째는 감역(監役) 임기(任奇)에게 시집가고, 둘째는 현령(縣令) 한영(韓瀛)에게 시집갔다. 측실에게서 1녀 2남을 두었으니 딸은 이명옥(李明玉)에게 시집갔고, 아들은 사경(思敬)과 사신(思愼)이다.

감역 임기는 2남 4녀를 두었으니 장남은 사헌부 지평 숙영(叔英), 차남은 세영(世英)이고, 딸들은 박홍부(朴弘敷), 별좌(別坐) 김한(金

1 사신……때 : 1572년(선조5) 5월에 명(明)나라 목종(穆宗)이 죽고 신종(神宗)이 즉위하자 한세능과 진삼모를 등극 조사(登極詔使)로 조선에 파견하였다.

埠), 군수 한여징(韓汝徵), 신효증(申孝曾)에게 각각 시집갔다. 현령 한영은 5남 4녀를 두었으니 장남 안국(安國), 차남 정국(正國), 셋째 정국(定國)은 급제를 하였고, 넷째 홍국(興國)과 다섯째 창국(昌國)은 진사이다. 딸들은 목사 이중길(李重吉), 이덕윤(李德潤), 사헌부 지평 최홍재(崔弘載), 남궁전(南宮烇)에게 각각 시집갔다. 이명옥은 1남을 두었으니 양겸(陽謙)이다. 사경은 4남 1녀를 두었으니 아들은 승선(承先), 승효(承孝), 승주(承周), 승훈(承勛)이고, 딸은 안어변(安魚變)에게 시집갔다.

승선은 2남 1녀를 두었으니 아들은 창언(昌言), 시언(時言)이고, 딸은 김성후(金成厚)에게 시집갔다. 친가와 외가 손자들이 모두 어느 정도 된다.

공은 풍모가 빼어나고 정신과 기상이 맑고 엄숙하였다. 일찍 퇴계 문하에 들어가 강론과 수업에서 터득한 것을 반드시 몸과 마음으로 체험하였고 문장을 화려하게 꾸미거나 구이지학(口耳之學)을 하지 않았다. 퇴계 선생은 인재로 깊이 인정하였고, 당시의 동료들로 서애(西厓) 유공(柳公),[2] 학봉(鶴峯) 김공(金公),[3] 백담(柏潭) 구공(具公)[4] 같은 이들이 모두 고상하고 우아한 면모로 공을 손꼽았다.

공의 사람됨은 외면이 온화하고 내면이 단정하였으며, 평소에는 조

2 서애(西厓) 유공(柳公) : 유성룡(柳成龍, 1542~1607)이며, 서애는 호이다. 본관은 풍산(豐山), 자는 이현(而見), 시호는 문충(文忠)이다.

3 학봉(鶴峯) 김공(金公) : 김성일(金誠一, 1538~1593)이며, 학봉은 호이다. 본관은 의성(義城), 자는 사순(士純), 시호는 문충(文忠)이다.

4 백담(柏潭) 구공(具公) : 구봉령(具鳳齡, 1526~1586)이며, 백담은 호이다. 본관은 능성(綾城), 자는 경서(景瑞), 시호는 문단(文端)이다.

용하여 마치 옳고 그름에 대해 별생각이 없는 것 같지만 이치를 변별하고 일에 대해 논할 때에는 확고하여 흔들리지 않았다. 타고난 성품이 선을 좋아하고 악을 미워하여 누군가에게 잘못된 행실이 있다는 것을 들으면 아무리 모두가 꺼리는 자일지라도 준엄한 말로 지적하여 조금도 용서하지 않았고, 어떤 사람에게 작은 장점이라도 있으면 마치 자기 일처럼 여겨서 입에 침이 마르도록 추어올렸다. 도량이 넓어서 비록 앞에서는 아첨하고 뒤로는 헐뜯는 자가 있더라도 내버려 두고 따지지 않았으며, 무례하게 횡포를 부리는 이도 웃으면서 받아 주고 실랑이하지 않았다. 사람을 대할 때는 비록 후배나 지위가 없는 사람이라 할지라도 동등하게 예우하여 조금도 과시하는 태도가 없었고, 어진 이나 어리석은 이나 할 것 없이 함께 친하게 지내기를 즐거워하였다. 평상시에도 반드시 의관을 정제하여 앉았고, 비록 신분이 낮거나 나이가 어린 사람을 대하더라도 아침부터 저녁까지 풍모가 조금도 흐트러지지 않았다. 거처하는 곳의 사방 벽면에 선유(先儒)의 격언을 써 두어 스스로 경계하고 반성하였다.

5세에 어머니를 여의고 서모(庶母)를 친어머니처럼 봉양하였다. 선친을 모실 때는 미리 뜻을 헤아리고 잘 받들어 어기거나 거스르는 경우가 없었다. 선친의 마음을 기쁘게 할 수 있는 일이라면 무엇이든 극진히 하였다. 선친께서 병이 들자 곁에서 모시며 떠나지 않았고, 상(喪)을 당해서는 정도에 지나칠 정도로 애통해하여 비쩍 마른 몸과 때 묻은 얼굴로 초라한 식사를 하고 초막에서 지내기를 3년 동안 한결같이 하였다.

선조의 제사에 부지런하여 지극한 정성과 공경으로 모셔서, 기물은 반드시 청결하게 하였고 제수는 반드시 풍성하게 하였다. 새벽에 세수하고 머리 빗고 사당에 배알하기를 몹시 춥거나 덥더라도 하루도 그만두지 않았다. 이복형제 중에 고아나 과부가 되어 제 몸을 건사하지 못하는 이들을 염려하여 몸소 보살피고 길러서 은혜를 곡진하게 하였고, 대대로 물려 온 전답과 집, 의복과 기물을 나누어 주어서 넉넉하게 살도록 해 주었다.

벗에게는 더욱 돈독하게 하여, 어려움을 겪는 이가 있으면 반드시 힘을 다해 도와주었고 궁핍한 이가 있으면 자기 것을 가져다 보태 주었다. 조정에서 의론을 펼칠 때에는 강직하여 아첨하지 않아서 정도(正道)에 어긋나게 남의 뜻을 따르는 경우가 없었다. 벗하는 이들도 모두 당대의 단정하고 올바른 인사들이었으니, 줏대가 없고 혼탁한 사람들을 보면 마치 자신을 더럽힐 듯이 이마를 찌푸리며 일어나서 비록 미움을 받더라도 조금도 개의치 않았다.

행신(倖臣) 이량(李樑)[5]의 권세와 총애가 도성 안팎을 뒤흔들었는데, 그 아들 정빈(廷賓)이 어리석어 배우지 않고 사람을 고용하여 대신 표문을 짓게 하여 마침내 과거에 장원 급제하자 선비들 사이에 여론이 흉흉하였다. 합격자를 발표하던 날에 많은 관리들이 뒤질세라 배례를 올렸는데, 공만이 홀로 전상(殿上)에 우뚝이 서서 조금도 움직이지 않았다.

명묘(明廟)의 상이 끝나자 재상 이준경(李浚慶)[6]이 인묘(仁廟)의 신

5 이량(李樑) : 1519~1582. 본관은 전주(全州), 자는 공거(公擧)이다. 효령대군(孝寧大君)의 5대손이며, 명종 비 인순왕후(仁順王后) 심씨(沈氏)의 외숙으로 명종에게 신임을 받았으나 심의겸(沈義謙) 등에 의해 탄핵되었다. 윤원형(尹元衡), 심통원(沈通源)과 함께 명종 때에 외척으로서 전횡한 삼흉(三凶)으로 지칭된다.

6 이준경(李浚慶) : 1499~1572. 본관은 광주(廣州), 자는 원길(原吉), 호는 동고(東

주는 그대로 연은전(延恩殿)[7]에 모시고 명묘의 신주만 문소전(文昭殿)에 모시자고 청한 것이 을사년(1545, 명종 즉위년) 몇 사람의 의론과 마찬가지였다. 감히 그 잘못을 바로잡는 사람이 없었는데 공이 홀로 의연히 말하기를 "모든 일은 근본을 버리고서 말단을 다스려서는 안 되니, 만약 먼저 재상 이준경을 성토하지 않는다면 어떻게 이런 그릇된 논의를 중지시킬 수 있겠는가."라고 하니, 그 의론이 마침내 잠잠해졌다.

평소 청렴하고 소박함을 숭상하여 재산 불리기를 일삼지 않았으니 고관의 지위에 이르러서도 살림은 썰렁하여 벼슬하지 않을 때와 같았다. 무너진 담장과 소박한 집은 비바람도 막지 못하였고, 자손에게 물려줄 계획을 하여 조금이라도 늘린 전지가 없었다. 생을 마치던 날 집에 값진 물건 하나 없었으니, 고을에 벼슬하는 이들이 서로 좇아서 부의를 하여 장례 치르는 일을 도왔다.

평소에 저술하는 것을 좋아하여 동향 선현의 언행과 문장을 수집하여 〈한중필록(閒中筆錄)〉[8]을 지었다. 강원 도사(江原都事) 때 산수와 누대의 좋은 경치를 기록하여 《관동록(關東錄)》을 지었으나 임진년(1592, 선조25) 병란에 잃어버렸다. 일찍이 송(宋)나라 명신의 언행에 대해 주자가 이미 기록을 해 두었지만 그 외 영웅호걸의 절의와 문장이

皐), 시호는 충정(忠正)이다. 1531년 문과에 급제하여 한림을 시작으로 벼슬에 나가 1565년에 영의정에 올랐다. 선조 묘정에 배향되고, 충청도 청안(淸安)의 귀계서원(龜溪書院)에 제향되었다. 문집으로 《동고유고(東皐遺稿)》가 있다.

7 연은전(延恩殿) : 성종의 생부인 덕종의 위판(位版)을 봉안한 사당이다.

8 한중필록(閒中筆錄) : 《문봉집(文峯集)》 권5에 수록되어 있다.

아직도 세상에 알려지지 못하였다고 하여 왕우(王祐)부터 이후 문천상(文天祥), 육수부(陸秀夫), 조양보(趙良輔) 등에 이르기까지 수백여 인을 모아서 《송조명현록(宋朝名賢錄)》이라고 이름을 붙였으나 탈고하지 못한 채 집에 보관되어 있다.

다음과 같이 생각한다. 경저(京邸)에서 선생의 상이 나니, 집에 보관되어 있던 서적과 원고를 간수할 사람이 없어 거의 다 산일되었다. 가만히 생각해 보건대, 선생은 빼어난 재질을 지닌 데다 일찍부터 도(道) 있는 이를 가까이하여 우리 유학의 지결(旨訣)을 듣고 마음을 다해 공부하며 그침 없이 진보하여 조정에서 과거에 합격하여 고봉(高峯) 기대승(奇大升), 율곡(栗谷) 이이(李珥) 선생들과 더불어 사문(師門)에서 칭찬을 받았다. 그 평생의 사업을 경솔히 써내서는 안 되겠기에 후손에게서 찾아 첩책(貼冊)에 쓰인 선생의 행장 한 본(本)을 얻었는데, 그 작자의 성명이 없고 누구의 손에서 나왔는지도 알 수 없었다. 어떤 사람이 선생의 사위인 임기 공이 쓴 것이라고 하는데, 아마도 그런 것 같다. 선생께서 처음 벼슬한 관직은 직첩(職牒)을 살펴보고 연도에 따라 기록하여 빠뜨린 것이 없는 듯하지만, 선생의 평소 언행과 학문을 한 차례에 대해서는 밝히지 않아 매우 소략하여 그 실천의 상세함을 상고할 수 없음이 매우 한스럽다. 다만 행장의 글이 비록 거칠고 소략한 듯하지만 대체는 참으로 갖추고 있어, 잘 읽는다면 간략함을 통해 자세함을 얻을 수 있을 것이니, 당시의 실록이 될 것 같다. 지금은 선생과의 거리가 거의 200년이 되어 자손들의 집안에는 믿을 만한 다른 문헌 자료가 없으니 비록 그를 위하여 찾아서 연구하여 온전하게 갖추고자 해도 방법이 없다. 퇴도(退陶) 선생의 문집 가운데 선생과 주고받은 서찰이 수록되어 있는데 3, 4권의 분량에 이른다. 대저 모두 학문에 관해 논의한 글이다. 사문에서 평소 깊이 권장하고 허여하며 성취하고자 하는 노력을 이처럼 부지런히 멈추지 않으셨으니, 당시에 선생의 자질은 큰일을 맡아 뒷날의 큰 사업을 감당할 만하였다는 것을 알 수 있다. 안타깝게도 일찍 세상을 떠서 평소의 학문을 궁구하지 못하고 사후에는 미약해져서 언어에 드러나는 평생의 노력을 끝내 모아서 기록하여 전함으로써 훗날의 사람들에게 남길 수 없었다. 그렇지만 학자들이 사문의 서찰 가운데서 반복한 내용에 침잠하여 음미하고 찾는다면, 선생의 풍범(風範)과 신채(神采)를 풍송(諷誦)의 여지(餘地)에서 얻을 수 있을 것이다. 또 서애의 연보를 살펴보니, 선생은 일찍이 서애, 학봉, 송강(松岡 조사수(趙士秀)) 등 여러 공들과 함께 서당에서 만나 동고(東皐) 이 상공(李相公 이준경)을 논핵하고자 하여 선생에게 상소의 초고를 맡기니, 너무 심한 데까지 이르지는 않았다고 한다. 그렇다면 선생은 이미 서당에서 선택되었지만 그 내용이 행장 가운데는 빠져 있다. 또 제수된 관직도 아직 다 기록되지 못한 것이 있다. 우선 여기에 기록하여 훗날 이를 보는 사람들을 기다린다.

후학 평원(平原) 이광정(李光庭)[9]

9 이광정(李光庭) : 1674~1756. 본관은 원주(原州), 자는 천상(天祥), 호는 눌은(訥隱)이다. 증조부 이택(李澤)이 광해군의 폭정을 피해 내성현으로 내려오면서부터 그곳에 살기 시작하였다. 독서와 문장으로 일생을 보냈다. 봉화군 봉화읍 해저리의 백록리사(柏麓里社)에 제향되었다. 문집으로 《눌은집(訥隱集)》이 있다.

묘갈문

墓碣文

동강(東江) 여이징(呂爾徵)[10]이 찬하다.

나는 약관일 때부터 소암(疏庵) 임숙영(任叔英)과 종유하면서 형제처럼 매우 즐겁게 지냈다. 소암은 일찍이 그의 외왕부(外王父) 문봉(文峯) 정선생(鄭先生)의 문학과 덕행의 아름다움을 말하면서, 자신의 아버지(임기(任奇))가 지은 행장을 보여 주었다. 내가 크게 감복하여 기억을 게을리하지 않은 지 거의 40년이 되었다. 지금 공의 묘에 비석을 세우려 함에 소암의 후사 임량(任量)이 와서 명문(銘文)을 부탁하니, 행장이 자상해서 믿을 만하기 때문이지 어찌 늙어 쇠락하고 거친 자질로 글을 지을 수 있겠는가.

살펴보건대, 공의 휘는 유일(惟一)이고, 자는 자중(子中)이며, 문봉은 자호이다. 그의 선조는 봉원(蓬原)에서 명망이 있고, 세덕(世德)이 휘황찬란하여 멀어질수록 더욱 크게 전하였다. 공의 고조의 휘는 사(賜)로, 직제학이었고 증 좌찬성이다. 증조의 휘는 난원(蘭元)으로, 군수였다. 조부의 휘는 광우(光祐)로, 생원이었다. 아버지의 휘는 목번(穆蕃)이고, 어머니는 월성 이씨(月城李氏)로 대사헌 승직(繩直)의

10 여이징(呂爾徵) : 1588～1656. 본관은 함양(咸陽), 자는 자구(子久), 호는 동강이다. 한백겸(韓百謙)의 문인이다. 성리학에 통달하고 시문(詩文)에도 뛰어나 많은 묘비명(墓碑銘)을 찬(撰)하였으며, 천문(天文), 역산(曆算), 서화에도 능하였다. 문집으로 《동강집(東江集)》이 있다.

증손이며, 진사 홍준(弘準)의 여식이다. 가정(嘉靖) 계사년(1533, 중종28)에 공을 낳았다. 태어나면서 빼어났고, 말을 배울 때에 이미 문자를 알았다. 처음 책을 주자 눈으로 보고 독송하니 사람들이 모두 그의 비상함을 알아보았다. 무상(舞象)의 나이[11]가 되었을 때 권 충정공(權忠定公 권벌(權橃))으로부터 수업을 받았는데, 행동거지가 어른과 같았다. 충정공이 기특하게 여기며 원대하게 되기를 기대하였다. 장성하여 퇴계 선생을 스승으로 삼았다. 도의(道義)의 요체에 대해 여러 가지로 질문하고 의혹이 드는 부분들을 깨우치고 변별하며 스스로 얻는 바가 많아 문하에 있는 사람들 가운데 앞서는 자가 없었다. 물러나 더욱 확충하여 손으로 오경(五經)과 제자(諸子)의 글을 기록하였다. 아래로 패잡(稗雜)의 설까지도 참조하여 연구하고 계고하여 두루 관통해서 문사(文詞)로 표현해 내니, 화려한 명성이 한 시대를 흔들었다.

임자년(1552, 명종7) 사마시(司馬試)에 합격했다. 무오년(1558) 문과(文科)로 합격하여 승문원(承文院) 소속으로 선발되어 정자(正字)가 되었다가 추천을 받아 예문관(藝文館)에 들어가 대교(待敎)가 되었다. 다시 승정원 주서(承政院注書)로 추천을 받았고, 시강원 설서(侍講院說書)로 옮겼다가 사간원 정언(司諫院正言)에 올랐으며 성균관 전적(成均館典籍)을 거쳤다. 부모 봉양을 위해 외직을 요청하여 진보 현감(眞寶縣監)으로 나갔다가 얼마 지나지 않아 강원 도사(江原都事)로 옮겼다. 내직으로 들어가 성균관 직강(成均館直講), 지제교(知製敎), 사

11 무상(舞象)의 나이 : 15세이다. 《예기(禮記)》 〈내칙(內則)〉에 나온다. "13세에 음악을 배우고 시를 외우고 작(勺) 춤을 배운다. 15세에 상(象) 춤을 추고, 활쏘기와 말타기를 배운다."

헌부 지평(司憲府持平), 예조 정랑(禮曹正郎), 사간원 헌납(司諫院獻納)이 되었다. 추천을 받아 이조 좌랑(吏曹佐郎)이 되었다가 다시 예안 현감(禮安縣監)으로 나갔다. 홍문관(弘文館)에 녹용(錄用)되어 교리(校理)로 불러 올렸다. 의정부(議政府) 검상(檢詳)·사인(舍人), 홍문관 부응교(弘文館副應敎), 사간원 사간(司諫院司諫), 성균관 사성(成均館司成)을 거쳤다. 다시 영천 군수(榮川郡守)로 나갔다가 상을 당하여 떠났다. 상을 마치고 홍문관 응교에 임명되어 실록(實錄)을 편수하는 데 참여하였다. 이후로 여러 차례 집의(執義), 사간, 부응교, 전한(典翰), 사인, 승문원 판교(承文院判校), 상의원 정(尙衣院正), 내자시 정(內資寺正)을 거쳤다. 조사(詔使)가 왔을 때, 원접사 종사관(遠接使從事官)이 되었다가 다시 직제학(直提學)에 임명되었다. 얼마 후 통정대부(通政大夫) 승정원 동부승지(承政院同副承旨)에 올랐고, 좌승지(左承旨)에까지 이르렀다. 사간원 대사간(司諫院大司諫)에 임명되었다가 형조(刑曹)와 예조(禮曹)의 참의(參議)를 거쳤다. 다시 사간원의 장이 되었다가 병에 걸려 서반(西班)으로 옮겼다. 한성(漢城)의 살던 집에서 세상을 떴다. 만력(萬曆) 병자년(1576, 선조9) 12월이었고 나이는 44세였다. 다음 해 3월, 안동(安東) 내성현(乃城縣) 선조의 무덤 왼편 간좌(艮坐)의 언덕에 반장(返葬)하였다.

공은 타고난 재질이 뛰어났고 도에 나아감에 민첩하였으며, 사장(詞章)과 정술(政術)은 학문에 뿌리를 두어 여유로웠으며, 행실은 안으로 닦으면서 효에 더욱 독실하였다. 깊은 사랑과 극진한 봉양은 성품대로 하여 어긋남이 없었다. 상을 치르면서 슬퍼함이 지나쳐 거의 몸이 온전치 못한 지경에까지 이르렀고, 제사를 지내면서는 삼가는 것을 극진히 하여 종신토록 한결같았다. 새벽같이 일어나서 관디를 착용하고 가묘

(家廟)에 배알하는 것은 비록 너무 춥거나 덥더라도 한 번도 폐하지 않았다. 어려서 어머니를 여의었지만 서모를 자신을 낳아 준 어머니 모시듯이 하였고, 서모가 낳은 형제자매들을 보살피고 기르며 기도와 재물을 넉넉하게 해서 여유 있게 하였다. 친구들에게 미덥게 하였으며, 즐거워하더라도 법도에 맞았다. 선비 만나는 것을 즐겼는데, 자신을 텅 비우고 몸을 기울여 낮추었으며, 다른 사람의 뛰어난 점을 잘 드러내 자기가 가지고 있는 것처럼 할 뿐만이 아니었고, 악을 싫어하는 것 또한 심하였다. 잘못된 행동이 있다는 이야기를 들으면 높은 지위와 권세를 상관치 않고 준엄하게 배척하였다. 우물대는 사람이나 더러운 사람을 보면 마치 자신이 더럽혀질 듯이 이마를 찌푸리면서 일어났다. 거처할 때는 항상 옷매무새를 바르게 하고서 앉아 있었는데, 저녁이 다 되도록 조금도 흐트러지지 않았다. 네 벽에는 선유들의 훌륭한 말을 걸어 놓고서 스스로를 경계하고 살폈다. 집안사람들이 생업을 하는 것과 관련해서는 무관심한 듯 자신의 뜻을 개입시키지 않았다. 조정에 나아가서는 풍모를 견지하는 것이 꼿꼿하며 아첨하지 않았다. 경연에 참여하면서는 강(講)을 하고 풀이를 하는 것이 엄밀하고도 꼼꼼하여 사신(史臣)들이 수차례 진정한 학사(學士)라고 칭찬하였다. 언관(言官)의 지위에서는 주변 상황을 돌아봄이 없이 직언하여 옛사람의 강직한 풍모가 있었다.

강릉(康陵 명종)의 상이 끝나고 태묘(太廟)에 합사하려고 할 때, 수상(首相) 이준경(李浚慶) 공이 효릉(孝陵 인종)을 연은전(延恩殿)에 받들 것을 의론하였다. 사람들 가운데 이론을 가진 사람이 없었는데 공만은 홀로 의연히 크게 말하여 곧바로 이 재상의 잘못을 지적하면서 그 논의를 중지시켰다.[12] 전례(典禮)에 의거하여 올바른 데로 귀착하니, 온 세상이 훌륭하게 여겼다. 조정에서는 비로소 기강(紀綱)과 언론(言論)의 중책을 공에게 의뢰하였고 장차 크게 쓰이는 데까지 이를 것이었는데, 하늘이 그의 수명을 빼앗았다. 사림에서 슬퍼하고 안타까워하여 시간이 흘러도 더욱 그치지 않고 애도하였다. 《관동록(關東錄)》를 지었는데 전쟁(임진왜란) 통에 없어졌고, 〈한중필록(閒中筆錄)〉 1권과 《송조명현록(宋朝名賢錄)》 11권은 세상에 유포되었다.

숙인(淑人) 청풍 김씨(淸風金氏)는 현감(縣監) 응복(應福)의 따님이다. 현명하고도 의칙이 있었다. 공보다 33년 뒤에 세상을 떠났다. 같은 언덕에 무덤을 달리해서 장례를 치렀다. 두 딸을 낳았다. 맏사위 감역(監役) 임기는 성품이 지극하고 어려서부터 공의 문하에 있었는데 공이 평소 귀하게 여겨 자신의 사위로 삼았다. 둘째 사위는 현령(縣令) 한영(韓瀛)이다. 부실(副室)의 아들은 사경(思敬)과 사신(思愼)이고, 사위는 이명옥(李明玉)이다.

감역 임기에게는 아들 둘이 있는데, 장남 숙영(叔英)은 문장(文章)과 절행(節行)이 세상에서 우뚝하게 뛰어나고 훌륭하여 사람들이 집안에 유래가 있다고 여겼다. 이 사람이 소암(疏庵)이다. 오랫동안 어지러운 조정을 등졌는데, 다시 부흥하기 시작한 시점에 제일 먼저 총애를 입어 발탁되어 한 번에 한원(翰苑), 옥당(玉堂), 헌대(憲臺)를 거쳤는데, 해를 넘기지 않고 세상을 떴다. 아, 운명이다. 둘째 세영(世英)은 사위가 넷인데 박홍부(朴弘敷), 김한(金垾), 한여징(韓汝徵), 신효증

12 공만은……중지시켰다 : 명종 때 인종의 위패를 연은전에 모셨다. 명종의 상례가 끝나고 종묘에 합사할 때 이준경이 인종의 위패를 연은전에 그대로 모시고자 하였는데 문봉이 이를 반대하였다. 문봉의 반대로 인종도 명종과 함께 종묘에 합사하게 되었다.

(申孝曾)이다. 현령 한영에게는 다섯 아들이 있는데 안국(安國), 정국(正國), 정국(定國), 흥국(興國), 창국(昌國)이고, 사위가 넷인데 이중길(李重吉), 이덕윤(李德潤), 최홍재(崔弘載), 남궁전(南宮烇)이다. 이명옥에게는 아들이 하나 있는데 양겸(陽謙)이다. 사경에게는 아들 넷이 있는데 승선(承先), 승효(承孝), 승주(承周), 승훈(承勛)이다. 사위는 하나인데 안어변(安魚變)이다.

승선의 아들인 창언(昌言)이 공사를 위해 헌신한 뒤에 비석을 세워 영구히 전해지게 되었으니 숭상할 만하다. 명(銘)은 다음과 같다.

예전 도가 융성할 때처럼	若昔道隆
훌륭한 유학자가 높게 숭상되었지	儒雅登崇
이 시대의 정공만이	維時鄭公
여러 관리들 가운데 빼어났다네	拔萃群工
정신은 청아하고 학문은 충만하며	神清學充
식견과 재주는 통달하여	識達材通
임금의 마음을 열어 주어	啓沃聖功
힘써 밝게 융화시키네	密勿昭融
평탄한 벼슬길을 다 가지 못하여	康莊未窮
고금에 한을 남기니	今古餘恫
묘비와 무덤으로	顯刻幽宮
길이 유풍을 드러내리	永闡遺風

묘표

墓表

안동(安東) 권정택(權正宅)[13]이 짓다.

내성현(乃城縣)[14] 동쪽 의동(蟻洞) 남서향 언덕에 문봉(文峯) 정 선생(鄭先生)의 묘가 있다. 부인 김씨가 함께 묻혀 있다. 예전에는 묘갈(墓碣)이 있었는데, 곧 부서져서 후손이 치우고 다시 세우지 못한 것이 70년이 되려고 한다. 현(縣)의 사람들이 선생의 뜻을 존모하여 함께 도와 돌에 새겨 묘도(墓道)에 세웠다.

선생의 휘는 유일(惟一)이고, 자는 자중(子中)이다. 어려서는 권 충정공(權忠定公 권벌(權橃))에게 수학하였고 후에는 퇴도(退陶) 선생을 스승으로 삼았는데, 고제(高弟)라 칭해졌다. 과거에 합격하여 한원(翰苑)에 선발되었고, 전랑(銓郎), 중서(中書),[15] 옥당(玉堂), 은대(銀臺)를 거쳐 삼자함(三字銜)[16]을 함께 겸직했다. 언론(言論)과 풍지(風旨)

13 권정택(權正宅) : 1706~1765. 본관은 안동, 자는 사안(士安), 호는 소산(小山)이다. 창설재(蒼雪齋) 권두경(權斗經)의 손자이며, 이재(李栽)에게 수학하였다. 1738년(영조14)에 진사시에 합격하였고, 학행(學行)으로 천거되어 연산 현감(連山縣監), 청하 현감(淸河縣監)을 지냈다. 이상정(李象靖), 김낙행(金樂行)과 더불어 《주서강록간보(朱書講錄刊補)》를 교정하는 일에 앞장섰다. 문집으로 《소산집(小山集)》이 있다.

14 내성현(乃城縣) : 지금의 경상북도 봉화군(奉化郡) 봉화읍 일대이다.

15 중서(中書) : 중서성(中書省)을 줄인 말이다. 대개 우리나라에서는 승정원 또는 의정부를 가리키는 말로 쓰였는데, 여기서는 승정원을 가리킨다. 문봉은 승정원의 승지를 역임하였다.

16 삼자함(三字銜) : 세 글자로 된 직함이라는 뜻으로, 지제교(知製敎) 또는 봉조하

가 우뚝하게 선조조(宣祖朝)의 명신이었다. 만력(萬曆) 병자년(1576, 선조9)에 대사간으로 생을 마쳤는데, 나이가 44세였다. 백록리사(柏麓里社)[17]에서 제사를 지냈다. 세손(世系)과 자녀는 선생의 사위 임기(任奇) 공의 행장에 실려 있으므로 지금은 덧붙이지 않는다.

(奉朝賀)를 가리키는 말인데, 여기서는 지제교를 가리킨다.

17 백록리사(柏麓里社) : 경상북도 봉화군 봉화읍 해저리 송내 233번지에 있었다. 이종준(李宗準), 그의 아우 이홍준(李弘準), 정유일(鄭惟一), 홍준형(洪俊亨), 김성구(金聲久), 권두인(權斗寅), 권두경(權斗經), 이광정(李光庭) 등 팔현(八賢)을 기리기 위하여 지방 사림에서 1774년(영조50)에 설치하였다.

백록리사의 상향[18] 축문

柏麓里社常享祝文

퇴계 선생 문하에서는 서서 눈을 맞듯이 하고[19]	溪門立雪
옥서에서는 명성과 실제가 들어맞았습니다	玉署蜚英
돌아가시매 사당에서 제사 지냄이 마땅하니	歿宜祭社
정성을 흠향하시기 바랍니다	庶享于誠

18 상향(常享) : 사계절에 지내는 정기적인 제사를 가리킨다.

19 서서……하고 : 스승을 찾아가 가르침을 받으려는 정성을 뜻한다. 송(宋)나라 유조(游酢)와 양시(楊時)가 처음 정이(程頤)를 뵈었는데, 정이가 눈을 감고 오랫동안 명상에 잠겨 있었다. 두 사람은 스승을 공경한 나머지 물러간다고 말할 수가 없어 그대로 모시고 있었다. 얼마 후 정이가 눈을 떠 두 사람을 보고는 "자네들 아직도 여기에 있었는가. 이제 나가게." 하였다. 두 사람이 그제야 나오니, 문밖에 눈이 한 자나 쌓여 있었다. 《二程全書 卷29》 이를 '정문입설(程門立雪)'이라 하는데, 이 고사를 인용하여 이황(李滉)과 문봉의 관계를 설명하고 있는 것이다.

백록리사 묘우 상량문

柏麓里社廟宇上樑文

전적(典籍) 이상언(李尙彦)[20]

내가 장차 누구를 본받을 것인가? 높은 산을 바라보며 정을 느낀다. 도가 보존된 곳이니 사당을 보고 눈을 문지른다. 한 집안의 제기를 모아서 백세의 풍성(風聲)을 세웠다. 땅은 영남의 한쪽에 치우쳐 있고, 현은 북삼면(北三面) 벽지(僻地)이다. 이곳에 사는 백성들은 소박하고 간략해서 상고 시대의 태평한 풍습이 남아 있을 뿐이다. 인물은 드물어 산림에 사는 높은 의리를 갖춘 사람이 오래도록 없었다. 군자가 이곳에 오지 않았다면 어찌 오늘날의 우리들이 있겠는가. 유림들이 자취를 이어받아 일어나게 된 것은 먼저 열어 준 데 힘입어서이다. 풍속이 문학을 업으로 삼기를 높이는 것은 변화의 공적에 의한 것이다. 이에 사랑하고 기뻐하는 정성을 독실하게 해서 존경하고 받드는 전례를 강구한다.

공손하게 생각건대, 우리 용재(慵齋) 이 선생[21]은 하늘을 찌를 듯한

20 이상언(李尙彦) : 1597~1666. 본관은 경주(慶州), 자는 용수(溶叟), 호는 성서(城西)이다. 1633년(인조11) 진사가 되었고, 1648년 정시 문과에 급제하여 사간원 정언, 사헌부 장령, 병조 정랑, 안악 군수(安岳郡守), 성균관 전적 등을 역임하였다. 문집으로 《성서집(城西集)》이 있다.

21 용재(慵齋) 이 선생 : 이종준(李宗準, ?~1499)이다. 본관은 경주, 자는 중균(仲鈞), 호는 용재·부휴자(浮休子)·상우당(尙友堂) 등이다. 김종직(金宗直)의 문인이다. 무오사화 때 귀양을 가다가 역사(驛舍)에 송나라 이사중(李師中)이 바른말 하다

호기로운 기운과 세상을 상서롭게 하는 기이한 자질로 이른 나이에 스승을 얻어 지도를 받으니 삼절(三絶)의 기예는 여사(餘事)였고, 필경 명성이 이백, 두보와 비등하였으니 죽어서도 이름이 빛났다. 눌재(訥齋) 이 선생[22]은 청백한 집안으로 효도와 우애가 지극한 성품에서 우러났다. 《가례(家禮)》를 평생 동안 행동의 스승으로 삼고, 명당(名堂) 두 글자로 만년까지 절개를 지켜 몸을 온전하게 하는 규범으로 삼았다. 문봉(文峯) 정 선생은 이들의 택상(宅相)[23]이 되어 타고난 자질에 순응하여, 완락재(玩樂齋) 앞에서[24]는 성의(誠意), 정심(正心)의 뜻에 오묘하게 합하였으며, 조정의 높은 분들을 놀라게 하며 본말에 대한 논의를 깊게 논하였다.

아, 우뚝하게 태어나신 세 철인은 어찌 한 시대의 호걸이 아니겠는가. 원림(園林)이 황폐하게 된 것을 개탄하며 부로(父老)들이 탄식한

귀양 가는 당개(唐介)를 송별하면서 지은 시를 써 붙인 죄로 사형에 처해졌다. 문집으로 《용재유고(慵齋遺稿)》가 있다.

22 눌재(訥齋) 이 선생 : 이홍준(李弘準)이다. 본관은 경주, 자는 군식(君式), 호는 눌재이다. 이종준의 동생이다. 1486년(성종17) 진사시에 합격했으나 벼슬길에 나가지 않고 후진 교육에 힘썼다. 1498년(연산군4) 무오사화가 일어나 중형(仲兄)이 화를 당한 후 가족과 함께 영천(永川)의 두암(斗巖)에 은거하여 남전 여씨(藍田呂氏) 향약에 의거하여 교화에 노력하였다. 중종반정 후 덕행으로 천거되어 조정의 부름이 있었으나 병으로 사양하였다. 저술로 이종준의 시문집과 함께 엮은 《용재눌재양선생유고(慵齋訥齋兩先生遺稿)》가 있다.

23 택상(宅相) : 누이의 아들, 즉 생질(甥姪)이다. 이종준과 이홍준의 집안은 문봉에게 외가가 된다.

24 완락재(玩樂齋) 앞에서 : 도산서당의 완락재에서 이황(李滉)의 가르침을 받은 것을 가리킨다.

지가 오래되었도다. 흰 돌과 푸른 시내는 분명히 낚시하며 노닐던 맑은 경치이며, 원숭이가 노래하고 학이 나는 모습은 노닐며 왕래하는 영혼과도 비슷하다. 고인들이 현인을 존숭한 방법을 생각하여 보면 고향 마을에 사당을 건립한 경우가 많았다. 장표(張杓)가 주무숙(周茂叔 주돈이(周敦頤))을 제사 지낸 것은 반드시 그가 살던 곳에 가서 사당을 세워서 하였다. 한유(韓愈)가 양거원(楊巨源)을 보낼 때도 사(社)에 제사를 지내며 빌었다.[25] 이는 모두 선인들이 행한 아름다운 뜻이므로 후학들도 마음을 다하여 행하는 것이 마땅하다.

대개 수십 년 전부터 이미 거북점과 시초점이 모두 길하였다. 아, 우리들이 시대가 맞지 않아 천거되지 못하였다. 세월만 가서 명현(名賢)의 자취가 점점 매몰되는 것을 매우 한으로 여겼다. 다행히도 이제는 역거(役車)[26]도 제법 한가하고, 또 날씨도 매우 좋은 때를 만났다. 산에 들어가 나무를 취하여 귀신처럼 운반하며 속으로 환성을 지른다. 힘을 발휘하여 서로 도우며 친구가 오면 기뻐하는 기운이 오른다. 도끼와 톱이 어지럽게 바람을 일으키며 며칠 사이에 우뚝하게 큰 집이 이루어졌다.

재주 있는 도목수의 머릿속의 설계도에는 터럭만큼의 오차도 없으며, 의춘원(宜春院)[27] 같은 규모는 세 분 선생이 백숙(伯叔)의 순서를

25 한유(韓愈)가……빌었다 : 한유의 〈송양거원소윤서(送楊巨源少尹序)〉에 "옛날에 이른바 향선생(鄕先生)으로 죽으면 사(社)에서 제사 지낸다."라고 하였다. 향선생이란 그 지방 출신 대부(大夫)로서 벼슬에서 물러나 고향으로 내려와 서원을 세우고 학생을 가르치는 선생을 말한다. 후에 그런 사람이 죽으면 그 서원에서 위패(位牌)를 모시고 제사를 지냈다.

26 역거(役車) : 서민이 타는 작업용 수레이다.

이어 가며 마음속에 여러 해를 두고 기획한 것이다. 하루아침에 눈앞에 우뚝하게 서게 되니, 여러 산들은 정원 양쪽으로 배열하여 푸른빛을 보내니 느낌으로 통하는 정이 있는 듯하고, 시냇물은 섬돌을 따라 옥 굴리는 소리를 내며 넉넉한 흥을 멀리 임청(臨淸)으로 보내고 있다. 평소에 편안하게 계시던 곳이며, 게다가 제사의 기물들도 깨끗하고, 외삼촌과 생질과 형제들도 함께 모였으니, 효도의 기풍과 의리의 굳셈이 있는 집안의 법도가 볼만하여 완고한 자는 청렴하게 되고 나약한 자는 확립될 것이다.[28] 화려한 의식이 거행되려고 하니 근심하던 자도 기뻐하고 병자도 생기가 소생하였다. 슬픈 마음이 서로 감음을 일으키니 성(誠)을 가릴 수 없음이 이와 같도다.[29] 갓난아이와 노인도 제사에 참여하게 하니 사람들이 모두 제사에 참여하는 것을 영광으로 여겼다. 시험 삼아 쌍무지개를 들어 올려 여섯 곡조의 아랑위(兒郞偉) 노래를 진술한다.[30]

27 의춘원(宜春院) : 당나라 장안(長安)의 궁궐 안에 있던 관기들이 살던 건물이다.

28 완고한……것이다 : 《맹자》 〈만장 하(萬章下)〉에 백이(伯夷)의 덕을 칭송하며 나오는 말이다. 은(殷)나라 말기에 백이가 천하가 맑게 되기를 기다리며 올바른 삶을 사니 백이의 소문을 듣는 자는 '완고한 자는 청렴하게 되고 나약한 자는 확립되었다'고 한다.

29 슬픈……같도다 : 앞부분은 《중용장구》 제16장 귀신장(鬼神章)의 주희(朱熹) 집주에 나오고, 뒷부분은 본문에 나온다. 제사 지내는 사람의 정성은 돌아가신 분의 영혼과 감응이 이루어짐을 설명하고 있다.

30 시험……진술한다 : 상량식 때의 의식이다. 대들보를 올리기 전에 대들보 양쪽 끝에 아름다운 천으로 묶어 들어 올리며 '어여차'라는 의미의 '아랑위'를 시작으로 동, 서, 남, 북, 상, 하의 6곡을 노래한다.

어여차 들보를 동쪽으로 던져 보세	兒郎偉抛梁東
도산에서 일어나는 한 터럭 같은 원기 가운데서	一髮陶山元氣中
아침저녁으로 고요히 구름이 일어나는 곳을 보니	朝暮靜觀雲起處
성대하게 일어나는 생명의 뜻이 사람과 같구나	油然生意與人同

어여차 들보를 서쪽으로 던져 보세	兒郎偉抛梁西
안개 낀 구성[31]을 바라보니 어지럽지 않네	煙畔龜城望不迷
성 아래 몇 칸의 문절공[32]의 묘가 있으니	城下數間文節廟
높은 풍모와 곧은 도는 예나 지금이나 가지런하네	高風直道古今齊

어여차 들보를 남쪽으로 던져 보세	兒郎偉抛梁南
화산이 은은하게 하늘에 닿아 있고	花山隱隱與天參
부여에 쌓인 기운이 인걸을 낳으니	扶輿鬱積生人傑
손꼽을 만한 훌륭한 사람을 한둘 얘기한다	屈指寧客一二談

어여차 들보를 북쪽으로 던져 보세	兒郎偉抛梁北
계단 앞의 한 줄기 물은 쌍백으로 이어지고	階前一水連雙白
만 갈래 골짜기로 흩어졌다가 삼계로 모이는데	散爲萬壑合三溪
바로 연원으로 올라가면 진실로 하나의 맥이네	直泝淵源眞一脈

31 구성(龜城) : 영주(永州)의 옛 이름이다.

32 문절공(文節公) : 천문학자 김담(金淡, 1416~1464)의 시호이다. 경상북도 봉화군 문단리에 신도비가 지금도 서 있다. 단계서원(丹溪書院)에서 그를 배향하였으나, 대원군 때 훼철되었다.

어여차 들보를 위로 던져 보세 兒郎偉抛梁上
구만리 높은 하늘에 밝은 별들이 우주에서 돌고 있는데 九萬昭昭璇宇朗
사방을 보아도 한 점 티끌도 없으니 四望都無一點氛
백성들은 태평한 세월을 다시 보도다 餘氓復覩昇平象

어여차 들보를 아래도 던져 보세 兒郎偉抛梁下
연기 나는 한 마을이 큰 들판으로 이어져 煙火一村臨大野
곳곳에서는 오이[33] 글 읽는 소리 들리니 處處吾伊講讀聲
서로 도와 덕을 닦는 학우들을 보며 기뻐하네 喜看麗澤薰蘭麝

상량한 뒤로 선비들이 교화를 일으키고, 벼슬로 관직에 나가서 여러 현자들과 성대하게 어깨를 나란히 한다면 누가 이들에게 배워 덕을 이루지 않겠는가. 동네의 규범과 집안의 가훈은 배양의 기초이며, 의기(義氣)와 명성이 감발하는 바탕이 되고, 백록리사의 우뚝한 사당은 영원히 표준이 될 것이다.

또[34] 又

유풍(遺風)과 여운(餘韻)이 여전히 여기에 남아 있어 이미 백 년토록

33 오이(吾伊) : 글 읽는 소리를 형용하는 말이다. 오이(唔咿)라고도 한다.

34 또 : 이 글은 독립된 한 편의 상량문으로 보기는 힘들다. 〈백록리사 묘우 상량문〔柏麓里社廟宇上樑文〕〉의 끝부분이거나, 아니면 백록리사 묘우가 완성된 뒤에 올린 제문으로 보인다.

이 정결한 사당에 있네. 천재(天災)와 세변(世變)을 기약할 수 없어 어느덧 영우(靈宇)를 세 번 옮기었네. 고요한 곳에 사당을 다시 세우니 힐향(肸蠁)[35]함에 귀의함이 있게 되었네. 오직 문장은 산남(山南)이니 곧 선비의 기북(冀北)이네. 고을에 준걸이 많으니 어찌 숙기(淑氣)가 배태된 바 아니겠는가. 속화(俗化)와 문명(文明)은 실로 선민(先民)들이 한 바에 달렸네. 용재 이 선생은 점필재(佔畢齋)의 현명한 제자이고 무오년(1498, 연산군4)의 명류인데, 세상의 탁한 기운을 만나 동료의 죽음 슬퍼하다가 나라를 빛낼 큰 솜씨를 펼치지 못하였네. 한훤당(寒暄堂)과 일두(一蠹)와 함께 옥빛으로 빛나니, 여전히 도리를 강론한 남은 향기 그리워라. 눌재 이 선생은 형을 좇아 젓대를 부는 듯하여[36] 집에 있거나 정사에 참여할 때는 지혜로움이 신도(申屠)[37]의 선견지명에 들어맞았고, 세상 밖 홍명(鴻冥)에서는 남전(藍田)의 남겨진 규약(規約)[38]을 이끌어 펼치니, 천황(天荒)이 표변(豹變)하였네. 문봉 정 선생은 눌옹(訥翁)의 택상이고 퇴로(退老)의 문도인데, 학문은 사문(師門)에서 허여받았고 논사(論思)는 경연에서 귀 기울이게 하였네.

35 힐향(肸蠁) : 소리를 아는 벌레 이름으로, 영감(靈感)이 감통(感通)한다는 뜻으로 쓰인다.

36 젓대를 부는 듯하여 : 《시경》 〈소아(小雅) 하인사(何人斯)〉에 "형이 질나팔 부니 동생이 젓대를 부네.〔伯氏吹壎, 仲氏吹篪.〕"라는 구절이 있는데, 악기 소리가 서로 화음을 이루듯 서로의 마음이 맞는다는 뜻이다.

37 신도(申屠) : 원대(元代)의 신도치원(申屠致遠)을 가리킨다. 자는 대용(大用)이고, 변경(汴京) 즉 지금의 하남성 개봉(開封)에 살았다.

38 남전(藍田)의 남겨진 규약(規約) : 남전 여씨(藍田呂氏)의 향약을 가리킨다.

제문
祭文

유세차(維歲次) 만력(萬曆) 30년 임인년(1602, 선조35) 9월 기미삭(己未朔) 5일 계해(癸亥)에 행 판중추부사(行判中樞府事) 정탁(鄭琢)[39]이 삼가 술과 과일 상을 올림에 배삼외(裵三畏)를 보내어 돌아가신 참의(參議) 정공(鄭公)의 영전에 제사를 드린다.

아, 공은 나에게 있어 어찌 관향이 서로 같을 뿐이겠는가. 또한 양과(兩科)에 이름을 같이 올렸으니 의리와 정분이 평범하지 않고 장려하고 권유함도 특별하다. 처음 벼슬을 할 때에 나는 운각(芸閣)에 들어가서 교정만 몇 년을 보았지만, 공은 은대(銀臺)에 들어가 일찍이 왕명의 출납을 맡았네. 내가 함께 승진하는 것을 달갑게 여겨 나와 남이라는 간격을 두지 않았네. 남을 도(道)로써 사랑하여 두루 포용하고 편당을 하지 않았네. 공직에서 물러나 한가할 때마다 꽃이 피고 달이 뜨는 저녁이면 혹은 맞이하고 혹은 찾아가서 오가며 서로 함께 지내며 꼬집어 낼 만한 혐의는 없고 강마(講磨)하는 공부만 하였으니, 참으로 도의(道義)의 세 가지 도움이 되는 벗[40]이지 한갓 시나 읊조리고 풍류나

39 정탁(鄭琢) : 1526~1605. 본관은 청주(清州), 자는 자정(子精), 호는 약포(藥圃), 시호는 정간(貞簡)이다. 이황(李滉)의 제자이다. 벼슬이 좌의정에 이르렀으며 서원부원군(西原府院君)에 봉해지고 봉조하(奉朝賀)에 이르렀다. 예천의 도정서원(道正書院)에 제향되었다.

40 세……벗 : 정직하고 성실하고 견문이 많은 벗인데, 공자(孔子)가 이르기를 "유익한 벗이 세 가지가 있고, 해로운 벗이 세 가지가 있으니, 벗이 정직하고 진실하고 견문이

즐기며 세월을 마음에 두지 않고 대충대충 헛되게 사는 사람들에 비할 바는 아니었네.

그리고 공의 학문은 체(體)와 용(用)을 궁구하였고, 덕은 보세(輔世)와 장민(長民)에 가까웠네. 만약 하늘이 몇 년을 더 빌려주어서 더 실천하도록 하였다면 덕업의 성취가 어찌 여기에서 멈추었겠는가. 불행히도 중도에 병을 얻어 마침내 일어나지 못하게 되었으니, 참으로 안타깝네.

지난날 한강 가에서 곡을 하며 구거(柩車)를 보낸 이후로 공의 집은 멀리 영남에 있어 소식도 끊어졌다네. 내가 난리를 당하고 공의 아들 사경(思敬)이 서울로 왕래할 때 세상사의 변고가 많아 서로 만나는 것도 드물었네. 지금 돌이켜 생각하면 위로를 베풀 곳도 없는 곳이 한스럽네. '나는 남쪽으로 돌아가리라.'라고 생각하면서도 도리어 난리를 겪은 뒤라 인사(人事)를 모두 끊고 만사를 전폐하였네. 다행히 지금 일 때문에 공의 옛 마을을 지나다 보니 충정공(忠定公 권벌(權橃))의 사당이 또한 여기에서 가까워 먼저 사당을 찾아 배알하고 다음에 공의 묘소를 찾으려 하였으나, 늙고 병든 몸으로 가려고 하니 힘이 부쳐 감히 사람을 시켜 제전을 올려 제문을 고하네. 아, 슬프구나.

많으면 유익하다."라고 한 데서 온 말이다. 《論語 季氏》

만사

輓詞

김학봉 성일(金鶴峯誠一)

그대와는 한마을서 나서 자랐고	與君同鄕井
또다시 동문수학하게 되었지	又作同門士
십 년 남짓 둘이 서로 종유하면서	從遊一紀餘
지기의 벗이라고 허여하였지	自許爲知己
그대는 이 세상에 드문 영재라	吾君間世英
송곳 끝 삐져나옴[41] 짝이 없었지	穎脫無與比
공손하게 스승을 모실 적에는	摳衣函丈間
선정께서 그댈 자주 칭찬하였지	先正亟稱美
학문 쌓아 대궐 문에 들어가서는	積學入脩門
거룩하신 임금께 총애받았지	聖君方寵倚
배운 바를 펼치어서 공업 이루어	謂可施所學
청사에 남으리라 내 여겼었지	事業垂靑史
병든 나라 국운이 꽉 막히어서	殄瘁邦運否

41 송곳 끝 삐져나옴 : 재능이 저절로 드러나는 것을 뜻한다. 《사기(史記)》 〈평원군열전(平原君列傳)〉에 "평원군이 말하기를 '무릇 현사(賢士)가 이 세상에 처함에 있어서는 비유하자면 송곳이 주머니 속에 있는 것과 같다. 그 끝이 드러나지 않으면 남들이 알 수가 없다.' 하자, 모수(毛遂)가 말하기를 '신을 오늘 주머니 속에 있게 해 주시기 바랍니다. 저로 하여금 일찌감치 주머니 속에 있게 하였더라면 송곳 끝이 주머니를 뚫고 나와서 끝이 보이는 정도만이 아니었을 것입니다.' 하였다."라고 하였다.

한 번 병에 마침내 못 일어났지 一疾竟不起
호련이라 종묘에 올리었는데 瑚璉薦淸廟
홀연히 진토 속에 묻히게 됐지 忽爲塵土委
지란이라 나라 향기 차지했는데 芝蘭擅國馨
갑작스레 풍상 맞아 시들게 됐지 奄見風霜萎
살아서는 명망이 가득했는데 生有滿世名
죽어서는 간고[42]할 자식이 없네 死無幹蠱子
아득한 고향 산은 어디쯤 있나 鄕山杳何許
여츤[43]을 천 리 멀리 떠나보내네 旅櫬寄千里
뒷일을 의탁한 건 종사였었고 後事託宗師
도의로 서로 사귐 믿을 만하네 道義交足恃
그런데 나는 홀로 무엇 하고 있나 而我獨何爲
올려보고 굽어봄에 부끄럼 많네 俯仰多深恥
그대 죽어 남쪽 고향 거기 있는데 君沒在南鄕
직접 가서 그대 장사 보지 못하네 未得躬撫視
그댄 돌아가는데 난 연경 가니 君歸赴燕山
유명 간에 현과 화살 비슷하게 됐네 幽明等弦矢
영원히 평생의 벗 저버렸으니 永負平生友
만사가 이미 모두 끝나 버렸네 萬事嗟已矣

42 간고(幹蠱) : 아들이 부친의 뜻을 잘 계승해서 부친이 이루지 못한 일을 완성하는 것을 말한다. 《주역》 〈고괘(蠱卦) 초육(初六)〉에 "아버지의 잘못을 바로잡음이니 자식이 있으면 돌아가신 아버지의 허물이 없어진다.〔幹父之蠱, 有子, 考无咎〕"라고 한 데서 나온 말이다.

43 여츤(旅櫬) : 객지에서 죽은 자의 영구(靈柩)를 말한다.

남녘에는 봄기운이 생동하는데　南國春已生
외로운 깃발 한수를 거슬러 가네　孤旌遡漢水
상여 뒤를 따라가지 못하겠기에　執紼竟靡及
바람을 맞으면서 눈물만 짓네　臨風空涕泗
슬픈 만사 서울로 부쳐 보내어　緘哀寄京洛
청산 가는 그대를 떠나보내네　送子青山趾

또

又

권청암 동보(權靑巖東輔)[44]

금규에서 간택하고 선발함에 매신을 총애하는데 簡拔金閨寵買臣
십 년 동안 궁궐에서 사륜을 담당하니 十年靑瑣掌絲綸
집안의 향기 봉각에서 쌍궐로 나아가고 舍香鳳閣趨雙闕
촛불을 내려 난대에서 한 사람을 받드네 賜燭鸞臺捧一人
시강으로 은혜를 입음에 마치 꿈을 깨는 듯하고 侍講承恩如夢罷
연영전(延英殿)에서 일을 아룀에 이미 먼지가 되었네 延英奏事已成塵
사림들이 더는 청론을 들음 없으니 士林無復聞淸論
동곽의 명정에 관리들을 눈물 흘리게 하네 東郭銘旌涕縉紳

경저에서 처량하게 병든 몸 의탁하고 京邸凄涼寄病身
홀연히 선조의 이슬에 홀로 정신을 상하니 忽先朝露獨傷神
아아, 가의[45]는 꽃다운 나이를 재촉하고 堪嗟賈誼年華促

44 권청암 동보(權靑巖東輔) : 권동보(1518~1592)의 본관은 안동(安東), 자는 진경(震卿), 호는 청암이다. 부친 권벌(權橃)이 1547년(명종2) 양재역 벽서 사건에 연루되어 삭주(朔州)로 귀양 갔다가 1년 만에 죽자, 그는 사섬시 직장(司贍寺直長)을 버리고 20년 동안 두문불출하였다. 선조 때 아버지의 무죄가 밝혀져 복관되자, 다시 벼슬길에 나와 관직이 군수에 이르렀으나 벼슬을 사양하고 전원으로 돌아가 산수를 즐기며 여생을 살았다.

45 가의(賈誼) : 기원전 200~기원전 168. 전한(前漢)의 문신이자 사상가로 시문에

한스럽게도 우번은 골상이 불운하네[46] 却恨虞翻骨相屯
인간 세상에서 공명은 참으로 토저이며[47] 人世功名眞土苴
고금에 뛰어난 인재는 모두 애진이네 古今英俊盡埃塵
여혼이 천 리를 따라 고향으로 돌아오니 旅魂千里歸鄉國
참담하게 송추[48]에 오니 구업은 가난하구나 慘澹松楸舊業貧

뛰어나고 제자백가에 정통하였다. 20세에 문제(文帝)에게 발탁되어 박사(博士)가 되고 태중대부(太中大夫)로 승진하였으나 주발(周勃) 등의 배척을 받아 장사왕(長沙王)의 태부(太傅)로 좌천되었다. 4년 뒤 복귀하여 양회왕(梁懷王)의 태부가 되었다가 33세의 젊은 나이로 병사하였다. 유가적 민본 사상에 입각한 정치사상을 담은 책 《신서(新書)》를 저술하였다.

46 우번(虞翻)은 골상이 불운하네 : 우번(164~232)은 삼국 시대 오(吳)나라 사람으로, 손권(孫權)의 잘못을 간하다가 교주(交州)로 귀양 가 그곳에서 죽었는데, 그가 일찍이 말하기를 "나는 예절에 무식하고 골체(骨體)가 부드럽지 못해 윗사람을 범하다가 죄를 얻은 것이 한스러우니, 바닷가에 묻혀 세상을 떠나는 것이 마땅하다."라고 하였다. 《三國志 吳書 虞翻傳》 우번을 거론한 것은 기절이 강하여 바른말을 잘하다가 벌을 받았다는 말이다.

47 공명은 참으로 토저(土苴)이며 : 부귀공명을 하찮게 여긴다는 뜻이다. 토저는 오물과 풀을 말하는 것으로, 모두 쓸모없는 사물을 비유적으로 이르는 말이다. 《장자(莊子)》 〈양왕(讓王)〉에 "도의 진수를 가지고 내 몸을 기르고, 도의 나머지를 가지고 국가를 다스리고, 그 쓸모없는 찌꺼기를 가지고 천하를 다스린다.〔道之眞以治身, 其緖餘以爲國家, 其土苴以治天下.〕"라고 한 데서 나온 말이다.

48 송추(松楸) : 소나무와 오동나무 혹은 가래나무를 말한다. 이 나무는 묘소 주위에 주로 심는 것으로, 전(轉)하여 묘소를 가리키는 말로 사용된다.

길에서 영구에 술잔을 올리며 감회를 읊다
路奠喪柩感吟

세상에 붙어살면서 죽고 사는 것 다르니　　寄世存亡異
덧없는 삶은 물거품처럼 환상과도 같네　　浮生泡幻同
어이 알았겠는가, 백발의 조문객이　　那知白髮客
왜 검은 머리의 공에게 곡하는가를　　奈哭黑頭公
땅은 고아의 눈물 거두고　　地徹孤兒淚
깃발은 지는 해의 바람에 흔들리네　　旌搖落日風
시내의 새들 역시 생각이 많으니　　溪禽亦多思
낮은 곳에서 돌다가 또 하늘로 날아오르네　　盤下又盤空

또[49]

又

천하에서 명성이 제현의 으뜸이네 斗南聲望冠諸賢
겨우 《맹자》 부동심의 나이를 지났을 뿐인데 纔過鄒書不動年
한원에서는 얼마나 많이 동필[50]을 엄히 하였던가 翰苑幾多嚴董筆
호당에서는 시시때때로 반복하여 진편을 토론하였네 湖堂時復討陳篇
청낭의 백간은 백성을 치유하는 방책이 되었고 青囊白簡醫民策
승정원의 금촉은 소매를 연기로 가득 채웠네 金燭銀臺滿袖煙
혼이 옛 고을로 돌아옴에 저승길은 멀고 머니 魂返故園泉路遠
교남은 천 리나 되는데 눈물은 줄줄 흐르네 嶠南千里涕漣漣

49 또 : 권문해(權文海)의 만시(挽詩)이다. 《초간집(草澗集)》 권2에 〈만정대간자중(輓鄭大諫子中)〉이라는 제목으로 수록되어 있다.

50 동필(董筆) : 동호필(董狐筆)의 약칭으로, 사실을 숨김없이 바르게 쓴 춘추 시대 진(晉)나라 사관(史官) 동호의 사필(史筆)을 말한다.

또[51]

又

이율곡 이(李栗谷珥)

맑은 세대에 맑은 명예 날리니	淸世馳淸譽
모두들 중임을 담당할 줄 기대했다	人期荷重任
이 사람에게 이런 병이 있었으니	斯人有是疾
하늘의 도를 어떻게 믿으랴	天道竟何諶
도산[52]의 학업을 못다 마치고	未卒陶山業
월객[53]의 마음을 몹시 슬프게 한다	深悲越客吟
상여를 떠나보내기 어려워	靈輀難可送
병든 친구 눈물이 옷깃을 적시네	病友淚沾襟

51 또 : 이 시는 《율곡전서 습유(栗谷全書拾遺)》 권1에 〈곡정승지자중(哭鄭承旨子中)〉이라는 제목으로 수록되어 있다.

52 도산(陶山) : 여기서는 이황(李滉)을 가리킨다.

53 월객(越客) : 과객(過客)이란 말로, 이이 자신을 가리킨다.

도망편 悼亡篇

정문봉을 생각하다

憶鄭文峯

정약포 탁(鄭藥圃琢)

한 시대의 청망 얻은 옥순의 반열에서	一時淸望玉筍班
수려한 문장은 노낙[54]과 백중지간이었다네	盧駱等華伯仲間
오늘 그대 집 앞을 지나는데 그대는 안 보이고	今日過門君不見
대숲 바람 솔바람에 아직도 한기가 묻어나네	竹風松籟尙餘寒

54 노낙(盧駱) : 노조린(盧照隣)과 낙빈왕(駱賓王)을 가리킨다. 당(唐)나라 초기에 왕발(王勃), 양형(楊炯) 등과 문장으로 이름이 나서, 세상 사람들이 왕양노락(王楊盧駱) 또는 사걸(四傑)이라 일컬었다.

정문봉의 옛 거처를 지나며 감회에 젖다

經鄭文峯舊居有感

김설월당 부륜(金雪月堂富倫)[55]

옛집에 머물던 사람은 어디에 있는가	故宅人何在
텅 빈 산에 객이 우연히 지나네	空山客偶過
작년에 정문봉을 아껴 중시하였는데	昔年情鄭重
오늘은 눈물이 줄줄 흐르네	今日淚滂沱
하늘 위에서 응당 기억하겠지만	天上應成記
인간 세상에선 다툼 멈추지 않네	人間未息戈
태평한 세상에 나서 또 죽으니	太平生又沒
그대 같은 사람 세상에는 많지 않네	如子世無多

소 강절(邵康節) 시에서 "태평한 세상에 나서 태평한 세상에 죽는다."라고 하였다.

55 김설월당 부륜(金雪月堂富倫) : 김부륜(1531~1598)의 본관은 광산(光山), 자는 돈서(惇敍), 호는 설월당이다. 지방 교육을 비롯한 학문 진흥에 많은 공헌을 한 학자이다. 임진왜란이 일어나자 가산을 털어 향병(鄉兵)을 도왔고, 《심경(心經)》, 《태극도(太極圖)》, 《대학》, 《주자서절요(朱子書節要)》 등을 연구하였다. 이황(李滉)의 문인으로, 만년에 관직에서 물러난 뒤 향리에 설월당이라는 정자를 짓고 후진을 양성하는 데 전념하였다. 문집으로 《설월당집(雪月堂集)》이 있다.

문봉 선생 문집 발
文峯先生文集跋

선생이 경저(京邸)에서 돌아가시고 연이어 임진년(1592, 선조25)의 난리가 있었다. 그래서 평소 남긴 문장이 산실되어 거의 없어졌는데 찾아보려고 해도 방법이 없었다. 오직 퇴도(退陶) 노선생(老先生)의 문집 가운데 주고받은 서찰과 화답한 시문을 취하여 읽을 뿐이었다. 그렇지만 퇴도 선생이 정유일에게 기대하고 존중했던 뜻은 생각건대 기대승(奇大升)과 이덕홍(李德弘) 등 여러 선생들과 서로 견주었다. 선생의 당시 나이는 불과 서른 전후였는데 그 재주와 식견이 일찍 이룬 바는 이와 같았다. 안타깝게도 선생이 남긴 글이 세상에 전하지 않았다. 이에 침랑(寢郎) 권응도(權應度)가 한데 모으자는 이야기를 꺼냈지만, 얼마 후에 병이 나 일어나지 못하였다. 사(社) 중의 장로가 서로 더불어 이어서 "이 논의는 도중에 그만두어서는 안 된다."라고 하였다. 그러고는 권사협(權思浹) 군과 집안 아이 김희분(金熙奮)에게 이 일을 담당하게 하였다. 이에 도사(都事) 유종춘(柳宗春) 씨가 원접사 종사관(遠接使從事官)으로 한번 갔을 때 남긴 기록을 보내왔고, 이야순(李野淳) 군이 사문 문답(師門問答) 수백 단락을 보내왔다. 소식을 듣고 기록을 보내온 것이 몇 편이었다. 〈한중필록(閑中筆錄)〉 1권은 본손(本孫)이 소장한 것으로 선생이 손수 적은 것이다. 처음부터 끝까지 힘을 쏟은 사람은 본손 종박(宗璞)이다. 일을 시작한 지 10여 년이 지나 어느 정도 책이 완성되었다. 시 2권, 서 2권, 그리고 필록과 부록까지 아울러 3책이었으니, 다행이라고 할 것이다.

또 선생이 편찬한 《송조속명신언행록(宋朝續名臣言行錄)》 11책은 갈문(碣文)에서 병란에 소실되었다고 하여 애초부터 수색하지 않았는데, 이군이 부라(浮羅) 금종윤(琴宗潤)의 집에서 한 책을 얻었다. 삼척(三陟)의 후손 집에서 또 8책을 얻었는데 모두 수필본(手筆本)이었다. 두 책은 어디에 있는지 알지 못하였다. 후에 경성(京城)의 임씨(任氏) 집에 있다는 말을 듣고 다시 빌려다가 기록하여 마침내 완질을 이루었으니, 아마도 귀신의 도움이 있는 듯하다. 이것이 어찌 사문(斯文)의 성쇠에 관련되고 오도(吾道)의 현회(顯晦)에 상관된 것이 아니겠는가. 아, 기이하도다. 다만 기고봉(奇高峯)과 변론한 여러 서간 및 열여덟 해 동안 조정에 나아가 올린 소장(疏章)이 한둘에 그치는 것이 아니었다. 연은전(延恩殿)에 인묘(仁廟 인종)를 합사하는 것과 관련한 소는 특히 국가 전례와 관련된 것인데 모두 전하지 않으니, 안타까울 뿐이다.

책이 완성되자 권군은 내가 이 작업에 도움을 주었다는 이유로 조심스럽게 발문을 부탁하였다. 마침내 글재주가 없다고 사양할 수 없어 소략하게 그 전말을 이상과 같이 기록한다.

후학 문소(聞韶 의성(義城)) 김진동(金鎭東)[1]이 삼가 적다.

1 김진동(金鎭東) : 1727~1800. 본관은 의성(義城), 자는 정지(定之), 호는 소암(素巖)이다. 스승인 청벽(靑壁) 이수연(李守淵)에게서 소학동자(小學童子)라는 칭송을 받았으나, 사마시에 한 번 응시한 후 더는 과거를 보지 않고 학문에만 전념했다. 문집으로 《소암집(素巖集)》이 있다.

지은이 **정유일(鄭惟一)**

1533(중종28)~1576(선조9). 조선 중기의 학자로 자는 자중(子中), 호는 문봉(文峯), 본관은 동래(東萊)이다. 이황(李滉)에게 수학하였고 기대승(奇大升), 정철(鄭澈), 김성일(金誠一) 등과 교유하였다. 26세인 1558년(명종13)에 문과에 급제하여 승문원 권지(承文院權知)에 제수되었다. 1563년에는 부친의 봉양을 위해 외직을 청하여 진보현감(眞寶縣監)이 되었고, 33세인 1565년에 조정으로 들어와 직강 겸 지제교가 되었다. 1569년(선조2)에 부친상을 당해 관직에서 물러났고, 이듬해 1570년에 사가독서(賜暇讀書)를 하였다. 1571년에는 《명종실록》 수찬에 참여하였다. 1572년 중국 사신을 맞이할 원접사 종사관이 되어 의주에 다녀왔으며, 그해 겨울 통정대부에 올라 동부승지 겸 경연참찬관 춘추관수찬관이 되었다. 이후 우부승지, 대사간, 형조 참의, 이조 참의 등을 역임하였다. 43세인 1575년(선조8)에 병으로 사직하고 호군이 되었는데, 다음 해 경성에서 병으로 졸하였다. 저서로는 《문봉집》, 편서로는 《명현록(名賢錄)》 등이 있다. 《문봉집》은 그가 세상을 떠난 200여 년 뒤 김진동 등 봉화 지역 유림들에 의해 1799년 6권 3책으로 간행되었다.

옮긴이 **이광호(李光虎)**

서울대학교 철학과에서 동서철학을 배우고, 민족문화추진회 한학연수과정과 한국고등교육재단 태동고전연구소 한학연수과정을 수료했다. 《주자의 격물치지설에 관한 고찰》로 석사학위를, 《이퇴계 학문론의 체용적 구조에 관한 연구》로 박사학위를 받았다. 한림대학교 철학과 교수, 연세대학교 철학과 교수를 역임하고 퇴직했다. 서암학술(SBS) 재단 해외파견교수로 선발되어 미국 뉴욕주립대학교 방문교수가 되었고, 절강대학교 한국연구소 초빙교수를 지냈다. 태동고전연구소 소장, 연세대학교 국학연구원 부원장, 문화재청 문화재위원, 한국동양철학회 회장, 국제퇴계학회 회장을 역임했다. 현송문화재단의 주자학술상과 퇴계학연구원의 퇴계학술상을 수상했다. 《성학십도》, 《근사록 집해》, 《이자수어》, 《퇴계와 율곡, 생각을 다투다》, 《국역심경주해총람》, 《대학공의·대학강의·소학지언·심경밀험》, 《역주 대학·중용》(예기정의), 《대학·중용집주》, 《퇴계집》, 《퇴계의 사람공부》, 《고경중마방》 등의 역서와 저서, 그리고 다수의 논문이 있다.

문봉집

정유일 지음 | 이광호 옮김

2022년 12월 31일 초판 1쇄 발행

발행인 신승운 | 발행처 한국고전번역원
등록 2008. 3. 12. 제25100-2018-000049호
주소 (03310) 서울시 은평구 진관1로 85
전화 02-350-4800 | 팩스 02-350-4994 | 홈페이지 www.itkc.or.kr

연구총괄 권헌준 | 연구기획 김지민 | 연구평가 성과평가실 | 자문 정선용

책임편집 하현주 | 편집진행 신진호
교정 송숙희 윤옥선 | 조판 김지현 | 제작 조은지
디자인 씨디자인 | 인쇄 사단법인 에스디워크

값 20,000원
ISBN 978-89-284-0963-1 94810